近代日本の政党と社会

編著 安在邦夫
真辺将之
荒船俊太郎

日本経済評論社

目次

Ⅱ　政党認識の諸相

Ⅲ　政党とその周縁

おわりに

本書刊行に寄せて

本書は、早稲田大学大学院文学研究科に在籍する日本近現代史専攻の学生のうち、二〇〇五（平成一七）年—二〇〇七（平成一九）年度の授業・演習4（担当教員安在邦夫）に参加して行った研究の成果を論文集としてまとめたものである。授業（演習）では「近代日本と政党」という大テーマを立て、政党に関する研究史の整理を行いつつ、演習参加者各自が各自の研究テーマに関らせる形で自由に課題設定を行い、それぞれ研究することに努めた。換言すれば、演習参加者が前掲の大テーマを元に討論し、その上で小テーマを立て、それぞれ分担して研究したのではないということである。この方法を採った理由は、第一には、政党を多角的視点から検証・検討すること、政党研究を決して政党という研究対象そのものの中で完結させることなく常に近代日本の歴史全体の中に位置づける視点を重視したという点にあるが、さらに記せば、現在演習参加者各自が抱えている研究テーマ・研究を大切にしながら、そこに近代日本の歴史を考える上で欠くことのできない政党という視点を加味することによって、各自の問題意識、分析の対象をさらに広げ深めることを意図した、という意味も含まれている。

右の方法・視点による研究の結果、本書刊行のタイムリミットまでに、一三本の論考を得ることができた。内容的に見ると、それは大きく、第一、政党自身の政治活動に関する論考、第二、政党認識に関する論考、第三、政党とその周縁に関する論考、の三つに分けられ、全体として「政党」に「社会」が加味されている。本論集の表題を「近代日本の政党と社会」とし、三部構成にしたゆえんである。各論考の概要については、「本書の課題と構成」で詳しく触れられている。

近年、二大政党制への掛け声が声高に叫ばれるとともに、その一方で、無党派層の増大や投票率の低下などに示されるように政党不信が募っている。また、昨今の政党の動向を見ていると、政党自体にも組織・政策・果たすべき役割等々において、きわめて未成熟と思われる点が多々あり、そもそも政党とは何かということについて、原点に立ち返って考えてみることが必要な時期にあると考えられる。本論集は、大学院での一授業の研究成果であり、限られた研究期間や論文の紙幅の関係から、残している課題が多くあることも承知している。しかし、日本の政党史研究に、これからの学界を担う若い方々により、新たに一定の成果を加え得たという自負心はある。大方のご批判をいただければ幸いである。

編著者を代表して

安在　邦夫

本書の課題と構成

真辺 将之

政党とは何か。この問いに答えるのは容易ではない。イギリスの政治学者ウェアは、「政党を定義しようとすることは、象を定義しようとすることに似ている。象を見たことがある人なら象が何かわかっているが、見たことがない人に説明するのは難しい」と、政党の定義の難しさを述べている。これまでも、政党に関しては多様な説明がなされてきた。

一例を挙げてみよう。しばしば引かれるエドマンド・バークによる古典的定義として、「政党とは、そのすべてが意見を同じくするある特定の原則に基づいて、国民的利益を、その共同の努力によって増進せんがために結合せる人々の団体である」（バーク「現代の不満の原因」）というものがある。これに対し、バークの時代から約一五〇年下って、ハロルド・ラスキが「政党とは財産についての世論をその構成員にとって望ましいと思われる特定の方向に統制するための機構である」（『イギリスにおける議会政治』）と定義し、またウィレーが「政党は特に輿論を歪めて、社会の福祉よりも政党自身の目的を達成しようとする。そしてその際富者の利益がつねに支配するのである。かくして政党は私的利益の槓杆となっている」（メリアム＆バーンズ共編『最近の政治理論』）と論じたように、バークとは全く逆に、個別的利益の実現こそが政党の本質であるとされるに至った。バークが、政党政治の黎明期に、それを支持する意図を持って、政党が全体的利益の実現に果たす役割を強調したのに対し、ラスキやウィレーの時代には、すでに政党が政治の中枢に位置してその存在がゆるぎないものとなるとともに、その腐敗・堕落が問題となっていた。このように、この両者の定義の相違には、同時代における政党のあり方の相違や、それと関連して、政党の理想像を強調するか現実態を強調するかという相違が存在していた。

そもそも政党とは、定義が先にあって作られた存在ではない。むしろ、現実政治の流れのなかで自然に形成されてきたものであって、その定義や議論は、それを後追いしたものであるといってよい。政党の定義が、論者によってまちまちなのは、単に論者の問題関心の相違にのみ基づくものなのではなく、これまでの歴史のなかで政党が果たしてきた役割の多様性にも大きく関わっている。ハンナ・アーレントは、政党の類型として、アメリカ・イギリス型の政党と、ドイツ・フランス型の政党とに分類して、同じ政党であっても両者は性格が異なると論じ、英米が二大政党制になるのも、仏独が多党制になるのも、歴史的環境のなかで培われた政党というものの性格の違いに基づいていると論じている（『全体主義の起源』2）。以上の議論をふまえるならば、「政党」というもののあり方を考える上において、歴史学的なアプローチを取ることの有効性はおのずから明らかになってくるだろう。

ところで、政党に対していかなる定義を行うにせよ、政党というものが、近代・現代の国家において、政治システムの中心に位置する議会の運営主体として、大きな役割を果たしてきたことは否定できないだろう。議会とは、いうまでもなく、民意と政策決定とを媒介する調整の場であり、その運営主体である政党政治家は、選挙を通じて選出される。その意味で、政党は、政治機構の内部（政府・議会）と、政治機構の外部（社会・国家）とを相互に結ぶ役割を担うべき存在であるといえるだろう。したがって、政党のあり方を考察するにあたっては、単に政治機構の内部のみを考察するのではなく、そうした外部との関わりのあり方を強く意識する必要がある。本書が「近代日本の政党と社会」と題して、社会との関わりを意識しているのも、こうした問題関心に基づくものである。

近代日本の政党は、政治機構の内部においては、行政府や他政党といった他の政治的ユニットと関係を取り結び、自らが政権を担うこともあった。また、政治機構の外部においては、名望家・一般民衆・各種利益団体をはじめとする多様な社会的ユニットとの接点を有し、相互に影響を及ぼしあってきた。先に、政党の定義の多様性が、政党の果たした役割の多様性に基づくと論じたが、そうした多様な役割を果たした政党には、政治史のみならず、思想史・文化史・地域史・社会史など、さまざまなアプローチが可能である。本書所収の諸論文は、前述したような政党研究の持つ意味については問題意識を共有しながらも、しかしそれぞれのテーマやアプローチの仕方は、執筆者各自の問題関心を大切にし、あえてテーマを統一することはしなかった。そうすることが、逆に、政党の多様な側面を明らかにすることにつながると考えたからである。

こうして選ばれた各人のテーマは、大きく分けて三つに分類することができる。第一に、政党の政治活動やそれを支える論理をテーマとするもの、第二に、人々の政党認識をテーマとするもの、第三に政党とその周縁との関わりをテーマにするものである。

まず第一の政党の政治活動それ自体をテーマとするものとして、福井淳「植木枝盛と自由党結成」は、自由党結成の基本的構想と性格をつくるにあたって大きな役割を果たした植木枝盛の思想的営為を検討する。檜皮瑞樹「旧幕臣の政党活動——江原素六の明治一〇年代を素材として」は、政治家・政党員としての江原素六の活動を、特に従来の研究において空白期間とされる一八九〇年以前の政治活動に焦点を当てて検討している。真辺美佐「大同団結運動末期における愛国公党結成の論理——板垣退助の政党論を通して」は、大同団結運動末期・初期議会開設直前の時期における板垣退助の「愛国公党」結成の論理を、大同倶楽部・再興自由党と対照しながら、当該期の政治史的状況のなかに位置づけたものである。また木下恵太「日露戦後恐慌期の第一次西園寺内閣と憲政本党」は、従来原敬と政友会を中心に描かれてきた日露戦後恐慌期の政治史を、憲政本党の側から分析を加える。荒船俊太郎「憲政会と「元老待遇」大隈重信——加藤高明首班擁立工作の展開と挫折」は、憲政会と党の生みの親たる大隈重信の関係性を洗い出すことで、憲政会の政権政党化（＝政党政治への道）に果たした大隈の役割を捉え返そうとする。いずれの論文も、政治史的状況のなかでの政党の活動のあり方を明らかにしようとするものであるが、問題意識としては、狭い政局史的分析の枠組みに止まるものではない。福井論文は、植木の思想が自由党の結成とその性格を規定する上でどのような役割を果たしたのかという理念的側面を強く意識しており、また檜皮論文は、冒頭において、江原の旧幕臣としての経験が、その後の政治活動にいかに反映されているか、また静岡・沼津という地域と、江原がいかなる関係を切り結んでいったかという問題を提示している。真辺美佐論文は、従来別個に分析されがちであった思想史と政治史とを総合的に捉えることによって、思想と政治とのダイナミズムを重視する。また木下論文は、「輿論」といわれるものが、政友会の側から見た場合と、憲政本党の側から見た場合とで異なることを指摘しており、輿論とは何か、輿論とどのような関係を切り結び、それをいかにして作り出し、自分の側に引き込むのかといった、政党と社会との関係のあり方とも関連する問題を提示している。荒船論文は、カギ括弧つきの「元老」としての大隈重信と、政党との関係を論じることによって、政党と、非選出勢力たる元老との関係を考察しようという問題意識を有している。いずれの論文も分析は実証的手法を取っているが、しかし問題意識としては単なる政局史・政党史の枠組みに止まらない、他の分野との接点をそれぞれに意識している点に特色がある。

次に、第二の、人々の政党認識を取り扱った研究であるが、真辺将之「政党認識における欧化と反欧化」は、議会開設前夜に欧化主義に反対する立場にあった人々の政党論を検討する。高橋央「『新人』における吉野作造の政党論――日露戦争期に着目して」は、日露戦争の時期に、吉野が雑誌『新人』に投稿した論説を題材に、その政党認識を考察する。廣木尚「田中惣五郎における政党史研究の位相――『東洋社会党考』成立の背景」は、田中惣五郎の初期の代表作『東洋社会党考』が産み出される過程を追う。上田美和「石橋湛山の政党論――「浮動有権者」として」は男子普通選挙体制下で、石橋湛山がどのような政党観を有し、現実に存在する政党にたいしていかなる態度を取っていたのかを分析する。いずれの研究も思想史的手法をもとに、特定の人物の当該期の政党認識のあり方を明らかにしたものであるといってよい。しかし、特定の人物を対象にしたものとはいえ、そこで論じられている問題は、ある個人の内面的思想に止まる問題ではない。真辺将之論文は、反欧化主義の立場に立つ人々の政党認識を手がかりにしつつ、近代日本の政党論全般の持つ性格にまで論及する。高橋論文は、吉野の政党論には、政党に「国家」への貢献を求める要素が強いと指摘しているが、これもまた吉野一人に止まらない、明治期の政党論に通有の問題であろう。廣木論文は、田中の社会運動の実践が、東洋社会党研究といかなる関わりを有していたかという、運動と思想との関係性を問題にしている。上田論文は、石橋の当該期の政党認識を「浮動有権者」という言葉をキーワードに分析しており、戦後の政党認識にまで通じる問題を提示しているといってよい。このように、それぞれの論文の分析自体は個別の思想家を対象にしているとはいえ、そこから導き出される問題は、より広い部分に通じる要素を持っているといえよう。

第三の、政党とその周縁との関係を扱った論文としては、安在邦夫「自由民権運動における政党と壮士――自由党の壮士への対応と壮士の動向」が、政党の周辺に位置していた「壮士」と呼ばれる人々のあり方を、政党の側の壮士認識と壮士の動向とを複眼的に追うことによって、政党とその周縁との一筋縄ではいかない相互関係を描きだしている。また松村孝男「明治後期の移民会社と政党および政治家――亡命民権家と移民会社の関わりを中心にして」は、外務省外交史料館所蔵の史料を用いて、明治後期の移民会社の役員の経歴を明らかにすることによって、一見政党とは無関係に見える移民会社が、政党と深い関わりを有していたことを論じたものである。また伊東久智「政友会の院外団と「院外青年」」は、「代議士集団」あるいは「党本部」に対して、その周縁に位置する院外団、特にそのなかでも「院外青年」の動向に焦点を当て、その関係性を探っている。佐藤美弥「都市計画反対運動と住民・政党・政治家――槇町線問題の再検討を中心に」は一九二〇年前後における都市計画事業と政党政治家との関わりを論じたもので、都市計画反対運動などの住民運動に着目しながら、当該期の都市計画、さらに政党と地域との関わりについて検討している。これらの論文は、政党とその周縁との関係それ自体を検討対象に据えたものであり、本書の題目にもある「政党と社会」との関わりを直接的対象として取り上げたものということができる。

本書は以上のように大きく三つに分類できる論文群からなりたっているが、いずれの論文もそれぞれの問題関心から、政党と非選出勢力、政党と思想、政党と地域、政党と院外者、政党と住民運動といったように、対象としての政党・人物の内部で完結しえない、新たなる周縁に広がりうる論点を意識している。そのことが、「近代日本の政党と社会」という、本書のテーマにつながるものなのである。

もちろん、それらの論点は、本書のなかで必ずしも充分に論じ切れているといえないものもあるかもしれないし、社会と政党との関係のあり方をどれだけ明らかにできたかについては、心もとない部分もある。だが、政党というものがこれまでの歴史のなかで果たしてきた役割の多彩さを考えるならば、本書のようなさまざまなテーマのなかで、多彩な論点を提示することそれ自体に大きな意味があると考える。本書の論点が、仮に未発の契機に止まるとしても、とりわけこれまでの政党研究が、政治史的な研究に偏っていたことを考えるならば、多様な問題関心から、多彩なアプローチで政党のあり方を明らかにしようとした本書には、それなりの意義があろう。本書が呼び水となり、近代日本の政党と社会とのあり方についての議論がより深まっていけば幸甚である。

なお、各章の引用文中における〔　〕は引用者による補注である。

Ⅰ　政党結成の論理と活動

第一章　植木枝盛と自由党結成

福井　淳

はじめに

日本の政党研究の対象として、一八八一年に結党された自由党はその混沌と泥濘をも含め普遍的原点である。

自由党についての最近の研究史上の画期は、二つある。第一は、一九八一年八月の歴史科学協議会第一五回大会における小テーマ「自由民権運動における政党の位置と活動」での安在邦夫・大日方純夫・阿部恒久氏による報告(1)である。三報告の共通認識として、民権運動研究の対象が激化事件に集中し、結果として個別分散的になっている現状が批判され、複雑な階層・階級を提携させ、地域の闘争を全国的なものへ発展させる指導組織として「政党」に光が当てられた。政党こそ運動の展開過程を一貫した視座で把握できる存在たりうる、ということである。さらに留意点として、運動論の相違をこえて、その理念のブルジョア的国家実現と同様な人民の権利獲得の指向性から、自由党とともに、立憲改進党も分析の対象とすべきであるとした。こうした問題意識や視座は、以後の政党研究に共有された。

第二の画期は、江村栄一氏による一九七〇年代からの一連の自由党研究の集大成としての、八四年の『自由民権革命の研究』の刊行である。その主対象は結党過程、憲法案、党の情勢認識の三点であったが、とくに結党過程の究明に力点が置かれ、そこにおいては、明治天皇による国会開設の詔以前に自由党が結成されたという問題を提起されたことにおいて、自由党が下から国会早期開設をたたかいとろうとした政党であったとみなし(2)、自由党の評価を一新させたことは記憶に新しい。

こうした画期をなす諸研究の他、憲法起草問題を軸に自由党結成を扱った稲田正次氏の『明治憲法成立史の研究』などが注目される(3)が、江村氏の研究以降、寺崎修氏による地方自由党の結成、板垣外遊と自由党解党、自由党関係諸事件に関する研究(4)が現れたことを除けば、自由党への関心は薄らいだと言わざるを得ない。その要因は、一つには自由党研究がやり尽くされた感があることである。江村・稲田・寺崎氏らの精緻な実証研究のあとに、何か付け加えることがあるか、という諦念であろう。もう一つは、これまでの政党政治の混迷からの影響である。立憲政治における政党と政党内閣制の意味が批判的に問い直されるような状況下にあっては、その原点を探ることに研究上の関心がさほど向かなかったであろうことは想像に難くない。

さて、現在自由党研究を進めるなら、次のような根本的問題に立ち返って始めるべきであろう。すなわち、自由党の基本的構想と性格は誰によって作られたのか、である。この自由党の核ともいうべき問題については、従来の諸研究は十分に答えてこなかったように思われる。そうした側面での結成の一中心となったとみられるのは植木枝盛である。枝盛は自由党系の最良の思想家の一人であるが、結党前から立志社最大のオピニオンリーダーとして、新聞・雑誌で健筆を振るっていた。彼の存在を抜きにして自由党結成はありえなかったと考えるのが自然である。そこで、本稿では枝盛を通じて自由党結成を考えてみたい。時期的には一八八〇年から翌八一年が中心になる。また、最初に触れた歴史科学協議会第一五回大会の「自由民権運動における政党の位置と活動」の留意点を引き継いで、私も基本的に立憲改進党も睨んで、自由党結成を考えてみたい。

枝盛の戦後の研究史を概観するなら、研究の基礎は、家永三郎氏の大著で全生涯の総合的研究である『植木枝盛研究』（一九六〇年）(5)によって据えられたといってよい。ラジカルな民主主義者、有力な民権理論家としての枝盛像が描かれている。「あとがき」が「国会周辺が未曾有のデモに埋められつつあるころ」と結ばれたように、戦後民主主義の原点を見極め、死守しようという強烈な問題意識とエネルギーに満ちており、それが良くも悪しくも枝盛の評価に反映し、きわめて能動的な枝盛像を造形している。家永以後をみると、高知の外崎光広氏が、枝盛の憲法草案、家庭改革論・女権拡張論などを高く評価し、『植木枝盛と女たち』（一九七六年）(6)『植木枝盛の生涯』（一九九七年）(7)などをまとめている。さらに、家永が欠落させた問題として、思想形成での伝統思想の役割と枝盛の自己を天皇に擬した問題に取り組んだ米原謙氏が、『植木枝盛　民権青年の自我表現』（一九九二年）(8)を著している。また特筆すべきは一九九〇～九一年、岩波書店から家永・外崎氏らによって編まれた『植木枝盛集』全一〇巻が刊行されたことである。この集成は、主に家永氏によって評価された枝盛の著作を集めたもので、以後の研究の道標となった。

しかし、そもそも家永氏ら三者では、枝盛の政治的な本質部分についての評価の大きく分かれていることは、確認しておきたい。枝盛の国家構想、天皇制に対する見解であるが、家永氏の『植木枝盛研究』は、枝盛の起草した「憲法草案」は立憲君主制ではあるが、政治的本質は「原理の実践に積極的ではないけれど、共和主義」、いわば「消極的共和主義」とみなした(9)。一方米原氏の『植木枝盛』は、枝盛を急進的民主主義者ではあるが、共和主義者ではない、とされた(10)。また外崎氏の『植木枝盛の生涯』は、基本的に家永の評価を受け継ぐもので、米原氏を批判し、枝盛は「共和政治を理想としていた(11)」とした。

枝盛が共和主義者か否か、という問題は、また後で改めて取り上げたいが、家永の評価が「消極的」を頭に冠している点に象徴されるように、枝盛の実践面の評価は、思想面に較べてどの論者でも全般に低い。岩波文庫の家永編

『植木枝盛選集』（一九七四年）の解説では、家永氏は枝盛を「必ずしも質の高いといえない政治家が、思想家としては時代を超えた先駆的予言者的識見を発揮した」(12)とまで峻厳に言い切っている。枝盛が第一議会での「土佐派の裏切り」に荷担したことなどが否定的に響いているが、運動の実践面では、土佐派は板垣以下、片岡健吉、林有造ら錚々たる面々を擁しており、立志社や建白の運動面は彼らが担った。枝盛が表に立って土佐派の大きな運動を主導することは、酒屋会議など例外はあるものの、ほとんどなかったことも事実である。

そこで自由党結成の問題はといえば、これまで典型的な政治的実践とみなされ、そのため結党の複雑な過程が研究の中心に据えられてきた。たとえば前述の稲田氏の『明治憲法成立史の研究』や江村氏の『自由民権革命の研究』がそれである。一方、枝盛の研究としては、『自由党史』において、一八八〇年一一月の国会期成同盟第二会で枝盛が「国会期成同盟を一変して、政党を組織するに在るのみ」と主張し、「綱領規則等の草案を出し、名称を自由党と為すべき議を発」し成立に至ったと記していることに対し、一九五九年に内藤正中氏が批判を加え、「植木枝盛日記」に「この重要問題にかんして何らの記述もなされていない」(13)ことや、枝盛が編集に関わった『愛国志林』『愛国新誌』で言及がないことを理由に、「政党結成のイニシアティヴを、植木や立志社以外のところに求めねばならない」と否定したことが今日ほぼ通説となっている。(14)地元高知においても、外崎氏の前掲書『植木枝盛の生涯』は自由党結成において枝盛に触れるところがない。しかし、「植木枝盛日記」であるが、たとえば七七年六月提出の「立志社建白」の第一稿を枝盛が起草したという重大事については何ら記していない。「日記」とはいえ、自身のすべての実績を書き留めたものではないのである。さらに『愛国志林』『愛国新誌』は立志社による愛国社の機関誌であり、枝盛の動向を伝える場ではない。言わば、内藤氏の否定は性急すぎた感がある。遅まきながらここで枝盛の自由党結成への関与を再検討してみたい。

また、あわせて従来自由党結成における大きな問題として取り上げられてきた都市知識人の役割と離脱の問題についても、枝盛の思想的活動から再考を試みたい。

一　国会開設を目指して

結党前史から始めよう。植木枝盛は一八七七年九月二二日、立志社機関誌『海南新誌』第五号の論説として「明治第二ノ改革ヲ希望スルノ論」を発表している。枝盛はそのなかで、明治維新を、支配層内での権力移動であって、その変革は「則政府ノ関係ニシテ人民ニ関係ナク人民ニ於テ難有事ニモ非ズ」というものであった、つまり革命ではない「第一ノ改革」にとどまるものと批判している。そこで「政体ヲ革メテ君民共治ト為シ政府ノ独裁ヲ廃シテ人民ヲシテ政権ヲ掌ラシム可キ」と、立憲政体の実現と人民の政治参加を主張し、それを「明治第二ノ改革」として求めた(15)。時期的にはまさに西南戦争の敗北を受け、武力でなく言論により、維新で果たされなかった課題を解決する「第二ノ改革」を目指すものとして、民権運動の意義を確認したわけである。

その「第二ノ改革」たる人民の政治参加のための制度として、枝盛にとって国会の開設こそが緊急の課題となった。翌一〇月二七日、枝盛は『海南新誌』第九号の論説として無署名で「内乱鎮定ノ演説ノ続」を発表した。枝盛は言う。

縦令不良悖乱ノ徒アルモ全国人民ノ結合セシ心力ニ制圧セラレ其眼光ニ映射セラレテ以テ乱ヲ企ツルノ地ヲ得ス乱ヲ発スルノ遑ヲ得サルヘシ豈ニ夫内乱能ク興ラン哉所以ニ言ク内乱ノ興ラサル道モ小民撰議院ヲ立ツルニ在ル也(16)

枝盛は、国会を「全国人民ノ結合」する「心力」の場であるとし、それが「内乱」暴発を防ぐ、と説いている。真意を忖度するなら、内政安定の場として「国会」を評価するというに留まらず、国会を開設しないならまた内乱が起きる、という政府への恫喝でもあろう。

それはさておき、ここで注目すべきは「結合」という語の使用である。民権運動において、この言葉が公に使われたのは一八七四年四月の「立志社設立之趣意書」が最初であり、「欧米人民の能く結合して、其強盛を致す」ように、「同志の士、結社合力、始て能くこの志を達するを得可し」[17]と、結合の意義を強く説いた。以後、この「結合論」とでもいうべきものは、とくに愛国社系民権結社の趣意書・規則において広く、多く使われるようになり[18]、ひいては政党結成の意義にも使われていく。七七年の時点で、枝盛が国会も「人民の結合」であると、結社と共通するような人民の側の視点から捉えていたことは、国会認識としては稀少であり、彼らしい独特なものといえる。のちの枝盛の「日本国国憲案」が、国会として「立法院」を定めるなかで、「立法の権は人民全体に属す」と規定したことに通じるような認識であろう。

そうした意味からも、枝盛にとって国会開設はきわめて緊要な課題であった。一八八〇年六月七日、立志社が主導した全国的民権組織である愛国社の機関誌『愛国志林』第四号に枝盛演説藁「民権家」が発表されるが、それは次のように結ばれている。

我国ノ人民国会ノ開設ヲ望ム者アリ。国会ヲ望ムハ参政ノ権ヲ得ントスルモノニシテ、……則参政ノ権利ヲ望ム者ハ便チ之ヲ民権家ト謂フベキナリ、真ニ之ヲ望ム者ハ民権家ト謂フベキナリ。……夫レ誠ニ民権ヲ重ンズルガ為メニ真ニ国会ヲ望ム者ナラバ則国会ハ何時ニモ之ヲ望ムベキナリ、時ニ就テ望ムベキ所以ナキナリ。……事情ノ上ニ就テ国会ヲ望ムハ民権家ニ非ザルナリ。我国ノ民人冀クハ民権家ヲ知レヨ、望ムラクハ真純ノ民権家タレヨ[19]。

ここでは、民権家の要件は国会を望むか否か、にかかっている。しかも、何時でも望め、条件に応じて望むのは本当の民権家ではない、とまで言い放ち、民権家は「真純の民権家」たれと檄を飛ばしている。

これより先の一八八〇年三月、国会期成同盟が結成されると、枝盛も河野広中・杉田定一・村松亀一郎・北川定彦らと委員になり、「国会期成同盟規約緒言」を起草し、その緒言において「吾等真に国会を謀る者」が「大いに国内の民人を結合」して政府に開設を求めることを定めている。[20] 枝盛はさらに国会願望書審査委員の一人となり、しかも実質的には枝盛の手で「国会開設允可上願書」が起草され、四月一七日、太政官に提出された。枝盛が深く関与したこれらの動きを背景に、その高揚感と使命感のなかで「民権家」は演説されたものであろう。ちなみに、演説の「真ニ国会ヲ望ム者」という文言との酷似から、前掲同盟規約緒言の「真に国会を謀る者」という核心的な文言は、枝盛の手によるものとみられる。

いずれにせよ「民権家」は、枝盛の国会開設にかける並々ならぬ決意を感じさせる、緊迫感の溢れた演説である。しかし、それとともに、「真純の民権家」の対極に偽の民権家、それは国会期成同盟に加わってこない都市の民権派を想定しているが、それへの対抗のような、厳しいハードルの上げ具合には危惧を感じさせるような部分もある。枝盛のこうした厳しさは、やがて現実の確執へと発展するのである。

二　自由党準備会の結成

植木枝盛のなかで、国会はきわめて重要であった。そこで、次には「政党」である。枝盛に政党結成という考えがいつ頃、どのようにして生まれたのか、実は鮮明にしえない。それどころか、一八七五年以降毎週のように、とくに運動の高揚期にはきわめて多くの社説・論説、著書を発表し続けていた健筆の論客枝盛において、明確な「政党論」の発表というものは、八一年一月の論説「自由党組織ノ事ヲ論ス」までみられないのである。それとて、自由党準備会結成を受けての文章である。さらにこれ以降も自由党結成に至るまで、枝盛には政党論の発表がないのである。このことは、あらためて注意を喚起すべき問題ではないだろうか。

しかし、これは枝盛が政党に思いを巡らしてこなかったことを意味しない。あとでみるように、一八八〇年一一月の期成同盟第二会において、枝盛が「自由党」結成を率先して提唱するとともに、規約等もあらかじめ準備し、これが自由党準備会となったことは、後述のように事実なのである。となると、これはもはや枝盛の特徴の一つと考えるべきではないか。つまり、枝盛にとって当面の政党とは、社説・論説などで政党を目指して呼びかけ、人民を広く結集させる存在ではなかった、ということである。

それに留意しつつ、期成同盟第二会で枝盛が提唱した政党「自由党」を具体的にみていこう。

その材料は「植木枝盛自叙伝」である。この「自叙伝」は、期成同盟の時期から約一〇年後に著されたもので、その細部の信憑性については史料批判もされつつあるが、大筋では否定する理由はないと考えられる[21]。そこで、まずこれに沿って枝盛の政党提唱の発端からみてみよう。なお『自由党史』の記述も、この「自叙伝」に拠っていることは明らかである。枝盛は以下のように回顧している。

吾々の本旨を広く一国の人民に上告し、国民の力に憑りて吾々の本旨を達すべき道を謀るに在り、是が為めには今より国会期成同盟を一変して之を断然たる政党と為すべし、其の政党をば当に之を以て自由党と称すべきなりと、氏は其綱領規則等をも自から草案して之を提出したり。……而して此時自由党を組織せんと氏等の発案したる所は、敢て甚しき反対説あるにあらざるも、何分確然たる決議となるに至らず、期成同盟は先づ期成同盟にて存し置くことと為りし……茲に自由党と称する一党を組織することと為りしが、此時同党盟約書を作るに臨み、氏より提出したる草案は即ち左の如きものにてありたり。

自由党盟約草案

吾等斯世に生れたる以上は、能く安全に存在し、能く幸福を享有するを以て至要の事と為すを信じ、能く安全幸福を遂ぐるには、自由及び権利を保有するの至緊至要なるを信じ、而して自由及び権利は、其の之を得んとする志念と実力との二つに由つて能く伸張発達せしむべきを信じ、又其志念と実力との二者は、吾等自由の主義を崇尚する者相合同して愈強固なるものと為るべきを信じ、因て今茲に盟約を結ぶこと左の如し。

第一　我党は吾々人民の自由を伸達し、権利を拡張する者相合して成るものとす、故に我党は吾々人民の自由を伸達し権利を拡張するを主旨とし変易すること無かるべし。

第二　我党は自由の主義に適合するを本意として、国家社会を改良し、政治法律を改良することを図るべし。

第三　我党は国家社会に於て我々人民の自由権利を妨礙する者を排撃し、自由権利の為めに利益と為る者を愛養すべし。

第四　我党は我全国人民の悉く同権なるべきを信ず。

第五　我党は我日本国の宜しく立憲政体を行ふべきを信ず。

第六　我党は吾々と相共に存在する闔国人民中に於て、自由の真理に迷蒙する者を啓発し、之を幸福の地に帰せしむる図を為すべし。

此草案は……之を基礎として加除修正を加へたる上決定せらる、ことと為り、……其同意者の中には沼間守一氏等を始めとし、東京横浜毎日新聞社々員の人々も之れありたれば、当分右新聞社を此自由党の通信所と定め、沼間守一氏外一両名を以て其の通信を司らしめ、更らに来年十月を期し再会を開くべきを約し各四方に別れたり。(22)

すなわち、この背景には政府による国会開設請願の不受理方針の明確化という事態があるが、枝盛はこれを受け、この際もはや政府を頼らず、世論の支持を得て国会開設を謀る方向に転じ、「国会期成同盟を一変」、つまり衣替えして政党としようと考えたのである。枝盛は自由党という名称、綱領・規則等も準備していた。

まず枝盛による盟約草案の内容を吟味しておこう。まず第一では、人民の自由の「伸達」と権利の「拡張」とを主旨として唱え、この主旨を「変易すること無かるべし」とまで決然と言い切って、ここに至上の価値を置くことを明示している。自由と権利は自由民権運動の基礎的な要求であり、また枝盛においても、一八七九年四月に公刊した主著『民権自由論』の「はしがき」で、「元来あなた方の自由権利は仲々命よりも重きもの」であると述べている。[23]

第二では、第一条を受けて自由の主義を「本意」とし、それを本にした「国家社会」と「政治法律」との改良を掲げている。革命ではなく「改良」を謳ったのは、公党の盟約であったからであろうか。しかし、国家社会と政治法律の改良という、ある程度具体的な内政上の政策的課題を示したことは注目される。

第三も第一条を受けているが、人民の自由権利を「妨礙する者を排撃」すると、政府と闘う姿勢を明確にし、並行してその闘いの同志の育成を掲げている。

第四では、人民の同権を掲げている。これについては、枝盛も前掲『民権自由論』附録の民権田舎歌で、「人の上には人はなく　人の下にも人はない　こゝが人間の同権じや」[24]と、福沢諭吉の『学問のすゝめ』初編冒頭に近い同権論を謳っている。こうした人民の同権論は、のちの自由党盟約や立憲改進党趣意書、また地域ブロック政党の立憲政党大意・九州改進党々則、及び地方政党である高知の海南自由党規約等を始め、管見の限りで自由民権期の民権派政党が一度も趣意書・規則に掲げたことがないものであった。その意味で、この条文の意義は深いものがある。

第五では、立憲政体の実現を主張しており、これも自由民権運動の基本的要求であった。

第六では、第三条を受ける形で、自由に基づく人民の「幸福」実現の意を主張している。「幸福」は、板垣退助らの民撰議院設立建白書において、「我帝国を維持振起し、幸福安全を保護せん」[25]という幾分国家の幸福安全に傾いた主張のなかで用いられ、枝盛は前掲『民権自由論』「はしがき」で、「幸福も安楽も民権を張り自由を伸べずて得らるゝ事ではありません」[26]と、人民の幸福を訴えている。「自由の真理に迷蒙する者を啓発」するという文言には、枝盛の強い使命感が窺える。

以上、枝盛案は枝盛らしい表現を随所に織り交ぜつつ、総じて抽象的な自由民権運動の基礎的理念を訴えることに主眼が置かれた内容であったといえよう。

さて大日方純夫氏は、結社から政党への組織形態の転換の過程に三つの流れがあったとされる。第一は、結社を解散し、全国政党へ合流するもの、第二は、結社を地方政党へと再編するもの、第三は、結社は存続し、有志が政党に参加するものである。(27)

枝盛の発案は、この第二の、結社自体の再編というものに相当する。国会期成同盟とは、二府二十二県の結社・地域の八万七千余人の総代から成る全国組織であり、「同盟」を謳った強固な国会開設のための運動体であった。これ自体が再編されてそのまま政党化されるなら、強固な全国政党が瞬時に誕生することになりうる。枝盛の発想はまさにそれであったわけである。枝盛がそれを発案した時期は定かではないが、彼が「政党論」を公にしなかった理由は、ここにあったのではないか。既存の国会期成同盟組織の再編による政党を想定していたのなら、あえて政党論議を広く喚起する必要がなかった、と推測される。

しかし枝盛の目論見は、「自叙伝」によれば「敢て甚しき反対説あるにあらざるも、何分確然たる決議となるに至らず、期成同盟は先づ期成同盟にて存し置くことと為りし」と斥けられた。唐突な提案と受け止められた可能性が高い。

さて、この時点で政党結成を構想していたのは、枝盛のみならず河野広中や新潟の山際七司ら、複数のグループがあった。(28)たとえば河野であるが、その回想のなかで「予の所見にては、国会開設の目的を達するには、尚ほ一層鞏固なる国体の基礎を築かねばならぬ。就ては此際宜しく国民的大政党を組織せざる可からず」と思い、長野の松沢求策が同意見であったので彼とともに、「国会期成同盟の組織を変更して、純然たる政党組織と為すべしという建議を提出した」が、河野は議長をつとめたために十分な意見が述べられず「折角、提出した建議は纔かの少数で否決」され、翌日再び出したその案は小差で可決された、と枝盛同様の構想があったことを述べている。(29)

さて、枝盛の自由党盟約草案は「自叙伝」にあるように、規約第一条も人民の自由の伸達、権利の拡張を謳うなど、理念的にして抽象的であり、それは先の立志社設立之趣意書とも相似したものであった。のちの立憲改進党のような具体的な政治課題の実現を標榜する政党とは全く別な理念に基づく政党を目指したものであることが歴然である。

しかし結局、自由党は有志によって期成同盟とは分離して有志により準備会として結成されるに留まったのである。枝盛が荒野広之の筆名で一八八一年一月二二日、愛国社機関誌『愛国新誌』第二一号に発表した論説「自由党組織ノ事ヲ論ス」は、この自由党準備会結成を受けてのものである。その要所をみてみよう。

吾儕ハ渇スルモノナリ、自由ノ水ニ渇スルモノナリ、……自由ノ河水ハ我国モ亦在ル有焉、然シテ只其外圍ニ結氷ノ障碍的物アツテ吾儕輒ク之ヲ飲ムコト能ハサルノミ、……吾儕自由ヲ希望スル者ハ茲ニ自由ノ政党ヲ組織シ、仍チ以テ彼ノ堅氷ヲ破ラサルベカラザルナリ、……吾儕ハ今ニ当ツテ曷ンカ彼ノ自由ヲ伸展シ、権利ヲ拡張スルニ要スル所ノ諸徳ヲ養成セサルベケンヤ、曰ク、之ヲ養成スルノ道如何、曰く、自由党ヲ結成スルニ在ルノミ、夫レ這ノ自由党ニシテ果シテ組織ヲ為セバ、則其各人ハ与ニ共ニ知識ヲ進ムルニ足ル可キ也、……竟ニ左ノ如キ盟約ヲ定メタリト、

自由党結成盟約

第一条　我党ハ我日本人民ノ自由ヲ拡充シ権利ヲ伸張シ及ヒ之ヲ保存セントスル者相合シテ組織スルモノト為ス

第二条　我党ハ国家ノ進歩ヲ図リ民人ノ幸福ヲ増益スルコトヲ務ム可シ

第三条　我党ハ我日本国民ノ当ニ同権ナルヘキヲ信ス

第四条　我党ハ我日本国ハ立憲政体ノ宜シキヲ得ルモノナルヲ信ス(30)

緒言部分で、「自由ノ水」を渇望する我々が「自由ノ水」に氷が張っていて飲めないため、その堅い氷を破るため

「自由ノ政党」が必要なのであると、結党の目的をきわめて象徴的に示している。

さて、ここで自由党準備会の盟約成案全四ヵ条が紹介されている。その検討の前に、『自由党史』で紹介された国立国会図書館憲政資料室所蔵「河野広中文書」中の成案全四ヵ条および申合規則全八ヵ条の活版印刷物を掲げておく。これは河野文書にも複数部収められているように、当時配布用に印刷されたものとみられ、盟約の定本といってよい。ただし『自由党史』掲載分には若干語句の誤り等があるため、あらためて全文を以下に紹介したい。

自由党結成盟約

第一条　我党ハ我日本人民ノ自由ヲ拡充シ権利ヲ伸張シ及ヒ之ヲ保存セントスル者相合シテ之ヲ組織スル者トス
第二条　我党ハ国ノ進歩ヲ図リ民人ノ幸福ヲ増益スルコトヲ務ムベシ
第三条　我党ハ我日本国民ノ当ニ同権ナルヘキヲ信ス
第四条　我党ハ我日本国ハ立憲政体ノ其宜シキヲ得ルモノナルヲ信ス

自由党申合規則

第一条　凡ソ党衆タラント欲スル者ハ其姓名住所ヲ其地方部ニ通知スベシ
第二条　其通知ヲ受ケタル地方部ハ其人ヲ査撿シ以テ之ヲ許シ而シテ之ヲ東京中央集会所ニ報告スヘシ
第三条　全国ヲ分テ数部トナス而シテ其区劃ハ仮ニ一府県ヲ以テ一部トスト雖モ地勢ノ便宜ニ依リ之ヲ分合スルコトアルベシ
第四条　毎年一回東京中央集会所ニ会合ス
但一府県十名以下ノ委員ヲ出スモノトス
第五条　毎年通常会ノ外緊要ノ事件アルトキハ臨時会ヲ開クコトアルヘシ
第六条　毎年ノ通常会ニ於テ常置委員二名ヲ撰挙シ東京中央集会所ニ在リテ各地方ノ往復書信ヲ司ラシム

第七条　中央集会所ニ関スル一切ノ費用ハ之ヲ各府県均一ニ賦課スルモノトス
第八条　我党ノ目的ヲ達スルニ緊要ナル事業アルトキハ会議ノ決ヲ以テ之ヲ興起スルコトアルヘシ(31)

条文について、枝盛紹介分とこの印刷物とは違いがある。第一条の結びが植木によれば「組織スルモノト為ス」であるが、印刷物では「之ヲ組織スルモノトス」となっていること、第二条の冒頭が植木によれば「国家ノ進歩」であるが、「国ノ進歩」となっていることで、この微細な違いは枝盛の記憶の誤りであろうか。

さて自由党準備会は、一八八〇年一二月一五日に築地寿美屋で催された「自由党懇親会」において結成されたが、『東京横浜毎日新聞』同月一七日雑報によれば、盟約については河野広中と山際七司から案が出されたものの、討論の結果「新案」起草に決し、嚶鳴社の草間時福と前出の山際、嚶鳴社社長の沼間守一が「起草委員」となり、「直に盟約四条申合せ規則六条を撰し沼間守一仮りに議長の席に就き盟約及規則を議せしに植木枝盛、松田正久、林包明、河野広中氏等の駁論によりて一二項を修正議決し畢」ったという。この記事から、盟約の起草・審議においては沼間ら嚶鳴社員が主導権を握っていたことが判る。また枝盛は「駁論」を行った一人として名があるのみである。しかし、枝盛の「自叙伝」によれば、枝盛による自由党盟約草案は「其儘採用せらる、こととこそならざりしなれ、猶ほ之を基礎として加除修正を加へたる上決定せらる、ことと為」ったというのである。つまり、沼間らは枝盛案を基礎として「撰」を行ったことになる。(32)

このような枝盛の「自叙伝」の内容はどこまで信憑性があるのだろうか。それでは、枝盛案と成案とを具体的に比較し、検討してみよう。

まず成案の第一条は、枝盛案の第一である「我党は吾々人民の自由を伸達し、権利を拡張する者相合して成るものとす、故に我党は吾々人民の自由を伸達し権利を拡張するを主旨とし変易すること無かるべし」の前半部分とほぼ同一で、枝盛案の人民の自由の「伸達」が「拡充」に、また権利の「拡張」が「伸張」にとなっているにすぎない。枝盛案の後半部分は削られている。第二条は、前半は植木案の第二の前半の「自由の主義に適合するを本意として」の部分を削り、「国家社会を改良」するを「国ノ進歩ヲ図リ」と国家に限定して抽象的でより客観的な表現に改め、「政治法律を改良する」の部分を削ったとみられる。後半は植木案の第六の「人民中に於て、自由の真理に迷蒙する者を啓発し、之を幸福の地に帰せしむる図を為すべし」を、「民人ノ幸福ヲ増益スルコト」と簡略なより客観的な表現に置き換えたものである。

第三条は植木案の第四を、第四条は植木案の第五をほぼ踏襲したものとなっている。植木案の第三は削られている。

以上、成案は枝盛らしい表現を削り、より抽象的で客観的、かつ簡潔な内容に改めたものであるといえよう。このように枝盛の「自叙伝」の通り、成案は枝盛案をもとにして「加除修正」を加えたものであったことがわかるのである。(33) その間に行われた沼間らの「撰」も、枝盛案を大きく変えるものではなかったといえよう。沼間らは主に中合規則の起草に関ったのではないだろうか。そうであるならば、枝盛こそが自由党準備会の骨格を作った、とみることができるのである。

さらに、翌八一年一〇月に正式に結成された自由党の公表された盟約全三章は次の通りであった。

第一章

吾党ハ自由ヲ拡充シ権利ヲ保全シ幸福ヲ増進シ社会ノ改良ヲ図ルヘシ

第二章

吾党ハ善美ナル立憲政体ヲ確立スルコトニ尽力スヘシ

第三章

吾党ハ日本国ニ於テ吾党ト主義ヲ共ニシ目的ヲ同クスル者ト一致協合シテ以テ吾党ノ目的ヲ達スベシ(34)

これを自由党準備会の自由党結成盟約と比べるならば、第一章は結成盟約の第一条の「自由ヲ拡充」を踏襲し、権利を「伸張シ及ヒ之ヲ保存」を権利の「保全」のみに改め、結成盟約の第二条の「民人ノ幸福ヲ増益スルコト」という部分を「幸福ヲ増進」に直して続けたものである。末尾の「社会ノ改良」は、そもそもの枝盛案の第二の「国家社会を改良」を、社会のみに絞ったものであろうか。

第二章は、結成盟約の第四条をほぼ踏襲している。第三章は、結成盟約の第一条の結び部分「相合シテ之ヲ組織スル者トス」を敷衍したのであろうか。盟約の第三条の同権は削られている。

以上、総じて自由党盟約は自由党結成盟約をさらに簡潔にしたものといえよう。

しかし通観すると、自由党準備会の枝盛案からその成案、そして自由党盟約まで、主たる内容はほぼ同一で繋がっているのである。枝盛の構想が自由党の構想の原型となったということは、もはや明瞭であろう。

さらに、枝盛のそもそもの案の抽象性は、国会開設を勝ち取るという単一の目的のためであったとみられる。それが基調となって、やがての自由党の性格も決まったことを確認できる。当初の自由党の性格はのちに「創業の政党」論[35]と称される団結重視の姿勢であったが、それは良くも悪しくも枝盛に多くを負っていたと考えられるのである。

三　都市民権派への批判

自由党準備会には、都市民権派の代表格であり、三田派と双璧をなす沼間守一らの嚶鳴社も加わり、不十分ではあるが民権派の大同団結的な様相を呈した。すでにみた「植木枝盛自叙伝」にあるように、結党後は「通信所」として沼間らの毎日新聞社が充てられた。なおこの「通信所」は、前掲「自由党申合規則」によれば「東京中央集会所」が正式名称であろう。なぜ東京中央集会所が毎日新聞社に充てられたのかは、この結党が植木枝盛の言うように、世論を国会開設の基礎に想定したからで、まさに新聞というものの世論形成の機能に期待したからであった。

こうした沼間たちの関与の意味について、安在邦夫氏が「嚶鳴社の役割を過小評価することはできない」[36]とみる一方で、江村栄一氏は、毎日新聞社員で東京中央集会所の事務局委員たる嚶鳴社員野村本之助の一八八一年六月段階の書翰[37]の「何分、意ノ如クナラズ」といった文面から消極的姿勢をくみとり、事務局委員野村が「引き受けた仕事を間もなくほとんど放棄してしまう」ことによって自ら政党から退場したとし、自由党結成での役割は「いわば潤滑油的働きをした程度」[38]であるとの低い評価を与えた。

ことの真偽はどうか。江村氏が執筆当時に未整理であった、愛知県の民権家で自由党結成時の幹事の一人である内藤魯一の主要文書がその後整理され、一九九六年三月に『内藤魯一関係文書目録』が、二〇〇〇年に『内藤魯一自由民権運動資料集』が、共に知立市歴史民俗資料館編集にて同市教育委員会より刊行された。同文書に一八八一年九月六日付の、東京京橋区元数寄屋町二丁目一〇番地である毎日新聞社の野村から愛知県三河国碧海郡上重原村二二一番地の内藤に宛てた書翰が収められている。野村は言う。

小生ノ如キハ昨年ニ佑拙ニ逢ヒシ者ノ中ニテモ最モ後輩ノ事故初メハ事務モ先輩等ノ所弁ニ委セ候処追々他ニ事故等有之候而自由党ノ事ニハ参与イタシガタキ趣ヲ以テ之ヲ辞シ為ニ其負担小生ノ一身ニ集リ来リ甚タ迷惑之至ニ御坐候乍併後互ニ前途国政ヲ改良シ人民ノ気象ヲ奮起セシメンニハ必ス千万ノ支障艱難ニ遭遇スルハ因ヨリ小生等ノ予期スル所ニ候得者小生ハ飽迄一身ヲ擲チテ該党ノ為メニ尽力仕度決心ニ候間幸ニ一臂之御助力ヲ仰度切ニ奉願候[39]

すなわち九月段階に至っても、野村はあくまで一身をなげうって自由党のために尽力したいと内藤に告げ、協力を求めている。江村氏の言われた「仕事を間もなくほとんど放棄」したという評価は、適当ではなかったようである。

嚶鳴社の退場は、自由党が民権派の一大結集とならなかった最大とも言える要因ではあるが、これまで大きく分けて二つの原因が指摘されている。その第一は、江村氏のような自発的退場説である。その背景には、都市民権派には都市で結集する独自の政党構想があり、その構想を進めていったとみる。[40] もう一つは、国会期成同盟の林包明や内藤魯一との対立説である。それは一八八〇年一一月に国会期成同盟が決定した、次回大会に全国から憲法見込み案を持ち寄ることにからみ、林・内藤らが嚶鳴社による七九年の「嚶鳴社憲法草案」を取り上げて、都市知識人の憲法構想の保守性を激しく批判し、対立が激化したという説である。[41]

さて、問題は枝盛である。従来枝盛はこの場面に一切登場してこなかった。しかし、林や内藤よりも枢要な位置にあった立志社最大のオピニオンリーダーが、こういった須要な局面に果たして関係していなかったのか。実は枝盛は都市民権派に対し、天皇・憲法を巡って、ということはとくに国家構想において、根本的な違和感を抱いていたとみられる。そしてそれこそが、嚶鳴社を強く自由党結成から押し出す主因となったのではないか、と考えられる。

一八八一年八月一八日、立志社機関紙『高知新聞』社説として植木枝盛稟「人間ノ世ニ在テ発動行為スル上ニ四個ノ段落アルヲ論ス」第三回が発表された。枝盛は次のように言う。

今日吾儕ノ最モ悲傷ニ禁ヘサルモノハ当時我国ニ在リテ将ニ我日本ニ立ツヘキ憲法ヲ議スル者モ亦道理ニ問フコトヲ専ラトセス徒ニ試験経跡ニ学フヲ主トスルノ状アル是也……蓋シ今日ノ洋学者流カ日本憲法ヲ議スルヤ其学英ニ深キ者ハ多ク英ノ試験ト経跡ヲ学ハントシ米ニ深キ者ハ専ラ米ノ試験ト経跡ヲ学ハントシ蘭タリ仏タリ各其学ノ深キ所ニ就テ之レカ試験経跡ヲ学ハントスルモノ幾ント其常矣……模倣スルニ足ラサルノミナラス吾儕ハ纔カニ愍笑ニ附スルノミ将タ何ノ因アリテカ之ヲ学ハン乎哉嗟呼天下ハ猶ホ曚昧タル乎何ソ吾友ノ尠キコト也此際ニ当リテヤ適々益友ヲ得ルモ吾ハ欣然トシテ喜ハサルヲ得ンヤ乃者ハ参河国ナル内藤魯一氏ハ吾儕ニ書ヲ示シテ曰ク某社〔嚶鳴社〕ノ如キハ東京ニ於テ博識ノ士ノ結成セル所ナルニモ関ハラス其社ニ於テ艸スル所ノ日本憲法案〔嚶鳴社憲法草案〕ヲ読了スルニ之ヲ起艸スル精神猶ホ物ニ蔽ハル、所アリテ純粋ナルコト能ハス其個条中往々道理ヲ問フテ然ルニ非ナルモノアリ又某塾某新聞社〔慶応義塾・東京日日新聞〕ノ草シタル憲法案モ亦然リ豈歎息セサルコトヲ得ンヤ今ヤ茲ニ始テ国会ヲ開キ憲法ヲ立テントスルニ当テ公平ヲ欠キ道理ニ向ハス殊ニ欧米各国ノ陋態ヲ学フ豈ニソレ我輩自由家ノ本意ナランヤ……吾儻ハ茲ニ更始ノ国家ヲ組織シ勉メテ道理ニ適合スル所ノ立憲政体ヲ立テ永ク国家ノ幸福安全ヲ保存センコトヲ要スヘキナリ嗚呼憲法ヲ作ラント欲セハ純粋ノ憲法ヲ作ルベシ憲法ヲ制セント欲セハ真乎ノ憲法ヲ制スベシ……毫末モ自ラ卑屈スルコトナク必スヤ道理ニ問フテ而シテ之ヲ作レヨ夢ニモ亦且ツ欧米憲法ノ奴隷トナル勿レ欧米ノ憲法ハ卑野ニシテ取ルニハ足ラサルナリ(42)

すなわち、内藤魯一による嚶鳴社の「嚶鳴社憲法草案」、慶応義塾、つまり交詢社の『私擬憲法案』「私考憲法草案」、東京日日新聞の福地源一郎の「国憲意見」批判を受けて、欧米憲法の「奴隷」となるなかれと、彼らを苛烈に批判している。この内藤から枝盛へのラインの存在にも注目される。

次いで一八八一年八月二〇日、枝盛は『高知新聞』に署名入りの社説「神ナラザルガ故ニ君ナリ」を発表した。これは精緻な企みの天皇論である。

国家ノ君主タルモノハ国家人民ノ政治ヲ任ズルモノニシテ、而シテ国家ノ政治ト云ヘルモノハ六根清浄ノ仕事ニハアラザルナリ。……然レバコソ君ハ神ナラザルガ故ニ君タルコトヲ得ベケレ、彼ノ神トスルモノハ斯ノ如キ汚穢ヲ極ムル所ノ国家社会ニ居住スベキモノニ非ザレバ、若シモ果シテ神ナラバ則何ゾ君タルヲ得ルコトアラン、……我日本ノ天皇陛下ニシテ若シモ神ナラバ、則之ヲ日本ノ国家ニ君主ト為シ奉ルハ頗ル其道ヲ得ザルコトニシテ、実ニ不敬ノ極ナリ。畢竟日本ノ天皇陛下ニシテ神ナレバ則速ニ日本ノ法律社会、日本ノ政治境界ヲ御脱越遊バサセ奉リ、一瞬モ早ク汚穢ヲ極ムル国家ヲ御離レ遊バサセ奉リ、神ノ神タル清浄無垢ノ天ニ御遊ビアラサセ奉ル様申上ゲズテハ成ラザルベシ。……我国天皇陛下ハ則全ク日本ノ君ナリト云ハヾ只之ヲ君ナリト謂フ可シ。之ヲ神ナリト謂フハ則自ラ欺キ人ヲ欺クニアラズンバアラザルナリ。(43)

すなわち、天皇が神であるなら、政治的な君主たり得ない。君主であろうとするなら神ではない、とする。主眼は天皇と政治の遮断である。ここから、冒頭で触れた枝盛の本質が、まさに共和主義であることが窺える。この天皇観は、嚶鳴社や三田派とは全く異なるものであった。

またこれより先に枝盛は、三田派の社交団体である交詢社に言及している。一八八一年七月二日、枝盛は木々直生の筆名で『高知新聞』社説「今ノ官権党ト云フ者若何」を発表した。枝盛の舌鋒は容赦ない。

夫レ真成ナル国家ノ政事党派ト云フ者ハ、便チ人民ノ国政上ニ関シテ熱心ノ余リ遂ニ自ラ相結ンデ党ト為リ派ト為ルモノニコソ在ル可ケレ、……今日我国ノ若キハ実ニ政党ト為ス可キ者アル耶、……我儕自ラ信ジテ結ブ所ノ自由党是也、然カモ自由党ハ我儕ノ自ラ関スル所也、自由党ノ外ニ於テ復タ相匹スル政党アル耶、……一二年以還我国ノ首府タル東京江戸ニ於テ立ツル所ノ一種ノ社〔交詢社〕アリ、世務ヲ諮詢シ智識ヲ交換スルヲ名トシテ民間ノ人士ト結合シ、殊ニ学者ノ名アル者ヲ籠絡シテ暗ニ自由党ノ気勢ヲ削ラントシ国会党ノ鋒刃ヲ鈍ラサントシ、要スルニ自由党ノ進路ヲ遮ギルノ牆壁トナラントスルモノ、如クアリシガ、近来ハ委員ヲ撰ビテ国内ノ諸方ヲ巡回セシメ暗ニ今日ノ自由党ヲ誹譏スルノ状アリ、然ラバ則之ヲ以テ実ニ我国ノ官権党タル者ト為ス可キ乎(44)、

すなわち、交詢社は自由党の活動を妨げる「官権党」であるとまで酷評している。こうした「官権党」には、嚶鳴社も含めて考えていたことと想像される。

枝盛のこうした意見は、立志社機関紙『高知新聞』に発表されたことによって、立志社・土佐派を代表的する意見として受け止められ、その結果として嚶鳴社・三田派といった都市民権派への批判的世論を惹起・形成したとみられる。その果たした役割は、つまるところ嚶鳴社を自由党結成の場から放逐するものであった、といえるのではないだろうか。

これに対し、沼間らの『東京横浜毎日新聞』は一八八一年九月二二日の社説に「政党ノ団結」を掲げ、「先ツ東京ニ於テ従来政談論議ヲ為シタル党派ヲ集メテ之ヲ一団結トナシ此一団結整フテ後チ之レニ全国志ヲ同フスル士ヲ結ビ

付ケ」て政党結成を図ることを新たに提唱することによって、批判を強める枝盛らに決別を宣言したのである。ここに自由党準備会以来の政党結成運動における愛国社系結社と都市民権結社との連携は解消され、それぞれが独自の政党結成を目指すことになる。

おわりに

植木枝盛が自由党準備会、そして自由党の構想の骨格を作ったことは疑いえない。枝盛の持つ政党認識を土台として、これらの党派は形成されたといえるであろう。自由党の準備政党としての位置も、枝盛の考えの枠内から導かれたものである。ブルジョア的政治・経済・社会システムの実現を具体的な政治目標を掲げて目指そうとした立憲改進党[45]とは全く異質の政党観がそこにはある。

そして、枝盛を中心とするこうした動きから、やがて改進党に加わる三田派や嚶鳴社が疎外されていくことは必然的なものであったと言わざるをえない。とくに毎日新聞社を東京中央集会所に、野村らをその委員として自由党準備会のある種のイニシアチブを握った嚶鳴社にとって、真の対抗者が林包明や内藤魯一といったサブ・リーダーではなく、枝盛という巨人であったからこそ、自由党結成から退場を余儀なくされた、という新たな絵解きは首肯しうる。ただ、枝盛の妥協無き姿勢が、肝心の運動から少なからぬ肉を削いでしまったことは否めない。政治的には狭量であろう。運動は骨のみにて非ずであろう。自由党の結成以後の枝盛の軌跡は、必ずしも明快ではない。現実の政治と思念の相克は抜き差しならぬものがあった。この点で改進党の骨格を作った小野梓とは奇妙な相似形をなしている。

最後に、枝盛研究の今後の課題として、家永三郎氏の描いた能動的にして誤謬無き枝盛像から脱却する時期が訪れてもよいと考える。家永氏のシェーマによって主導された枝盛研究は、今日静まりかえっているかにみえる。戦後の民主主義の回復・発掘の動きと連動した枝盛研究を今日的に継承するために、新たな枝盛像の構築を目指しての枝盛の功罪の洗い直しと、それによる人間的で豊かな枝盛像の造形は急務であろう。

註

（1）安在邦夫「民権派中央政党の結成」・大日方純夫「民権派中央政党の活動」・阿部恒久「民権派地方政党論」（『歴史評論』三八〇、一九八一年）八三〜一二五頁。なお安在氏はここでの視座を福島県を中心とした地域にも移し、『立憲改進党の活動と思想』（校倉書房、一九九二年）を、大日方氏は同趣旨で『自由民権運動と立憲改進党』（早稲田大学出版部、一九九一年）を、阿部氏は新潟県に限定して『近代日本地方政党史論——「裏日本」化の中の新潟県政党運動』（芙蓉書房出版、一九九六年）を著した。

（2）江村栄一『自由民権革命の研究』（法政大学出版局、一九八四年）一四七〜一五一頁。

（3）稲田正次『明治憲法成立史の研究』（有斐閣、一九七九年）。

（4）寺崎修『明治自由党の研究』上・下巻（慶応通信、一九八七年）。

（5）家永三郎『植木枝盛研究』（岩波書店、一九六〇年）。

（6）外崎光広『植木枝盛と女たち』（ドメス出版、一九七六年）。

（7）外崎光広『植木枝盛の生涯』（高知市文化振興事業団、一九九七年）。

（8）米原謙『植木枝盛——民権青年の自我表現』（中公新書、一九九二年）。

（9）前掲、家永『植木枝盛研究』三二九〜三三〇頁。

（10）前掲、米原『植木枝盛』一一二頁。

（11）前掲、外崎『植木枝盛の生涯』九九〜一〇二頁。

（12）植木枝盛『植木枝盛選集』（岩波文庫、一九七四年）。

（13）板垣退助監修『自由党史』中（岩波文庫、一九五八年）三四頁。

（14）内藤正中「自由党の成立」（堀江英一・遠山茂樹編『自由民権期の研究』第一巻、有斐閣、一九五九年）二五四〜二五五頁。
(15)『海南新誌・土陽雑誌・土陽新聞　全』（弘隆社、一九八三年）三一～三二頁。
(16)同右、五〇頁。
(17)前掲『自由党史』上（一九五七年）一四〇頁。
(18)福井淳「民権結社の活力と機能――都市と地域から考える」（町田市立自由民権資料館編『民権ブックス二二号　武相の結社』町田市教育委員会、二〇〇九年所収）六七～七一頁。
(19)『植木枝盛集』第三巻（岩波書店、一九九〇年）一五五～一五六頁。
(20)前掲『自由党史』上、二七三頁。
(21)江村栄一氏は前掲『自由民権革命の研究』一二四頁において、「自叙伝」の「自由党」関係の記述について「内藤のように過少評価もできない」と見直しを提起している。
(22)「植木枝盛自叙伝」（『植木枝盛集』第一〇巻、一九九一年）四七～四九頁。
(23)『植木枝盛集』第一巻（一九九〇年）五頁。
(24)同右、三二一～三二二頁。
(25)前掲『自由党史』上、九三頁。
(26)註(23)に同じ。
(27)大日方純夫「政党の創立」（『近代日本の軌跡二　自由民権と明治憲法』吉川弘文館、一九九五年）一五三頁。
(28)前掲、江村『自由民権革命の研究』一二四～一二七頁。
(29)河野広中口述「最も精力の充実したる時代と最も精力を傾注したる事業」（国立国会図書館憲政資料室所蔵「河野広中文書」書類一八二）二三〇頁。
(30)荒野広之「自由党組織ノ事ヲ論ス」（『明治文化全集一四　続自由民権篇』日本評論新社、一九五六年）一六五～一六六頁。
(31)「自由党結成盟約」（国立国会図書館憲政資料室所蔵「河野広中文書」書類一八四）。
(32)前掲「植木枝盛自叙伝」四九頁。
(33)江村栄一氏は前掲『自由民権革命の研究』一二八頁において、河野案が主であり、枝盛案は「諸案の一つとして作成過程で参考にされたのかもしれない」と低く評価している。

(34) 「自由党盟約」(国立国会図書館憲政資料室所蔵「樺山資紀関係文書」五四)。

(35) 前掲、江村『自由民権革命の研究』一六二頁。

(36) 前掲、安在「民権派中央政党の結成」八八頁。

(37) 野村本之助書翰、河野広中他宛、一八八一年六月一九日付(国立国会図書館憲政資料室所蔵「河野広中文書」書翰二三二)。

(38) 前掲、江村『自由民権革命の研究』一三四頁。

(39) 野村本之助書翰、内藤魯一宛、一八八一年九月六日付(知立市歴史民俗資料館寄託「内藤魯一関係文書集」(七)―(ア)―四。

(40) 前掲、安在「民権派中央政党の結成」九〇~九一頁。

(41) 前掲、稲田『明治憲法成立史の研究』一六八~一七二頁。

(42) 『高知新聞』(東京大学大学院法学政治学研究科附属日本法政史料センター明治新聞雑誌文庫所蔵)。

(43) 前掲『植木枝盛集』第三巻、二四四~二五五頁。

(44) 同右、二三五~二三六頁。

(45) 前掲、安在『立憲改進党の活動と思想』二二二頁。

第二章　旧幕臣の政党活動
――江原素六の明治一〇年代を素材として――

檜皮瑞樹

はじめに

麻布学園の創立者にして教育者、クリスチャン、立憲政友会の幹部。幕末から明治期に活動した江原素六はいくつもの顔を持つ。特に、教育者としての多くの青年雑誌への寄稿や、宗教家としてのキリスト教伝道への活動がよく知られている。その反面で、彼の政治家としての側面は、教育者や宗教家としてのそれに比べ、従来ほとんど取り上げられることがなかった。

しかし、江原素六は一八九〇（明治二三）年の第一回総選挙での初当選後、衆議院議員に六度当選、その後は一九二二（大正一一）年に死去するまで貴族院議員の地位にあった。また、憲政党・立憲政友会の幹部としても長く要職にあるなど、政治家・政党員としても長期に渉る経歴を持つ。(1)

本章では、政治家・政党員としての江原素六の活動を取り上げ、なかでも従来の研究で空白期間とされる一八九〇年の総選挙立候補以前の彼の政治活動を明らかにすることを目的とする。それは、江原の明治一〇年代の政党との関わりを明らかにすることが、以下の点において意義を有すると考えるからである。

第一には、旧幕臣研究との関係である。周知のとおり二万人以上といわれる旧幕臣の多くは、明治維新以後に幕府の保護を失い、従来の居住地を離れるなど、維新の変動の影響を最も深刻に受けることとなった。そのような彼らの維新後の活動を明らかにすることは、明治維新という社会的変動における日本社会の経験の一端を明らかにすることである。このような問題関心から近年いくつかの研究が進められている。樋口雄彦『旧幕臣の明治維新――沼津兵学校とその群像』(2)はその代表である。樋口は沼津兵学校に関わった多くの幕臣の維新後の活動を紹介しているが、その中心は文化活動やジャーナリストであり、旧幕臣の政治活動についてはそれほど多くない。また、幕末期の幕府改革派吏僚の多くは、その経験によって獲得した知識・技能や経験をかわれ官界へ進出した。しかし、彼らの一部は一八七七(明治一〇)年前後(もしくは明治一四年政変以後)には官界から離脱して、ジャーナリズムや自由民権運動・政党の結成に関わっていく。このような政治家・政党員として活動した旧幕臣には前島密、島田三郎、田口卯吉、沼間守一などがいる。江原もその一人であるが、旧幕臣の政治家としての江原には二つの特徴がある。

一点目は旧幕臣としての経験である。江原は一八四二(天保一三)年生まれであり、幕末期には幕府の撤兵隊長として長州戦争・戊辰戦争に参加している。歩兵奉行並として戊辰戦争に参加した沼間守一(一八四四〈弘化元〉年生まれ)と同様に、幕府官吏としてのキャリアを有しており、明治維新後に本格的にキャリアをスタートさせた島田三郎や田口卯吉らに比べて一世代上にあたる。

二点目は活動基盤である。当初より東京(江戸)を活動の場とした沼間守一、一八七二(明治五)年前後(沼津兵学校の消滅、静岡藩の廃藩)に東京や横浜に活動の場を移した島田・田口(他に西周・赤松則良・杉亭二など枚挙に暇がない)とは異なり、江原素六の活動拠点は明治二〇年代に東京に居を移すまで沼津であった。そもそも、幕臣であった江原にとって静岡・沼津は全く縁のない地域である。旧藩の所在地でもなく、旧所領でもない地域を基盤とした政治活動は、旧幕臣や明治維新によって領地替えになった藩士等に該当する。江原の政治活動とは、従来の研究において旧幕臣の政治活動として注目されてきた都市民権派ではない、地域社会における旧幕臣と政党との関わりの例として取り上げる意義を有する。

言いかえれば、明治一〇年代の江原の政治活動を明らかにすることは、旧幕臣が政党に何を投機しどのような可能性を見出したのか、彼らにとって政党をめぐる活動（自由民権運動への関わりも含めて）が持った意味について検討することにつながる。

第二には、本書の目的である近代日本における政党研究との関係、なかでも地域における政党活動との関わりである。周知のように明治一四年前後に空前の盛り上がりをみせた自由民権運動は、同時に自由党や立憲改進党など後の政党内閣に連なる政党を中心とした運動であった。しかし、一八八二（明治一五）年の福島事件以後の激化事件を経て運動は沈静化し、自由党は解散、立憲改進党も活動の停滞を余儀なくされた。その後、政党の活動は一八八六（明治一九）年の大同団結運動を契機に運動は再び活発化し、一八九〇年の第一回総選挙以後は舞台を帝国議会に移すことになる。このような民権運動・政党活動の動きは江原が政治活動の基盤とした地域にも波及し、静岡県東部（駿東地域）でも駿東困民党の活動等が知られている。しかし、激化事件の一つに挙げられる静岡事件を除くと、その政党活動についてはほとんど明らかにされていない。江原素六の明治一〇年代の政治活動を明らかにすることは、駿東地域の民権運動・政党活動の一端を明らかにすることにつながる。

次に、江原素六自身に関する研究を整理し、その研究史上の意義を確認する。前述のとおり従来の研究におけるアプローチは教育者・宗教家としての側面に集中している(3)。その代表は一九二三（大正一二）年に刊行された『江原素六先生伝』(4)であり、その後の著作も明治一〇年代の江原の政治活動については『江原素六先生伝』での記述を継承している。例えば、辻真澄『江原素六』[5]では以下のように記述されている。

その後素六が自由党に入党して政界に入り、自由党から脱皮した政友会に籍を置いて、議会活動をするようになったのは、この明治十五年板垣達としばらく行動を共にしたことが転機の一つとなっているとみてよいと思います。素六の政治活動は、これ以後明治二十三年の衆議院に出馬するまで、全く空白となり、政治に携わったという資料も見当らず、そのような談話なり記述もありません。

江原の政治活動は一八八二年の板垣退助一行の沼津来訪が契機であったが、その後は一八九〇年の第一回総選挙までは伝道活動に専念したとするものである。しかし、このような説明では、第一回総選挙への立候補があまりに唐突なものとなってしまう。一方、この点については、加藤史朗『江原素六の生涯』が沼津兵学校や授産事業での活動が名望家の支持を集め、「特筆すべきは、愛鷹山払い下げ運動の中で、前述の江藤ら地元有力者に推される形で政治家への道を歩みはじめたことである。[6]」と、江原の政治基盤について説明している。この加藤の指摘は大変重要であり、明治一〇年代の地域での政治的活動や民権運動への関わりをも含めて、江原の政党への関わりや第一回総選挙への立候補が説明されなければならない。

本章では明治一〇年代から第一回総選挙までの時期における、江原素六の政治活動を、彼の地域社会における政治基盤の形成として明らかにすることを目的とする。

一　地方官吏として——明治一〇年代前半の活動——

(1) 戊辰戦争から静岡県官吏へ

最初に、戊辰戦争から静岡藩（県）の官吏としての江原の活動を、主に『江原素六先生伝』(7)の記載から簡単に整理する。

一八四二年、江原素六は豊多摩郡淀橋町（現在の西新宿および北新宿）に、小普請組江原源吾の長男として生まれた。一八五六（安政三）年からは昌平黌に学び、幕臣のキャリアとしては順調なスタートであった。一八六一（文久元）年には講武所砲術世話心得、翌一八六二（文久二）年には砲術教授方に任命された。一八六五（慶応元）年には将軍徳川家茂の上洛の際には撤兵隊長として従軍している。その後、鳥羽・伏見の戦いに参加し、戦闘終了後に江戸に引き揚げている。

その後、一八六八（慶応四）年三月には撤兵第一大隊長に任命され、同年閏四月には江戸開城後の関東における最初の戦闘である市川・船橋戦争に参加した。戦闘に敗れた後は敗走者として江戸に潜伏し、後には藤枝や韮山などに潜伏していた。

しかし、一八六八（明治元）年一〇月には静岡藩少参事に任命され、静岡転封後の幕臣教育に携わっていく。江原が関わった最も有名な機関は沼津兵学校である。この沼津兵学校については樋口雄彦による詳細な研究(8)がある。一八六八年一二月に静岡藩によって設立された沼津兵学校は幕臣子弟の士官教育を目的とし、他藩からの学生も受け入れるなど日本近代教育の先駆として評価されている。初代校長には西周が就任し、後に明治政府で活躍する多くの人材を輩出した。江原は沼津軍事掛として沼津兵学校の設立や運営に深く関わったことが指摘されている。兵学校は一八七〇（明治三）年にはその管轄が兵部省に移管され、一八七二年には政府の陸軍兵学校との統合のため東京へ移転したことでその歴史に幕を閉じた。

一方、沼津兵学校には附属小学校が併設されていた。その教育内容は主として兵学校の予備教育であったが、士族以外にも開放されるなど初等教育機関としても機能していたと評価されている。附属小学校は、前述の沼津兵学校の兵部省移管に伴い一八七一（明治四）年一一月には「沼津小学校」と改称した。さらに、一八七二（明治五）年八月には学制が施行されたことにより徳川家の手を離れ、翌一八七三（明治六）年一月には江原素六らの努力により公立小学校集成舎に再編された。江原は、この附属小学校に継続して関わり、小学校の変則（中等科）が一八七六（明治九）年八月に沼津中学校として独立すると校長に就任している。また、一八七一年四月には政府による海外視察に派遣され同年一二月に帰国している。

その後、一八七六年には静岡県会が設置された際に第一大区から県会議員に選出され、一八七九（明治一二）年三月には駿東郡長に任命された。

以上のように、江原素六は幕府軍事官僚としてそのキャリアをスタートさせ、維新後は静岡藩（県）の教育行政に深く関わった。また、県会議員や郡長をつとめるなど、沼津地域の政治的有力者として活動した。また、江原が海外視察から帰国した一八七二年以降は、兵学校に関わった多くの人材が新政府へ出仕した時期でもあった。そのような状況のなかで、江原は沼津を中心とした旧幕臣層の取りまとめ役としての役割を担ったと考えられる。

しかし、一八八一（明治一四）年六月には郡長を辞職し、沼津中学校校長の職務に専念することとなったが、郡長辞職の理由は明らかでない。

(2) 政党との関わり

次に、明治一〇年代前半において、江原素六が民権運動や政党活動とどのように関係したのかという点について新聞記事を中心に確認したい。

まず、静岡県官吏として活動した時期で確認される最も早いものは、一八七九年一月三日に開催された演説会への参加である[9]。この演説会は沼津の浅間神社で開かれたものであり、沼津地域で催された演説会としてはかなり早い時期のものである。演説者は角田新平・名和謙次・江原素六の三人であり、それぞれ「日本の独立及び演説の効能」・「修身論」・「農業論」という題目で演説を行っている。角田は嚶鳴社社員であり、名和は沼津中学の教員である。周知のように嚶鳴社は旧幕臣である沼間守一によって一八七八（明治一一）年に設立された政治結社であり、島田三郎や田口卯吉などが参加したことが知られている。また、一八八二年には大隈重信の立憲改進党に合流している。名和謙次は江原が校長を勤めた沼津中学の教員であり、以後の江原の政治活動にも深く関わる人物である。

その後も、多くの政治活動に参加したことを記事からうかがうことができる。最も深く関わったのが観光社である。『沼津市史』[10]によれば、観光社は沼津地域で最初に結成された演説結社であり、沼津地域にとどまらず、駿東郡などの周辺地域の民権運動において重要な位置を占めた政治結社である。設立の中心人物は、前出の角田新平や名和謙次、山田大夢（集成舎校長）などである。一八八〇（明治一三）年一月に活動を開始し、一八八一年に活動が一時衰退する。その後、一八八二年には活動を再開したが、一八八三（明治一六）年初頭には再び活動を衰退させている。改進・自由・漸進の各主義より成る幅の広い性格を有した結社であった。

江原は、駿東郡長をつとめていた一八八〇年一〇月九日に開催された観光社の常会演説会に参加している。太田茂十郎や末吉沢郎、花田邦太郎、山田大夢、角田新平らと共に演題に立ち、江原は「勧業」という演題で演説を行っている。新聞紙上には、「就中江原君の講義たる一言一語として徒に聴流し去るべきもの無く一々聴衆をして感覚を喚起せしめたり、此演説の実効結果を見る遠きに非ざるべし[11]」と、江原の演説への観衆の態度などが紹介されている。官吏辞職は、観光社との関わりは一層深いものとなるが、その点は後述する。

その他にも二つの政治団体との関わりが見られる。一つは岳東社という結社の演説会[12]である。新聞記事によれば、岳東社は一八八〇年に駿東郡御厨地方に設立された結社であり、活動の一時停滞を経て翌一八八一年三月六日に御殿場で開催された第五回の演説会に江原が招かれていた。この演説会には江原と共に、名和謙次・山田大夢・角田新平が招聘されていたが、降雪のために参加できなかったようである。しかし、翌四月の第六回の演説会への参加が予定されている旨が紹介されている。その後の関わりの実態は不明であるが、沼津地方のみならず、御殿場地域の政治結社と何らかの関わりを持ったことが確認される。

もう一つは、一八八一年三月一三日に開催された駿東懇親会での演説である[13]。この団体の性格は不明であるが、参加者は太田茂十郎、和田利雄、安川銈次郎、増田松太郎、名和謙次、永井嘉太郎、角田新平らであり、駿東地方の有力者が参加した会合であったことがうかがわれる。

次に、一八八一年六月に駿東郡長を辞職した後の活動について見ていく。まずは観光社との関わりである。郡長辞職から半年後の一八八二年一月一五日には、観光社懇親会に参加している[14]。ここでは、社員二〇名などと共に「社員外」として参加していることが紹介されており、江原は観光社の構成員ではなく、社外から関与していたことが確認される。さらに江原の政党との関わりを示すエピソードとしてよく知られる、沼津での板垣退助演説会であるが、これも観光社の主催で行われている。一八八二年三月一三日付「沼津新聞[15]」の記事には以下のように紹介されている。

本地観光社々員の主唱にて板垣退助君を招待し一大懇親会を出口町なる乗運寺に開きし景況を略記せんに、……当日は早朝より来会せしもの二百余人、攪眠社の土居光華氏は当地の江原、末吉其他数氏と共に三島まで出迎か

　はれ本駅へ着は午後三時頃なるべき見込なれば、……一応茶菓の饗応もすみたれば江原氏は会員の中央に立ち祝文を朗読し、

江原は攪眠社の土居光華らと共に、主催者を代表して板垣一行を三島まで出迎えに行き、懇親会においても祝文を朗読している。その後、江原は板垣一行と行動を共にし、板垣が襲われた同年四月六日の岐阜での演説会まで同行した。

　このように、江原は板垣退助の沼津演説会に関して大きな役割を果たしているのであり、主唱者の一人であったと考えてよいであろう。また、既存の研究で説明されるような偶然に板垣一行の演説会に参加したのではなく、演説会の企画段階から中心的な役割を果たしていたと考えなければならない。

　その他にも、観瀾社という演説結社との関わりがある。観瀾社は加藤史朗『江原素六の生涯』[16]のなかで「一八八一(明治一四)年一一月沼津中学校の生徒たちは、演説結社『観瀾社』を設立、校長江原素六の指導で盛んに演説の練習を行った」と、江原が校長をつとめた沼津中学校の生徒が主唱して中学校内に設立された演説結社として紹介されている。江原は一八八二年二月一二日に開催された懇親会に、内田新吾、花田峯太郎、加藤重太郎らと共に参加するなど[17]、単に中学校内での生徒の活動にとどまらない、幅広い活動が行われていたことが推察される。

　また、観光社や観瀾社の青年たちを中心に設立された岳陽青年親睦会という結社にも関係し、一八八二年二月二六日に沼津の宮城楼で開催された会合に参加し、土居光華や太田茂十郎らと演説を行っている[18]。

　以上のように、明治一〇年代前半における江原素六は、観光社を中心に駿東地域の政治結社の活動に深く関わっていたことが確認される。特に郡長辞職後の一八八一年から一八八二年にかけては、その回数も内容も拡大している。もちろん、観光社の活動に関しても「社員外」という立場での参加であり、その他の結社においても結社の運営そのものに関わっていたわけではない。江原は駿東郡長や沼津中学校長という地域の有力者として積極的に関わっていたのであり、これらの政治結社の活動を側面から支援するという役割を果たしていたと考えてよいであろう。

二　闘病生活と布教者・政党員へ――明治一〇年代後半の活動――

(1)　闘病と信仰

一八八一年六月の駿東郡長辞職の江原は、沼津中学校長をつとめながらも、多くの政治結社との関わりを保ちながら、地域社会のなかで活発な活動を行ってきた。しかし、この江原の活動を一変させたのが一八八三年一一月の大病であった。『江原素六先生伝』(19)によれば一八八一年にも大病を患い、二度目の洗礼を受けたことが紹介されている。従来の研究では、この一八八一年の大病による洗礼によって江原は本格的な信仰を持つに至ったとされている。これに対して一八八三年の大病は江原の政治活動にとって大打撃であった。なぜなら、この大病は新聞紙上でも大きく報道され、病状についても危篤状態であると報じられるほどのものであったからである。(20)翌一八八四（明治一七）年二月には病気全快の記事が報じられている。(21)

この間の体調は相当に悪化していたことが、彼の日記に見ることができる。一八八三年十二月の項には、「病中日記を書することを禁せらる」(22)とあり、日記をつけることすら禁止される病状であったことがうかがわれる。また、一八八二年の項にも「近頃余乃生活ハ極めて悲惨にして殆んと狼狽の有様なりしが幸にも熱心に聖書を愛読し且つ日曜ことに必らず協会へ出席せしを以て僅かに精神の慰安を保ちしも極めて消極的にして毫も発展向上せんとする希望だに有せざるがごとき」とあるように、一八八一年の後半から一八八四年初頭にかけての江原は、体調不良から本人も人生を悲観するような状態であった。

一八八四年に体調を回復して後は、従来から指摘されているように、信仰生活に没頭することになる。日記(23)には、一八八四年には九月から一一月の間に沼津地方で計五回、翌一八八五（明治一八）年には沼津や静岡で八回の説教や演説会へ参加したことが記載されている。さらに、一八八六年には静岡・掛川・御殿場・沼津などでの演説や説教に関する二三回の記載が、翌一八八七（明治二〇）年には沼津や吉原での伝道や説教に関する八回の記事が記載され、さらに一八八八（明治二一）年には記事だけで四一カ所、五月から九月にかけては「同十日より三十一日迄吉原、大宮、中里伝道、平生之如くなれハ之略す」とあるようにほぼ毎日布教活動に従事していたようである。日記に記載されたものだけでこの回数であることから、実際にはほぼ毎日のように布教活動に関わっていたことが推定される。

以上のように一八八四年から一八八八年前後の時期における江原の活動の中心は、従来から指摘されているように、布教活動にあったことが確認された。しかし、地域の政治状況と全く関係を断っていたわけではない。この点を次項以降で確認していく。

(2)　駿東貧民党との関わり

一八八五年に駿東地方で起こった駿東貧民党事件については樋口雄彦が詳しく紹介している(31)。樋口によれば東駿・北豆地域における貧民党・借金党を中心とする負債農民騒擾は、一八八三年以後おおよそ四つの大きな動きをみせる。①一八八三年からの貯蓄社の運動、②同年一二月からはじまる北駿六カ村の運動、③一八八五年一月からの駿東・君沢郡の運動、④同年三月からの駿東・君沢・田方・加茂郡の運動の四つである。江原が関わったのは一八八五年の二つの運動である③と④であり、④は③が拡大した運動であったことが指摘されている。

また、同論文では「負債者集団に加担する民権派代言人、民権運動と関わりを持った負債者集団指導者」の存在が指摘されている。より詳しく紹介すれば、士族民権家のなかには「不正への怒りや志士的気概などから負債者に同情し支援する者」が存在し、一方で豪農民権家のなかでの「村落に生活基盤を置く名望家としての危機意識から、銀行との仲裁活動に奔走する」存在である。[25]

樋口が指摘するような「説諭・仲裁」に奔走する人物は、駿東貧民党をめぐっても存在したことが確認できる。例えば、一八八五年一月の『自由新聞』によれば、「又聞く処に拠れバ同地の大庭唯吉氏ハ今般大坂より上京の途次情態を聞いて大に驚かれ早速同地の湯山平次郎、湯山柳雄、湯山彦作、榊研三、横山健吾の諸氏に鎮静法を謀りし処、諸氏も之れに同感を表し皆奮て幾多の資産を投与するの精神にて目下奔走中の趣なるが如何がに成行ものなるや静岡よりの通信[26]」と、駿東貧民党の動向を沈静化させるため、自らの資産を提供するなどの対応を行った人物の存在が確認できる。

江原もこのような騒擾を鎮静化させる立場で、運動に関与していたことが日記の記載から確認できる。日記の一八八五年二月四日の項目には「中□□貧民党蜂起鎮撫として出張奏効して帰宅[27]」とあり、貧民党の「鎮撫」のために出張し、何らかの成果を挙げたことがうかがわれる。このことは別の日記の同日の項目にも「芹沢又一郎、榊研蔵氏之迎を受け柳氏と同道ニて三島駅世古六太夫方へ行く、貧民党云々義ニ付種々相談、夜ニ入帰宅す[28]」と記載されていることから、出張先が三島の世古六太夫なる人物であり、榊研三などの貧民党対策について会合を持ったことが読み取れる。翌二月五日の項目にも、「夕刻ヨリ三島へ行く、相模屋方ニて大庭唯吉、榊研三、□藤文作氏ニ面会、夜十時帰宅す[29]」とあるように、連日貧民党問題のために三島まで赴いていたことがわかる。一連の日記に登場する榊研三や大庭唯吉は、前述の『自由新聞』の記事のなかで紹介されていた人物であり、このことから江原の活動も駿東貧民党をめぐる「説諭・仲裁」活動の一端を担っていたと考えて間違いないであろう。

さらに、同年五月三日の項目には、「本年一月より三嶋貧民党解決、愛鷹山牧場一件、積信社訴訟一件にてはいに寸時の辺なく奔走す[30]」と記載されていることから、一八八五年一月以降は継続して貧民党問題に関わっていたことが推察される。

現時点で確認できた江原と駿東貧民党との関わりを示す資料は以上であり、江原の活動をより深く検証するためにはさらなる資料調査が必要とされる。しかし、駿東貧民党騒擾という沼津を含む駿東地域を揺るがした騒擾において、江原がこれを仲裁するという立場で関わっていたことは間違いなく、明治一〇年代後半における布教活動以外の政治的行動を示すものといえよう。

(3)　明治二〇年代の政党との関わり

明治二〇年代になると、駿東地域にも大同団結運動の波が訪れる。その最大のイベントは一八八九（明治二二）年一月に開催された後藤象二郎歓迎六郡懇親会であり、その中心となったのが一八八八年一一月に沼津地域を中心として結成された六郡倶楽部であった。同年一二月に掲載された六郡懇親会広告には「来ル本月下旬後藤伯来県ノ際仝伯臨場ノ承諾ヲ得タルヲ以テ、富士川以東駿豆六郡有志懇親会ヲ沼津ニ開ク、請フ六郡ノ諸君奮テ賛成来会アランコトヲ」[31]との記事があり、主唱者の一人として江原素六も名を連ねている。さらに、後藤象二郎歓迎六郡懇親会の様子が新聞記事には以下のように紹介されている。

六郡懇親会　予ねて待ち設けたる六郡有志懇親会ハ去る十六日午前九時より沼津蓮光寺に於て開かれたり、……後藤伯の一行ハ案内者に導れて臨席せられたり、於是主唱者惣代江原素六氏ハ立て開会の旨意を述べ、次に後藤伯ハ立て檀に登り一時三十分有余の長演説せられたりしかハ、会員ハ皆な熱心に耳を傾りて聴き居たり、……[32]

ここでは、江原は一八八九年一月一六日に開催された懇親会で「主唱者惣代」として開会旨意を演説している。これ以上の内容は明らかではないが、少なくともこの懇親会開催において江原が中心的な役割を果たしていたことは明確である。

おわりに

その後、江原素六は一八九〇年七月の第一回衆議院選挙に静岡県第七区より立候補し当選する。この立候補に際して江原は納税額一五円という被選挙権を満たしていなかったが、駿東の有力者であった長倉計吉や江藤浩蔵らが土地を提供して納税資格を創出したことが知られている。また、立候補と同時に自由党に入党し、政党政治家として本格的に活動を開始したのであった。

本章では、従来の研究において政治的な「休眠時代」と評されてきた明治一〇年代後半から総選挙立候補直前の明治二〇年前後の時期にかけての、江原と政党との関わりについて検討を行った。その結果、江原が郡長時代より継続して政党および地域政治に関与していたことが確認された。そして、この政事的活動が、一八九〇年の総選挙当選の基盤となったことはほぼ間違いないであろう。彼の政治基盤の形成過程については、士族授産事業や愛鷹山払い下げをも含めて検討する必要があるが、本章では触れることができなかった。

ただ、江原素六という旧幕臣の明治一〇年代の政治活動を理解するうえでの展望を二点提示しておきたい。第一点は、駿東地域における旧幕臣の政治活動と江原との関係である。既述のように、旧幕臣の多くが明治五年以降はその活動基盤を東京に移し、政党活動も都市民権が代表的であるとされてきた。これに対して江原や彼の周辺（角田新平や名和謙次ら）は、静岡（駿東地域）にとどまり政治活動を続けていく。そのような活動の結実として、江原の総選挙当選を位置づける必要がある。彼自身の個性や人徳だけではなく、彼の周囲の、特に沼津兵学校に関係した旧幕臣の活動の一環として江原の政治活動を捉えなければならないであろう。

第二点は、江原の政治基盤を考える際の江原と地域有力者との関係である。幕臣として江戸に生まれた江原は、駿東地域への移住者であり、生産手段も政治的基盤も所与の前提として保持していたわけではない。それにも関わらず、彼の立候補の際には、駿東地域の有力者が資産を提供し、彼の政治活動を支援しているのである。その理由として、明治一〇年代の江原の政治活動や、旧幕臣としての中央との接点があったことは容易に想定される。さらなる検証が必要であるが、彼の政治活動が地域有力者との利害と一致したこと、明治政府要人とのコネクションが期待され、またそれに応えうる人脈を有していたことなどが推察される。

以上の点はすべて傍証であり、史料に基づいた詳細な分析によって実証されなければならない。本章では、史料の限界から可能性を論じたに過ぎず、この点は別稿に譲りたい。ただ、江原素六を素材として、旧幕臣の地域社会における政治活動の一端を明らかにすることができたのではないかと考える。

註

（1）主なところでは、一八九八年には憲政党総務委員、一九〇一年には立憲政友会総務調査委員長、一九〇六年には原敬の後任として立憲政友会協議員長に就任している。

（2）樋口雄彦『旧幕臣の明治維新――沼津兵学校とその群像』（吉川弘文館、二〇〇五年）。静岡県は旧幕臣の多くが移住した地域であり、沼津兵学校は旧幕臣の多くがその活動の場を求めた、そして多くの旧幕臣の人材を輩出した機関であった。

（3）沼津市明治史料館『神に仕えたサムライたち』（一九九七年）のなかでは、静岡バンドの中心人物として江原の活動が紹介されている。

（4）江原先生伝編纂会委員『江原素六先生伝』（三圭社、一九二三年）。他には辻真澄『江原素六』（英文堂書店、一九八五年）、川又一英『麻布中学と江原素六』（新潮社、二〇〇三年）、加藤史朗『江原素六の生涯』（麻布中学校・麻布高等学校、二〇〇三年）がある。

（5）前掲、辻『江原素六』一一三頁。

（6）前掲、加藤『江原素六の生涯』八二頁。

（7）註（4）に前掲。
（8）前掲、樋口『旧幕臣の明治維新』。
（9）「静岡新聞」明治一二年一月八日付（『沼津市史』資料編近代一に所収）。
（10）『沼津市史』資料編近代一、二九六頁。
（11）「函右日報」明治一三年一〇月一四日付（『沼津市史』資料編近代一に所収）。
（12）「函右日報」明治一四年三月一一日付（沼津市明治資料館所蔵）。
（13）「函右日報」明治一四年三月一七日付（『沼津市史』資料編近代一に所収）。
（14）「函右日報」明治一五年一月一五日付（『沼津市史』資料編近代一に所収）、「函右日報」明治一五年一月二一日付（沼津市明治資料館所蔵）。
（15）『沼津市史』資料編近代一に所収。
（16）註（4）を参照。
（17）「函右日報」明治一五年二月一三日付（『沼津市史』資料編近代一に所収）。
（18）「函右日報」明治一五年三月二日付（『沼津市史』資料編近代一に所収）。
（19）註（4）を参照。
（20）「函右日報」明治一六年一一月二二日付、二五日付（沼津市明治資料館所蔵）。
（21）「函右日報」明治一七年二月二六日付（沼津市明治資料館所蔵）。
（22）「江原素六関係資料　日記No.5」（沼津市明治資料館所蔵）。
（23）「江原素六関係資料　日記No.1、No.2、No.5」（沼津市明治資料館所蔵）。
（24）樋口雄彦「東駿・北豆の貧民党・借金党」（困民党研究会編『民衆運動の〈近代〉』現代企画室、一九九四年）。
（25）同右、二三六頁。
（26）『自由新聞』明治一八年一月一一日付（『沼津市史』資料編近代一に所収）。
（27）「江原素六関係資料　日記No.5」（沼津市明治資料館所蔵）。
（28）「江原素六関係資料　日記No.1」（沼津市明治資料館所蔵）。

(29)「江原素六関係資料　日記№1」(沼津市明治資料館所蔵)。
(30)「江原素六関係資料　日記№5」(沼津市明治資料館所蔵)。
(31)『静岡大務新聞』明治二一年一二月一一日付(『沼津市史』資料編近代一に所収)。
(32)『静岡大務新聞』明治二二年一月一九日付(『沼津市史』資料編近代一に所収)。

第三章　大同団結運動末期における愛国公党結成の論理
――板垣退助の政党論を通して――

真辺　美佐

はじめに

本章の目的は、大同団結運動末期における愛国公党結成の論理を、その党首の位置にあった板垣退助の政党論と政治史的状況との呼応関係を通して明らかにすることである。

大同団結運動とは、議会開設を目前に控えた一八八五（明治一八）年に開始され、政府と対峙する勢力を結集し議会の多数を占める政党、すなわち後に「民党」と呼ばれる勢力を結集しようとした運動として知られる。この時期の諸政党に関する研究は決して少ないとはいえない(1)が、しかしそれらの多くは、政治史的な分析によるもの(2)であり、この時期のそれぞれの運動主体が、どのような理念を描いていたかについては閑却されてきた。もっとも、政党運動の理念という意味においては、明治前期の政党論を明らかにした山田央子の『明治政党論史』(3)が存在するが、同書は大同団結運動の時期を分析対象から外しており、また、政治学の観点から分析されたものであることから、当該期の政治史的状況との呼応関係については充分に注意が払われていない。

また、大同団結運動期に関する政党研究の問題点としては、旧自由党と立憲改進党との対立構図ばかりが注目され、旧自由党系で後に分派する大同倶楽部と大同協和会（のち再興自由党）、愛国公党などの諸政党・政派間の対立関係についても検討が深い部分にまで進んでおらず、ましてやそれらの各政党・政派の内部における意見対立などには全く注目されてこなかったということが指摘できる。(4) こうした大同団結運動期の諸政党・政派の内部対立構造を分析するためには、各派の紙面にあらわれた政治的意見、すなわち理念的側面の分析が不可欠であろう。

こうした研究史に対する反省を踏まえ、私は、かつて末広鉄腸研究の一環として、大同団結運動を具体的な運動として最初に提起し、その後も精力的に運動を推進し続けた末広鉄腸を題材に、大同団結運動期におけるその政党論を、末広が『関西日報』に筆をとっていた一八八九（明治二二）年七月から翌年四月までを対象に検討した。(5) その分析の結果、大同倶楽部・大同協和会・愛国公党などの各派間さらには大同倶楽部内部における運動の方針の相違は、それぞれの「政党」観の相違と分かちがたく結びついていたということを明らかにした。ただ、当該論文では、末広の「大同団結」論・「政党」論を中心に、政治史的状況との呼応関係を意識して分析していくことが目的であったため、大同協和会・愛国公党の政党論を詳細に検討することが課題として残った。

本章においては、愛国公党を対象に、その政党論を検討することとしたい。愛国公党は、旧自由党総理板垣退助が、一八八九年一二月に、ともに旧自由党の系統でありながら分派していた大同倶楽部と大同協和会との争いを調停するために結成した組織である。しかし、両者の調和を意図しながら、別組織を立てたために、結果としてかえって三党鼎立の状態をつくりだしてしまうことになる。しかし、そのような分派行為をあえて行った理由、すなわち愛国公党という別の政党を組織した理由とは何だったのか、大同倶楽部と大同協和会と、板垣を中心とする愛国公党との主張の違い、争点は何だったのであろうか。本章ではそれを、板垣退助の政党論を手がかりに、当該期の政治状況と呼応させながら明らかにしていきたい。そのことは、単に愛国公党という一政党の研究にのみとどまるのでなく、この時期の政党論の複層性を明らかにすることにつながるであろう。とりわけ、この時期の政党が、議会開設後の「民党」の基盤となったことを考えても、こうした研究は意義あるものと考える。

一　愛国公党結成以前の旧自由党系勢力の分裂状況

周知のとおり、大同団結運動は、一八八五（明治一八）年一〇月に官吏侮辱罪容疑の刑期を終え出獄した旧自由党員の星亨が、旧自由党と立憲改進党などの勢力の大同団結を図るべく働きかけ、本格的に始動したといわれる(6)。しかし、そうして開始された運動は、星自身が自由党員であったこともあって、あくまで自由党を中心としつつ、付随的に立憲改進党員にも団結を呼びかけるという色彩が濃く(7)、また政府側による立憲改進党の懐柔(8)や、一八八七年一二月二六日の保安条例による弾圧法規により、旧自由党と立憲改進党との大同団結運動は順調には進展しなかった(9)。

結局、一八八八年二月一日、立憲改進党の元総理大隈重信が政府に取り込まれ、第一次伊藤博文内閣に外務大臣として入閣した。そして、立憲改進党員は、大隈の弁護に回り、政府を擁護する立場へと転換した。ここに、旧自由党と立憲改進党との大同団結運動は挫折を余儀なくされたのである。

それでも、せめて、旧自由党員たちだけでも大同団結を図ろうと、後藤象二郎を中心に、大石正巳、中江兆民らは大同団結運動を続行していた。しかしながら、旧自由党系の大同団結運動も、分裂の危機を迎えることとなる。というのは、それまで大同団結運動の首領として運動を推進してきた後藤象二郎が、一八八九年二月二二日に逓信大臣として入閣してしまい、この入閣の是非をめぐって派内で意見の対立が生じるからである。

大同団結運動の首領者後藤が入閣すると、一八八九年一月一一日に憲法発布に際して大赦により出獄した河野広中と大井憲太郎の二人が、後藤にかわる運動の中心人物として急浮上するのだが、この二人の間で、その後の組織方針をめぐって新たな対立が生じることとなる。すなわち、大同団結運動を全国的な政社組織に改めて、ひとつの政党として活動していくのか、それとも非政社としての運動を継続して諸派のゆるやかな連合形態として存続していくのかという方針の違いである。一方、政社組織を主張した大井憲太郎らは五月一〇日、親睦団体として大同協和会を組織する。非政社の方針を主張した河野広中らは五月一三日、大同倶楽部を政社として組織した。

このように大同団結運動が分裂しようとする矢先、旧自由党総理板垣退助が上京した。板垣は、自由党解散後、郷里の高知に戻り目立った政治活動を行わず、大同団結運動にも静観の態度を示して積極的な関わりを持たなかった。政府はそういった板垣を懐柔しようとし、入閣を勧め、また叙爵を行おうとした(10)。板垣は入閣はしなかったものの、結局、一八八七年六月何度も辞退した(11)末に伯爵を受爵することになる(12)が、しかし在野の立場にあることはかわらなかった。

では自由党解散後、目立った政治行動を起こしていなかった板垣は、この時期、何のために上京したのであろうか。その理由は、板垣が五月八日の上京の途次に大坂の清華楼で大坂苦楽部員に向けて行った演説(13)によりうかがえる。この演説で、板垣は、入閣した後藤の立場を「其の入閣の挙も亦た余の賛成を表する所なり」と弁護している。つまり後藤の入閣は「蓋し深意の存するあるべし……夫れ政党の首領たる者は善く時機を察して運動せざる可からず故に往機微の間に於て其の進退を決することあり……後藤は其の機を見其の時を察して已に内閣に入れるなり」として、後藤は自分たちが唱えてきた旧自由党の主張を実現するためにこそ入閣したのであり、だからこそ議会開設直前という時期を選んだのだという。そのうえで板垣は自身の今後の政治活動の方針を明らかにする。自分は入閣するのでなく、野にあって「吾党」つまり旧自由党の立場から、議会開設に向けて準備を進めていきたいと述べる。議会開設までには時間がないが、議会が解散につぐ解散とならずに立憲政治を保つためには、政党が一刻も早く政治問題を着実に調査して、漸進的な改革案を打ち出せるようにしておかなければならない。今はそういった意味で政党にとって重要な時期である。だから、今は「吾党が政府と共に明年整頓せる議会を開設するに於て頗る必要の準備なるべし」と、政府と政党は共に議会開設に向けて準備を進めていかなければならないのである、と主張している。そして、その準備を進める上で、議会開設前に解決しておかなければならない問題として「言論集会結社の三条例」の改正を政府に要求している。自分たち政党が勢力の結集を図る上で、言論集会結社の自由の制限は大きな足かせとなっており、それを解くことが急務であると考えたからであった。それはともかく、ここで板垣が主張したかったことは、議会開設は目前に控えており、今こそ旧自由党の党員たちは一丸となって、議会開設に向けて着実に政治活動を行うべきであり、後藤入閣の是非をめぐって分裂している場合ではないということであった。当時の分裂状況に対して、板垣は旧自由党員たちを諌めたかったのであろうと思われる。間もなく板垣は上京し、在京の旧自由党員に対し自由党員同士で争って分裂すべきではないと諌めたのであるが[14]、効果はなく大同倶楽部と大同協和会は分立し、板垣は六月一九日には高知に戻ることとなった[15]。

こうして大同団結運動は分裂するのであるが、分裂して一カ月も経たないころに大隈外相の条約改正案が、日本の国権を損ないかねない不平等なものであるとの批判的世論が盛り上がりを見せ、条約改正反対運動を機に、大同倶楽部と大同協和会とを合併させようとする運動が始動することになる[16]。すなわち、九月初旬頃から、高知県出身で板垣側近の片岡健吉と竹内綱が、大同倶楽部と大同協和会の合併を画策し、尽力していた。しかしこの片岡と竹内の合同勧誘に対しては、大同倶楽部側が「大同倶楽部を存して非政社に改める」という条件を出し、また大同協和会の側も「大同協和会を存して政社に改める」という条件を出すというかたちで双方の言い分がかみ合わず、一〇月一七日に大同倶楽部は各地委員を上京させて会合を行い、さらなる調整を行うこととなった。一〇月一九日には、大同協和会役員総会で、大同協和会側が、「大同団結を政社となす以上は名は自由党となすべし然らざれば全く非政社となし大同の名義を改めて別に名義を付することとなし其名称は板垣伯に依頼すべし此を外にすれば到底合併は思ひ止まるの外なし」という主張を行った。[17]これに対して大同倶楽部側は、「両団体合併の事は固より希望する所」ではあるが、しかし「大同」の文字を外すという主張には応じられないと述べた。ここで大同倶楽部が「大同」の文字にこだわったのは、当時一般に「大同派」と呼べば大同倶楽部のことを指しており、合同後の団体に「大同」の字を残すことによって、少しでも自派の側が主導権を握ろうとしたものであり、また大同団結運動の継続という色彩を残して旧自由党以外の勢力をも取り込むことを目論んでいたからである。このような一連の合同運動が起こっている間、板垣は肺炎カタルを患い、医師より談話を禁じられ療養せざるをえない状況であり、片岡健吉らの側近を代理として何度も東京・高知間を往復させていた。[18]しかし、条約改正反対運動も、一〇月一八日、大隈外務大臣が襲撃されることにより終息し、結局、大同倶楽部と大同協和会との合併運動は凍結状態に陥ることとなり、旧自由党系勢力の大同団結は実現せず、三派は分裂状況のまま個々に活動を続けることとなった。

二　愛国公党結成前夜における政党論

日にちは定かではないが、大同倶楽部の河野広中によると、旧自由党系勢力が分立するなか、高知で病気療養中の板垣が北川貞彦を河野のもとに遣わし、自由党再興への協力を求めたという。これに対し、河野は、自由党を再興することは、旧自由党以外の勢力を排除することになってしまい、大政党を結成するというこれまで大同倶楽部が目指してきた目的に反するものであり、大同倶楽部中にも反発するものが出ることが予想され、その結果旧自由党系の勢力すら網羅できないことにつながる、したがって時機を待ってもらいたいと返事したといわれる。[19]そして一八八九(明治二二)年一一月一一日、再び大同倶楽部は、山際七司、佐野助作らを高知の板垣宅に遣わし、自由党再興の挙に流されることのないよう求めた[20]。

同日、大同協和会の大井憲太郎は、渡辺小太郎を引き連れ、高知の板垣を訪問した。大井らは、大同倶楽部が「大同団結」を政党の名義として掲げ、旧自由党の敵党である保守党、帝政党、自治党までにも連合を呼びかけるような活動を行っているがために、自由党系政党の実現を求める人々が大同倶楽部を離脱し、大同協和会へと流れてきているという現況を説明し、板垣に、旧自由党系の政党結成を図るべきことを説いた。これに対し板垣は、「先つ東京に自由党本部を置き、之を政党の蘂とし骨とし地方部は非政社として之か附従の肉となすへし」と答えたという[21]。つまり、中央に政党組織を設けて旧自由党系勢力の結集を図るとともに、地方を非政社にすることによって、それに飽き足らない大同倶楽部系の人々をも取り込める余地を残そうと考えていたのであった。そして、板垣は、一二月一七日に大阪の桃山産湯楼にて旧友懇親会の開催を計画し、旧友懇親会の事務所を東雲新聞社内に設けることを発表するのである。なお、東雲新聞社は、大同倶楽部系の団体であったが、この頃から、板垣の自由党再興計画に賛意を示すようになり、大同倶楽部中央から離脱を図っていく。

その後板垣は、西原清東を大同倶楽部の河野広中のもとに派遣し、新政党を組織し、自由主義者の結合を図ることへの協力を再び要請した[22]。それに対して大同倶楽部の側は、一一月二五日、高橋基一・杉田定一を板垣のもとに遣わし、今は、各地方の政社と連絡を取り合い、同じ主義を抱く者を大同団結することに全力を傾けなければならない時期であり、いまだ政党組織を確立する時機ではない、政党の結成は、総選挙の後でも遅くない、と説得した。これに対し板垣は、旧自由党を再興するつもりはない、もともと同じ主義を有していたはずの大同倶楽部と大同協和会とが、分裂し対立していることを非常に憂いている、それゆえこれらの運動を合同するため、大同倶楽部を愛国公党という名前に改名し運動していきたいと答えた[23]。つまり板垣は、大同協和会、大同倶楽部のどちらか一方に加担するのではなく、その両者を取り込む形で、旧自由党系勢力の結集を図りたいと考えていたのである。

このように板垣本人はどちらか一方に加担したわけではなかったが、大同協和会と大同倶楽部とはそれぞれ、板垣の考えが自派の主張に近いということを強調し、板垣の意図がどこにあるのかということをめぐって論争を繰り広げた。大同協和会は、板垣の意図が旧自由党系勢力による政党結成にあるということを強調し、大同倶楽部の側は、板垣の意図は自由党の再興にとどまらず、さらに幅広い勢力の結集を目指していると主張した。先にみたように、どちらも板垣の意図から全く外れているわけではないが、しかし相互に板垣の意図を自派に有利なように偏って強調していたのである。

一二月一八日、旧友懇親会が開催される前日、板垣は神戸において大井ら大同協和会に対し、自由党を再興するつもりはないこと、自分の目的は大同倶楽部と大同協和会とを調和させることにあると明確に述べた。そのため、大同協和会の者たちは旧友懇親会を急遽欠席することを決め、板垣とは袂を分かち、別に自由党再興に向けて準備をすることとした。一方、大同倶楽部は、後藤象二郎が旧友懇親会に対抗して東京で同志の大会を開催することを提案したが、それはかえって板垣との決戦をあおることになると判断し、旧友懇親会に出席し、その主張をとりあえず聴くという姿勢を取ることとなった(24)。

一二月一九日、多くの波紋を巻き起こした板垣退助主催の旧友懇親会が大阪東成郡桃山産湯楼において開かれた(25)。この懇親会で、板垣による、「愛国公党」を結成する旨の意見書の発表があった(26)。この意見書において板垣は、立憲政体樹立を目指すため、「自由主義」の精神に立つ模範的「政党」として「愛国公党」を結成し、大同倶楽部と大同協和会との「調和」を図ることを目指すと主張した(27)。ここで確認できることは、「自由主義」という、団結の範囲を旧自由党系に限定する結果につながるであろう旗印を掲げたこと、しかし板垣は自分の意志は自由党再興とは異なると明確に述べたことであった。では、なぜ板垣は「自由主義」にこだわったのであろうか。なぜ自由党再興とは異なる別の政党「愛国公党」を結成する必要があったのだろうか。このことについては次節で行論する。

板垣の旧友懇親会開催の計画に呼応して大同倶楽部や大同協和会から分離する者もあらわれた。一八日に神戸で板垣と会合した大同協和会員約二〇名が、大同協和会を離れて板垣の傘下に加わり[28]、また翌二〇日には、『東雲新聞』の母体であった大阪苦楽府も、大同倶楽部を脱退[29]、また大同倶楽部系の土佐海南倶楽部も片岡健吉と共に大同倶楽部から分離することとなった[30]。また、翌年の一月一二日には、先に大井憲太郎と共に四国に赴いて板垣に自由党の再興を説得した渡辺小太郎をはじめ、大同協和会の中枢部に位置していた人々が板垣に左袒し、愛国倶楽部を設立した[31]。二二日には、神戸元町大島屋において、神戸の大同倶楽部員が愛国公党に与する意志を表明し、集会を開き、翌二三日には茶話会を開いた[32]。茶話会には板垣はじめ片岡健吉、栗原亮一、江口三省、小林樟雄の四人が臨席し、東北地方はじめ各地を漫遊して同志を糾合し自由主義の拡張を図るつもりであること、また翌春には結党式を挙げることが発表された。

一方、板垣に与しなかった大同協和会員は、前述したように板垣とは別に自由党再興に向けて着々と準備を進め、大同倶楽部も、旧友懇親会には出席したものの、一二月二〇日の中ノ島洗心館での臨時総会において、大同倶楽部を愛国公党に改名するという議案は否決された[33]。しかしながらその一方で、大同倶楽部の規則に「自由主義」の言葉を入れることも決定されている。板垣の旧友懇親会計画に呼応するかたちで大同倶楽部を脱退するものが続々と出はじめるという状況の中で、その動きを何とか食い止めようとしたものであった[34]。

三　愛国公党の組織とその政党論

一八九〇（明治二三）年一月三日、板垣は愛国公党の趣意書を発表した。

愛国政党ハ自由政党ノ祖先ナリ今日先輩ノ志ヲ継ギ自由主義ヲ賛成スルノ諸士カ祖先ノ名ヲ称シタリトテ何ノ辱

カアル徒ラニ其名ヲ争フカ為メニ其ノ実ヲ害シ同主義者両派ノ相闘クヤ局外ヨリ之ヲ観レハ愛国ノ大義ヲ忘レテ私党小事ヲ争フガ如キノ感想ナキ耶所謂陳腐ナル愛国公党ノ名ハ今日ノ時勢ニ適中シ偶然之ヲ救フノ用ニ立ツナキ耶、新鮮ナル空気ハ必ズシモ新規ナル名ノ下ニ満タス斬新ナル勢運ハ却テ陳腐ナル名ノ下ニ起リ日本政党社会ノ陳腐ナル義気ヲ一掃スルニ足ラサル耶余ハ必シモ愛国公党ノ名ヲ固執スルニアラス或ハ之ヲ太郎党ト名ケ或ハ之ヲ次郎党ト名クルモ亦タ可ナリ然レトモ両派ノ凝結ヲ融和シ且ツ広ク自由主義ノ一致合同ヲ謀ルニ於テハ斯ノ如キ名ニ非ラスンハ各派其嫌ヒアルヲ如何セン新タニ其名ヲ択ブニ於テ甲乙ノ両派孰レカ先ヅ自ラ撰デ之ヲ名ケンカ相互ニ之ヲ嫌フヘシ余自ラ択デ之ヲ名クルモ亦タ唯ダ一人ノ擅マニ択ビタル者トシテ之ヲ嫌フヘシ是ニ於テ乎我党歴史上ニ縁故アルノ旧名ヲ択デ之ニ附セサルヲ得ズ(35)

ここで最も注目されるのは、なぜ愛国公党という名前にしたかという理由が明記されていることである。周知のとおり、「愛国公党」の名称で想起されるのは、明治七年一月に、征韓論に敗れた板垣退助が、後藤象二郎、江藤新平、副島種臣らとともに結成し、民撰議院設立建白書を左院に提出するという役割を果たした組織であろう。その時の愛国公党を、板垣は、「自由政党ノ祖先」と位置づけ、その愛国公党の時代から、われわれは「自由主義」のもとで心を一つにして闘ってきたが、しかしそのように一緒に闘ってきた仲間どうしが今はいがみあい争ってばかりいるので、当初の志を思い出し引き継いでほしい、という思いを込めて命名したという。その上で板垣は、「余カ愛国公党案ハ自由主義各派ノ一致合同ヲ謀ルニ在ル而已」と、大同倶楽部と大同協和会との調和はもとより、完全な立憲政体を樹立するために、「自由主義」のもとに一大政党を結成することが愛国公党の目的であると主張したのである。先にも述べたように、「自由主義」を標榜することは、事実上、そこに集う人々が自由党系の人々中心になることを意味する。そして、本来なら「自由党」を再興することが、板垣の宿願であったはずである。ではなぜ別の「愛国公党」という政党を結成する必要があったのだろうか。

同月一三日、板垣と植木枝盛は播磨の板垣支持者に招かれ、姫路西魚町井上楼で談話会が開かれたが、(36)そこで板垣は愛国公党の方針について談話した。(37)ここで板垣は、「自由主義ハ哲学上ノ理論ニ基ク者ナレドモ之ヲ政治上ノ実際ニ施スニ於テハ理論一辺ニ非ラザル事ハ勿論ナリ我党ノ自由主義ニ於ケルハ単ニ理論トヨリモ寧ロ実際上ノ必要ヨリ成リ立チタル者ナル事ハ我党ガ拾数年来過去ノ経歴ニ徴シテ明カナルベシ」と述べ、愛国公党が掲げた「自由主義」というものは、単に哲学的な議論ではなく、実際の政治問題と密接に結びついたものであるとして、具体的に六つの政治問題を掲げ、その解説を行っている。ことさらにこのような解説を行ったのは、大同倶楽部から、愛国公党の「自由主義」の標榜が、極めて観念的なものであるとの批判があったからである。すなわち大同倶楽部は、議会開設を目前に控えている以上具体的な政治問題を掲げなければならないはずであり、愛国公党の掲げる抽象的な「自由主義」という標榜だけでは政党のあり方として不充分であり、大同倶楽部が掲げていた具体的な綱領に及ばないと愛国公党を批判していた。(38)この板垣の主張はそれに対する弁明であった。

そしてここからうかがえる板垣の考えは、まず第一に、「理論ノ弊ニ陥ル事」「保守ノ気象ヲ増徴セシムル事」の項目で「理論一辺ニ偏シテ多端ニ政治ノ改革ヲ求メ民情ニ合セサルノ事ヲ行ハヾ民心ヲシテ改革ヲ厭ハシメ却テ進取ノ気ヲ挫キ懐旧ノ情ヲ起サシムベシ茲ニ至テ民心ハ保守ノ風ヲ慕ヒ保守党ハ此弊ニ乗シ以テ其勢ヲ張リ力ヲ伸ンコトヲ勉ムベシ我国政治上ノ事ニ於テハ其改革スベキ者最モ多シ我党ガ多年ノ辛苦ハ実ニ茲ニ在リ若シ保守ノ気象ヲ増徴セシムルガ如キノ事アルニ至テハ我国ノ進歩ヲ誤ラントス豈ニ深ク之ヲ警メザル可ンヤ」というように、急進論・保守論をともに廃して漸進的な改革を主張していることである。これは、ともすれば急進的な方向に傾きがちであった大同協和会に対する批判的な見解であったと受け取れる。その意味で、より漸進的な改革を主張していた大同倶楽部と、方向性においては一致しうるものであった。

しかし、大同倶楽部が、一月一四日の臨時常議員会において政務調査の委員を選出し、議会における論戦を想定して、本格的に政務調査に乗り出していたのに比べると、ここで議論されている内容は、現実問題を提起しつつも、例えば民力休養・政費節減という場合、どの程度の政費を節減するかなどの具体的部分が全く明らかにされておらず、漠然としていると言わざるをえないものであった。板垣自身は、「自由主義」を実際の政治問題とつながっているものであると主張してはいたものの、その議論の内容は大同倶楽部が想定していた具体的かつ細かいものとはかなりの隔たりがあった。しかしそれは、板垣にしてみればやむをえない側面があった。板垣にとっては、何よりも「自由主義」勢力の結集が最大の目的であったからである。板垣は「小党分裂ノ弊ヲ生ズレバ政党ノ勢力強大ナラズ」と述べているように、まずは旧自由党系勢力を結集し、政党に力を持たせることが第一に必要なのであって、そのためには、細かい政治的議論を発表して、ことさらに反発を招くようなことを避ける必要があったのである。

このように、旧自由党系勢力の結集を板垣は図ったのであったが、大同倶楽部の動向を気にする板垣の動きに反発した大同協和会は、一月二一日、独自に自由党（以下、旧自由党と区別するために「再興自由党」と記す）を結党する結党式を挙行した。その趣意書の中では、板垣はかつての政治的同志との私情を断ち切ることができずに愛国公党なるものを創始したとして批判され、「我儕以為政党ハ天下ノ公事ナリ、区々タル私情ハ固ヨリ顧ルヘキ所ニ非ス、且ツ自由党ノ称号ハ之ヲ過去ニ徴スルニ幾多ノ歴史ヲ負ヒ、之ヲ将来ニ料ルニ無数ノ期望ヲ懐ケリ、是実ニ天下有志ノ士相提携シテ政治世界ニ奔馳スル所以ノ一大旗章ナリ(39)」と述べられていた。

一方で、大同倶楽部の側も、その大坂での機関紙『関西日報』が、大同倶楽部を離脱して愛国公党に加わった『東雲新聞』との間で、攻撃合戦を繰り広げていた。こうした状況に対し板垣は、東雲新聞社に対して書翰を送り(40)、愛国公党はあくまで同主義者の「一致合同」を「穏当」に図ることを目的としていること、それゆえ『東雲新聞』が激しく『関西日報』と論争を展開することは、自分の意図に反すると、注意を促したのである。この板垣の制止により、ようやく『関西日報』と『東雲新聞』との激烈な論争に終止符が打たれることになる。板垣にとって大事であったのは、自らの見解を主張して大同倶楽部や大同協和会と政策論争を行うことにあったのではなく、両者をいかにまとめるかというところにあったということがうかがえる。

二月五日、神戸市常盤花壇において愛国公党の関西同志懇親会が開かれた。この会には、主に関西地方の二府一七県より愛国公党の賛同者約二六〇名が参集した。[41] この会においても、板垣は「政党ハ唯ダ其主義ニ拠テ合同スベシ然ラズンバ小党分裂シ一大政党ノ組織ヲ成ス能ハズ」と、政党とは「主義」によって合同すべきものである、そうでなければ小党分裂し、一大政党を組織することができないということを述べ、「個人的自由主義」に依拠して結党した自らの立場を述べている。[42] 注目すべきは、ここで大同倶楽部や大同協和会（再興自由党）に対する直接的な批判が見られないことであろう。先の東雲新聞社への書翰にもあったように、板垣の目的は、他党への批判にあったのではなく、それらを仲裁して、「自由主義」の立場に立つ者の一致合同を図ることにあった。まず、フランスにおける小党分裂は内閣の変動を多くしているという弊害を例に挙げ、一大政党の必要性を唱えている。そして一大政党を組織するために、まず団体間の仲裁を為さなければならず、そのためにこそ、「自由主義」を標榜する愛国公党という組織を結成したのであると、板垣は述べているのである。だからこそ、対立をあおるような他党への批判には消極的であったのである。

この会の終了後、「愛国公党成立ノ旨趣ヲ賛助拡張シ以テ全国自由主義者ト広ク合同スルコトヲ謀ル」という目的に基づき、「関西倶楽部」という愛国公党の運営組織が設けられた。そして、小林樟雄（岡山県）・寺田寛（大阪府）・植木枝盛（高知県）・石田貫之助・柴原政太郎・佐野助作・高瀬藤二郎（以上兵庫県）の七名が常議員に互選され、根本正・植木枝盛・栗原亮一・三崎亀之助・小倉久が政務調査に当たることとなった。

なおこの懇親会で注目されるのは、この懇親会で集会条例第八条の廃止についての提案がなされたことである。そしてこの提案に基づき、同月一五日に建白書が元老院に提出された。集会条例第八条とは、政党政社に支社を置き他の政党政社と連結することを禁じたものであるが、先に見たように板垣はすでに前年五月の大同倶楽部と大同協和会が分裂しようとしたときに、議会開設前の急務として「言論集会結社の三条例を改正」することを主張していた。板垣ら愛国公党員は、このとき本格的に、彼らの目的とする「自由主義」勢力の合同を図る上でも、政社間の連結を禁止するこの条例の廃止が急務であると考えたのであった。

その後、板垣は、三月九日から約二週間にわたり遊説し[43]、四月三日からも約一〇日間にわたる遊説を行う[44]。この遊説の際の演説内容を追うことによって、板垣がことさらに愛国公党という別組織を結成した理由をうかがうことができる。

演説において板垣はまず、代議政体の障害物を除去する必要があるとして、政社間の連絡を禁じた集会条例の改正を主張し、ついでいわゆる超然主義および不偏不党といった主張を駁し、議会政治において政党が不可欠なことを説いている。では、板垣の考える政党とは何であったのだろうか。それは「主義に因て組織し綱領党議を定め而も徳義ありて公明正大の運動を為[45]」す政治団体であり、専制政治に反対する原動力[46]となり、政治・社会を改良する原動力[47]となるものであるという。板垣は政党を定義する上で、大同倶楽部の政党論を批判する[48]。大同倶楽部が、政党は「事実問題」すなわち具体的な政策によって離合すべきであると主張していたのに対し、板垣は、政策によって政党が離合するべきだとしたら、新しい政治問題が発生したときに政党がどう対処すべきか不明確になってしまうし、現実的ではないと反論する。新しい政治問題が発生したときに、それを選挙民にわざわざどうすればいいか聞くというのだろうか、果たしてそれで代議政治といえるのだろうか。具体的な政策によって離合しているような団体は根本的な主義が一致しているのではなく、個別の政治問題に限った一時的な結合に過ぎないのであるから、それは「聯合体」ではあっても「政党」とはいえないという。そして板垣は、自分が目指す政党は「自由主義」に基づくものであると述べる[49]。「自由主義」とは個人主義のことであり[50]、人民の権利を主張するものであり、人民の幸福を増進するものであり、社会の改良を図るものであるという。[51] ここで気づくのは、この「自由主義」の定義が、明治一四年自由党が組織されたときに規定された「自由党盟約」と全く同じであるということである。[52] ではなぜ自由党を再興するという形をとらずに、「愛国公党」という別の名前で別の政党を組織する必要があったのか。それは、かつての自由党の運動方針に対する反省からであった。

我党は即ち客歳陽春の交を以て其方針を改めたるもの二件あり　即ち一は意気相投ずるものを以て政党を組織するは其結合甚だ少数なるが故に之を改むるに在り　又一は主義を一定して多数の結合を造くり輿論を以て政治を改良せんとするに在りし　斯の如く説き来らば我党は客歳少数の結合を説き更らに多数の結合を解き更らに多数の結合を作らん事を欲せしもの丶如くなりと雖ども決して之を解きたるに非らずして実に其の方針を改ためたるに外ならざるなり　蓋し我党が固執する所の自由の主義は平和主義平等主義にして決して過激を好み粗暴を愛するものにあらざるなり　彼の英仏諸国に在る所の自由党の如きも又是れ平和を重んじ平等を希ふ所のものなり　然れども武断腕力の専制に抗するに至りては又武断腕力を用ゐ人をして殆んど畏懼せしむるに至りたるものあり　き　其発動する所極めて猛劇なりと雖ども要するに平和を望み平等を希ふの心を以て自ら逆境に立ち腕力を制するに腕力を以てし暴を制するに暴を以てしたるに外ならざるなり　我自由党員が屯蹇の経歴に富みて時に世人の誹謗を蒙りしは要するに其毒薬に中てられたるに過ぎざるなり　今や我党は已に其目的を達して逆境を離れ順境に立ち平和と平等を希がひ漸く将に我党の真面目を現はさんとするに時機に際会したり　我党の本懐実に之に加ふるものあらざるなり[53]

つまり、かつての自由党は、一定の主義に基づくか否かというよりは、意気投合する人たちが寄り集まっただけで、主義に基づいて勢力を結集することができなかったこと、また「武断腕力ノ専制」に対抗するために、やむをえず「武断腕力」によって人を畏怖せしめ、その結果人々から批判されたこと、そのために解散にいたったことが反省すべき点である。今回は、それらの反省を踏まえ、「自由主義」に基づいて勢力を結集したい、そしてあくまで「自由主義」を実現するためには「平和」的・「漸進」的に活動したいと述べる。例えば、「租税の如きも歳入の五分の一即ち八百万円位を減じ得らるゝならば是にて上出来なると信ずるなり」というように、政費節減の問題についても議会を解散させてしまう可能性のある急進的な意見ではなく、漸進的な意見を主張したいという。(54) このような運動方針に対する反省点のうち、前者は、先述したように大同倶楽部に対する間接的な批判となっており、後者は、憲法点閲や、華族制度に対する批判など過激な主張を行っていた再興自由党への間接的な批判となっていた。だからこそ板垣は大同倶楽部でもなく大同協和会でもない、別の政党を組織する必要があったのである。そして、かつての自由党を再興させるのではなく、かつての自由党の運動方針に対する反省に基づいた新しい政党をつくる必要があったわけである。さらに、「愛国公党」にこだわった理由は、明治七年の愛国公党時に目指していた政治思想を引き継ぐ必要性もあったからであった。

では、板垣はなぜ大同倶楽部と大同協和会との「調和」にこだわったのか。それはかつての愛国公党時代から自由党時代にかけて、政治行動を共にした旧自由党員が、今や大同倶楽部や大同協和会に分派してしまっており、そういった人びとを、自由民権運動の原点である「愛国公党」という名前を掲げることによって、板垣の目指す新たな「政党」のもとに取り込みたかったからである。特に大同倶楽部は当時最も有力な全国的勢力であり、後の第一回総選挙でも最多の当選者数を誇ることになるように、板垣にとって無視できない勢力だったからである。

ただしここで注意するべきことは、板垣は大同倶楽部が主張していたような、立憲改進党をはじめとする他党までをも含む民党連合路線については否定する態度を取ったことであった。

彼の改進党は漸く将さに我党の本色を現はさんとするを観察し相謂ふて曰く自由党も亦近来血気の勇を収めて温容を作くるに至りたり又以て事を謀り事を与にするに足るべきなりと会ま本色を顕はすに至りて彼等の為めに惚

れらるゝに至りては誠に迷惑至極に存するなり彼の党は是れ如何なる党派ぞや外人を崇拝して国情を察せず危険なる内地雑居に左袒して国家の存亡を顧みざりし党派に非らずや又た彼の党は外人を畏敬して改正条約に賛成し国権の削弱せらるゝを顧みずして断行を希ひたる党派にあらずや（大喝采拍手）是等皇家の尊ぶべく国権の重んず可を知らざる党派に惚れられんとするは豈又迷惑千万なる事にあらずや（拍手大喝采）[55]

つまり、立憲改進党は、大隈の条約改正案を一貫して支持する態度を取り、輿論に反する政治活動を行ったのであり、そのような党派とは連合できないと主張するのであった。つまり、板垣は、あくまで旧自由党の範囲内での勢力結集をめざしつつ、大同倶楽部とも、大同協和会のいずれとも一定の距離を保ちながらどちらかに加担することを避け、かつ「自由主義」を唱えることによって両者を取り込もうとしていたのである。

以上の考えを実行に移すべく、四月一日、関西倶楽部より、各地の政友に、同月二五日に愛国公党の結党式を挙行する旨の通知書を発し、政務調査員には、具体的な調査事項を送った。[56]

板垣が愛国公党の結党式を挙行することを発表したのを受け、横浜住民倶楽部、青年自由党、平民同盟会、自主館、青年自由倶楽部の五団体は、大同倶楽部、再興自由党、愛国公党の三派を合同しようという意図のもと、板垣に次のような忠告書を送った。すなわち、愛国公党は、本来大同倶楽部と再興自由党（旧大同協和会）とを統一するために創立されたものであるはずだが、もし結党式を挙行すると、二派を統一するどころか、正式に別の一政党が樹立され、さらに政党の分化が進んでしまうのであり、それは、板垣の当初の目的に反するのではないか、だから結党式の挙行を思いとどまってほしい、というような内容であった。それに対し板垣は、「結党式の如きも時宜に依り執行することあるも、最初の目的調和の事は飽迄尽力すへし」という内容の返書を送った。板垣の結党式に対する具体的な考えは、上京後の、四月二五日、横浜のグランドホテルにおいて表明された。それによると、「愛国公党を樹立したれはとて調和の精神を断絶するにあらす、……昔日専制政府の下に在ては其圧制を芟除するには止むを得す之を腕力に訴へさるへからす。今日迄に現はれたる自由党の過激なる行為は決して之を非難すべきものにあらす。去れとも今日代議制国の人民となりたる以上は、最早過激の行為を除き去つて着実温和なる政党を造り、以て他政党の模範とならさるへからす」[57]と、板垣は、自分は調和の精神は失っていないこと、そして調和をするにあたって過激な行動を慎み、着実に政党づくりを行っていきたいと述べた。このことは、やはり急進的な主張を行っていた再興自由党を暗に批判したものであった。板垣は、すでに述べたように、旧自由党系勢力の結集を図ってはいたものの、しかしその「自由主義」の実現にあたっては、漸進主義的であるべきことを主張していた。

この間、先述の横浜住民倶楽部、青年自由党、平民同盟会、自主館、青年自由倶楽部の五団体より三党合同を何度も要請され、愛国公党からは杉田定一、西山志澄、塩田奥造、藤野正高、鵜飼節郎、植木枝盛、石田貫之助らが三党合同も乗り出すこととなった。三党合同を求める声の高まりもあって四月二五日開催予定の結党式は延期されたが、結局五月五日、結党式ではなく創立大会[58]という形で挙行され、宣言書が発表された。

自由主義ハ真ニ王室ヲ安ンジ奉ル者ナリ上ハ王室ノ尊栄ヲ増シ下ハ人民ノ幸福ヲ崇メ以テ我国ノ独立ヲ保チ安寧ヲ致スハ我党自由主義ヲ措テ他ニ之レアルヲ知ラサルナリ

我党ガ茲ニ結党ノ式ヲ挙クルハ即チ斯主義ニ拠テ斯目的ヲ達セント欲スルナリ凡ソ政党ニ必要ナルハ第一一定ノ主義ヲ立ル事第二一国ノ公益ヲ謀ル事第三輿論ノ制裁ヲ受ル事是レナリ政党ハ一定ノ主義ニ拠リ公益ヲ謀ザル可ラス而シテ之ヲ謀ルニハ衆議ヲ採リ以テ輿論ノ制裁ヲ受ケサル可ラス此三ノ者ニシテ其一ヲ欠ケバ政党ノ不具ナルモノナリ其党ハ自由主義ノ下ニ立チ一致合同シテ以テ最大ナル政党ヲ組織セント欲スル者ナリ[59]

この宣言書でうかがえるのは、それまで同様、板垣が、政党結成に必要な「原理」として「主義」を重視していたこと、すなわち「自由主義」を明確に標榜する必要性を唱えていたことである。その上で、実際に初期議会において討議すべき項目についても大まかに「第一　地租ヲ軽減スル事　第二　政費ヲ節減スル事　第三　租税徴収法ヲ改正

スル事　第四　新聞集会出版ノ三条例ヲ改正スル事　第五　保安条例ヲ廃スル事　第六　警察ノ制度ヲ改良スル事　第七　獄制ヲ改良スル事　第八　私営ノ商工業モ特別保護ヲ与ヘサル事」という条目を立てていることである。板垣は、まず団結の範囲をかつての旧自由党系の人々を機軸にした上で、初期議会において取り組むべき問題については、きわめて漸進主義的な改良を主張していた。ここで掲げられた条目は、例えば、再興自由党の党議草案における「文官非職ノ制ヲ廃スル事」「内地ノ商工業ニ特別保護ヲ与フルヲ廃スル事」「華族令ヲ改正シ且ツ新華族ヲ置クノ慣例ヲ廃スル事」「華族ノ世襲財産法ヲ廃スル事」「警視庁ヲ廃シ及巡査ノ佩刀ヲ廃スル事」というようなさまざまな法規の廃止条目や、「直接国税ヲ納ムル者ハ被選挙権ヲ有セシムル事」「国会ニ上請シテ憲法ヲ点閲スル事」というような急進的な議論と比べるならば、極めて対照的なものであった。

その一方で、この愛国公党の宣言書は、大同倶楽部が五月二日に発表していた二七カ条にわたる党議に比べれば、大まかなものにとどまっている。それは、板垣が、大同倶楽部のように細かすぎる政策案を打ち出すことによって、かえって党内で意見が分かれ、「政党」としてのまとまりを欠くと危惧したためであろうと思われる。それゆえ、この愛国公党の宣言書は、自由党時代から板垣たち自由党員が取り組んできた方向性を鑑みれば、その多くのものが賛成しうる内容ともなっていたのである。

以上のように、板垣の意図は、民党勢力の団結ではなく旧自由党系勢力に限定した範囲での団結を実現することにあるとともに、その一方で、漸進的な改革を主張しつつ、細かな論点については先送りするかたちで、大同倶楽部や大同協和会との合流を進めていくことにあったのである。したがって、諸方面から寄せられた三党合同運動に関しても、それに積極的に関わっていくことになる。そして五月一四日の三党調和委員による会合では、三派の政社組織を解き一政党を組織すること、合同政党は庚寅倶楽部と称し首領を置かないこと、庚寅倶楽部は「自由主義」を標榜すること、総選挙後の八月に「綱領党議」を定め結党式を行うことが議定された(60)。庚寅倶楽部事務委員には愛国公党から小林樟雄、渡辺小太郎、直原守次郎の三名が選出された。[61]

四　庚寅倶楽部成立から愛国公党解散までの政党論

庚寅倶楽部が成立して以後も、愛国公党は、合同運動に協力的な態度を示した。これは大同倶楽部の取った姿勢とは対照的であった。大同倶楽部は、庚寅倶楽部は政党としての性格を備えておらず、今後分裂する可能性もある不安定な組織であると考えていた。[62]それゆえ、大同倶楽部は合同運動に一応は賛成するものの、大同倶楽部の組織を解くことはせずに、引き続き庚寅倶楽部の「分派」として、大同倶楽部独自の政党活動を行っていくと表明した。

それに対し、愛国公党に所属していた小林樟雄と栗原亮一が調和委員宛に五月二五日付で非難の書翰を送った。[63]小林・栗原は、大同倶楽部の態度は庚寅倶楽部の結成に際して定められた「第一　従来存在スル三派ノ政社組織ヲ解キ更ニ相合シテ一政党ヲ組織スル事　第二　右合同ノ上成立シタル政党ハ庚寅倶楽部ト称シ共同団体トナシ首領ヲ置カサル事」という条文の精神に則っておらず、合同を無に帰しかねないものであると強く批難した。彼らによれば、「合同」と「聯合」は異なるのであり、庚寅倶楽部結成時に定められた「第五　庚寅倶楽部ハ来ル八月ヲ期シ更ニ会議ヲ開キ綱領党議ヲ一定シ結党式ヲ挙行スル事　但シ各派従来ノ綱領党議ノ精神ヲ失ハサルコトヲ要ス」という条文に関しても、大同倶楽部が解釈するような「分派」容認を意味するものではなく、綱領党議を議決する「合同」談判の日まで数カ月あるために、政治運動を遂行する上での便宜を図ったにすぎないという解釈を行い、大同倶楽部の態度を批判し、あくまで各派の解消に基づく「合同」を行うべきことを主張したのであった。この一件からも愛国公党が、合同運動に積極的な態度を示していたことがうかがえよう。

ただし、愛国公党が合同運動に積極的な態度を示したといっても、自派の主張に合致した形での合同運動を進めようとした点に注意するべきであろう。この間、愛国公党は、他派を自派に取り込むために、地方に人を送り込み、結果例えば大分県の再興自由党の城山静一・元田肇らが愛国公党に移るなど、他派を離脱して愛国公党に参入する団体もあった。このように自派に有利に運動が進められるよう他派に働きかけ続けたのである[64]。

さらに五月二六日、二八日、二九日と、庚寅倶楽部の規則を決め、政社届の手続きに及ぶべく庚寅倶楽部の会合が開かれたのであるが、規則制定・政社届に積極的だったのは愛国公党であり、再興自由党は代理の者を立て、大同倶楽部は欠席して会合の延期を願い出たり、政社届に名前を記載するのは各派委員の九名だけに留まるべきとの意見を主張するなど消極的な態度を取り続けた[65]。

六月三日の庚寅倶楽部の委員会では、一派につき三〇名を標準として来る一一日までに政社届をすることが決議され、同倶楽部規則の第一条として「本倶楽部ハ自由主議ヲ固執スル政党トシテ組織スルモノトス」と、愛国公党が政党の主義として拘泥していた「自由主義」が庚寅倶楽部の主義として定められることとなった[66]。つまり、この委員会で愛国公党の主張が、そのまま庚寅倶楽部の方針に反映される形で決議された。

六月九日には、庚寅倶楽部の方針などを記した「庚寅倶楽部第一回報告書」が庚寅倶楽部の事務委員より同党員に配付された[67]。

庚寅倶楽部の政社届の件については、一一日までに届け出ることが決議されていたものの間に合わず、再度、一六日に協議が行われ、ようやく翌一七日に京橋区の警察署に届出がなされることとなる（二一日認可）。政社届に氏名を記載したのは、愛国公党二九名、再興自由党八名、大同倶楽部四名と、三派の中では圧倒的に愛国公党に所属していた者が多かった。なお、各党派の解党に関しては、党員のほとんどが七月一日の初の衆議院議員総選挙の運動に奔走中であったため、八月まで延期されることとなった[68]。つまりこの時点でも、合同に積極的なのは愛国公党であり、再興自由党・大同倶楽部は、あまり積極的ではなかったことがうかがえる。特に愛国公党の場合、同党の政治路線が、庚寅倶楽部に引き継がれた以上、愛国公党の存続にこだわる理由がなかったのである。

板垣は、庚寅倶楽部所属の衆議院議員候補者を応援すべく、六月七日より兵庫県、茨城県、栃木県下各選挙区の有志者による懇親会や演説会に出かけた。(69) ここで板垣は今まで主張してきたような「自由主義」を基調とした政党論を展開するのみではなく、(70) 立憲改進党に対しては、「立憲改進党の如き表は其名に於て示す如く代議政体を欲するにもかゝわらず昨年条約改正の挙に於て其条約案の人民の権利義務に係るもの数多なるに関せず一年を待て帝国議会設立の暁に之を行はんとすることをばなさずして猥に自己の専断を行はんとせり」と猛烈な批判を行った。(71) このような演説は選挙における庚寅倶楽部と立憲改進党との攻防戦が激しくなったことを背景にしているが、(72) このことからも、板垣の旧自由党系三派を中心とする合同構想がゆるぎないものであったことが確認できる。

七月二五日、法律五三号として「集会及政社法」が発布された。そして八月一日、集会及政社法第二八条の、政社は連合の協議を禁止するという規定に触れるとして、大同倶楽部、再興自由党、愛国公党、そして、立憲改進党、九州同志会などの運動家が次々と警察に召喚された。(73) これは旧自由党系三派を中心とする連合運動のための会合を行ったためであった。すなわち、それぞれの政社は、実際に政社として届け出ているかどうかはともかくとして、事実上「政社」としての活動を行っている以上、その連絡活動は集会及政社法第二八条の規定に触れるとして、警察から諭示されたのであった。愛国公党からは、植木枝盛、直原守次郎、（渡辺改め）秋山小太郎、片岡健吉、杉田定一らが召喚され、事実上違反行為であるが、行政上の徳義をもって一週間の猶予を与えるので、速やかに政社届出の手続きをすべしとの厳命が下された。(74) それに対し、直原は、愛国公党はまだ結党式を挙げていない全く無形の団体であり、それは言いがかりに過ぎないと反論した。しかしながら、数日にわたり愛国公党内で評議した結果、庚寅倶楽部も設立された以上、愛国公党を存続させる理由はないとして、愛国公党を解散することが決議された。(75) そして八月四日、塩田奥造、秋山小太郎は愛宕下警察署に出頭して、愛国公党の解散を届け出、同じく再興自由党も解散の旨を届け出た[76]。同様に、同月一七日大同倶楽部も解党し[77]、二五日、愛国公党、再興自由党、大同倶楽部、九州同志会の合同四派等委員四〇名が集会し立憲自由党の結成が決議され[78]、翌九月一五日立憲自由党の結党式が挙行されるのである[79]。

おわりに

本章においては、大同団結運動の末期における愛国公党結成の論理を、その党首の位置にあった板垣退助の政党論と政治史的状況との呼応関係を通して明らかにしてきた。

そもそも政党とは、議会において、何らかの理念の実現を目指して活動する存在である。一方で、実現すべき政治課題についての理想を持ち、他方で、それを実現するための力を持つべき存在でもある。この時期、板垣が愛国公党という別の政党を組織しようとしたのには彼の政党に対する彼なりの論理があったからである。すなわち彼は、議会において立憲政体を運用して民意を政治に反映させるためには政党が必要である、しかも藩閥政府に対抗するだけの力のある一大政党が必要であると考えた。そしてその政党は、大同倶楽部が主張するような、具体的な政治問題によって離合集散するような連合ではなく、一定の不動の理念、いいかえれば政治の方向性についての旗印に基づいて結合するべきだと考えた。そして板垣にとってのその旗印とは「自由主義」であった。この「自由主義」は、愛国公党時代から自由党時代を経て、板垣たちが掲げてきた政治理念と同じであった。すなわち、より具体的には人民の権利の伸長、人民の幸福の増進、社会の改良である。この理念を実現するためには、かつての自由党に見られたような、人間関係によって結合したり、また過激・粗暴な行動を行ったりすることを否定し、具体的政策においては、大同協和会のような急進的な意見を主張するのでもなく、あくまで議会が円滑に行われるために、「自由主義」という一定の政治理念に基づいて漸進的な運動方針を取るべきであると考えていた。だからこそ、かつて仲間の寄り合い的で過激な集団と目された自由党をそのまま再興するわけにはいかなかったし、大同倶楽部の主張するようなあまりに範囲の広すぎる連合政党や、大同協和会（再興自由党）のような急進的政党として議会を迎えるわけにはいかなかったのである。

しかしながら、その一方で、新しい政党を成立させて、議会で政府に対抗できる力を有するためには、多数の人たちを取り込む必要があった。そこでかつて愛国公党、自由党時代に同じ政治理念を抱いて共に運動してきながら、大同倶楽部と大同協和会（再興自由党）とに分派して対立してしまっている人たちを取り込み、まとめていく必要があった。だからこそ両者が、他党派に対して徹底的な批判を行い、自党の方針の正当性を主張していたのに比べ、板垣の率いる愛国公党は、自党の方針は強く主張するものの、旧自由党系の他勢力への直接的批判には禁欲的であり、あくまで両者を調和させることを主張していたのであった。そして初期議会において目指すべき改革として掲げられたのは、大同倶楽部の党議に比べ厳密ではなく、大同協和会（再興自由党）の主張に比べ過激でもなく、それまで自由民権運動に従事してきた者なら誰でも違和感なく賛同できるような内容にとどめたのであった。愛国公党は、あくまで両者の調和、ひいては合同を目標にしていたのであり、議会開設前に旧自由党系勢力を結束させてから議会に臨むことを目的に作られた団体だったのである。ただし、板垣は、その勢力の結集範囲を、あくまで「自由主義」を戴く勢力に限定しようとした。大隈外相による条約改正を擁護した立憲改進党に対しては、強い拒否感を示した。

冒頭でも述べたように、この時期の愛国公党・大同倶楽部・大同協和会（再興自由党）の三党鼎立状態は、ある意味、初期議会における政党がいかにあるべきかということをめぐる争い、つまり政党論をめぐる争いでもあった。政党とは、具体的政治問題に即して結合すべきだと主張しながら、他方で旧自由党系以外の勢力を含む民党の大連合を説いていた大同倶楽部、急進的な諸政策を主張して政府との対抗姿勢を強め、そのことによって自らの結束力を高めようとした大同協和会（再興自由党）に対し、板垣率いる愛国公党は、具体的政治問題を棚上げしつつ、問題を「自由主義」に限定して、旧自由党系の人々をまとめて結束力のある政党を作ろうとしたのであった。

愛国公党の「調和」論は、最終的に実を結び、庚寅倶楽部から立憲自由党という一大政党の結成につながった。なお、以下は本格的検討が必要な仮説にすぎず、実証していく必要があるが、愛国公党は、以後、庚寅倶楽部から立憲自由党という流れにおいて、主流に位置していくことになり、したがって今回検討してきた板垣の政党論は、立憲自由党結党の際の基盤となったと考えられる。その結果、大同団結期に主張された立憲改進党をも含む民党大合同の議論は排除され、結局旧自由党勢力を中心に立憲自由党が結成されるに至るのであると考えられる。その意味で板垣のこの議論はその後、初期議会期自由党の基盤をなす議論であると位置づけることができるのではないだろうか。のちに大同協和会の指導者であった大井憲太郎や、大同倶楽部の理論的支柱であった末広鉄腸などの人物が、最終的に初期議会期自由党から袂を分っていくことになるのも、こうしたことの延長線上に位置づけられるのではないだろうか。(80)こうしたその後の立憲自由党における政党論の相克に関しては、紙幅の関係上別稿に譲りたいと思っている。

註

（1）安在邦夫「明治憲法体制形成期の自由民権運動」（『歴史学研究』五八六、一九八八年一〇月）、鳥海靖「帝国議会開設に至る『民党』の形成」（『東京大学教養学部人文科学科紀要』二八、一九六三年三月）、鳥海「雑誌『政論』における政党組織の構想」（『東京大学教養学部人文科学科紀要』三六、一九六五年一〇月）など、自由民権期から初期議会までの政治史を連続的にとらえ、そのなかに大同団結運動を位置付けようとする研究が中心である。

（2）前掲、鳥海「帝国議会開設に至る『民党』の形成」、升味準之輔『日本政党史論』第二巻（東京大学出版会、一九六六年）、兼近輝雄「明治十九年から二三年にいたる政党の連合運動について」（『社会科学討究』一九－二、二〇－二・三、一九七四年三月、一九七五年三月）。

（3）山田央子『明治政党論史』（創文社、一九九九年）。

（4）稲生典太郎『条約改正論の歴史的展開』（小峯書店、一九七六年）、兼近輝雄「大隈の条約改正における立憲改進党の主張と行動」（『早稲田政治経済学雑誌』一八一、一九六二年）。

（5）真辺美佐「大同団結運動をめぐる政党論――『関西日報』時代の末広鉄腸を中心に」（安在邦夫・田﨑公司編『自由民権の再発見』日本経済評論社、二〇〇六年所収）、また真辺美佐『末広鉄腸研究』（梓出版社、二〇〇六年）を参照。すなわち、末広は、政党というものが、「自由主義」というような哲学上の理論によって結集するのではなく、実際の具体的な政治問題、具体的には大同倶楽部の五つの綱領「独立ノ大権ヲ鞏固ニスル事」「責任内閣ノ実行ヲ期スル事」「財政ヲ整理シテ民力ノ休養ヲ謀ル事」「地方自治ノ制度ヲ完全ニスル事」「言論集会結社ノ自由ヲ完全ニスル事」に関する一致をもとにして、結集すべきであると主張していた。特に末広は、議会において政党が力を持つためには、旧自由党のみならず、立憲改進党系の人々をはじめとする「民党」勢力の大団結を実現することが急務であると考えていた。そのことから、「自由主義」というような漠然とした理念によって旧自由党系の人々の結集を主張する板垣退助らへの批判を繰り広げ、あくまで議会での議論にたえ得る具体的な政治問題に関する分析に基づいた大まかな政治目的の一致を主張したのであった。

（6）野沢雞一編著『星亨とその時代』2（平凡社、一九八四年）二二一、二二五～二二六、三三二頁、有泉貞夫『星亨』（朝日新聞社、一九八三年）九五～一〇七頁。

（7）星亨と改進党員などの交流に関しては、福井淳「大同団結運動について――立憲改進党とのかかわりを中心として」（『自由は土佐の山間より』三省堂、一九八九年）に詳しい。また、改進党の組織に関しては、大日方純夫『自由民権運動と立憲改進党』（早稲田大学出版部、一九九一年）、安在邦夫『立憲改進党の活動と思想』（校倉書房、一九九二年）参照。

（8）小宮一夫『条約改正と国内政治』（吉川弘文館、二〇〇一年）二二六～二三二頁、五百旗頭薫『大隈重信と政党政治――複数政党制の起源　明治十四年―大正三年』（東京大学出版会、二〇〇三年）七四～七七頁。

（9）前掲、兼近「明治一九年から二三年にいたる政党の連合運動について」、藤井松一「大同団結運動の展開――近代天皇制成立史論序説」『立命館大学人文科学研究紀要』（第二四号、一九七七年四月、のち藤井松一『近代天皇制の成立と展開』（弘生書林、一九八二年）所収）、福井淳「大同団結運動について――立憲改進党とのかかわりを中心として」（『自由は土佐の山間より』三省堂、一九八九年）、前掲、小宮『条約改正と国内政治』二二六～二三二頁、前掲、五百旗頭『大隈重信と政党政治――複数政党制の起源　明治十四年―大正三年』七四～七七頁。

(10)「板垣伯の進退」(『朝野新聞』雑報、一八八九年五月一二日)。
(11)「辞爵表」「再辞爵表」(以上、板垣退助『一代華族論』社会政策社、一九一二年)。
(12)「板垣君の辞爵は聴届けられず」(『朝野新聞』社説、一八八七年七月一四日)。
(13)「板垣伯の演説」(『朝野新聞』雑報、一八八九年五月一五日・一六日)。板垣退助「大坂清華楼に於て東上の趣意を告ぐ」として伊東洋二郎編・評『日本欧米新編演説集』(静観堂、一八八九年)所収、一九〜三一頁。
(14)東京大学法学部近代日本法政史料センター原資料部所蔵「中山寛六郎関係文書」六‐一二〇「〔内務大臣山県有朋宛清浦圭吾〕報告書」(一八八九年六月一四日付・同年七月一六日付)、「愛国公党　第一稿」(『福井新聞』社説、一八九〇年四月九日)。
(15)川田瑞穂『片岡健吉先生伝』(湖北社、一九七八年)五六七頁。
(16)「大同倶楽部と大同協和会」(『政論』雑報、一八八九年一一月六日)。
(17)「大同倶楽部と大同協和会」(『関西日報』雑報、一八八九年一一月八日)。
(18)前掲、川田『片岡健吉先生伝』五六九頁。
(19)河野磐州伝編『河野磐州伝　下巻』(清水喜一、一九二三年)七三〜七四頁。
(20)同右、六九〜七〇頁。
(21)指原安三編『明治政史　下篇』(明治文化研究会編『明治文化全集第一〇巻　正史篇(下巻)』日本評論新社、一九五六年所収)、一二一一〜一二一三頁。元版は冨山房、明治二六年。
(22)前掲『河野磐州伝　下巻』七四、七五頁。
(23)国立国会図書館憲政資料室所蔵「河野広中文書」書類(一)‐二四七、前掲『河野磐州伝　下巻』七〇〜七二頁、前掲、指原編『明治政史　下篇』一一一一頁。
(24)前掲『河野磐州伝　下巻』七八、八一〜八二頁。
(25)旧友懇親会は一七日の予定だったが、板垣が病気だったために一九日に延期された(「旧友懇親会」(『関西日報』社説、一八八九年一二月一九日))。
(26)意見書の発表は、板垣がまだ完全に治癒していなかったため徳弘馬城郎に代読させた(前掲、川田『片岡健吉先生伝』五七五頁)。
(27)「板垣伯の意見書」(『関西日報』附録雑報、一八八九年一二月二〇日)、「同上」(『東雲新聞』雑報、一八八九年一二月二〇日)、出斜吾三郎編『愛国論』(出斜吾三郎、一八九〇年三月一一日) 所収、七～一三頁。
(28)「自由党再興論者の一部は分離せり」(『東雲新聞』社説、一八八九年一二月二〇日)。
(29)「大阪苦楽府大同派を脱す」(『東雲新聞』雑報、一八八九年一二月二一日)。
(30) 若林清『大日本政党史』(長島若枝、大正二年) 五一二～五一三頁。
(31)「愛国倶楽部の設立」「脱会の理由」(以上『東雲新聞』雑報、一八九〇年一月一七日)。
(32)「兵庫県ハ挙て大同倶楽部を脱す」(『東雲新聞』雑報、一八八九年一二月二四日)。
(33) 前掲『河野磐州伝　下巻』九〇～九一頁。
(34)「大同倶楽部臨時総会」(『関西日報』社説、一八八九年一二月二二日)。
(35)「板垣伯立案愛国公党論」(『朝野新聞』雑報、一八九〇年一月六日)、出斜吾三郎編『愛国論』(出斜吾三郎、一八九〇年三月一一日) 所収、一二三～四九頁、小河義郎編『板垣伯之意見』(小河義郎、一八九〇年三月三一日)、岩本米一郎編『板垣南海翁之意見』(岩本米一郎、一八九〇年五月二六日) 所収。
(36)「兵庫県同志懇親会」(『東雲新聞』雑報、一八九〇年一月一五日)。
(37)「(第一) 兵庫県同志懇親会席上談話」(郷敏儒編『板垣南海翁之意見』郷敏儒、一八九〇年二月二〇日)、出斜吾三郎編『愛国論』(出斜吾三郎、一八九〇年三月一一日) 所収、四九～七九頁。
(38)「板垣伯の愛国公党論を読む」(二回連載)(『関西日報』社説、一八九〇年一月九日・一〇日)。
(39) 前掲、指原編『明治政史　下篇』一四三頁。
(40)『東雲新聞』(欄外、一八九〇年一月三〇日)。
(41) 大阪府・京都府・奈良県・高知県・徳島県・愛知県・兵庫県・三重県・香川県・岡山県・広島県・滋賀県・和歌山県・岐阜県・長崎県・鳥取県・富山県・島根県。
(42)「(第二) 関西同志懇親会席上談話」(郷敏儒編『板垣南海翁之意見』郷敏儒、一八九〇年二月二〇日)。
(43) 三月九日、神戸を発し、泉州貝塚願泉寺での泉河地方有志懇親会に臨席する。三月一一日、大和高田での自由主義者の懇親会に臨席。三月一六日、岡山県西大寺での懇親会に臨席、談話（随行員栗原亮一・矢野勝・日野国明・竹中鶴次郎・安藤久次郎・岸伸吉）。列席者六百余名。岡山県後楽園鶴鳴館の同志懇親会に臨席。来会者七百余名。三月一七日、岡山県美作半津山町本源寺での美作第五回大懇親会に臨席、演説。列席者千五百余名。三月一九日、香川県内町時和園での高松有志懇親会に臨席、演説。来会者四百名。三月二〇日、香川県丸亀新堀玉藻座での自由懇親会に臨席、代議政体について演説。来会者三百名。三月二一日、愛媛県松山の有志者藤野政孝等五十余名と政党政治に関する問答を行う。三月二二日、愛媛県松山市萱町公会堂での自由大懇親会に臨席、談話。列席者八百余名。三月二三日、神戸に帰る。以上、『山陽新聞』等より。

(44)　四月三日、神戸を発し、滋賀県大津での懇親会に臨席する。四月四日、福井県小浜での懇親会に臨席。四月七日、福井県西本願寺別院での大懇親会にて愛国公党について演説。来会者七百余名。四月一一日、三重県松阪での大懇親会に臨席。四月一二日、三重県山田での懇親会に臨席。久居津一身田の懇親会に臨席。終って神戸に帰る。以上、『福井新聞』『伊勢新聞』等より。

(45)　「板垣伯談話の概略」（『海南新聞』雑報、一八九〇年三月二五日）。

(46)　「板垣伯及栗原氏の大懇親会」（『伊勢新聞』雑報、一八九〇年四月一四日）。

(47)　「板垣伯談話の続き（接前）」（『伊勢新聞』雑報、一八九〇年四月一六日）。

(48)　「板垣伯来岡及同志懇親会の景況」（『山陽新聞』雑報、一八九〇年三月一八日）、「松坂町に於る伯の談話」（『伊勢新聞』雑報、一八九〇年四月一八日）。

(49)　「板垣伯来岡及同志懇親会の景況」（『山陽新聞』雑報、一八九〇年三月一八日）、「板垣伯談話の概略」（『海南新聞』雑報、一八九〇年三月二五日）、「板垣君慰労会概況の続き」（『福井新聞』雑報、一八九〇年四月九日）、「板垣君の演説」（『福井新聞』雑報、一八九〇年四月一〇日）、「板垣伯及栗原氏の大懇親会」（『伊勢新聞』雑報、一八九〇年四月一四日）、「板垣伯談話の続き（接前）」（『伊勢新聞』雑報、一八九〇年四月一六日）、「板垣伯の談話（承前）」（『伊勢新聞』雑報、一八九〇年四月一七日）。

(50)　「板垣伯談話の概略」（『海南新聞』雑報、一八九〇年三月二五日）。

(51)　「板垣伯談話の続き（接前）」（『伊勢新聞』雑報、一八九〇年四月一六日）、「板垣伯の談話（承前）」（『伊勢新聞』雑報、一八九〇年四月一七日）。

(52) 「自由党盟約」の第一章では「吾党ハ自由ヲ拡充シ権利ヲ保全シ幸福ヲ増進シ社会ノ改良ヲ図ルヘシ」と規定されていた。
(53) 「板垣伯の談話(承前)」(『伊勢新聞』雑報、一八九〇年四月一七日)。
(54) 「板垣伯談話の続き(接前)」(『伊勢新聞』雑報、一八九〇年四月一六日)。
(55) 「板垣伯の談話(承前)」(『伊勢新聞』雑報、一八九〇年四月一七日)。
(56) 第一　政界政党の模様○其府県内ニ存在スル若クハ将来ニ興ラントスル政党ノ名称其人員ノ多少其勢力ノ強弱○右政党ニ附属スル新聞学校等○現在政党ノ表面ヲ有セサルモ多少政治上ノ意志ヲ含ミ居ル会社倶楽部等○府県会議員ノ政党上ニ於ケル種類○我党及他党ノ国会議員候補人○其府県政党上ノ沿革○右等ノ件々ニ就テ将来ノ観察○此他右ニ類スル件々。
第二　地方経済及行政ノ如何○地方税収入支出ノ詳細○地方庁出納ノ詳細○地方庁並ニ其地方ニ関係アル官吏其他有給者ノ詳細○其府県庁行政ノ組織並ニ其施政ノ実際但事務ノ速達若クハ延滞ノ模様○其地方ノ人員幅員財産高
第三　郡区町村ノ経済及行政ノ如何　第二項ニ記載スルカ如キ諸項
(57) 前掲、指原編『明治政史　下篇』一六七頁。
(58) 「植木枝盛日記」(家永三郎他編『植木枝盛集　第八巻』(岩波書店、一八九〇年、一一四頁)一八九〇年五月五日条では、結党式は延期され、「創立大会」として開催されたと記されている。また、前掲『河野磐州伝　下巻』(一〇五、一一三頁)では、五団体による調停が成功しかかっている状況下で結党式を行うのはよくないと考えられ、結党式ではなく「組織大会」として開催されたとある。本報告では、愛国公党員の植木枝盛の記述に従った。
(59) 岩本米一郎編『板垣南海翁之意見』(岩本米一郎、一八九〇年五月二六日)所収。なおこの宣言書について、伊藤之雄氏は、「網羅的であった」と述べ、また、「有権者資格が直接国税一五円以上という手作地主層以上を対象とした選挙法改正については、特に触れていない。このことから愛国公党は、地主層を中核とした政党をめざしていたといえる」と分析している(「第一議会期の立憲自由党――組織と政策の形成」『名古屋大学文学部研究論集　史学』三七、一九九一年)。しかし、この宣言書で取り上げられた議目は、最急務の改正事項として取り上げられたものであり、この宣言書だけを分析して、選挙法改正について考慮に入れていない＝手作地主層以上を対象とした政党だと即断することはできない。例えば、先述した一月一三日の板垣の演説の中でも、「議員撰挙の事」の項目の中で「撰挙権を拡張」することが将来的な展望として触れられていた。

(60) 国立国会図書館憲政資料室所蔵「河野広中文書」書類(一)-四二七、前掲、指原編『明治政史　下篇』一七七頁。
(61) 前掲、指原編『明治政史　下篇』一七九頁。
(62)「大同派の諸君に告ぐ」(『関西日報』社説、一八九〇年五月二二日)。
(63) 前掲、指原編『明治政史　下篇』一七九～一八一頁。
(64) 東京大学法学部近代日本法政史料センター原資料部所蔵「中山寛六郎関係文書」六-四〇八「(内閣総理大臣山県有朋宛警視総監田中光顕)報告書」(一八九〇年五月二三日)。
(65) 東京大学法学部近代日本法政史料センター原資料部所蔵「中山寛六郎関係文書」六-四〇八「(内閣総理大臣山県有朋宛警視総監田中光顕)報告書」(一八九〇年五月二九日・三〇日)、一八九〇年六月五日付友人宛植木枝盛書翰(『土陽新聞』雑報、一八九〇年六月一〇日)、「庚寅倶楽部の事務員会」(『読売新聞』雑報、一八九〇年五月二一日)。
(66) 前掲、指原編『明治政史　下篇』一八五頁。
(67) 前掲、指原編『明治政史　下篇』一八七～一八八頁。
(68) 以上、前掲、指原編『明治政史　下篇』一九〇～一九一頁、「庚寅倶楽部の政党組織成る」(『読売新聞』雑報、一八九〇年六月一八日)。
(69) 前掲、指原編『明治政史　下篇』一九一頁、「板垣伯の播州行」(『神戸又新日報』雑報、一八九〇年六月七日)。
(70)「板垣伯の談話」(『朝野新聞』雑報、一八九〇年六月二二・二三日)。
(71)「臼峰館に於ける板垣伯の演説略記」(『下野新聞』雑報、一八九〇年六月二一日)。
(72)「進歩主義者の聯合に就て」(『神戸又新日報』社説、一八九〇年六月　五日)。
(73)「各政党員処々の警察署に召喚せらる」(『大同新聞』雑報、一八九〇年八月二日)。
(74)「庚寅倶楽部への諭達」(『大同新聞』雑報、一八九〇年八月三日)。
(75)「愛国公党の解散」(『読売新聞』雑報、一八九〇年八月五日)、「愛国公党の解党事件」(『大同新聞』雑報、一八九〇年八月六日)。
(76)「自由党の解党届」(『大同新聞』雑報、一八九〇年八月五日)。
(77)「大同倶楽部の解散」(『大同新聞』社説、一八九〇年八月一九日)。

(78)「立憲自由党の組織」(『大同新聞』社説、一八九〇年八月二六日)。

(79)「立憲自由党の結党式」(『大同新聞』社説、一八九〇年九月一六日)。

(80) 庚寅倶楽部結成後も、両派は、依然として党内派閥として存在感を示していた。大同倶楽部は、機関紙『大同新聞』を廃刊したものの、大同倶楽部員の末広が同名の新聞紙を個人の新聞として発行し続けた。なお、立憲自由党が結党されて後、『自由新聞』が、立憲自由党の機関紙として、一八九〇年一〇月二〇日創刊されたが、この『自由新聞』は、板垣一派、すなわち旧愛国公党の人たちにより創刊されたものであった。それに対し、『自由新聞』創刊直前の一〇月一七日、旧再興自由党の人たちにより、立憲自由党の機関紙として『江湖新聞』が発刊されていた。主筆は高橋基一で、中江兆民、河島醇、大井憲太郎らも執筆にあたった。このように、合同政党としての立憲自由党が結党された後も、旧来の派閥は党内に残されており、別個の機関紙すら出す状況であったのである。そして初期議会後の自由党の離合集散も、この大同団結運動期からの政党論の相違の延長線上において理解できる部分が少なくないのではないかと考える。もちろん、初期議会期に入ってから新たに出てくる問題も存在するのであり(例えば院外と院内の対立という問題など)、そうしたことを複層的に絡めながら、初期議会期の政党の状況を政治史と政党論の両面から追うことが今後の筆者の課題である。

第四章　日露戦後恐慌期の第一次西園寺内閣と憲政本党

木下恵太

はじめに

本章では、日露戦後恐慌期(1)の第一次西園寺内閣および憲政本党について取り上げる。従来、「政党政治確立過程」を論ずる場合、議論の中心となるのが立憲政友会およびその最大実力者・原敬（第一次西園寺内閣内相、のち逓相兼任）の軌跡であった。日露戦後政治史研究のパイオニアたる三谷太一郎氏は、次のようにその「過程」を描いている。この時期における原のリーダーシップの特質は客観的な「自然の趨勢」を反映した「輿論」を動員しうる政策を政治過程に投入することによって党勢拡張を促進し、もって政党を明治国家の権力相続人にふさわしい政治的主体へと「改良」しようとしたことにあった。そしてそれは明治国家の権力構造すなわち明治寡頭制（藩閥諸勢力を指す）の解体をデ・ファクトに促進した……つまり、この時期は原においてはあたかも政党の絶対的優位の確立のための権力の「原蓄」期であり、従ってそれは実質的意味における政党政治確立過程であった(2)。

このように規定した上で、氏は「「自然の趨勢」を反映した「輿論」を動員しうる政策」の「ケース・スタディ」として、第一次西園寺内閣・郡制廃止問題、および第二次桂太郎内閣・鉄道広軌化問題における政友会の「地方主義的鉄道政策」（藩閥官僚系の「国家主義的鉄道政策」と対立する）の研究に向かったのであった。

氏の研究（初版）より四〇年経過した現在、上記の規定は正統的な日露戦後政治史の見解として色あせていないと思われ、いち早く戦前日本の政党政治確立における原のリーダーシップを強調したことは重要である。しかし、見方を変えて当時の反対党の立場からこの「政党政治確立過程」を眺めた場合、どのようなことがいえるだろうか。

原は「輿論」（「原敬日記」明治四〇年二月二一日等の記述）を動員しうる政策を採用したのであろうか。反対党――憲政本党からすれば、すでにその意義が形骸化していた郡制の廃止は「輿論の動員」と称せる問題ではなく、また原内相の郡役所（官選の郡長）廃止を伴わない郡制廃止（民選郡会の廃止）は、ジャーナリズムの支持も得ていなかった。憲政本党にとっての「輿論の動員」とは、カリフォルニアでの日本人児童・移民排斥などアメリカの「暴挙」への抗議のことであり、また日露戦時課税永久化の代償として西園寺内閣が約束したはずの税制整理――悪税改廃のことであり、さらにまた過酷な戦時課税分に上増しして、西園寺内閣が強行した増税への抵抗のことであったろう。

一方、藩閥官僚勢力に対する「政党の絶対的優位の確立」という氏の規定についても、同様の見方が可能である。反対党の立場からすれば、憲政本党自体も確かに政友会と並び、当時二つしかなかった「政党」のもう一つにちがいなかった。原や政友会の「党勢拡張」は、藩閥官僚機構に政党の永続的影響力を扶植するよりは、内閣与党である立場を利用して議席的に膨張し、第二党・憲政本党以下の存在を無価値としたことにあった。そして、これにより衆議院を基礎に藩閥官僚勢力への対抗力が飛躍的に強化されたのである。(3)

氏が指摘する原の「積極方針」とその根幹たる「交通政策」による党勢拡張（明治国家の「嫡子」と対抗するため、

「国是」よりも「輿論」を動員した代表的事例）も、結局のところ拡張される対象は憲政本党地盤が多いはずであり、「政党の絶対的優位の確立」とは、政友会の絶対的優位の確立のことと置き換えられるであろう。

「政党政治」であれば政党を主体とした政権交代が前提となるが、氏も注意している通り、原にはそれができなかった。[4]反対党からすれば、政友会は藩閥官僚勢力が権力として存在するからこそ政権交代があっても与党であり続けられるのであり、与党であり続けられるから、その権力を利用して反対党を切り崩し選挙に勝てたわけであった。選挙で政友会が戦う相手は藩閥官僚勢力自体ではなく、憲政本党を中核とする非政友勢力のほうであった。

このような政友会と藩閥官僚勢力の大局的な依存関係からすると、原は本当の意味で政党存在を「明治国家の権力相続人」に育成し、「政党政治確立」を目指していたのか、反対党の視点に立てば、疑問とせざるを得ないのである。

さて、以上のような反対党の視点に立つ政党政治史観は、必ずしも政友会の役割を強調する定説を塗り替えるべきものではない。しかし、このような見方も日露戦後政治を背面からみたものとして、一面の真実を含んでいるだろう。現在の原と政友会を基点にした研究では、中立紙『万朝報』が「多数政治〔政党政治を指す〕ハ久しく我が国民の熱望する所なりしが、政権一度政友会の手に墜てより、国民は却て多数政治の弊に飽き、早くも之が矯正を必要とするに至れり」（明治四〇年二月二六日付）として、「政友会の横暴」（同日付）を説いた意味が理解され得ないはずである。

本章はこのような問題意識から、当時の反対党の中核・憲政本党を取り上げる。そしてこれにより、第一次西園寺内閣の問題点が露呈した日露戦後恐慌期を焦点に、反対党の立場から日露戦後政治の一端を描こうとするものである。

一　郡制廃止問題と憲政本党

西園寺内閣の原内相提出による郡制廃止法案（第二二議会、第二三議会）については、すでに前述の三谷氏や最近の谷口裕信氏の研究[5]があるので、ここでは憲政本党を主体に説明していこう。郡制（一八九〇年公布）はいうまでもなく山県有朋内相を中心に整備された、県と町村の中間に位置する自治体であったが、原内相の政策意図としては、合併等により強化されつつある町村の発達上、自治体としての郡は不要であるというものであった。そして、郡廃止後の郡業務は府県や町村組合にて十分担当可能であると考えられていた。憲政本党にとっても、郡制廃止はその行政整理・経費節減論にも合致し、（郡制廃止論は）「本党年来の主張にして、屢々世に公にしたる所[6]」と称する通り、第二二議会において郡制廃止法案に賛成したのも自然であった。

この第二二議会の郡制廃止法案はもう一つの政府与党・大同倶楽部を含め全会一致で衆議院を通過したが、「山県元帥反対ナルニ因リ[7]」貴族院にて審議未了となり、法案は成立しなかった。もともと日露戦後には郡制の意義は形骸化しており、谷口氏が郡制問題における地方の「冷淡・無関心」を指摘している通り[8]、この法案は当時重要とはみなされていなかった。実際、政友会の議会報告書でも案件の第一四番目に議会経過が三行記載されているだけであった[9]。

しかし、翌年の第二三議会で原内相が再度郡制廃止法案を提出した際は、案文がまったく同一――「郡制はこれを廃止す」の一行のみ――であったにもかかわらず、大同倶楽部、ついで憲政本党が反対に転じ、第二三議会最大の争論に発展したのであった。憲政本党が前議会の賛成を翻し同一法案に反対したことは、その「旗幟変更[10]」と並び、露骨な党略的行動であった。日露戦前には「苦節」を称された正論派・憲政本党の「堕落」、そしてこれにかわる政界革新派（衆議院内では猶興会――又新会が代表）の台頭は、日露戦後政治の特質の一つといってよいであろう。

憲政本党は反対の理由について、次のように説明している。

内相当初の精神は、郡の自治体のみならず、郡役所をも廃止せんとするに在りしや疑なきなり……繁文の巣窟たる郡衙を廃してこそ、始めて郡制廃止の精神を貫き得べきに、〔今議会では〕謀此に出でずして、漫然郡制のみを廃止せんとす。本党は到底本案に同意を表する能はざるなり(11)。

上記記載の事情は、第二三議会では「郡制を廃しても郡役所は廃しない」と原内相が再々強調したことにあった。つまり、自治体としての郡は消滅し、民選の郡会および郡参事会が廃止される一方、官機構の郡長（官選）・郡役所が存続するという、国民政党の立場としては疑問の残る改革となるのであった。これはおそらく前議会に鑑み、貴族院を説得する原の政略であったろうが、実際には貴族院の反対気勢を転回できず、憲政本党に反対の口実を与える結果に終わったのであった。もっとも、論理的には猶興会による郡制廃止法案賛成（一部議員反対）・郡役所廃止建議案提出（廃止は勅令による）という態度が正当であり、中立ジャーナリズムによっても支持されていた。

さて、上記のような憲政本党が郡制廃止法案反対を決した党略については、以下の三点にまとめられるであろう。

第一が政友会への党員の反発である。もともと日露戦前では、党幹部犬養毅・大石正巳の主導による政友会との提携推進が党の基本方針であった。提携に強く反対する反幹部派を制しつつ、いかに党幹部がこの「民党連合」に苦心をはらったかは拙稿を参照いただきたいが(12)、一方で原は戦時中より憲政本党幹部を繋ぎ止める裏面に、桂首相と政権授受の密約を結び、講和締結後政友会・藩閥の連合政権＝第一次西園寺内閣を成立させたのであった。原の冷徹な秘密交渉と内閣成立の事情はその日記に詳しいが、外間においても、（憲政本党は）「今や即ち敝履〔破れた草履〕の如く政友会の棄つる所となる……一向政友会の意を迎ふるに吸々《ママ》として敢て自家の面目如何を顧慮せず、或ハ提携の力を恃んで少数党の恨みを買ひ、更らに秋風の其身に及ぶを覚知せざるものゝ如くなりき(13)」と揶揄されていた。

このような経緯から、孤立していた憲政本党にとり、郡制廃止法案は政友会・原への党略的な攻撃には格好の材料であった。大同倶楽部の離反を知った原は直ちに大石に会見を求め、また政友会議員を通じ憲政本党に法案賛成への協力を求めたが、「政友会は六七年提挈し来れる我党を売りたる讐敵なり同会と妥協するが如き事断じてあるべからず[14]」という感情論が党の一部に根強く存在したのであった。

第二が選挙の問題である。第二三議会の議員は一九〇四（明治三七）年三月の第九回総選挙により選出され、解散がないとして任期満了選挙は一年後に迫っていた。第九回総選挙は第八回のわずか一年後であり、戦時中かつ「民党連合」当時であったため、現状維持のための協定選挙が両党本部より各支部へ指令されていた。しかも、当時は藩閥官僚系の第一次桂内閣下において、政友・憲政両党の立場は対等であり、その勢力差も三対二程度に過ぎなかった。

しかし、来たる第一〇回総選挙では、府県議会を筆頭に地方地盤では進歩派（憲政本党系）・政友派はほぼ常に対立状況にあり、また任期満了選挙として政友会候補との対決が不可避であった。政権直系与党として大きな権威と利権・金力を有し、地盤・議席とも膨張を続けている政友会との対決は、憲政本党には不利であった。また、選挙にとって死活的に重要な地位である内相を政友会随一の腕力家原が占めており、仮に野党にとっては内相による露骨な選挙干渉がなかったとしても、県知事以下の政友派への更迭、警察による投票者への心理的圧迫、反対派のみの選挙違反取り締まりなど、内務省系列による合法的な選挙支援が可能であった。選挙に際しては、純藩閥内閣のほうがまだ害が少なく、その意味で原の内相更迭、ないし倒閣が必要であった。

この事情は逆の点から政友会にも該当し、原は「余ハ寧ロ郡制問題ヲ機会トシテ十分ニ之ヲ争ヘモシ通過セサレハ断然辞職スヘシ……郡制ヲ廃止シテ山県系ヲ一挙ニ倒シ其堕〔ママ〕力ニヨリテ今年ノ府県会議員総選挙ヲ終リ明年ノ衆議院総選挙ニ臨ミ政党ノ全勢力ヲ伸張シテ大ニ国政ニ利セントスル……[15]」と記していた。しかし、選挙は山県系藩閥官僚を相手に戦うのではなかった。非政党として地盤が稀少な大同倶楽部候補者より、候補者数も多く進歩党以来の地盤を各地で守る憲政本党候補者のほうが有力な敵であった。

第三が党内融和の問題である。第一の点で説明したように、第一次西園寺内閣成立による党の孤立――「民党連合」（反藩閥民党路線）の破綻・政権参画失敗への閉塞感が、党全体を深く覆っていた。戦前の反幹部派は藩閥への接近と民党路線を推進した犬養の失権をねらい、「改革派」として第二二議会後に再結集した。そして、第二三議会前後において、政権の見込みがない総理（党首）大隈重信の辞職、一五名の常議員による多数幹部制（改革派を多数登用した）、財政政策における「旗幟変更」（従来の減税・非募債・政費節減など「消極主義」民党路線から、内閣の軍拡案を承認した上に「大々的積極主義」政策の推進を標榜した）の実現に成功したのであった。

このような改革派にとり、大同倶楽部が突然内閣と政友会から離反し、憲政本党に協力を要請してきたことは、願ってもない機会であった[16]。実際、大同倶楽部との協調により、議会の郡制廃止法案特別委員会委員長に選任されたのは改革派の肥塚竜であり、また大同倶楽部と交渉したのも改革派であった。当時、改革派と対立する廓清派（犬養派・非改革派）は日本汽船会社株問題で鳩山和夫（改革派の領袖）を厳しく攻撃していたものの、郡制廃止法案への賛成は改革派との決定的決裂を招く恐れがあり、大石院内総理の統制により法案反対で一致したのであった。非改革派の擁する当の犬養は次のように説明している。

郡制問題ノ一戦ハ頗ル児戯ニ類シ候得共現閣と前閣系と戦ハしむる為にハ幾多の利益アル者と認め遂に同一歩調に出てたるに止り世の謂ふか如く提挈と云ふ程のものにハあらす……現閣も前閣も其非立憲の程度におゐてハ少しも異る所なし之を倒せハ立憲政ニ遠ルと云ふの理なし要之現閣の破壊ハ国家にも我党にも必要也との愚見より斯くハ計ひ候次第ニ御座候[17]

「前閣系」（桂内閣系）の大同倶楽部とは永続的提携ではなく、政友会と桂系を離間させるための一時的政略である、というのが犬養の理解であった。翌年末以降、この「前閣系」に対する両派の態度の相違が（大同倶楽部等との新党結成問題）、「憲政本党の内訌」として知られる活劇的な党内抗争に発展することは、周知のことであろう。

さて、大同倶楽部が離反して憲政本党と提携したことに対し、原は憤りを抱いた。「彼等ノ陋劣甚タ厭フヘシ、政友会員一同大ニ憤慨セリ」と記し、桂を訪ねて「自衛上相当ノ処置ヲナスヘキ旨」を告げた。[18]この時点で政友会の一五九議席に対し、憲政本党九四・大同倶楽部七七――両計一七一議席を有していたから（他に猶興会三六、無所属一三　総議席数三七九）、郡制廃止法案は本会議で否決される可能性があった。[19]

決戦となる郡制廃止法案の衆議院本会議での採決は三月二日であった。原は「曾テ政友会ニ入会ノ意思アリシ大同倶楽部員」[20]八名を採決当日脱会・政友会に入党させた（脱会者は九名。六日後にさらに四名を脱会入党させた）。一方で本会議にそれぞれ六名の欠席者を出した憲政・大同両派（政友会は三名のみ）は、二四票差で敗北したのであった。原は当日の日記に、衆議院ではその面目にかけて両派を打ち破ったと記したが、皮肉なことに従来最も政友会に批判的な猶興会が「正論」通り法案に賛成しており（一部議員は反対）、これが衆議院での帰趨を決したのであった。[21]

なお、郡制廃止問題はこの後憲政本党に二つの副産物をもたらしている。一つは大同倶楽部系の『やまと新聞』が法案可決後、法案に賛成させるための金銭・利権による議員買収工作を詳細に報道し、各紙も「議員瀆職問題」として有無の情報を競ったことである。[22]反響の大きさに衆議院では調査委員会を設け関係議員八名の聴取と質疑を行ったが、結局事実無根であるとの見解を可決した。政友会は『やまと新聞』への告訴を行わず、司法省・警視庁も動くことはなかった。「醜穢なる手段の行はれたる」[23]ことを認定した憲政本党も関係者とされる議員を出し、飛火のこともあり、同問題を政友会攻撃の手段とはできなかったのであった。この点、かつて政友会の星亨逓相の汚職を追及した日露戦前時代とは、姿勢が相違していた。[24]

もう一つは鳩山が政友会へ入党の意志を示したことである。郡制廃止法案への党の対応は先に大石・犬養・鳩山三人に委嘱されており、当時鳩山は党内第三の声望をもっていた。また、アメリカに留学した法学博士、東京専門学校・その後身の早稲田大学の校長、弁護士として、党内では有数の人材であった。党員としても、立憲改進党以来の譜代名士の履歴をもち、進歩党時代には衆議院議長、第一次大隈内閣時代には大隈外相の下で外務次官を務めている。「原敬日記」によれば、鳩山は郡制廃止法案可決の翌々日原を訪問し、同問題の際党を大同倶楽部と提携させないよう計画したが失敗したこと、東京不在の自派議員に電報で伝え採決の本会議を欠席させたこと、自派議員（二〇名以上という）と脱党し他日政友会に合流したいことを述べている。腹心の言に託して入閣の成否を問う鳩山に対し、原は「決シテ望ミナキことニアラズ」とも述べ明言を避けたが、一方で「他日ニテハ政友会ノ感情ハ如何アラン……寧ロ此際入会シテ政友会ヲ過半数タラシムルことハ政友会ノ為メニモ彼〔ママ〕ノ為メニモ得策ナリ」と答えている。鳩山は突然の脱党は地盤と自身の歴史上困難であると述べ(25)、実際の入党は翌年一月一八日、第二四議会の会期中であった。

過半数に向け着実に膨張しつつある政友会に対し、憲政本党は組織として混迷を深めていた。党の事実上の首領大石にとって、総選挙を前にし新たな局面打開策が必要と考えられたのであった(26)。

二　憲政本党と大同倶楽部――対外硬論と全国府県会議員選挙――

一九〇七（明治四〇）年一二月の第二四議会開会、およびその後の総選挙に向け、憲政本党には差し当たり大同倶楽部との提携推進以外、党勢振興策は見当たらなかった(27)。後に中央倶楽部（大同倶楽部の後身）と立憲国民党（憲政本党の後身）改革派が合同し、「憲政の常道」を担うべき非政友大政党（立憲同志会――憲政会）が形成されていくことになるが、この時点では、両党派の提携は容易に進展しなかった。

その一例が五月に発生したサンフランシスコでの日本人店舗襲撃事件である。すでに前年よりアメリカの西海岸では、増大する日本人移民への排斥運動が起きており、対外硬を党の精神としてきた憲政本党では、対応の緩慢な合衆国政府、これに協調的な西園寺内閣に強い不満を募らせていた。しかし、アメリカを人種的に不公正として厳しく非難するジャーナリズム等に対し、原は例によって冷静であった[28]。「一部ノ為メニ人心ヲ激発シテ大局ヲ誤ル如キハ吾人ノ取ラサル所ナリトノ決議」を政友会に発表させることを決め、一方で憲政本党がこの問題で政府を攻撃する姿勢であること、大隈が強硬論を唱えアメリカで日米開戦論として掲載された旨を記している[29]。

憲政本党では、大石もその日誌に人種対立による日米開戦の不可避を記しており[30]、戦勝後一等国の自負を抱いてきた対外硬派の強い屈辱感がうかがい知れよう。「我当局の措置の軟弱に失したりしを痛慨」した党の加藤政之助・江藤新作等は林董外相を訪ね、(ハワイ日本人移民)転航禁止法問題解決、襲撃事件への賠償要求、最恵国約款履行による帰化権獲得、青木周蔵駐米大使の更迭を要求し、常議員会(党の最高執行役員機関)では六月一〇日に合衆国政府・州官憲の責任を問う決議を可決した[31]。

しかし、この翌日大同倶楽部に共闘を申し込んだ憲政本党に対し、倶楽部ではアメリカの責任に触れず「我政府の姑息怠慢」のみを責めた決議を可決した[32]。また、憲政本党提案の演説会開催による対外硬運動も拒絶したのであった。大同倶楽部は来たるべき藩閥官僚系内閣で直系与党の地位を意図しており、あくまで政策が現実政治と調和的である必要があったのである。「大同倶楽部ニシテ進歩党〔憲政本党〕ト提携セハ自分ハ大同ト絶交スヘシ」[33]など、桂の言葉を原が逐一記しているように、桂は将来の政権担当のため、表面上は第一党政友会との協調を重んじていた。憲政本党改革派がいかに大同倶楽部との提携に前向きでも、関係が深化しない理由が存在したといえよう[34]。

結局、大同倶楽部の意向に接し、また貿易に不利な決議として実業界での不評を知った憲政本党は対外硬運動を取り下げた。しかし、続いて九月の衆議院議員長野補選、全国府県会議員選挙で大同倶楽部や猶興会との共同戦線を多く成立させた。日露戦前の「民党連合」、戦後の政友会の政権与党化・憲政本党の孤立から考えれば、これが大正期まで呼称される「非政友派」なる存在の始まりであったといってよいだろう[35]。

長野の補選では、進歩派候補者に対し、政友会が資金援助を条件に政友派に鞍替えさせたため、憤慨した進歩派は大同倶楽部・猶興会と非政友連合候補を新たに擁立した。

また、全国府県会議員選挙では、従来の「個人的一騎打」から「政党の力を待て始めて勝敗を決せんとする」初めての組織的選挙であり[36]、大分（対進歩派連合）や石川（対大同派連合）等一部を除き、進歩派では福島、山形、岐阜、滋賀、長野等続々と非政友連合を形成していった。しかし、内務省調査によれば、選挙結果は政友派七九四、進歩派三九二、大同倶楽部系の帝国党（熊本国権派・鳥取帝国派を含む）四七、無所属二三六、その他一〇一（大同、革新、土佐倶楽部、岡山鶴鳴派、新潟国権派、青森公友派等）で、政友会は四六名、帝国党は二名を増し、進歩派は四一名を失っている[37]。無所属中には選挙後に入党する準政友派も多く、進歩派は大敗といってよかった。

地盤が稀少かつ偏りがある大同倶楽部派はともかく、進歩派の敗北の理由は何であろうか。

地方では財政に軍事費が不要であり、道路・学校・治水・水道その他にしても、財源はそのまま議員の権益に直結する地方問題に充当されるから、一院制議会の下で政争は激しかった。特に日露戦後の好況・膨張気運と、「積極政策」を唱える政友会系内閣の誕生は、政友会への依存傾向を飛躍的に高め、銀行や企業、新聞界、青年団他各種組織体等をもまきこんで、熾烈な権益・党派拡張の争いが各地で展開されたのであった。こうした場合、府県トップの知事への任免権と指令権限をもつ原内相の存在を指摘するまでもなく、野党・憲政本党は全く守勢に置かれていた。実際、党中央には地方の進歩派を庇護する権威・権限がなく、政友会と違い入党に利益がないから、進歩党以来の地盤が衰退を続けるのは当然であった。

『東京朝日新聞』は、選挙結果について「政権に攀援すれば、地方的便益にも、個人的便益にも頗る都合が好ければなり」と述べ、「地方自治に腐敗の臭気ある処は、必ず政友会員の跋扈したる処」と指摘している[38]。従来地盤における政友会員の「腐敗」に加え、無理押しの権益獲得をもくろむ者たちが逆に政友会に加入していった例が多かったであろう。なお、この選挙はある閣員談として、「運動費の多少は直に当否を判定するの標準となり候補者の人格如何の如きは曾て毫も顧みられざる状況にあり[39]」と指摘されている。資金力の点も憲政本党が不利な要因でもあった。

このような政友派優位の状況は、選挙後の府県役員選挙でも現れた。府県議会が選任する参事会は地方行政の実権を握る重要機関であり、その選任をめぐり多くの府県で党派紛争が頻発していた。「各府県会の役員選挙に於ける競争ハ、到る処に政友派が多数を恃みて専恣を極めた[40]」「政友会員が陋態の一手専売なるが如き観もあり[41]」と報じられたが、興味深いのは埼玉と茨城の進歩派がそれぞれ内務省に出頭し、政友派の「不正」を訴えていることである。埼玉では憲政本党本部役員が進歩派県会議員を、茨城では党代議士（茨城選出の大津淳一郎等四名）が県会議員六名を連れて陳情しており、党中央が協力していた。しかし、原内相は二件とも「少数者ノ苦情ハ採用スルニ足ラズ」として却下した。一方、最も時人を瞠目させた「赤城館事件」（政友会代議士等数十名が赤城館を襲撃、暴行の上政友会の脱党議員二名を取り戻し、議長・役員選挙の無効を県知事に申し入れた）の群馬の事例では、原内相は政友派の訴え通り議長・役員選挙の無効を指令した。先に非政友派の当選を承認していた有田義資知事が辞職したため、原は自らに近い南部光臣を新知事に任命し、結局群馬県政は逆転して政友派が掌握するところとなったのである[42]。

原は上記事案三件につき、「右様ノ裁決ハ悉ク政友会ノ利益トナルニヨリ謂レナキ非難ヲ試ムル者モアラン」として、内相と党員の立場を区別して処分したと記しているが[43]、理非が明らかと考えられた群馬の事例では、ジャーナリズムの厳しい非難を浴びている。「政友会の横暴」論がますます力をつける所以であった。

しかし、憲政本党にとり府県会議員選挙・県役員選挙での敗北は、これに直結する翌年の衆議院議員総選挙の結果を暗示するものであった。このような状況の中、党が内閣攻撃の手段として着目したのが、明治四一年度の予算問題、これと関連する増税問題であった。

三　第一次西園寺内閣後半期における財政政策と憲政本党

(1)　明治四一年度予算と西園寺内閣

四一年度の予算の編成過程については、従来の研究で「原敬日記」のほか、山県有朋、桂太郎、寺内正毅、井上馨、阪谷芳郎、水町袈裟六（当時大蔵次官）等の関係文書中より豊富な一次史料が発掘されており、予算編成の紛糾、元老や桂の介入、大蔵・逓信二相辞職の詳細な過程が明らかになっている(44)。しかし、問題の本質である財政政策それ自体は検討されておらず、政治史研究の観点からは、わずかに坂野潤治氏による、アメリカの恐慌の波及により日露戦後恐慌が発生、内債外債を財源に想定されていた政友会の「積極政策」の遂行は四一年度で困難になった、との指摘があるのみと思われる(45)。

野党として局外にある憲政本党からは、上記の予算編成過程をめぐるさまざまな展開は大半が見えない部分ではあるものの、その財政政策にかかわる部分はここで検討しておきたい。前提となる内閣の明治二九年度、四〇年度予算についてはすでに旧稿で検討したので(46)、ここではその概要を再述し、その上で内閣内部における四一年度財政の論点を以下で叙述する(47)。

まず日露戦争直前、明治三六年度の財政状況であるが、歳出決算総計は二億五〇〇〇万円で、日清戦後経営後期の予算は二億円前半の規模であった。これを賄う三六年度の経常収入は租税収入一億四六〇〇万円、官業・官有財産収入（含専売局益金）・印紙収入は計七〇〇〇万円他である。また、国債の残高は内債四億六〇〇〇万円、外債約一億円の規模である。内債のうち外貨払いを裏書して海外に売却した分が九三〇〇万円あり、これも含めれば外債残高は約二億円弱となる。なお、一九〇三（明治三六）年末の兌換券発行額は約二億三三〇〇万円（内正貨準備一億一七〇〇万円、債券による保証準備一億一六〇〇万円）であり、当時の経済規模がおおよそ推し量られるであろう。

しかし、日露戦争の勃発はこのような財政状況を一変させている。新規戦費財源の中心となったのが公債と増税であり、内債は国庫債券全五回四億八〇〇〇万円、外債は英貨公債全四回約八億円であった。両計約一二億八〇〇〇万円（実収一一億二五〇〇万円）となっている。ただし、第一次桂内閣は戦後に第四・五回の国庫債券を英貨公債二億四四〇〇万円に、第一次西園寺内閣は第一・二回英貨公債（据置期間三年・六分利付）を、一九〇七（明治四〇）年三月に英貨公債二億二五〇〇万円に借り替えている。憲政本党の系列紙『報知新聞』は、西園寺内閣の借替が五分利で（桂内閣の借替は四分利）額面発行でなかったことを非難しているが[48]、海外市況の逼迫があるにせよ、急増した日本外債への海外での視線が厳しくなったことを物語るといえよう。このほか、西園寺内閣は戦後処理のため一九〇六（明治三九）年三月に予算の財源となる臨時事件公債（内債）一億円を発行した[49]。

一方、戦費としての増税は塩煙草専売・非常特別税（戦時課税）平年度一億六〇〇〇万円であった。専売の額を含まないものの、先の三六年度租税収入と比較すれば、大雑把に税は二年で倍になったと理解してよいだろう。ジャーナリズムが国民の生活難を声高に叫ぶ所以であった[50]。

このような膨張をとげた国民負担に対し、西園寺内閣は強気な経済運営を図った。まず、講和直後の第二二議会で非常特別税継続法案を通過させた。これにより、戦時特別課税はまったく廃除されることなく一般税化した。戦時倉卒に制定された税法を改正する「税法調査会」（調査期限第二四議会末）の公約はその代償であった。また、政友会における鉄道政策の原点、鉄道国有法案をこの議会で通過させている。全国鉄道の三分の二を占めた私鉄のうち、最終的に地方小鉄道を除く一七路線を四億八〇〇〇万円の公債により買収するもので、その規模は先の戦費用の発行全内債とほぼ同額となる。すでに大膨張した公債残高（一九〇六年末国債残高二二億一七〇〇万円、一年間の利子払一億六〇〇万円）のさらに巨額の上増しとなるこの法案に、憲政本党をはじめ、中立紙『東京朝日新聞』、『万朝報』等はこぞって内閣を厳しく批判していた。私鉄買収は鉄道株式と交付公債の交換であるため問題は生じないと、政友会は説明したが、憲政本党が将来における公債価格の暴落を主張して反対したことは、旧稿で紹介した通りである。

一九〇六（明治三九）年も後半になると、戦勝による昂揚と一等国意識、銀貨騰貴（清など銀貨国に対し金本位国日本の円安）、戦争による巨額の財政支出、外債導入による通貨膨張などにより戦後好景気が到来した。東京株式取引所では終戦月一株平均六四円（定期取引）が一九〇六年末には平均一二一円に達しており、代表的な株式の一つ鐘紡株は約三倍にまで投機的に高騰していた。実態の乏しい「泡沫企業」の新設計画も相次いだが、当時最も有力かつ堅実な鉄道事業を国有にしてしまったため、豊富な資金がそのような事業へ流れたという事情もあった。なお、第一節で述べたような政界の「腐敗」は、このような経済の過熱という背景に立っていたのである。

一九〇六年一二月に開会した第二三議会では、日露戦後初めて登場する平時予算として、西園寺内閣は巨大な予算を提出した。一般会計総予算歳出は六億一一〇〇万円（経常部四億一二〇〇万円、臨時部一億九九〇〇万円）であり、先に述べた戦前の規模に比し優に倍以上の膨張ぶりであった。継続費の総額は六億五二〇〇万円で既定分は一億一六〇〇万円であったから、特別会計に移行した鉄道建設改良費（一億三八〇〇万円）を除き、新規に五億三六〇〇万円も追加した勘定であった。このうち陸海軍新規・追加分が四億二二〇〇万円であり、議会の承認を要する新規事業・従来事業の追加分の大半は軍拡費であったことが判明する。

一方、従来「積極政策」の中心と指摘されてきた鉄道は、国有化により一挙に三倍の規模となったが、四〇年度の建設改良費では既定七路線の若干の年度割短縮（速成化）と旧私鉄建設中の二路線（新津喜多方間、岡山宇野間）追加のみであった(51)（八年分の継続費追加　建設費二六七〇万円・改良費二四二〇万円）。これはおそらく軍の事業に資金を取られたため、国有化による規模拡張に見合う財源が確保できなかったのであろう。そのため、今後の分として、逓信省では新規一九路線を一二年で敷設する「一二年計画」(総額二億一六〇〇万円)および改良計画(総額三〇〇〇万円)を公示した。

以上の巨大予算を支える財源であるが、四〇年度一般会計歳入経常部は戦時税永久継続分を合しても四億二四〇〇万円にしかならず、歳入臨時部に臨時軍事費剰余(戦費用公債の剰余)一億円[52]、公債借入金三三〇〇万円、雑収入二四〇〇万円、前年度繰入三〇〇〇万円を見込み、四一年度にはロシアからの捕虜収容費償還四七〇〇万円、臨時軍事費残額三〇〇〇万円、三八年度剰余金五〇〇〇万円、歳入増加見込三二〇〇万円を予定したのであった。しかし、捕虜収容費償還や臨時軍事費残額といった戦争関係の臨時収入がなくなる、その次の年度(四二年度)への見通しは立たなかった。その一方で、阪谷芳郎蔵相は予算委員会(一九〇七年一月二三日)での大石の質問に対し、将来の募債増税の計画は必要ないと答弁していた。

このような予算に対し、政友会は鉄道への投資の過少に不満を示しつつも、与党として協賛を与えた。憲政本党も「旗幟変更」に基づき、「金がない。借金をすれば造作ない話だ……此上にも公債を起して宜い、今日の勢では内債でも二億や三億の金は私は直に募り得ると思ふ」という鳩山の演説通り、軍拡費も含め予算案に無条件で賛成した[53]。

ところが、まさにこの直後から経済は俄然変調を示したのであった。日銀総裁の松尾臣善は次のように述べている。

本年の一月下旬より、激甚なる反動を現はして参りまして、株式界は暴落に暴落を重ね、企業熱は火の消えたるが如き観を呈したのであります。その結果、財界には極度の悲観説が行はれまして、前途は寔に暗黒であるが如き恐怖心が、多くの人の心中に往来して居る……(一九〇七年四月一二日講演[54])。

実際、二月には名古屋等の銀行で支払停止があり、東京では三月末に第百三十八銀行が不渡りを出し支払いを停止したほか、四~六月にかけ銀行の支払停止と取り付けの事態が続出した[55]。

このような情勢に、西園寺内閣の巨大な四〇年度予算も行き詰まりが明らかとなった。会計年度開始二カ月後の六月には早くも予算執行に苦しみ、大蔵省は陸軍・海軍・逓信三省に繰延を打診する有様であった。これは不況に転じて公債募集、あるいは大蔵省証券（国庫の一時的不足を融通する債券、一年以内に償還する）の発行・売出が困難になったため、国庫に現金が欠乏したという事情らしいが、憲政本党評議員会も早速、予定通り事業が遂行できない内閣を責める決議を可決した。しかし、「吾人が全然本年度の予算を協賛せる所以のものは当局者が必自ら其責任の重大なるを思ひ慎重の考慮を加へたる結果なるべきを信じたるに依る」との「理由」を付している。[56]結党以来の「消極主義」政策を放棄し、「大々的積極主義」を標榜した「旗幟変更」は、野党としてやはり早まりすぎた観があった。[57]

さらに一〇月以降、西園寺内閣は四一年度の予算編成において、重大な困難に直面していた。まず問題となったのが、一九〇八（明治四一）年末日が償還期限の第一回国庫債券（戦費内債）一億円の件であった。秋にニューヨーク市場で発生した恐慌が日本に波及、また銀価も暴落し、恐慌の中で民間へ借替を望むべくもなかった。また前年度策定の巨大な財政計画により会計上余金も少なく、大蔵省証券の発行残高も常時多額に達していた。そのため、内閣は日銀の増資と兌換券保証準備枠（一億二〇〇〇万円）の五〇〇〇万円分拡張を計画した。これは日銀に借替債を押し付けるもので、日銀は正貨準備のない兌換券増発で借替債に応募させられる形となり、兌換券の信用の弱体化、また物価騰貴・予算執行難・正貨流出等をやがてもたらす恐れがあった。介入に乗り出してきた元老（山県有朋、松方正義、井上馨）が反対したのも当然であった。

さらに元老は上述の四二年度以降の財政不安に対し、四〇年度に継続事業計画を立てた内閣の面子をつぶす形となる、継続費の繰延、および増税を要求した。[58]また、元老と内閣の仲介役であった前首相桂も同様な勧告をした。原は「元来四十二年度ニ対スルことハ全ク見込ニ過キス今其見込ヲ論スルモ何ノ益ナシ故ニ元老ノ論ハ大概ニ措テ貰ヒタキモノナリ」と記し、財政論に固執すれば内閣は瓦解すると井上に伝えた。[59]翌日、原は四二年度で不足が生じた際に初めて増税か経費節減を考えるべきで、「何事モ明年ヲ待ツノ外ナシ」とし、一億円の借替には兌換券の制限外発行も免れないと井上に述べている。(60) 原の念頭には来たる第一四議会後の任期満了選挙、また藩閥官僚系の「術策」(増税実行を西園寺内閣に押し付け、その後に倒閣する)への警戒があったが、元老の増税論も実は無根拠ではなかっただろう。増税は初年度では納期の関係や買い控え等により実収が少なく、四一年度以降の収入は四一年度から増税しておくべきであった。また、原の言及した兌換券の制限外発行は、日銀に五分の発行税が課されるだけの容易な策であるが、単に紙幣を増刷するに等しい下策であった。

この過程で、大同倶楽部の黒幕・大浦兼武(桂系官僚)が桂に増税への賛否を問い、賛成すべきであると指示されたこと、原の「大同倶楽部ノ賛成ヲ頼トセサル」発言に桂が不満をもらしたことを、原は記録している。「大同ノ如キ廉恥節操ヲ知ラサルモノト提携スルハ危険ニテ且ツ彼等カ明年ノ選挙ニ助勢サレンコトヲ頼ミ来ルノ虞アルニヨリ成ルヘク彼等ヲ近寄セサル策ヲ取ルノ必要アリ」というのが、原の考えであった。(61) 桂の意思と大同倶楽部のあり方からしても、憲政本党改革派の期待する大同倶楽部との提携は至難であることが、ここからも窺えよう。

さて、増税は「山県派の術策」とたびたび記した原も、一二月一五日には折れて賛成に転じた。また、先より進められていた陸海軍他との厳しい繰延交渉も纏まった結果、井上・松方・桂が参加した閣議で、予算調書の署名にこぎつけたのであった(一六日)。しかし、四〇年度での鉄道拡張計画の不結果に対し、逓信省は国有により巨大化した鉄道へ相応の事業を計画していた。(62) そこで山県伊三郎逓相は首相・蔵相を押し切り、四一年度開始の一二年総額一億三四〇〇万円をこの予算調書(ただし六年分)に記載させたのであった。これが後日判明し、事業繰延の約に反し新規計画を盛り込んでいたとして、井上・松方・桂の強い非難を招き、内閣総辞職(一月一三日)、阪谷蔵相・山県逓相を免官とした形での留任(後任松田正久兼任蔵相、原兼任逓相)という事態へと展開するのであった。(63)

上記の経緯を財政政策上から考察するならば、「元老の政治介入」「政党勢力伸張を嫌う藩閥官僚の策謀」という、政友会側からの通説的見方とは別の見方ができるだろう。要するに、経済(好景気の持続)への甘い見通しの上に、鉄道国有による膨大な公債発行予定、四〇年度での巨大継続事業策定・軍への過大な投資、引き当て財源の軽視といった内閣の放漫な財政計画に、そもそも問題があったと指摘できるのである。

(2) 第二四議会における憲政本党

一九〇七（明治四〇）年一二月、全国府県会議員選挙後の憲政本党の目に映じたのは、すでに議会が開会されながら予算編成ができない内閣の状況と、内閣による増税検討の報道であった。一九〇八年に入り、憲政本党は早々に増税と内閣の財政政策への反対を決したが、鳩山（常議員）は自らが開会を求めた常議員会で、突然政友会支援を提案した。しかし、内閣攻撃の決議を採択すべき党大会は翌日に迫っており、大会準備委員でもあった鳩山の提案は「常議員一同の頗る意外とする処」であった(64)。退席した鳩山は直ちに憲政本党を脱し、当日中に政友会に入党した(65)。

しかし、憲政本党の態度も明朗とはいえなかった。すでに前年に改革派の主唱により「旗幟変更」が宣言され、明治四〇年度予算を協賛した憲政本党には、鳩山が指摘する通り、内閣の財政政策を攻撃する資格は本来なかったといえよう(66)。「旗幟変更」により内閣の軍拡を承認した上、「大々的積極主義」の生産投資論を主張したのであるから、党が増税に反対するのも非論理的であった。結局、党の態度は内閣を攻撃するため、わずか一議会で以前の「消極主義」路線に返ったわけであった。ただし、坂野氏による「好景気の下での同党改革派の指導権が不景気の到来によって非改革派の手に移った結果であった(67)」という評価には、再検討が必要と思われる。

非改革派には親藩閥官僚派たる大同倶楽部との提携には抵抗があったが、この時点では藩閥官僚派の一方の中心・桂が第二次内閣を組織する以前であり、共通の敵西園寺内閣に対し、改革非改革両派は一応の平和が可能であった。また、非改革派の擁する犬養は一一月一五日に清国に渡り第二四議会中（一月二一日）に帰国したが、「小生の留守を幸にして極力其党与を作り遂に桂一派に接近の計を為し以て我党を無条件にて売込んと謀りし(68)」と述べている。改革派に近い大石が第二四議会唯一の院内総理であること――一年後、第二五議会での犬養を加えた院内総理二名説が、「憲政本党の内訌」の発火点となる――、常議員会をはじめ党の構成が前議会と不変であることからも、改革派の優勢が続いていたことは確かといえよう。

さて、一九〇八年一月一九日の党大会では、意図的に欠席した従来の大隈に代わり、大石が演説を行った。そして、内閣の失政は「国民の共に憤慨して措く能はざる所」と謳った前文および下記の七項を議決した。

一、戦後経営の失敗を詰責する事
二、外交の不振を詰責する事
三、現政府の増税案に反対する事
四、政府の予算編成に対する無責任を詰責する事
五、姑息なる税制整理に反対する事
六、鉄道経営の失敗を詰責する事
七、府県会議員の選挙に対し当局大臣監督の怠慢を詰責する事(69)

以上のうち、第七項は略し、第二、四、六の三項をまず説明しておこう。第二項は具体的には、ポーツマス条約に付随する対清交渉の難航、対米問題での内閣の退譲的態度を攻撃したものである。党大会で大石は次のように演説している。

政府は彼の排日事件に対し、何等の手段をも採らず、却つて日本人民は斯る小問題の為めに感情を害し居らずと百方弁解し居るのは何事ぞ。条約上の権利を蹂躙し、人道を無視したる彼の行動に対し、斯くの如き屈辱態度に出づるは、却つて親善なる日米両国の平和を危ふする所以なりと知らずや。(70)

しかし、実際の対外硬運動は党として中止したことは、前節で述べた。

次に、第四項は憲政論であり、内閣が自らの予算を憲法上責任のない元老に協議し、これを変更しながら（繰延、「非増税」の撤回）、辞職しなかったことを攻撃している。「憲政の大義を忘れて倉皇元老の膝下に走り其意見を聴きて自ら前議会に公言せる政見に背反するの予算を編成し本朝〔期〕議会に臨まんとす上は陛下に対し下国民に向ひ毫末も責任を負ふことを知らず此の如きの行動は議会開けてより以来歴代の内閣中未だ曾て見ざる所なり」と、「理由」は説明している。[71]

さらに三つ目、第六項は、主として鉄道国有後の鉄道建設の遅延を責めたものである。ジャーナリズムでも鉄道問題は繰り返し取り上げられ、例えば『東京朝日新聞』は「吾人は進歩党ならざるも、此等の点〔鉄道の改良延長〕に於ては、政府の積極方針の委靡不振を嘆ぜざる能はず」とし、経済発展に即応しない国有政策を放棄し、南満州鉄道のような半官半民の会社体へ組織替えするよう主張している。[72]

実際の第二四議会での四〇年度追加予算・四一年度予算では、鉄道建設改良費（特別会計）は結局両計総額約三六〇〇万円の継続費（建設八年八〇〇万円、改良一二年二七〇〇万円）が追加されたのみであった。[73]

憲政本党の加藤政之助は国有以来二年で経営の不統一、事故の続出、貨物停滞等の不始末が生じ、現状の建設費では年に約一〇〇マイルを敷設するに過ぎず、過去五年で一年二五〇マイルを敷設した戦前にも及ばない、と論じている（「戦後の経営鉄道の延長を沮止す」）。[74] 大石も予算委員会（一九〇八年一月二七日）で山県逓相更迭に触れつつ、鉄道事業の不振を質したのに対し、原逓相は国有以来わずか一年有余では事業が容易に進行せず、また私鉄でも株金払込がなければ繰延となると、弁解をしている。

さて、以上三項目を先に説明したが、大会決議の残りの三項目については、四一年度予算の構造から説明されなければならない。四一年度一般会計予算は(1)で述べた経緯から、新規継続事業は前年の総額五億三六〇〇万円追加に対し、わずか総額一〇〇〇万円追加しかなかった（特別会計の鉄道は別途）。しかし、総予算歳出は前年並みの六億一六〇〇万円に達しており、(1)で述べた既定継続事業への繰延（四六年度まで）は総額一億二六〇〇万円、四一年度年割分は二九〇〇万円にとどまっていた。そのため、内閣は第二三議会で表明した通り、戦争関係剰余金（臨時軍事費剰余金四九〇〇万円、ロシアからの捕虜収容費償還四七〇〇万円）と明治三九年度剰余金二四〇〇万円の三口合計一億二〇〇〇万円より、七二〇〇万円を四一年度歳入臨時部に繰り込んだのであった。そして、その残額から四〇年度・四一年度追加予算分一五〇〇万円を控除した約三三〇〇万円を、四二年度の歳入臨時部に回すこととした。四二年度という次々年度に剰余金を回す事情は、四一年度にすべて繰り込めば、戦争関係剰余金がもはや存在しない四二年度の欠損が大きくなり、また四一年度で増税が必要なくなるためである。

増税は酒造税・麦酒税・砂糖消費税増税、石油消費税新設、専売の煙草値上げで、平年度二五〇〇万円であった（四一年度五〇〇万円）。一方で、非常特別税継続（第二二議会）の際の公約により、内閣は税制整理諸法案を提出したが、いわゆる「悪税」も含め税種・税構造は温存され、わずか二〇〇万円の減税案であった。その上、与党政友会はこれを否決したので、結局戦時課税は満足に修正されなかったのである。内閣の政策は前々議会での公約、前議会での「非増税」の言質に背き、苛酷な戦時課税にさらに上増しして増税することになり、憲政本党をはじめ諸方から激しい非難が浴びせられたのも、またやむを得ないところであった。増税は主として貧困層に重い消費税であった[75]。

しかし、実は以上の増税と繰延でも財政は安泰とはいえなかった。すでに前年度一億円の剰余金問題で（本節(1)参照）、憲政本党よりも指摘があった通り[76]、戦費公債の実収額が予定募債収入金に達しない、いわゆる「未募集公債」問題があった。四一年度でその数字は七三〇〇万円（陸海軍復旧費・満韓派遣部隊費）と発表され、これから差し引きすると、少なくとも先の臨時軍事費剰余金四九〇〇万円なるものは、実際剰余とはいえないわけであった。内閣は募債して調達すべき現金に巨額の未収入分があるのに、一方で「剰余金」を四〇年度・四一年度の一般会計継続事業に充当するという無理算段をしていたことになる。

しかもこの他に歳入臨時部の「公債募集金」があった。これは大半が鉄道建設改良費（他は製鉄所・電話事業）に充当され、事業遂行上毎年その分の現金が必要であるが、四〇年度分（三一〇〇万円）はまだ募債できておらず、一方で四一年度予算にも三九〇〇万円（両者とも法律で定められた「鉄道及事業公債」総額一億五六〇〇万円の一部）が計上されていた。大蔵省証券の現金償還を逆に求めるような経済界の窮状に対し、上記二口（戦費と鉄道・事業）の募債ができない限り、早晩財政は破綻を免れなかった。

さらに、当時内債価格が大幅に下落し、鉄道国有による四億八〇〇〇万円の買収公債もまだ私鉄各社に交付していなかった。日本外債も同様に下落しており、アメリカ発恐慌の影響下にある海外での資金調達も困難であった。なお、内債価格の下落は恐慌の影響であろうが、そもそも内閣の先の過大な公債政策が価格下落を促進した側面も、当時より指摘されている[77]。四億八〇〇〇万円もの買収公債がやがて市場に登場する警戒感は根強く、また公債価格下落は内外ともに公債所有者の資産をその分減少させるから、公債応募意欲の減退、内閣の財政政策への風当たりは当然であった。

憲政本党は次のように指摘している。

我国財政経済の現状に依れば、公債の額は俄然激増して、二十二億万円以上に上り、鉄道の買収公債及び前途募集を要する事業公債を加ふれば、向ふ三四年間に於て、其額は三十億万円近くに達せんとし、今や〔額面百円の公債〕市価は八十円台に下落し、諸物価は連年騰貴して、貿易は逆潮を継続し、輸入は輸出に超過して、毎年六七千万円の正貨を海外に流出す。其外外債の利子、海陸軍の購入品等正貨の支払を要するもの、毎年九千万円を下らず。実業界は此形勢に畏怖して、漸く沈衰に陥らんとす。此際財政を釐革して、其基礎を鞏固にするも、尚ほ内外の信用を博して、実業界の活気を復し、国家の経済を順潮に転ずるは容易の業にあらず。然るを況んや、当局者にして前記の如く一時弥縫の糊塗政策〔内閣の繰延と増税〕に出でんとす、吾人豈に国家の為に憂慮せざ

るを得んや。(78)

上記中、正貨問題への言及があるが、松田蔵相は議会で前年の入超が六〇〇〇万円であると言明しており、外債利払い年六〇〇〇万円を合わせると、二口だけで一億二〇〇〇万円の正貨が必要であった。これは当時の正貨準備一億六〇〇〇万円、政府・日銀所有全正貨約四億五〇〇〇万円の金額からすれば、たいへん危険な形勢であった。(79)もとより入超は海外の恐慌による輸出不振が原因であるが、一方で政府による巨大な財政支出とそれによる兌換券膨張が輸出不振・正貨流出を招くというのは、金本位制度の原理であった。

さて、以上のような多方面にわたる内閣の財政政策上の問題点に対し、憲政本党は第二四議会劈頭において、内閣不信任案を提出した。猶興会との共同提出で、「政府は曩に過大の財政計画を立て今に至て之が実行に難み其標榜せる非増税の言明を無視して苛重の負担を国民に強むとす其無責任之より甚しきは無し」というのが案文であった。(80)一方、大同倶楽部は増税への賛成を桂等より説得されており、この案文の拒否を憲政本党に伝えた。そして、増税反対の内容を欠いた独自の不信任案を作成し、憲政猶興案の日程の次に入れていた。ところが、一月二三日の議事進行中、憲政本党の交渉を受け、大同倶楽部は憲政猶興共同の不信任案に突然賛成するという態度に出た。

原内相兼逓相は「多分桂カ少クトモ大浦等ノ小策ニテ我ニ油断セシメテ突嗟ニ不信任案ヲ成立セシメントノ策」と考え、可決の際は解散すべき旨を名刺裏に書き、首相以下閣僚に回している。(81)しかし、前議会以来、原の手により増強されていた政友会の議席数により、わずか九票差で否決された。

しかし、「世論囂々として益々喧しきを致し、実業家の如きも亦遂に相結束して政府反対の声を高むるに至れり」(82)と『立憲政友会史』が記述する通り、内閣への批判はジャーナリズムの他、実業界にも広がっていた。全国商業会議所聯合会は四〇年度での「無謀杜撰なる財政方策」と、増税・募債が繰り返されるべき趨勢を非難し、その建議書を可決した。実業界の泰斗というべき渋沢栄一も次のように内閣の責任を指摘している。「目下経済界沈衰の原因は急進なりし我々に在らんかなれども、余か茲に断言して憚らざるは国家財政の不結果が其原因の最たるものなりとの一事にして、是れ決して余が遁辞にあらず。之を要するに今は財政の計画を改め之が整理を行ふべき秋なり。[83]」

金融業界も内閣批判に転じており、今後の募債に頼りとすべき金融業界の離反は内閣にも打撃であった。この他、全国実業組合団体聯合会も内閣の財政政策非難を決議し、商業会議所と同様委員を選定し、増税反対運動を展開した。

これに対し、原は商業会議所の増税反対決議と反対運動、および「増税ニ賛成シタル者ハ選挙セサルことヲ決議スルカ如キ不穏ノ挙動」を取り締まるよう、松岡康毅農商務相に督促し、また内務省で治安警察法による取り締まりを提起した。[84]実際、商業会議所聯合会委員への干渉や、上京委員への説得役の官吏派遣、警官の尾行・威圧質問等が衆議院で問題視されている。[85]

しかし、院外での沸騰も及ばず、憲政本党・猶興会が反対した増税案は、政友会・大同倶楽部の賛成により可決され（大同倶楽部は石油消費税には反対した）、その後の予算返附動議、四一年度予算案も同様の構図により、それぞれ否決、可決された。内閣の税制整理の代わりとして憲政本党・猶興会は三税廃止法案（塩専売・織物消費税・通行税、三〇〇〇万円）を提出したが、やはり政友会・大同倶楽部のため否決された。憲政本党と大同倶楽部の政治的連合は、結局第二四議会では成立しなかったのである。

議会閉会後、憲政本党は「警告」なる文書を発行して、「現政府財政計画の危険」「総歳出に対する軍事費の割合」「政府の言明（増税による財政の安定）は信ずるに足らず」「借金の激増」「正貨の流出」「現政府及政友会代議士の責任（全八条）」の六項にわたり、内閣と政友会の財政政策を攻撃した。そして、最後に「此の如く、国民を苦しめ、国家を危ふするの行為あるに拘らす、国民は尚ほ現政府及政友会の党与を選挙し、前途政権及立法権を彼等に委せんとする乎」と訴えている。[86]

その問題の第一〇回総選挙が行われたのは、一九〇八（明治四一）年五月一五日のことであった。

おわりに

本章では第二三議会後半から第二四議会にかけての憲政本党と、西園寺内閣後期の施政を主として野党・憲政本党の視点から描いてきた。これを通じ、従来政治史研究では課題とされてこなかった西園寺内閣や政友会の問題点とその事例を裏側から提示した。また、特に後半は西園寺内閣の財政政策が中心となるが、通説的な解釈――アメリカより波及した四一年秋の恐慌が順風満帆な西園寺内閣の財政政策に打撃を与えた[87]――に対し、西園寺内閣自身の放漫な継続事業計画と公債政策がすでに内閣の財政に破綻をもたらしていたことを示した。これは憲政本党のみならず「自業自得[88]」と評した当時のジャーナリズム、また実業家の一般通念であり、だからこそ「失政」として元老が西園寺首相を責め、西園寺が突然内閣を放棄することになったといえるのである[89]。

しかし、不評であったはずの政友会がなぜ第一〇回総選挙に勝利したか、最後に説明される必要があろう[90]。坂野氏は「第十回総選挙における政友会の勝利と憲政本党の敗北の原因は……おそらくは不況下における積極政策期待と与党選挙の利点と政党内閣支持の三点にあったものと思われる[91]」と指摘しているが、「政党内閣支持」の問題はしばらくおき、前二者は確かに首肯できる見解と思われる。ただし、「積極政策期待」は敷設が進まない中央財政の鉄道、わずかな件数の築港よりは、むしろ地方財政における与党権力と癒着した利益問題、地方公共事業における政友派の利権開発が中心と考えるべきであろう。例えば、山梨では水害復旧工事に政友派地盤が優先されたというが[92]、第二節で説明した府県会議員選挙での政友会の利点はそのまま総選挙でも該当すると思われる。

総選挙ではなく衆議院長野補選のほうであるが、大同倶楽部の臼井哲男は大意次のように述べている。

――世間の同情は翕然として「非政友派」に集まり、中流層以上はみな非政友候補に投票した。しかし、五万の有権者中新聞を読みこなし、人物評価やその正当性を理解できる人がどれだけいるだろうか。大多数の者はただで選挙に行く法はないと考え、報酬〔買収等を指す〕の多い政友派の方に傾いた。とりわけ各所で政友派に饗応戦略をとられたが、一切当局の取り締まりがなかった。非政友派の敗北は運動費の欠如である、と。[93] 原は日記に、「金銭ヲ以テ投票ヲ売買スルノ弊ハ如何ニ選挙法ヲ励行スルモ相止マズ……競争ニハ金銭ヲ要シ各候補者ハ困難シタルカ如シ」と記しながら、二週間後には政友会のため約一八万円を総選挙に使用したと記している。[94] 憲政本党には全く想像もつかないほどの大金であった。また、一部の心情的忠誠心に支えられた地盤を除き、政党の強固な地盤には権威と潤沢な利権が不可分であった。憲政本党はたとえ「旗幟変更」や改革・非改革両派の見苦しい対立がなかったとしても、敗れるべくして敗れたというべきであろう。

党員や政党組織がないために選挙に苦渋をなめた大同倶楽部・猶興会も含め、一党だけでは無力な存在となった憲政本党は、新しい党勢回復策――解党・非政友新党計画へと急速に傾斜していくのであった。

註

（1）　日露戦後恐慌は狭義にはアメリカの恐慌が波及した秋以降であるが、ここでは日露戦後好況期の株価が大暴落した時期からを対象とする。

（2）　三谷太一郎『日本政党政治の形成』（東京大学出版会、一九六七年）六〇～六二頁。増補版（一九九五年）一〇六～一〇八頁。

（3）　第一次西園寺内閣成立時、議席占有率は政友会三七％・憲政本党二六％・大同倶楽部二一％であり、戦前戦時に憲政本党と提携していた政友会は、戦後は大同倶楽部と提携し、はじめて衆議院で多数を占めた。しかし、西園寺内閣倒壊時には議席占有率は政友会五〇％・憲政本党一八％・大同倶楽部八％となっていた。過半数の三議席手前であった政友会は、もはや院内ではどの会派とも提携を必要としなくなった。

(4) 前掲、三谷『日本政党政治の形成』増補版、九九頁。
(5) 谷口裕信「明治中後期における郡制廃止論の形成」(『史学雑誌』一一三‐一、二〇〇四年)。
(6) 憲政本党『第二十二議会報告書』二四頁。
(7) 「原敬日記」明治三九年三月二七日(岩壁義光・広瀬順晧編影印本、北泉社、一九九八年)。
(8) 前掲、谷口「明治中後期における郡制廃止論の形成」七七頁。
(9) 憲政本党『第二十三議会報告書』は「蓋し郡制廃止法律案は、決して重大の問題にあらず」、『東京朝日新聞』明治四〇年二月二八日も「抑も郡制廃止案は、決して重要の政案といふ可きものにあらず」と指摘していた。
(10) 木下恵太「日露戦後の憲政本党と「旗幟変更」」(日本政治学会編『年報政治学一九九八 日本外交におけるアジア主義』岩波書店、一九九九年)参照。
(11) 憲政本党『第二十三議会報告書』一四〜一五頁。
(12) 木下恵太「「民党連合」形成期における憲政本党(一)」(『早稲田政治公法研究』五三、一九九六年)、同「「民党連合」形成期における憲政本党(二)」(『早稲田政治公法研究』五六、一九九七年)。
(13) 『万朝報』明治三九年一月二三日。
(14) 『国民新聞』明治四〇年二月二八日。
(15) 前掲「原敬日記」明治四〇年一月一四日。
(16) 原は「進歩党〔憲政本党〕モ久シク政権ニ渇シタレハ大同ト提携セリ将来何カ有利ノことアラント信シタルニ起リタルモノ、如シ」と観察していた(前掲「原敬日記」明治四〇年二月二二日)。
(17) 明治四〇年三月二日小橋藻三衛宛犬養毅書簡(鷲尾義直編『犬養木堂書簡集』一九四〇年)八五、八六頁。
(18) 前掲「原敬日記」明治四〇年二月二二日、二四日。
(19) 議席数はすべて衆議院参議院編『議会制度百年史　院内会派編衆議院の部』(一九九〇年)を参照。
(20) 前掲「原敬日記」明治四〇年三月二日。
(21) 貴族院では三月二一日に郡制廃止法案を四一票差で否決した。
(22) たとえば『東京朝日新聞』明治四〇年三月一三日〜三月二〇日参照。金銭の場合、一人二〇〇〇円ないし三〇〇〇円であったという。当時議員歳費は二〇〇〇円であった。なお、憲政本党の大石も買収政略と政治腐敗に触れ、内相の処決すべき責任を指摘したほか（「大石正巳政治日誌」明治四〇年三月六日、国立国会図書館憲政資料室寄託文書）、貴族院の田健治郎も「原氏賄を大散財し、強迫誘拐至らざる所無し。僅か拾余票の勝を獲る。上院気胆の士有り、其暴慢を深く憎み、遂に之を否決する也」と記している（尚友倶楽部・広瀬順晧編『田健治郎日記　1』明治四〇年三月二二日条、芙蓉書房出版、二〇〇八年）。

(23) 憲政本党『第二十三議会報告書』一四頁。

(24) 当時、憲政本党も含めすでに砂糖（後に日糖疑獄として知られる）やマッチ他種々の収賄事案が報道されている。「政界の腐敗堕落益々甚だしく朝野私利に狂奔して一切の公事を忽諸に附す是れ実に憲政の一大危機也」というのが河野広中・島田三郎・阪本金弥など政界革新派の宣言であった（『東京朝日新聞』明治四〇年三月六日）。なお、三人とも憲政本党の元党員であり、この革新派の大会には憲政本党の有志が参加したほか、憲政本党院外団も革新派に加入していた。

(25) 以上、前掲「原敬日記」明治四〇年三月四日、三月六日。

(26) 鳩山が政友会入党を勧誘された旨大石に相談した際、大石は政友会との提携に言及したという（前掲「原敬日記」明治四〇年三月六日、明治四一年一月一八日）。鳩山を引き止める当座の語でなければ、大石はなお藩閥官僚系との提携か政友会との提携か、迷っていたことになる。

(27) 四月五日と六月二五日、改革派と大同倶楽部有志の懇親会が開かれている。特に二度目は改革派に好意的な大石が参加している。

(28) 国民同盟会より日露講和反対運動まで、原は常に対外硬運動に批判的であった。

(29) 前掲「原敬日記」明治四〇年六月一五日。

(30) 前掲「大石正巳政治日誌」明治四〇年三月五日。

(31) 『東京朝日新聞』明治四〇年六月一〇日、『憲政本党党報』第一三号。

(32) 『東京朝日新聞』明治四〇年六月一九日。

(33) 前掲「原敬日記」明治四〇年二月二四日、郡制廃止問題の際の桂の言葉である。桂のこれに類する発言は多い。

(34) なお、ハーグ密使事件に始まる七月の第三次日韓協約問題のほうは、伊藤統監の強硬な政策に賛成の党員が多く、外交部調査委員会で「日韓協約は大体に於て不可なし」と認め決議を行わなかった（『憲政本党党報』第一五号）。

（35）「非政友」派の成立は政友会に一党では対抗できなくなった第二党・憲政本党の衰退が背景にある。原は長野補選について、「非政友会トハ彼等聯合ノ名称ニテ各地ニモ影響スヘシト思ハル、ニ因リ政友会本部ニ於テモ十分ノ助勢ヲナシ遂ニ勝利ヲ得タル……」と記している（前掲「原敬日記」明治四〇年九月二〇日）。

（36）『憲政本党党報』第二巻第一号。前回四年前の府県会議員選挙は「民党連合」直前期で、中央での政党間対立が不透明であった。

（37）『東京朝日新聞』明治四〇年一〇月一三日。岡山は改進党以来の進歩派の金城湯池であったが、阪本金弥を中心とした政界革新派に県を挙げて移動し（鶴鳴派）、犬養個人に帰属する地盤を除いて、憲政本党地盤は消滅した。これに伴い憲政本党の岡山県選出代議士二名が脱党した（『憲政本党党報』第一三号）。

（38）『東京朝日新聞』明治四〇年九月二九日。もっとも腐敗の程度は非政友派もさして変わらないと指摘している。実際、栃木進歩派の谷中村買収における不正事件が別に報道されているが、このような進歩派多数の県は他に兵庫、新潟、滋賀、福島、青森、秋田、富山（茨城、山形、大分は政友派と同数）に限られる（選挙後）。つまり、大多数の府県では政友会が多数であり、それだけ目立つことはいうまでもない。なお、府県会で進歩派が優勢な県は、従来多くの憲政本党代議士を出した県であり、衆議院議員選挙との地盤的関係が窺える。

（39）『東京朝日新聞』明治四〇年一〇月二二日。

（40）『万朝報』明治四〇年一一月一〇日。

（41）『東京朝日新聞』明治四〇年一〇月二二日。

（42）群馬県史編さん委員会編『群馬県史　通史編』第七巻（群馬県、一九九一年）三三四〜三三六頁。政友会代議士等五名は有罪となった。

（43）前掲「原敬日記」明治四〇年一〇月三一日。

（44）山本四郎「一九〇八年度予算編成経緯」上・下（『ヒストリア』八三・八四、一九七九年）、柴崎力栄「明治四一年一月の政変について」（『日本歴史』三八〇、一九八〇年）。

（45）坂野潤治『大正政変――一九〇〇年体制の崩壊』（ミネルヴァ書房、一九八二年）四一頁。中里裕司「失敗した積極政策――第一次西園寺内閣と日露戦後財政」（『日本歴史』四〇九、一九八二年）では、内閣の三年間の財政が常に軍事費の桎梏から脱却できなかった旨指摘がある。金融史学の方面では、神山恒雄「日露戦後恐慌と公債政策」（伊藤正直・靏見誠良・浅井良夫編『金融危機と革新』日本経済評論社、二〇〇〇年）がある。

(46) 前掲、木下「日露戦後の憲政本党と「旗幟変更」」、木下恵太「日露戦後における大隈重信と憲政本党――一九〇七年一月の総理辞任とその周辺について」（『早稲田大学史記要』三六、二〇〇四年）。

(47) 以下、計数は主として大蔵省編『明治大正財政史』（一九三六-一九四〇年）および立憲政友会議会報告書の当該箇所を参照している。

(48) 『報知新聞』明治四〇年三月一〇日。なお、西園寺内閣発行の政府外債はこの借替外債一件のみである。同内閣の「積極政策」のイメージと異なり、財源となる外債は実は発行していない。

(49) 西園寺内閣が発行できた政府内債は短期証券を除き、内閣倒壊までわずかにこれ一件のみであろ。

(50) 『東京朝日新聞』明治四一年三月五日によれば、内地商品相場は過去七年で三割六分騰貴しているという。当時の人が肌で感じていた物価騰貴の程度に近いであろう。

(51) 小林道彦「桂園時代の鉄道政策と鉄道国有――「地方主義的鉄道政策」「国家主義的鉄道政策」をめぐって」（『年報近代日本研究　近代日本研究の検討と課題』一〇、山川出版社、一九八八年）一五六頁。

(52) 臨時軍事費とは戦費を出納する特別会計で、戦争開始から終結までを一会計期間としたものである。一九〇七年三月末日に一五億八〇〇万円を支出したところで終結とされたが、支払未了分・その引当財源・剰余金は四〇年度一般会計に引き継がれることとなった。

(53) 前掲、木下「日露戦後の憲政本党と「旗幟変更」」一六四頁。

(54) 高橋亀吉編『財政経済二十五年誌』第六巻（実業之世界社、一九三二年）二〇九頁。

(55) 大島清『日本恐慌史論　上』（東京大学出版会、一九五二年）三二七頁。同頁の表から、四月から七月にかけ全国三〇以上の銀行で支払停止や取付けが発生していたことがわかる。

(56) 評議員会（定員九〇名）とは、執行組織・幹部会である常議員会（一五名）を選出する、党の最高議決組織である。

(57) 『憲政本党党報』第一四号。

(58) ただし、山県は「陸軍ノ大繰延論ヲ恐レタルナラン」というように繰延には当初明確な賛成はしなかった（前掲「原敬日記」明治四〇年一一月二六日）。
(59) 前掲「原敬日記」明治四〇年一一月二八日。
(60) 同二九日。
(61) 同一二月一二日。
(62) 逓信省（山県伊三郎逓相）は総額四億円の新規・追加、鉄道建設改良費年度割額三〇〇〇万円（四〇年度で可決した四一年度分）に二八〇〇万円の増額を要求しており、閣議で原内相が反対し五〇〇万円増額にまで削減した。
(63) この経緯は前掲、柴崎「明治四一年一月の政変について」参照。
(64) 党本部では「鳩山氏脱党始末」なる文を発表した。『憲政本党党報』第二巻第五号。
(65) 「陣者頃日政海の現像を観察いたし候に進歩党は此際現内閣を助け以而憲政の発展を計るへき義と存候若し現内閣を倒したる結果之に代るに政党に縁故遠きものを以てせば我輩仝志の主張を貫徹するの期は益々遼延に可相成と存候　然るに行掛上本党は小生の意見を容るゝ事能はさるに付甚乍遺憾本日脱党いたし候」（明治四一年一月一八日大隈重信宛鳩山和夫書簡、早稲田大学図書館所蔵「大隈文書」Ｂ一六一‐四）。なお、鳩山の脱党にはこの他、狷介な犬養との長い対立、大隈および党の将来性への絶望、日本汽船株問題や郡制廃止問題での党内信望の失墜、早稲田大学での校長職解任、内閣での二相辞職など、種々の要因が想定される。
(66) 『国民新聞』明治四一年一月一九日。
(67) 前掲、坂野『大正政変――一九〇〇年体制の崩壊』四五頁。
(68) 明治四一年一二月一〇日小栗貞雄宛犬養毅書簡（前掲『犬養木堂書簡集』九五頁）。
(69) 『憲政本党党報』第二巻第五号。
(70) 同右。
(71) 『東京朝日新聞』明治四一年一月二一日。実際には決議と重複するとして「理由」は削除された。
(72) 同明治四〇年一二月二四日。
(73) 松下孝昭『近代日本の鉄道政策　一八九〇～一九二二年』（日本経済評論社、二〇〇四年）二三一、二三二頁。前掲、小

林「桂園時代の鉄道政策と鉄道国有」によれば、やはり私鉄で建設中だった山田鳥羽間、宇佐大分間二路線の追加のみである（一五六頁）。
(74)『憲政本党党報』第二巻第四号。
(75) 憲政本党は特に石油消費税は電灯やガスを使えない貧困層への課税であるとして、厳しく攻撃している。
(76) 前掲、木下「日露戦後の憲政本党と「旗幟変更」」一六一頁。
(77)『東京朝日新聞』明治四一年三月五日「公債下落は当然」では、公債価格暴落は鉄道国有が原因であるとし、当局者の「不明」を指摘している。また翌日付では九五円払込の公債が八一～八二円に低落し、さらに続落の模様があるのに対し、財布の底を叩いて戦費内債に応募した人々が気の毒であると述べている。
(78) 憲政本党『第二十四議会報告書』一～二頁。
(79) 神山恒雄『明治経済政策史の研究』（塙書房、一九九五年）二三六頁の表5-1より。
(80) 憲政本党『第二十四議会報告書』三頁。この文面は本来猶興会案である。
(81) 前掲「原敬日記」明治四一年一月二三日。
(82) 小林雄吾編『立憲政友会史』第二巻、四二八頁（立憲政友会史出版局、一九二四年）。
(83) 同右、四七〇～四八二頁。これは実業家が公然と政府に反対し運動した嚆矢であるという。
(84) 前掲「原敬日記」明治四一年一月二九日。
(85)『万朝報』明治四一年二月五日。
(86)『憲政本党党報』第二巻号外。政友会側も「憲政本党の「警告」を反駁す」を発表し、「憲政本党一味の無責任」と題して、「第二十三議会に於ける態度に比せば、何人も矛盾反覆の甚だしきに驚かざるはあらじ」としている。また、「……切りに悲観説を放つも、我経済界の今日あるは主として海外の不景気に帰因するを以って、独り責を政府に帰すべきにあらず、寧ろ此際我国の経済上の信用を海外に毀損して内外金融の困難を誘致し……詭激なる言辞を弄して内外金融の途を途絶せんとするに至りては其罪決して軽からざるなり」と、海外からの恐慌の影響を強調している。
(87) 前掲、坂野『大正政変――一九〇〇年体制の崩壊』四一頁。
(88)『東京朝日新聞』明治四一年三月六日。

(89) 謎めいた総選挙勝利二カ月後の西園寺首相の辞職原因につき、山本四郎氏は元老井上より財政問題で責め立てられたことが原因であると指摘している(山本四郎『大正政変の基礎的研究』〈御茶の水書房、一九七〇年〉二一頁、同「第一次西園寺内閣の総辞職原因について」〈『政治経済史学』三二〇、一九九三年〉)。

(90) 選挙結果は政友会一八一→一八七、憲政本党八九→七〇、大同倶楽部六〇→二九、猶興会三八→二九、無所属一一→六四となっている。

(91) 前掲、坂野『大正政変——一九〇〇年体制の崩壊』四六頁。

(92) 有泉貞夫『明治政治史の基礎過程　地方政治状況史論』(吉川弘文館、一九八〇年)三三七頁。

(93) 『東京朝日新聞』明治四〇年九月二四日。

(94) 前掲「原敬日記」明治四一年五月一五日、五月二九日。

第五章　憲政会と「元老待遇」大隈重信
――加藤高明首班擁立工作の展開と挫折――

荒船　俊太郎

はじめに

(1) 課題意識

本章は、一九一六（大正五）年一〇月に発足した憲政会とその生みの親たる大隈重信の関係性を問い、憲政会の党勢拡張（政権政党化）に果たした大隈の役割をあらためて捉え直すものである。憲政会は結党後、加藤高明総裁のもと、イギリス流政党政治の実現を目指し、普通選挙制度の提唱、第一次世界大戦後の米英を中心とする国際秩序への対応など、後年護憲三派内閣期に開花する諸政策を準備したとされる[(1)]。ところが、寺内内閣のもとで実施された第一三回総選挙の惨敗によって多数党の座から転落し、「苦節十年」と呼ばれる冬の時代を迎えることとなる。

従来の研究では、憲政会はこの間、地方支部の設置・機関誌（『憲政』・『憲政公論』）の発行、政務調査会の設置等、党組織の整備を進め、漸次党勢拡張を果たしたことが明らかにされている。特に、近年の憲政会（加藤）研究の最高峰である奈良岡聰智氏の『加藤高明と政党政治』は、加藤が党組織を固める一方で、尾崎行雄ら党人派有力者を徐々に退け、党内での地位を揺ぎないものとする経過を明らかにし、同時に反加藤の動きを見せる党人派が頼みとする大隈からも自立していったことが指摘されている。(2)

しかし、政権獲得への展望が開けない中、党内には天皇への後継首班奏薦権を掌握する元老に接近し、その知遇を得ることで速やかな政権獲得を望む意見が燻り続けていた。加藤はこうした意見に配慮し、大隈とともに原内閣打倒の論陣を張り、政府との対決姿勢を強めていく。大隈と加藤の二人三脚の関係は、一九二二（大正一一）年一月、大隈が死去する直前まで継続するのである。

憲政会が立憲同志会時代の外交政策（特に二一カ条要求に代表される対中国強硬外交）を転換し、米英を中心とする第一次世界大戦後の国際協調路線を取り入れ、デモクラシー思潮の高揚の中で、内政面においても普通選挙と政党政治の実現を目指す穏健な政党への道程を歩みはじめたのは、ワシントン会議の前後と考えられてきた。(3)そして、とりもなおさず、この「転換期」は大隈の死をはさむ時期でもあった。ここから、党の後ろ盾であった大隈の死もまた、加藤率いる憲政会の政治路線に大きな影響を与えていたことが推察されるのである。

以上の課題意識のもと、各節では、憲政会にとり大隈の存在がいかなるものであったかを確認していく。留意すべきは、当該期大隈が大正天皇から元老の待遇を受けていたことである。(4)党内には、大隈が元老として党に有利な活動をすることに期待を寄せる意見が少なからずあったと考えられる。

これまで重視されてこなかったが、晩年の大隈を検討する際、この「元老待遇」がいかに政界関係者（特に憲政会）に意識され、その影響力がいかほどであったのかを事実に即して位置づけていくことは、非常に有用だと考える。加えて、憲政会が他元老に行ったアプローチの諸相を検討することで、党と大隈の関係がいかに特別なものであったかが浮かび上がる。元老を頂点とする近代日本の政治構造の中で、憲政会と大隈がいかにして政党政治の実現に向け奔走したのか。その経過を大隈の加藤擁立工作を軸に描き出すのが本章の課題である。このことは同時に、大隈や元老研究にとどまらず、二大政党政治確立期の政党研究としても意味を持ち、当時の政治構造を政友会と対立する側から照射することにつながるものと考える。

分析対象とする期間は、一九一六（大正五）年から大隈が死去する一九二二（大正一一）年初頭までとする。

(2) 先行研究

これまでの研究で具体的に晩年の大隈ないし彼の待遇が議論されたのは、大隈が加藤立憲同志会総理を後継首班に繰り返し推した第二次内閣末期から、山県が引き続き大隈を利用しようとした寺内内閣期（一九一六〜一八年）に集中している。

伊藤之雄氏は、「山県は第一次護憲運動の際、西園寺を元老に加えその推薦する山本〔権兵衛〕を首相としてそれを収束させたように、今回も大隈を元老とすることにより」、「政府や元老会議批判を買こうとする憲政会少壮派の動きを鈍らせ」ようとし、「評判の良くない元老会議に……多少の新鮮味を添えた」と位置づける。[5] その後も勅命による場合以外、大隈は元老会議への参加を拒否し、唯一召集された原内閣推薦時も「形式的には召され下問も受けたが、実質的な後継首班推薦のための審議に加わらず、元老間の事情にもうとく、元老から疎外された存在で」、以後「大隈は形式面でも元老とはまったく認められなくなった。……これは、政情の変化により、大隈を利用する必要がなくなったから」だと結論づける。しかし、大隈の待遇問題は、伊藤氏の指摘する時期特有の事象とみなしてよいのだろうか。

季武嘉也氏は、未刊の「市島春城日記」を駆使し、一九一六（大正五）年秋に争点となった大隈の元老加入問題を検討する。「山県はその〔=元老の〕権限を明らかに政治的に利用しようとしていた、そんな中で大隈も一時的には明らかに元老であったのである」と指摘し、初めて元老の地位と権限（=機能）を区分する視座を提示した。[6] ただし、原内閣成立以後の大隈については全く言及されていない。

大日方純夫氏は、寺内内閣期には「大隈は元老ではないものの、元老待遇といってよい曖昧な位置にあった」が、「寺内内閣倒閣の時、大隈は〝元老〟として登場する」とし、元老に類似した役割を果たす大隈の地位に言及した。[7] しかしながら、数十年にわたる原と大隈の軌跡を見渡す紙幅の都合から、原敬が山県と安定した関係を築き上げた原内閣期後半における、大隈の「元老待遇」の実態や、彼がそれを踏まえどのような政治活動をしていたかにまで検討が及んでいない。

村井良太氏は、二大政党政治の確立過程を元老の後継首班奏薦の「制度的」変遷と結びつけて論じる中で、批判の対象として「これまでの元老とは異なる新しい元老像が求められ」、変化を強いられてきた大正後期の元老について、「機能性」「正統性」「制度的安定性」を尺度として分析する。[8] 原内閣成立にあたり大隈が下問を受け、大正天皇の前で元老批判を行った事実を指摘し、後継首班選定への「参加経験を有するもの」として大隈を捉えるものの、その後の大隈については、「死の間際まで政治の渦中に」あり、政治家として活動を行っていたことが言及されるにとどまっている。

近年当該期は、加藤高明の憲政会指導と二大政党による「憲政常道」ルールの確立過程の解明に関心が注がれているのに対し、[9] 大隈とその周辺に関しては、文明運動に関する諸研究を除き、[10] 死去に際しての陞爵問題や最晩年の大隈を論じた拙稿以外ほとんど手付かずといってよい。[11] また、大隈の正伝たる『大隈侯八十五年史』でも、当該期の大隈の政治活動は等閑視されている。[13]

如上の研究が決定的に見落としている点は、大隈がいかにして憲政会を育て上げ、加藤を首相の座に近づけようとしたのか、その推移を解明することである。大隈は自己を明治維新の元勲と規定し、薩長出身元老と同列に扱われるのを嫌い、表向きには元老批判の主張を貫き通した。しかし、その一方で大隈は大正天皇が下した「元老待遇」を喜んで受けた。マスメディアも大隈を元老ないし「在野の元老」として表象し[14]、憲政会の守護者と理解していた。大隈は、「元老待遇」と維新元勲の生き残りに付随する「元老イメージ」[15]を認識し、それらをしたたかに組み合わせ、言論を武器に山県や原敬率いる政友会と渉りあい、加藤を推挙する機会を窺っていたのである。

一　憲政会の成立と「元老待遇」大隈重信

一九一六（大正五）年一〇月四日、第二次大隈内閣は総辞職した。大隈は辞表の中で、加藤高明立憲同志会総理を後継首班に推薦し、それを新聞記者に発表するなど、あくまで同志会を中核とする政党内閣の成立にこだわった[16]。しかし、一年近くそれに反対してきた元老山県有朋は、かかる大隈の動きを事前に察知していた。大隈の辞表が受理され、大正天皇から善後処置の下問を受くるや、山県は直ちに天皇に拝謁し朝鮮総督寺内正毅の推薦に踏み切ったのである。大隈による加藤擁立工作は失敗し、九日に寺内内閣が成立する[17]。五年に及ぶ大隈の長い雌伏時代の幕開けであった。

翌一〇月一〇日、築地精養軒において同志会を基礎に、中正会・公友倶楽部（大隈伯後援会を中心に結成された小政党）らを併せ、議会に過半数（定数三八〇議席中一九七議席）を占める憲政会が結成された。総裁に推戴された加藤は、就任挨拶で次のように宣言した[18]。

本日を以て結党式を挙ぐるは偶然なりとは、云へ、又実に深刻なる意義があると思惟するのである。顧みるに憲法発布以来将に三十年に垂んとし、漸く憲政の運用を見るやうになつたとき、思ひきや、憲政の前途猶未だ遠く、其の前途に多大の障害のある事を発見したのは、諸君と共に遺憾とする所である。我等は憲政の本義を全うすべく、将に是等の障害を排除せねばならぬ。向後新党の結束を鞏固にし、飽く迄も我等共通の目的を貫徹する為に奮闘し度い……

加藤の演説は、憲政会が衆議院で過半数を占めているにもかかわらず、野党として出発せざるを得なかった困難な状況が示されていると同時に、党の行く手を遮る「多大の障害」（＝元老山県）への対決姿勢を鮮明にしたものである。憲政会は以後山県が没する一九二二（大正一一）年初頭まで、表向きはかかるスタンスを打ち出しながら、寺内内閣、ついで原敬・高橋是清政友会両内閣に対峙していくこととなる。一方、内閣退陣前後の大隈はいかなる立場にあったのだろうか。待遇面を中心に検討したい。

一九一六年初頭、内閣と貴族院が対立した減債基金還元問題[19]で予算不成立が危惧された際、元老山県は大隈の退陣と引き換えに、貴族院と内閣の間を調停しようとした。大隈は辞意を漏らしつつも、自らが後継者と考える加藤同志会総理への政権禅譲、すなわち同志会内閣の実現に執念を燃やし、内閣を簡単に明け渡そうとしなかったのである。大隈を元老の一員に加えようとする動きは、しびれを切らした山県側が、大隈の勇退を促すため、彼を元老に列し、天皇の相談役の一人に祭り上げようと構想したことにはじまる。

一月三一日、山県の側近で大隈との仲介役を担っていた田中義一参謀次長が大隈を訪ねた際、「閣下に於ても此の際事を円満に処し、他日国家の元老として、陛下を補佐し奉るは正に閣下の責任なるべし。山県元帥に於ても元より其の辺の考慮あり。閣下は元帥とは相援けて国家補導の任を有す[20]」と山県の意向を伝え、二月一日に山県が大隈を直接訪ねた際も「更に又思を将来に致すに、伊〔藤〕公、井〔上〕侯既に去り、予亦老衰して何時をも計り難し。大山公、松方侯僅かに存すと雖も、爾後常に陛下をして国事に憂慮あらせらるるの地位に置き奉るは、臣子の分誠に忍び難きにあらずや。故に聖慮元より計り知るべからざるも、予一個の考としては、閣下は元之れ先帝維新以来の功臣なり。願くば長く君主補翼の任を担当せられ度しと考ふるなり」[21]と伝え、大隈の円満辞職と元老としての活動に期待を寄せている旨を繰り返した。ところがこの直後に山県が重い病に倒れ、長期間の療養を余儀なくされたことから、本問題はひとまず沙汰やみとなったのである。

その後、大隈が再び辞意を上奏したため（六月二六日）、大正天皇の内意を受けた鷹司煕通侍従長が来邸した時、山県は「大隈伯辞任決定の上は御大礼及日独戦役幷日露協商の功を思召され、昇爵の恩命を下され、且つ西園寺侯同様の御待遇ありて然るべしと思料する旨内話した」[22]。

これにより、前年秋に挙行された大正天皇の即位大典や東アジアにおける実戦段階が終結した第一次世界大戦の戦争指導、第四次日露協商締結（七月三日）の功績によって、大隈は大勲位菊花大綬章を授けられ、長年親しんだ伯爵から侯爵へと陞爵した（七月一四日）。このように、恩典審議権[23]を掌握していた元老山県は大隈に格別の配慮を見せ、大隈の退陣を待った。しかし、後継内閣をめぐって両者の思惑は鋭く対立し、朝鮮総督寺内正毅を首班とする挙国一致内閣を構想する山県と、同志会を与党とする政党内閣の誕生を希望する大隈の攻防は予断を許さぬ状態であった。八月にかけて、大隈は寺内と直談判を試みたものの、内閣組織をめぐる主導権争いの溝は深く、交渉は決裂した。この間、寺内と加藤あるいは加藤と山県配下の平田東助の連立内閣構想が巷間を賑わしたことは、先行諸研究が指摘する通りである。

一方山県は、政権授受交渉の最終段階で大隈に幾分譲歩し、寺内と加藤の連立内閣説に傾きつつあった。山県としては、先の第一二回総選挙で少数党に追い込んだ政友会を復活させたくなかったのである。そこで衆議院に多数を要する同志会に隠然たる影響力を持つ大隈を元老に抱き込み、政党を間接的に操縦し、かつ大正政変以来一向に人気の上がらない元老および元老会議に、新風を送り込もうとしたのである[24]。

かかるせめぎ合いの後、一〇月九日、波多野敬直宮内大臣は、辞任した大隈を元老として処遇する旨発表した。大隈側近の市島謙吉（早稲田大学図書館長）も「大隈伯、侯爵に陞り元老に列せられし」と記している[25]。

総理辞任後まもない一〇月二八日、大隈は市島に対し、「全体陛下も山県の圧迫の甚しきには内実不快を御感じ相成ること申す迄もなき事にて、大隈侯か辞職の時も時々参内して政務につき意見を陳べよとの御諚ありしに対し、〔大隈〕侯は謙遜して、既に公職を去る上は其儀は御遠慮致したしと申上けたるに、陛下は決して遠慮に及ばずと渥く御諚ありたるよし。斯る次第にて勅語も賜はりたる訳なれば無論陛下の思召は侯を元老として御遇し相成る叡慮[26]」であることを明らかにした。大隈自身、元老か否かの判断は勅語を受けたかどうかや勅語の文言で簡単に決まるものではなく、「今後或る事件に接し他の元老と共に御召しを受くるや否やに依り判断するの外ある可らず[27]」として、自ら積極的に活動するつもりはないものの、元老としての「権利」を行使し得る立場にあると認識していた。

大隈には、かつて憲政本党を率いていた時分より、「在野政党の首領たるよりも……伊藤、山県、松方等と同じ生き方をせよと勧めたものが相応にあった」という[28]。しかしその一方で、大隈は「わが輩は国家に対し畏れながら陛下に対して、死に至るまで政治は止めはしない。政治はわが輩の生命である。……私は終身決して政治を止めないのである」と述べ[29]、終身現役の政治家として生き、天皇に仕えることを宣言していた。これは晩年の大隈の政治行動を考察するうえで重要な認識である。

このように、大隈は山県ら元老たちと同列に扱われるのを慎重に回避しながらも、国家皇室のためならいかなる時でも尽力することを信条としていた。元勲と元老のはざまで、大隈は明治維新以来の元勲として、独自の方法で天皇を「輔弼」し続ける道を選んだのである。晩年の大隈が見せた政党政治実現への執念は、そうした元勲世代の亡き後を見据えた、彼なりの国家構想を具現化したものだといえよう。

二　寺内正毅内閣期の憲政会と「元老待遇」大隈重信

次に寺内内閣期の憲政会と大隈について検討する。[30]内閣成立後、大隈は早稲田大学総長職を除き、久しぶりに悠々自適の生活に戻った。激務からは解放されたものの、大隈のもとには刻々と政界情報がもたらされていた模様である。たとえば、憲政会幹部の江木翼（第二次大隈内閣書記官長）は、山口県における補選の状況につき「却説山口県之選挙に関し虫の如き候補……続出、各郡に手を出し互に相聯盟し我党を攻撃致居候。敵の策源地は東京に在るものと察せられ候。但し最終の勝利は固より疑を容れすと存居候。目下の形勢不取敢御見に達し置候。何れ一両日之間に伺候致し、詳細御聞に達し可申候」と伝えている。[31]

一九一六（大正五）年末に開会される第三八議会では、少数党の政友会が内閣に接近し、憲政会は政府との対決色を一段と強めていた。党としては、多数を武器に寺内内閣と対峙し、「超然内閣」を退陣に追い込む方針であった。しかし、党内には解散を恐れる議員たちもおり、また、寺内内閣が衆議院に基礎を置かず法案通過の目処が立たないため、解散はおろか早々に退陣せざるを得ず、前内閣末期に寺内と加藤との連立内閣を斡旋したことで比較的党内に受けのよい平田東助元内相（山県系）と加藤との連立内閣ができるとする楽観論を抱くものも多く、[32]纏まりを欠いた状況であった。そこで新年早々に再開される議会対策につき、総務の武富時敏（第二次大隈内閣蔵相）が大磯別邸に滞在中の大隈を訪ね、対応を協議している。[33]

ところが、立憲国民党（野党）が提出した内閣不信任決議案の討議中（一月二五日）に解散となり、四月二〇日を期して第一三回総選挙が行われることとなった。解散時憲政会は、相変わらず衆議院に過半数を占めていた。しかし、戦前の総選挙は、警察機構（内務省）と政府の潤沢な選挙資金を背景に、与党が優位に進めることが知られていた。

したがって、憲政会としては、苦戦が予想される状況をいかに打開するのか、早急な選挙対策の必要性に迫られていたのである。

二月二日、築地の料亭で催されたある宴会で、偶然にも加藤総裁と市島謙吉が顔を合わせた。ともに大隈門下で旧知の間柄であった二人は「膝を交えて時局を話」し、加藤が「前回のごとく言論戦に早稲田学苑の援助を乞ひたしなどの請求も出」た(34)。加藤としては、市島が陣頭指揮を取り、「大隈ブーム」を巻き起こして圧勝した二年前の第一二回総選挙同様(35)、全国に張りめぐらされた早稲田大学と校友ネットワークを活用し選挙戦に臨みたいと考えたのである。

選挙戦の最中、加藤は大隈を訪問した（三月六日）。会談内容は明らかではないが、新聞は「多分総〔選〕挙応援に関しての用務なるべし」と伝えている(36)。ただし、この選挙戦での大隈は、金沢で立候補した永井柳太郎（早大教授、大隈主宰の雑誌『新日本』の編集主任）の支援を市島に依頼し、市島の推挙で坂本三郎（早大維持員、元秋田県知事）が派遣されたことが確認されるにとどまっている(37)。

四月二〇日、総選挙が実施され、憲政会は八〇議席近くを失う記録的惨敗を喫し、代わって政友会が一六〇議席を得、第一党に帰り咲いた。大勢が明らかになりつつあった四月二三日、市島は選挙戦を次のように総括している。当時の憲政会と大隈との関係、とりわけ結党数カ月の憲政会の実勢を見通した鋭い分析なので、少々長文であるが以下に記す(38)。

総選挙は廿日開票廿二日にて結果すべてわかる……在野党以外に振はず、結局政局党の勝利と読みたる臆〔意〕測は不幸にして当りたるのみか意外にも在野党の大敗に帰したり。憲政党〔会〕は七十を失ひ、政友会は五十を得、国民党は十数を儲け純政局党四十数名出でたり。これはまことに案外の事也。しかし大隈侯の為めに前回に得たるは憲政会として得たるにあらさることに想ひ到らは、大隈侯与らさる今度の選挙に減したりとて怪むに足らさる也。大隈侯の解散後の総選挙に憲政党〔立憲同志会〕の激増したるは全く侯の人気による也。実は憲政党〔会〕の三分の二は加藤を仰くと云はる旨は大隈侯を仰くものなること勿論なり。更らに云へは大隈侯を仰くものか憲政党〔会〕の旗印の下に増加せし丈それたけ政友会を滅せしなり。今度政友会の激増したるは政局の掩覆にも依る可けれど、実を云へは憲政会の弱かりし為めに政友会は強くなりたるなり。更らに云へば大隈侯か表面憲政会の上に輝かさりし故に憲政会は振はず、それ丈政友会はもとの地磐〔盤〕により聊か回復したるのみ。即ち政友会強きにあらす憲政会弱きのみ。大隈侯表面に立たさりしか故に大隈方なるもの多くは戦場に立たす、立ちたるものも気勢揚らす、全体に在野党の気勢を振作する大原動力…大隈侯静処動かさりしか故たり。憲政党〔会〕は桂公の生み加藤氏の施育せる憲政党〔会〕だけの出来栄をなしたるものと云ふ可き歟、其の数の減したるを以つて一概に民心政府にありと云ふを得さる……

なぜ、大隈が憲政会を「積極的に」応援しなかったのかは慎重な検討を要するが、大正天皇にも「輔弼」を控える旨進言していたように、大隈としてはすでに公職を退いた以上、もはや政治の第一線に立つつもりはなかったものと推察される[39]。

総選挙後の五月一八日より六月五日まで、大隈は生涯最後となる佐賀旅行に出掛けている。大隈の帰京から一夜明けた六月六日、早速加藤は待ちかねたかのように大隈を訪ねた。用向きは政府が設置を決定した臨時外交調査委員会（以下、「外調」と略記）に関する協議のためであった[40]。「挙国一致」を標榜する寺内内閣から、加藤にも参加の打診がなされたのである。内閣および国務大臣が国政に全責任を負うことが不可欠との立憲政治認識を持つ二人にとって、国務大臣の輔弼を骨抜きにしかねない機関の設置は絶対に認められず、両者は参加拒否で一致したものと推察される[41]。それを裏付けるように、加藤は翌日に設置された「外調」への参加を拒絶している[42]。

この「外調」設置問題で重要なことは、大正天皇の大隈招致とそれに対する大隈の奉答である。寺内内閣の「外調」設置方針に、原敬政友会総裁と国民党総務（後に党総理）の犬養毅は同意し、参加を表明した。これにより、設置へ向けた流れは加速し、揺るぎないものとなった。かかる経過の中で、大正天皇が「外調」の設置に不安を覚えたのである。

そこで天皇は、昵懇の大隈に設置の可否を質すことを思い立ち、「元老として御召ありしも」、大隈が郷里佐賀への帰省中で奉答できなかった。「外調」が設置された後にも天皇は大隈を食事に誘ったが、今度は大隈が体調を崩し参内できなかった。ようやく病が癒えた大隈が、六月中旬天皇に面会したところ、「外交調査会を設けたる可否を御問に付自分より痛切に其の非なるを奏聞せしに、陛下には幾回か頷づかせ給へり」という。(43) 天皇が設置に反対だったのか、あるいは好意を持って接していた大隈に見解を質してみたかっただけなのか、その真相は詳らかではない。後の原内閣奏薦時の招請（次節参照）のように、元老山県の思惑も見られない。したがって、大隈の奉答が政局に影響を与えた形跡は皆無である。

ところが、この大正天皇からの突然の下問は、元老としての立場を行使しないつもりでいた大隈のみならず、国政指導者たちにも、あらためて大隈が天皇から重要国務を諮問される存在（＝「元老待遇」）であることを再確認させる機会となった。一度下問が行われてしまえば、天皇の内意が発端であるだけに無視することはできず、同様のケースが起これば「前例として」継続されるものである。この後、国家レベルの最重要問題を審議する場合、内閣からも大隈に事前に打診がなされるようになる。(44) このように、思わぬことから大隈が天皇の相談役を果たし、彼の「元老待遇」が機能しはじめたことは、元老の地位の行方や憲政会にとって後年大きな意味を持つこととなるのである。

以上本節では、第二次内閣を退いてからおおよそ一年間の大隈と憲政会の動向を検討した。大隈のもとには、憲政会領袖や加藤総裁が党務の相談に訪れ、さながら大隈は憲政会の後見人であった。一方この前後数カ月間は、後年「早稲田騒動」と呼ばれる一大学園紛争が早稲田大学で勃発し、大隈は総長としてその処理に忙殺され、著しく心身をすり減らすこととなる。(45) 八月、避暑のため軽井沢に滞在していた大隈は、帰京後の二三日より持病の胆石症を患い、四〇度を越す高熱のため一時危篤状態に陥った。(46) 幸い医師たちの治療が実り、大隈は九月になると元気を取り戻し再び政局の動向を注視するようになった[47]。大隈の発病は、かかる騒動の終盤に起こったものである。

次節では、大隈の動向が再び注目を集めた、寺内内閣末期から原内閣成立期を検討する。

三　原敬内閣の成立と憲政会・「元老待遇」大隈重信

本節では、寺内内閣の総辞職と憲政会・大隈重信の対応について検討する[48]。一九一八（大正七）年初頭より、政府はチェコスロバキア義勇軍救出のためシベリアへの出兵を検討しはじめた[49]。それに伴い軍用米の需要が逼迫し、三月に入ると米価が急騰しはじめた。大隈は、「昨今米価調節の為め姦商の暴利を博するを人為的に矯正せんとする政府の愚を笑らひ……見識ある政治家は早く人為の牽制の非なるを道破し居る……[50]」と寺内内閣の施策を冷笑した。大隈が成立当初から超然内閣を快く思っていなかったのは明らかである[51]。

八月、米価高騰が頂点に達し、富山県魚津の女性たちが米商に安売りを求めて立ち上がると、騒動は全国に飛び火した。政府は軍隊を出動し鎮圧に乗り出したものの、各地で流血の惨事が繰り返された。事態を憂慮した憲政会では、八月一六日に三木武吉（早大出身代議士）らが大隈を訪ね、「当面の時局問題に就き縷々陳情」[52]し、総務の安達謙蔵と浜口雄幸は二〇日に元老山県有朋を訪問し、速やかな政権交代を陳情した[53]。このような憲政会の対応振りは、「熟柿主義」を採り、事態の推移を静観し、内閣の自発的退陣を是としていた原敬率いる政友会の対応と対照的である[54]。

九月に入ると寺内首相は辞意を漏らし、本格的な後継首班選定劇が繰り広げられることになった[55]。政変の経過は多くの先行研究に譲り、あらためて喋々しないが、大御所山県の意向で西園寺公望を第一候補とすることに決し、西園寺が受諾するかどうかが政局の焦点となった。このため、衆議院第二党の憲政会（＝加藤総裁）や大隈に出番が回ってくる可能性は事実上皆無で、政変騒動の蚊帳の外に置かれた。

しかし、憲政会も指をくわえて静観していたわけではない。九月二日に開催された寺内内閣弾劾東京記者大会には代議士関和知が参加し[56]、九日には総務の下岡忠治が、後継首班は西園寺を首班とする挙国一致内閣以外はありえないと主張し[57]、前後しばしば山県を訪問してこの説を繰り返し吹き込んだ[58]。続く一二日に開催された内閣弾劾記者大会にも、党から小山松寿と鈴木富士弥が参加し、内閣批判の演説を行っている[59]。

当時憲政会内には、来るべき政変と次期内閣への対処をめぐり、五つのケースが予想されていた。第一は、寺内内閣の退陣とともに与党政友会もそれまでの「失政」に加担した責任は免れず、したがって次期政権は憲政常道論より憲政会に来ると予想するもの（＝政党内閣）。第二は、原敬を首班とする政友会内閣（＝政党内閣）。第三は、政界各勢力より有力者を網羅した挙国一致内閣（首班には西園寺が有力）。第四は、挙国一致内閣（西園寺が有力）だが、政友会中心で組織し憲政会が除外されるケース。最後は、以上四通りの予測がすべて外れ、山県の息がかかった官僚や軍人中心の超然内閣が誕生するケースである。この場合に限り、政友会とも協力して世論に訴え、第二の護憲運動を起こし政党内閣の樹立を目指す構想であった[60]。

加藤総裁は、勢力が振るわない現状に鑑み、第一の憲政会単独内閣説はあり得ないと判断し、残り四つの可能性のうち、いずれが党にとってより好条件かを見極めようとしていた。ただし、党内には「今後三五年に亘りて政権獲得の見込みなしとすれば地盤擁護の関係よりするも到底忍ぶ能はざる平議員もあり、此際出来得べくんば挙国一致内閣の名に依りて政権を分担せん事を渇望せる」者が少なくなかった[61]。政党政治家にとり、与党であることは絶対的な意味を持ち、当時憲政会はジリ貧状態だったのである[62]。最高幹部の間にも、前述の下岡忠治の如く当初より挙国一致内閣説を主張し、政権の一翼を担い、閣内で実績を挙げたうえで単独内閣を目指す者や、武富時敏のように「政党内閣組織論を唱へ憲政会内閣然らずんば政友会内閣」[63]と主張する者等、四分五裂の状態であった。

一方、この政変では、「元老待遇」を有する大隈の動向にも国民の注目が集まった。前回の政変時に「御沙汰書」

を受け、元老とみなされるようになって初めての政変だからである。

蓋し大隈侯は曩に其の台閣を退くに当りて加藤子を推薦して山県公の所謂挙国一致内閣に反対したる歴史を有する而已ならす、頃来も出兵問題に関して寺内首相よりの要求を拒絶して元老会議に参列せざりし関係もあり、旁山県公の行臓〔ママ〕に関して何等かの言議を挟むことなしと限る可らざるを以てなり。殊に一方には大隈侯と憲政会との関係に於て憲政の純理論として挙国一致内閣及政友系の内閣を阻害せんとするものありて大隈侯の地位は此際最も興味を懸けつゝあるに於てをや(64)

大隈も内心ではこの政変に注目し、自らの働き場がようやくめぐってきたと捉えていた節がある。

一体なら我輩などのやうな老人は、最早や引つ込んで念仏でも唱へて居れば夫れで宜しい訳だが、どうも政治の現状を観ては黙つて居る訳にも往かない、即ち王政復古の大精神先帝陛下大業の根本義に鑑みたならば、維新以来事を倶にし来つた幾多先輩の白骨に対しても、此儘黙つて居ては申訳の無い事が多々あるのである、夫れで此の根本精神の貫徹を見るまでは、死ぬまでも晏如として居る訳には往かぬのだ(65)。

同時に大隈は、今回の政変は「明治維新の宏謨即ち憲政の本義に立居るべく、今日は絶好の機会であると信ずる」ので、「今日まで過渡政治の弊害を具に嘗め来つた国民は、此時此際猛然として奮起し、国民を基礎とした政治の実現に向つて、最善の努力を為すべきである」と主張した。さらに大隈は、政権禅譲を期待する政友会の態度につき、「徒らに形勢を観望して屢々官僚政治家と苟合を事とし来つたのは、洵に我輩の遺憾とする所」だとし、「夫よりも先づ政治上の根本精神を確立するといふことが急務で……憲政の為めに努力奮闘し、大に貢献する処があつて欲しい」と要望する(66)。大隈は「根本精神の確立」、すなわち憲政の本義に則り、政友会と自身の推す憲政会が手を携えて、政党政治を実現することが急務だと説いたのである。

そのような中で、大隈は大正天皇に召し出され、後継首班に関する下問を受けた（九月一九日）。原敬が訝しがったように、山県が天皇に大隈の招請を働きかけた結果であった[67]。これに対し憲政会では、顧問の江木翼を大隈邸に派遣し、参内前の大隈に他元老より後継首班に関する言質を取られぬよう注意している。

それでは、当の大隈は大正天皇にいかなる上奏をしたのか。政変での働きを主要な任務と位置づけるなら、大隈にとっては最初（で結果的には最後）の元老としての活動である。大隈の奉答内容は朝野の議論を生んだ。翌日の新聞は、以下のように伝えている。

第一に加藤子なりと奉答すべし。抑も時局をして今日の如く紛糾せしめ畏くも上御一人をして社稷を憂ひしむるに至りしの責めは主として無理に現内閣を奏請したる元老にありと言上するの外なし。然れども若し今の事情にして純然たる政党内閣の成立を許さずとせば過渡期の変態として挙国一致的内閣の出現も亦已むを得ざらん。但し然る場合には其名に応ずるの挙国一致たると共に閣員宜しく少壮有為の士ならざるべからず。明治維新の際国政の任に膺りたるは皆当時の青年にして、何れも気力充溢し其政治も潑溂として精彩の見るべきものありたり。今後の政局を担当する者は内外時勢の趨勢を諒解せる人物ならざるべからざる以上、老人は潔く政局面より退場し実力あり人格ある若手の政治家に其席を譲るを当然とす。今日の所謂元勲政治家は維新当時の青年ならずや。之を思へば若手の政治家に政局を託するは今日元勲政治家の唯一の任務なり。故に後継内閣も上下輿論の後援ある若手の政治家に依て組織されざるべからず。若し何等かの事情に依り内閣の首班を若手の政治家たらしむる能はずとせば、内閣の実質を以上の如く実力に富める者となし、其の首班に坐する者は国民衆望の帰服せる人物中に之れを求むるも妨げず。西園寺侯の如きは即ち其人ならん……[68]

四〇分にも及ぶ上奏を終えた大隈は、天皇にさらに数日間の猶予を願い出た。ところが、それではあまりに遷延しすぎるとして波多野侍従長より指摘され、大隈は明日の拝謁を約して退出したのである。

翌二〇日、天皇に拝謁した大隈は、前日の趣旨を繰り返し、新進気鋭者（加藤高明）の登用と次善策として閣内に多くの少壮者を配した西園寺首班の挙国一致内閣の成立が相応しいと上奏した。そしてその足で西園寺を訪ねたらしい(69)。大隈と西園寺の会談内容は現在も詳らかではない。おそらくは、西園寺に出馬を要請し、挙国一致内閣の組織を勧めたものと推察される。

「西園寺侯若しくは加藤子を以て適当なり(70)」とする大隈の主張は、先に見た憲政会内で模索されていた、第一と第三のケースに該当し、想定されていた可能性の中で最善・次善策に相当することは明瞭である。つまり大隈の上奏は、江木(＝憲政会)の注意に沿ったものだったのである。こうして党内には、「元老待遇」大隈の奉答が奏功し、憲政会からの入閣者を含む西園寺を首班とする挙国一致内閣の成立に期待を寄せる者が増加していた(71)。

しかし、この後の政局は憲政会や大隈にとってそれほど有利には展開しなかった。西園寺は辞退し、その西園寺の推薦で政友会総裁原敬に大命が下されたことは周知の通りである。

以上のように原内閣成立にあたり、大隈は元老の一人として活動した。もとより、大隈招請は、原の推測に見られるように、不人気な元老会議に多少の新鮮味を持たせる効果(72)と大隈や憲政会側からの批判を封じることを意図して元老山県が大正天皇に働きかけたものに相違なく、大隈が後継首班の実質的選定協議に加わったわけではない。それでも、天皇や宮中から元老とみなされていた大隈が、有事に際し元老の役割を果たし、天皇の諮問に応えた事実は軽視すべきではない。ここで大隈は持論を貫き、元老の無責任さを糾弾すると同時に、憲政会を与党になし得る候補者(加藤・西園寺)を提案し、どん底状態にある党を少しでも有利な状況に導こうと尽力したのである。

これまで検討してきたように、第一三回総選挙(一九一七年)で憲政会が多数党の座を追われて以降、少数野党として孤軍奮闘してきた憲政会所属代議士たちは、この政変で大隈が元老として活動し、党の持論たる「憲政純理論」から加藤総裁を首班に推挙することを渇望する傾向が見られた。しかし、加藤総裁は西園寺辞退後の状況を冷静に見極め、政党内閣の誕生を立憲政治の最低限の進歩と認め、党員の軽挙を戒め、時機を待つことを選択したのである。

四　原敬内閣期の憲政会と「元老待遇」大隈重信

本節では、原内閣期前半の憲政会と大隈について検討したい[73]。大隈と憲政会（加藤）は、原内閣が陸・海・外相を除く全閣僚を政友会員が占める政党内閣として発足したことを評価し、当面内閣の施政・政党内閣の真価を注意深く見守ることとなった。

一九一八（大正七）年一一月一日、ドイツが連合国と休戦協定を結び第一次世界大戦が終結すると、日本国内は祝賀ムードに包まれた。憲政会でも、一九日に幹部総出で祝勝会を開催している。大隈はその席にゲストとして招かれ、加藤とともに演説した[74]。同じ頃、戦勝国間では戦後の世界秩序を協議するため、パリ講和会議の開催が決定され、政府は日本全権団の選定に着手していた。最終的には元老西園寺公望が首席全権に選ばれたものの、下馬評では大隈と加藤が並んで全権候補と目されたことは興味深い[75]。

翌一九一九（大正八）年の大隈は、特に前半は早稲田大学総長として、あるいは文明運動の指導者としての活動が目立った[76]。マスメディアに発表する種々の論説も、第一次世界大戦後の国際秩序再編に関し述べたものが多く、内政については僅かに「憲法制定三十年記念祭所感」[77]と「憲法制定について」[78]を発表するにとどまっている。

六月下旬、山県が小田原から上京すると、大隈の言動が俄然活発になる。加藤総裁が山県を訪問した（六月三〇日）のに続き、大隈も山県を訪問した（七月五日）[79]。山県が珍しく在野の元勲および野党党首と相次いで会見したことで、ある者は「政変近づけり」と言い、政界は沸き立った[80]。政変の到来を予測し、憲政会では、「会談の内容に就ては与り知らざれば揣摩の限りにあらず、されど〔大隈〕侯〔加藤〕子と山〔県〕公と会見するからは談の時局に及ぶや勿論なり。而して談が時局に及ぶとせば侯子共に現内閣の内治外交に就て多大の憂慮を抱き居る事なれば其の内容も推測するに難からず。会談の結果如何は之れを他日に待たざるべからずと雖も時節柄注目するに値するものと云ふべし」[81]と強い期待感を表明したのである。

三者の会談内容については諸説伝わっているが、終結したパリ講和会議と戦後世界の動向、日本政府の対応につき懇談した可能性が高い。山県の上京は、天機奉伺と政府要路との意見交換が目的だった模様で、政界通が期待した政変劇には結びつかなかったのである。

一〇月二三日、大隈は憲政会幹部を早稲田邸に集めて昼食会を催した。[82] 一一月一三日にも、大隈は臨時党大会のため上京中の党代議士・県会議員等二〇〇余名の訪問を受けた。早稲田邸での饗応の後、大隈は大書院において一同を前に、「非常の秋」と題する演説を行った。[83] その中で大隈は、大戦後の世界を席捲している変革の潮流の中で、日本は非常な危機に直面している。しかし、「今日諸君の憲政会は、加藤子爵の如き、聡明にして且識見高き首領を戴き、今日の時局に処して国家の為め、国民の為に当局の秕政を匡し、諸君にして克く加藤子を幇け、以て奮闘努力するに於ては、その威力は正に雷霆の如く、総ての腐敗分子を一掃し、世界の危機に際して克く国家を救うことを得べし、幸に邦家の為努力せられんことを」と述べ、加藤総裁を盛り立て奮闘することに期待していると語った。当時は、大隈が内閣批判に転じる時期と重なることから、党員との交流を重ね憲政会の奮起を促そうとする大隈の演説は注目される。

一九二〇（大正九）年に入っても、大隈は『大観』その他に、国際問題や教育問題を中心に多くの時事評論を寄せ、その健在振りを示していた。内政面への発言で特に注目されるのは、これまで政党政治実現を主唱してきた関係で、比較的穏やかに見守ってきた原内閣に対し、鋭い批判が目立つようになったことである。

大隈は、「原君の「年等の苦言」に対して苦言を述ぶ」[84]の中で、原内閣の施政に注文を付けた。この時は後に「戦後ブーム」と命名される第一次大戦後の好景気の最中であったが、原が一月五日に新聞各紙に発表した「投機と奢侈」の風潮を戒める年頭言を手緩いと批判する。大隈にしてみれば、「投機と奢侈とは人心の弛緩に本づき、勤倹の美風を減じて遊惰の悪癖を長ぜしむるもの」であり、直ちに貨幣収縮に取り組み、物価を調節し、デフレ政策を実行すべきだと訴えたのである。貨幣収縮に伴う一時的不景気の到来が産業の発達を阻害する可能性については、「衰へると見えるは其の実カラ景気の鎮まる丈の事」だとし、「為政者は謂ふ迄も無く多数国民の利益の為に焦慮せねばならぬ」と主張する。これは、積極政策を展開する政友会政治への批判であることは論を俟たない。しかも、三月に入ると一転して株価が大暴落し、銀行の取り付け騒ぎが続出した（＝戦後恐慌）。大隈の警告は図らずも現実のものとなってしまったのである。

二月二六日、原内閣が普通選挙の実施如何を問うとして議会を解散し、第一四回選挙戦がスタートすると、(85)大隈は「狡猾暴戻の挙」と題して次のように政府を批判した。

突如たる帝国議会の解散は世人をして一驚を喫せしめ、政界に激動を与へたが、政府の口実とする普選問題は、衆議院に於て、勝敗の既に定り、何等解散を賭する理由なきに関らず、敢てこれを断行したのは、表面の理由は兎も角、わが輩の観察を以てすれば、全く七分の恐怖心と三分の利己心に発した窮余の策だ。即ち現下の政局に横はれる諸問題の形成を見よ、物価問題、シベリヤ撤兵問題、外交問題など一として険悪を極めざるなく、政府に取つてその運命に関する重大な痛苦ではないか。それで政府は非常の恐怖を感じてゐたのである。そしてこの重大時機に際して、政府が政略、党略の上から辞を普選問題に藉りて、この窮地を脱せんとしたのは狡猾暴戻の挙だ……(86)

選挙戦については、「大隈侯も亦老躯を提げて応援として各方面に出動し彼我突撃戦の背後より敵陣に所謂重砲てふ巨弾を浴せて一大決戦を試み」と憲政会が大隈を頼りに選挙戦を進めるとの観測がなされた。(87)

続く三月末、波多野敬直宮内大臣が大隈を含む元老間を歴訪した。このことが政変の到来を予感させ、大いに世間の注目を集めたのである。特に二六日午後、波多野が大隈を訪ねた直後に加藤が大隈を訪問し、いずれも二時間にわたって会談した。しかも同時刻、原首相が元老山県を訪問していた。総選挙を間近に控えた有力者の往復が「政界の低気圧」と評され、「風説更に風説を産んで政界では可なり賑やか話題となつた」[88]のである。それだけでなく、大隈は翌二七日、葉山に天機奉伺に出向いた[89]。大隈の天機奉伺は二カ月連続であった。これがますます「政界の低気圧」を煽る形となったのである。記者達に取り囲まれた大隈は、宮相との協議内容について盛んに質問されたが、「何んでもないよ」と答えるのみで、全く応じなかった。波多野宮相の元老歴訪の目的は、宮内省で詮議中の皇室令改正への助言と同意を取り付けるためだったのである[90]。

このように、波多野宮内大臣がしばしば同郷の先輩である大隈の判断を仰いだことが影響していると考えられるが、一九二〇（大正九）年に入ると大隈の名が宮中問題に顔を出すようになる[91]。ここから、大隈が宮中では依然元老として遇され、また天皇家や宮内省の相談役を果たしていたことが分かる。ところがこの後波多野宮相が山県より更迭され（六月一八日）、山県腹心の中村雄次郎陸軍中将がその後任となることで事態は一変する。波多野更迭は、これまで山県との関係悪化よるものと解されてきたが[92]、宮中問題のアドバイザーとして大隈に頼り過ぎたことを山県より疎まれた可能性は否定できない。波多野が更迭されたことにより、宮中関係の情報ルートが杜絶し、大隈の宮中で地歩は翌春宮中某重大事件が顕在化するまで、停滞を余儀なくされるのである。

この頃憲政会の政略にも変化が生じはじめた。再び党人派代議士たちが大隈を介し、元老山県有朋へ接近を試みようとする動きがおこったのである。これまで憲政会は、明治憲法上何ら規定を持たない元老たちが国政に深く容喙する現状を批判し、普通選挙制度を一刻も早く成立させ、国民が政治のあり方を決めるべきだとして、大隈以外の元老級政治家に接近する動きはほとんど見られなかった。

しかし、五月一〇日に行われた第一四回衆議院議員総選挙は与党政友会が圧勝し（政友会二七八議席、憲政会一一一議席)、議会内で憲政会が浮上する見込みは完全に失われていた。党としても後継首班奏薦権を握る元老、とりわけ筆頭元老山県有朋の懐柔が欠かせなくなったのである。それを受け、大隈も頻りに山県との会見を口に出しはじめる。

九月一三日、山県は原首相に対し「大隈が面会を望む由に内々聞ゆるに付、近日天機奉伺等の為帰京の際会見する積りなり」と明らかにした。山県は大隈の会見希望について、「内閣の倒壊を望むべし、併し加藤高明局に当らば普通選挙を実行すべくそれは危険の至りなり」と勘ぐり、大隈の魂胆が原内閣の更迭と普通選挙制度の実現を掲げる加藤憲政会総裁の擁立にあると見ていた(93)。

一〇月六日、山県が小田原より上京すると、都下の新聞では、政局に及ぼす影響、ひいては政変の到来さえ予測し、大隈のもとにも記者が詰め掛けた。一両日中にも大隈が山県を訪問し、「〔元老会議〕」が開かれるのではないかと、「その憶測から今朝は各新聞が何か〔大隈〕侯から引き出そうと」躍起になったのである(94)。

同時期、憲政会側で大隈と山県の仲介に重要な役割を果たしたのは下岡忠治である(95)。一〇月八日、下岡は山県に「政界の大勢」と題する意見書を提出し、政友会内閣の失政を指摘、加藤ないし大隈を首班とする反政友会内閣を樹立する必要性を説き、あわせて大隈・加藤両人との面会を希望した。

…扨閣下吾邦内外に於ける政治上の現勢坐視するに忍びず。一昨日御老体を厭はず御入京相成候趣拝承、何時に変らぬ憂国の御熱情恐縮の至りに不堪候。迂生魯鈍固より国事を論ずるの資格不充分とは存居候へ共、一片耿々の志黙視し難く別紙「政界の大勢」と題する意見書倉卒の裡に起草致し行文字句を修正するの暇も無く供《ママ》劉覧候間、御閑暇の節御一読の栄を賜はらば幸甚に奉存候。朱に交はれば赤く為るとの諺の如く、書中の所論或は偏見妄断に陥れる嫌少からざるべく、殊に対外問題と加藤子推称の一節に至つては閣下の苦笑を禁ぜざるべしとは推察致候得共、自己の所信を赤裸々に陳述するは是又閣下の知遇に酬ゆる所以なりと存候段、不悪御了恕奉願上候。

先達て拝顔の砌片言隻語の間に御漏被下候閣下の加藤観、其反面に於ては洵に御尤至極と存上候得共、他の反面に於ては閣下を囲繞する政客の大部分は殆ど反加藤ならざるなく、之が為同子の被ふる冤罪亦不尠と奉存候。尤も迂生の微衷は必しも加藤子一箇を擁護せんとする私情に出でたるには無之、此際政局の展開が最大急務なりと確信すると同時に、政友会の横暴を制せんには唯一の反対党たる憲政会を基礎として非政友内閣を組織せしむる外良策なく、其首班たるべきものは差当り加藤子を措て他に適任者無しと断定せるのみに有之、若し已むことを得ずして大隈侯又は他の何人を拉し来るも、現内閣の後継者として必然非政友内閣の出現を見るに至ることを得ば、迂生の望み足れりと謂つべく候。爾今尚迂生は乍不及全責任を負ふて、一には広く門戸を開放して非政友各派の緊密なる聯合を図り、二には我憲政会をして最も健実なる方針の下に政界革新の実を挙げしめんこと期し居候故、何卒衷情御了察の上現時の政局に対する適切なる御勇断有之候事切望の至りに不堪候。……尚々近日隈侯の御邸訪問可有之候趣、両雄国を憂ひ給ふ赤誠感謝仕候。又先般御面謁の節加藤子より不日御訪問可申上候様申置候処、其後同子近親に不幸有之、且つ両三日前より地方遊説の途に上り候為彼是遷延候段御宥恕願候。何れ其内御都合相伺ひ参邸可相成事と御了承願上候。……(96)

この書翰に添付された「政界の大勢」は「第一章　緒言」、「第二章　外交上より見たる現内閣の功罪」、「第三章　内政上より見たる現内閣の功罪」、「第四章　後継内閣論（其一）」、「第五章　後継内閣論（其二）」の全五章より構成されている。特に後半二章で、超然内閣・政友会内閣・準政友会内閣・憲政会内閣の四ケースに後継内閣組織の可能性があると論じ、その首班候補者として、いずれも同世代に属する後藤新平・田健治郎・牧野伸顕・加藤高明の四名を挙げ、順にその可否と特徴を記し、加藤内閣が最も妥当だと位置づける。

このように、大隈や憲政会からの面会依頼を受けた山県は、次第に「此会見は自分は損だ」として警戒感を強め(97)、会談に消極的となっていく。山県が原内閣の施政に不満を抱いていたことは間違いない。ただし、後任候補者まで明確な腹案をめぐらしていたかは疑問である。また、顕著になった大正天皇の病状悪化と皇太子養育および洋行問題、辞意を漏らしている松方内大臣の後任問題など、喫緊の国家的課題は山積している。もし大隈と面会すれば、内政・外交に関する話題は避けられない。大隈が持論とする「憲政純理論」より、野党憲政会の加藤総裁の推挙を持ちかけてくるのは見え透いている。

結局一対一の直接会談こそ見送られたが、一〇月一二日、大隈は、山県・松方・西園寺とともに、皇太子との昼食会に臨んだ際、宮中の控え室で山県との会見が実現した(98)。この後一年間余り、憲政会では水面下で山県と大隈・加藤両人を引き合わせ、提携させることを目指し、元老の力を借りた原内閣打倒・加藤総裁への政権禅譲を模索していくこととなるのである。

五　憲政会と「元老待遇」大隈重信の加藤高明擁立運動

本節では、前節に引き続き、一九二一（大正一〇）年前半の憲政会と大隈について検討する。とりわけ、憲政会の代議士（党人派）たちが大隈を介し、宮中某重大事件で失脚した山県への接近を試み、同情を寄せることと引き換えに、加藤総裁を原内閣の後任に推挙しようとした経過を明らかにしたい(99)。

一九二〇（大正九）年末から開会された第四四議会において、憲政会は果敢に論戦を挑んだものの、衆議院に絶対多数を擁する原内閣によって圧倒され、議場では全くなす術がなかった。また、憲政会系の雑誌『中外新論(100)』に、大隈を筆頭に掲げ、原内閣を糾弾する憲政会幹部の論説を並べた「原内閣打破論」を特集し、世論に訴え内閣を攻め立てたが、効果はあがらなかった(101)。

しかしながら、偶然にも一つの変化の兆しが現れた。それは宮中某重大事件（一九二〇年秋〜二一年二月）による

元老山県・松方の失脚である。(102)

翌一九二一（大正一〇）年三月、大隈は間髪を入れず、主宰する『大観』誌上に「憲政運用の正路に就くの機――重大事件と元老と原内閣」(103)を発表した。本論は、まず満鉄・東京市汚職問題・学校昇格問題ら原内閣で懸案とされた時事問題を列挙する。そして、憲政運用三〇年の現状と党弊の横溢、国民の活気が失われている現状を指摘し、時勢遅れの元老に多くを期待するのではなく、山県が失脚したこの機会を利用し、青年が中心となって一層の国運伸張に邁進すべきだと結論づける。この論説が痛烈な原内閣批判であることは明瞭である。そして、山県・松方の謹慎直後に発表されたことから、元老や元老と共通の立場で活動した原首相を批判したものと見て間違いない。大隈が内閣・元老に対し論戦に打って出たのである。

しかも、大隈の攻勢はこれにとどまらなかった。大隈は一木喜徳郎枢密顧問官（第二次大隈内閣文相・内相）を通じ、小田原古稀庵で謹慎中の山県に面会を求めてきたのである。(104)

> 実ハ推定通リ大隈候《ママ》方面ヨリ已ニ人ヲ以テ種々ノ方法ニ因リ連絡ヲ求メ来リ特ニ最近ニ於テハ一木顧問官ガ彼ノ宮中事件ニ関スル経過ノ概要ヲ秘書官ナソヲ以テ大隈候《ママ》へ通知シ置カレテハ如何申シ込ミ〔山県〕公モ大隈ガ希望ナレバ秘書官ヲ遣ハシテモ可ナル様一応ハ考ヘラレタルモ成程利用セラル、手段ナリト気付キ是レラモ謝絶セラレタル次第ニ御座候。一木ハ大隈候《ママ》方面ヨリ直接依頼セラレタルカ貴族院ノ一部人士ノ画策ナルカ不分明ニ候得共公ガ謝絶セシ為メ一木ハ大ニ失望シタル由ニ御座候。(105)

一木が山県に対し、大隈に事件の経過を説明するよう要請した。そこで山県も一旦は秘書官を遣し大隈に事情を伝えることに同意したが、大隈と通じる憲政会側から政治的に「利用セラル、手段ナリト気付ヤ」取り止めたのである。

宮中某重大事件における元老山県の失脚は、政界のバランスにも少なからざる影響を及ぼした。特に、筆頭元老山県と交渉し、原政友会内閣の後継として加藤を首班とする憲政会内閣の樹立を模索してきた下岡忠治ら憲政会の策士にとっては、今までの努力が水泡に帰しかねないほどの痛手であったのである[106]。そこで危機感を抱いた憲政会（特に党人派）は、前年秋に続き党の精神的支柱である大隈に依頼し、山県との会談を模索した。いち早く山県復権へ賛意を示し、近い将来の政権移譲を実現するため、元老による従来の国政指導の枠組みを維持しようとしたのである。その第一歩が、種々のルートから山県の苦衷に同情を寄せることだったと推察される。

次に、その一例を挙げてみたい。三月二二日、憲政会贔屓で知られる都新聞社顧問大谷誠夫が謹慎中の山県を訪れ「連に大隈侯を賞揚したる後に於て山県公に向ひ、公侯接近して天下国家を上下せらるゝは時代の要求なり抔と言ひ出し」、山県は回答に窮している[107]。

四月六日、台湾総督田健治郎（山県側近）が訪問した際、山県は「過日来、片岡直温、大谷誠夫等相次而来訪、頻勧告可受大隈侯之来訪之意、其意在結合予与大隈擁持加藤高明也明矣。予答是両人政治的自殺之意、拒絶之云々」と述べた。すなわち、頻りに大隈の来訪を受諾すべきだと働きかける者がいるが、それは自分と大隈を結び付け、加藤高明内閣の擁立を目論むものに他ならず、それでは大隈も自分も「政治的自殺」であるから拒絶したと言うのである[108]。二年半前、原内閣の推薦を最後まで渋った山県である。加藤を後継首班の候補と認めれば、憲政会が早くから主張する「憲政純理論」を実践してしまうことにつながりかねない。また、それは同時に宿敵である大隈と協力し、政党間での政権授受を演出することも意味する。謹慎中の身とはいえ、政党嫌いの山県には受け容れ難い相談であった。

さらに四月一一日には、憲政会の望月小太郎（中堅代議士、党人派）が前月に続き田総督を訪ね、「且語大隈侯対山県公元老留任内奏之旨趣、寄政界前途之希望」と語った[109]。ここで注目すべきは、望月が大隈に対し、（天皇に）山県の元老留任を内奏するよう求めていたことである。これに対し、大隈がいかなる反応を示したのか詳らかにしえないが、大隈としても、ヨーロッパ歴訪中の皇太子の帰国を前に、元老が退場したままでは国政に与える影響が大きいと判断した可能性が高い。

ついで大隈は、再び憲政会系の雑誌『中外新論』の特集「憲政会総裁加藤高明論」に「陛下の御信任厚き理想的大政治家」を発表した(110)。題名通り、加藤の手腕・才能を絶賛し、清廉潔白で出処進退を弁え、「国民風教の指導者たるべき」人物として、時期首班には加藤が相応しいと主張する論説である。同号は、武富時敏「今更ら批評の余地なし」、安達謙蔵「余の見たる加藤高明子」、永井柳太郎「加藤総裁と原総裁の最も異なる一点」と続き、誠実で政治経験に富む加藤こそが理想の首相候補だと繰り返し説かれた。本特集は、原内閣に対する潜在的批判の広がりを背景に、憲政会が中心となり、後任には加藤が相応しいとするキャンペーンを行ったものと位置付けられる(111)。

しかし、いかに原内閣とその与党である政友会への批判が繰り返されようとも、議会内では原内閣による磐石な政治運営が続いていたから、かかる時期に大隈がこれほど憲政会（加藤）に肩入れする論説を発表したねらいは何であったか。おそらく、大隈は得意とする言論によって、山県が失脚した機に乗じ、「後見人」を失った原内閣に揺さぶりをかけようとしたものと推察される。

五月五日、大隈は山県を政界の第一線に復帰させる公算が高まったとの報道（五月四日）を受け、「近来元老が元老たる事を利用する事が余りに多い。山県の問題は要するに事皇室に関し其真情を知るに由無いが、苟しくも事件が事件であるだけに直接間接を問はず多少の関係あるものは素より夫々責任を知るべき筈である。陛下の聖徳を傷け、皇室の尊厳を侵し奉つて世上恐懼の外なき各種の風説を産むに到つては言語の外と云はねばならぬ。勿論山県は考へねばならぬ……破廉恥にして輔弼の大任を忘れ国政を紛糾せしむる者あるとは重ね重ねも残念だ」と山県を批判し、病気の天皇から優諚を引き出し、元老山県を国政に復帰させ、政権運営を強化しようとした原首相を糾弾した(112)。この山県・原首相批判は、一連の『中外新論』の特集記事や前後の大隈と憲政会の対元老策を踏まえて考えると大変興味深いものである。

面会依頼を続け、山県の境遇を気遣う大隈とマスメディアを通じ山県を糾弾する大隈。同時に対極の行動をとる大隈をいかに位置づけることができるだろうか。前者は、晩節を汚し窮地に陥った山県の境遇を気遣ったものと考えられる。しかし、元老としての公人的立場と維新期以来の私的立場は全く別であり、大隈が公然と元老批判を唱え、裏面では親しく同情を寄せる態度は、山県にはしたたかな挑発と映ったであろう。そして、生涯の宿敵から同情を寄せられるほどの屈辱は無かったと考えられる。一見矛盾して見える大隈の言動に表れた二面性は、公私を区別するスタンスに貫かれていたのである。

以上本節では、宮中某重大事件後、政治の表舞台から退場した元老山県・松方と入れ代わるように、「元老待遇」大隈が内閣および元老批判言を続け、その一方で野党憲政会の党人派とともに加藤総裁を原内閣の後任に推挙するため、水面下で元老山県に接近しようと試みた過程を明らかにした。

憲政会としては、政友会が絶対多数を維持している状況では、議会内での力の差は覆うべくもなかった。そこで、党の内外に影響力を持つ「元老待遇」大隈を橋渡しとして、加藤総裁と山県の会見を模索し、元老に直接国政の惨状と党の政策を訴え、その政権担当能力を主張することが必要だと判断したのである。

六　元老山県との会見の実現

本節では、政界の第一線に復帰した元老山県に対し、大隈と憲政会が接触を試み、ついに最後の会談が実現するまでの経過を考察する。(113)

山県・松方両元老が政界の表舞台から姿を消した状態が長期化し、内政や皇太子洋行中の宮中に与える影響を憂慮した原首相は、元老西園寺の後援を得て、山県擁護を画策した。五月一三日には、大隈が天機奉伺を兼ね天皇に拝謁している。(114)具体的な上奏内容は詳らかにしえないものの、前節で詳しく検討したように、大隈が憲政会とともに山県への接近を試みている最中であることから、山県を復帰させることが望ましいと上奏した可能性が高い。こうして山県は沼津御用邸に召し出され、大正天皇から慰留の優諚を拝し政界に復帰した（五月一八日）。すぐさま大隈から面会希望が出された模様である。

五月二七日、憲政会の下岡忠治が山県に「今回に於ける閣下の御行動に就ては大隈、加藤等非常に御同情申し居るゆゑ、御入京の事もあらば、膝を交へて御懇談願ひたし」とする書翰を送った。(115) これに対し山県は、「彼れ等にはもう瞞されぬ」と語っている。優諚を受けた山県の政界復帰を大隈が最近まで厳しく批判し、後継首班には加藤が相応しいとする論説を憲政会系の雑誌に発表したことは記憶に新しく、大隈と憲政会が「同情」を寄せ、執拗に会見を要求してくるのは、山県には、その窮地に付け込もうとする罠だと映ったのである。

その後山県は逡巡した。(116) 六月六日、側近の松本剛吉に対し「先日君に加藤高明と会見すると断つて置いたが、之は日を延ばした、其理由は、加藤に会ふには余程考へねばならぬ、下岡をこなすやうには行かぬ、若しも加藤が政友会の秕政でも並べる時に政友会を弁護する訳にも行かぬから、大に考へて居るのである。……大隈や加藤には迂つかり会はれぬ、余程考へて居るのだ」と語った。(117) なぜ山県はこれほど迷ったのか。それは、山県が原首相の政治手腕を信頼していたことに尽きる。政党嫌いの山県は、政友会や原内閣の展開する政党政治に決して満足していたわけではない。しかも、内政面では明らかに綻びが目立ちはじめていた。加えて、大隈や憲政会からの要求を一概に拒絶すれば、そのことがさらなる自己への批判を招きかねない。

かくして是非を決めかね、日時を遷延する間に、諸方からの働きかけは増すばかりであった。そこで山県は腹を決め、大隈・加藤との個別会見に踏み切ったのである。六月一〇日、加藤が山県と会見したのに続き、一三日午前、山県は突然大隈を訪問した。たまたま大隈が旧佐賀藩主鍋島直大の見舞いに出かけていたため、帰邸後の午後一時過、今度は大隈が椿山荘に山県を訪問した。宮中参内時を除けば、約二年ぶりとなる宿敵同士の直接会談である。これが生前最後の会談になろうとは、両人ともに知る由もなかった。会談は三時間に及んだ。山県によると、大隈は「異常の緊張」を示したという(118)。

会見の冒頭、山県は宮中某重大事件の経過を大隈に打ち明けた。それに対し大隈も同情を表した。そして山県は、かかる問題が起こった原因を「風紀頽廃人心弛緩」に求め、暗に原内閣の施政を批判した。彼らが半世紀以上費やし、築き上げてきた明治国家と皇室制度がその根底から崩れかけている、というのである。大隈は、風紀問題の深刻化に賛同したが(119)、原内閣・与党政友会に取って代わるべき野党憲政会の勢力が振るわないため、天皇側近として「御相談相手」を置き、国政を直接刷新することを提案した。山県も皇族たちに繰り返し同様のことを説いてきたが、思うように進展しないため、是非とも摂政を設置し、求められれば大隈とともにその相談相手になろうと提案したのである。

大隈辞去後、山県は「大隈は風紀問題に就ては五十年来未だ曾て見ざる真面目と緊張とを示したり、就中、原の悪口に言及せざりし一事は注意すべき要点なり、又、大隈は自身時局に立つ野心なく、加藤を推す事も出来まい、又推しもすまい」と自問するように語った。後に松本は、「此日公侯の談話は双方秘密の事多し。其後大隈侯は一回たりとも人に語られざりしは頗る疑ふ処なりしが、侯は年を経へる〔ママ〕も何等話されず、又、原卿の事を云はざりしは感服の外なし」と追記している。

大隈は憲政会の加藤総裁を強く推していた。したがって、この会見における大隈の姿勢は、影響のないテーマでは積極的な意思表示を行うが、双方の利害関係が鋭く対立する領域(=後継内閣・政党政治等)では山県の出方を窺い、様子見に徹したものと言えよう。松本が訝しがったように、大隈が原内閣批判を避けたのは、議会で劣勢な憲政会の状況を慮り、徒らに山県を刺激することを控えたためだと推察される。

会見後新聞各紙は一斉にその模様を報道した。大隈は、近いうちに「国家の前途の為めに元老会議を開かねばならぬ」と語り、「今日は重大な時機に逢会してる〔い欠〕から老人も青年も大に国家の為めに力を尽さねばならぬ」と自身の活動に強い意欲を見せた(120)。かつて大正天皇に対し元老として活動する意思のないことを明言し、この二月には、新聞記者たちを前に、引退こそ元老が臣節を尽くす道だと力説した時(121)との主張の差は明白である。初めて山県から国家・皇室の危機に関する相談を受けたことで、大隈としても、今後は思うような政治活動ができると思ったのであろう。

大隈・加藤・山県の三者間を斡旋した一木や下岡も直ちに山県のもとを訪れ、会談内容を聞き出そうと躍起になった(122)。昨秋以来の働きかけがついに結実したからである。大隈と山県の会談は、原首相・与党政友会にとっても看過できる問題ではなかった。特に、衆議院に二八〇議席を要しながらも、内閣が長期化するに伴い、大隈が『大観』『中外新論』誌上で度々批判しているように、各種の党弊が噴出し(123)、内閣・政友会への鋭い批判が繰り返され、ポスト原が叫ばれる最中であったからなおさらである。早速原首相が松本を呼び寄せ、「頗る低声にて、山隈、山藤会見の為め新聞紙は大に賑つて居るが、其会見の模様は御聞きになりましたか」と丁重に尋ねたのは何よりの証拠である(124)。

元老山県にとっては、国政の安定こそ至上命題であり、自らの国家構想を円滑に実現してくれる内閣でありさえすればそれでよかった。元老としては、来たるべき政変に備え、より有望な候補者を天皇に推挙するため、絶えず国政全般を注視し続けなければならない。だから野党党人であっても、国政に携わる者の言葉には最低限耳を傾ける必要がある。山県はこれまで主に元側近の下岡忠治を通じ、大隈や憲政会の内情を把握してきた。大隈や加藤との面会依頼や政策提言を拒絶しつつも(125)、しばしば下岡とは面会したことは、その証左であろう。その結果、ようやく大隈や加藤との会談が実現したことは、これまで検討してきた通りである。

以上前節と本節で明らかにしたように、宮中某重大事件で元老山県と松方が引責した時こそ、「元老待遇」の大隈が「元老」として政治の表舞台に登場する絶好の機会であった。政界復帰後の山県には、昔日の勢いはなく、執拗に繰り返された大隈と憲政会（どちらが主体か判然としない）からの会見希望を拒みきれなくなったのである。加藤が訪問したのに続き、六月一三日には生前最後の大隈・山県会談が開かれた。

山県が大隈に宮中某重大事件の経過を説明し、当時最大の国家的課題である摂政および「御相談相手」設置問題を打ち明けたことは、極めて重要な意味を持つ。山県としては、大隈や憲政会（党人派）からの非難を緩和する弥縫策に過ぎなかったが、大隈にとっては、これまで明らかに元老が独占してきたトップシークレット事項の協議であり、「元老会議」そのものである。しかも、当時の元老の役割は、政変事における後継首班奏薦、天皇・天皇家の最高顧問として頻発する宮中問題への対応であったから、大隈にも元老として活動する道が開かれたのである。

それだけでなく、事件後も大隈は、二月、五月、八月と定期的に天機奉伺を続けていた。天皇や皇太子からの篤い信頼を得ていた大隈は、とりわけ宮中問題に関しては、元老以上に元老の機能を担いはじめたのである。これは元勲と元老のはざまで、あえて元老の一員としては活動しないことを自己規定し、はじめて可能となってきたことである。年老いた元老たちの先行きに不透明さが増す中で、曖昧さを残した「元老待遇」の大隈が、元老たちに代わって元老の役割を果たす特異な現象が、皇太子洋行中に進展したのである(126)。このことは、憲政会にとってもプラスに働く公算が大きかった。万一政変が起きた場合、政治力で大隈が他元老に引けを取らなければ、大隈を介し、山県と交渉し政権交代ないしは政権への割り込みが可能となるかもしれないからである。

しかし、大隈に残された時間はわずかであった。最後に次節では、大隈が死去するまでの経過と、国民葬をはさみ憲政会が大隈顕彰に努めていく過程を検討する。

七 「元老待遇」大隈重信の死と憲政会

一九二一（大正一〇）年八月二六日、大隈は天機奉伺のため、嗣子信常を伴い日光へ出向いた。日帰りの強行日程が災いし、その晩より大隈は高熱を発し病臥することとなった。これが不治の病になろうとは、大隈自身知る由もなかったのである。

その後病状は一進一退であった。それでも大隈は、九月下旬になると来客と面会できるまでに回復した。ところがそれも束の間、大隈は九月末より再び病臥の身となり、一〇月には大量の血尿を排出し、一時意識不明の重態にさえ陥った。医師たちは大隈が癌に侵されていると診断していたが、大隈が数え年で八四歳と高齢であることや、当時の医学水準ではもはや手の施しようのない状態だったのである。

この間、原首相が東京駅で暗殺され（一一月四日）、テロによる政権の異動は許さずと主張した元老西園寺の主導で、政友会の高橋是清蔵相を首班とする内閣が成立していた。

一方、九月に欧州歴訪から帰国した皇太子裕仁親王は、摂政に就任し（一一月二五日）、病状の悪化した大正天皇に代わり、国事行為を代行するようになっていた。この時「元老待遇」大隈は、摂政宮より「御沙汰書」を受け、「摂政宮の元老」と言うべき存在になったのである。[127]もし大隈が健在であったなら、親しく接する摂政宮や大正天皇との関係を最大限に活かし、「憲政純理論」の実施こそ国政安定化の急務だと説き、他元老の介入を抑制し、憲政会を今少し有利な状況へと導いたかもしれなかった。しかしながら、時既に遅く、大隈にその力は残されていなかったのである。

一九二二（大正一一）年正月、年末より危篤状態であった大隈は病床で新年を迎えた。大隈邸には連日、塩沢昌貞学長ら早稲田大学幹部や憲政会関係者が出入りしていた。市島謙吉は二日に塩沢と「万一の場合に処する重要の件を協議」した。三日には、塩沢が国府津に高田早苗名誉学長（第二次大隈内閣文相、元憲政会総務）を、ついで大磯に加藤憲政会総裁を訪問し善後策を協議している。

大隈の見通しが絶望的となった一月四日午前、市島は対応を協議するため緊急の「極密会」を招集した。[128]出席者は、塩沢学長・増田義一（早大理事・実業之日本社社長、後に民政党衆議院議員、衆議院副議長）・坂本三郎（早大理事）・平沼淑郎教授・頼母木桂吉（憲政会衆議院議員、後に逓信大臣）・市島の六人である。午後からは武富時敏（憲政会総務）・大隈信常（大隈嗣子、元憲政会衆議院議員）も協議に参加した[129]。実質的に早稲田大学と憲政会関係者の会合と見て差し支えないだろう。市島によれば、招集目的は大隈重態のため「到底救ふべき道なしとすれば此の偉人の終焉を飾るの道を講すること」であった。前年九月の発病以来、市島は「内密国葬問題を提議し新聞紙をして一斉にプロパガンドを為さしむべき案を立て」ていたが、大隈の病状が一進一退であったため暫く立ち消えとなっていた。まさに「今亦其案に戻らなければならぬ」時が来たのである。こうして、大隈の公爵への陞爵と国葬を実現すべく、政府・元老・宮中への大規模な働きかけが展開された[130]。

一月一〇日午前四時三八分、大隈重信はかねてより宿願としていた加藤内閣の実現を見ることなく、静かに八五歳の生涯を閉じ、「摂政宮の元老」として活動することはなかったのである。牧野伸顕宮相の判断で大隈の陞爵・国葬が見送られ、最終的に叙位叙勲の授与と確定した同日夕刻より、早大・大隈側近と憲政会関係者で構成された総務を中心に、国民葬へ向けた準備が急ピッチで進められた[131]。

一月一七日、大隈の国民葬が、日比谷公園で二〇万人とも三〇万人とも言われる空前の参列者に見守られながら、盛大に行われた。葬儀委員の代表として、憲政会総裁加藤高明が弔辞を読み上げ、同じ葬儀委員として立憲国民党総理犬養毅（名目的、特に役目なし）が見守る中、高橋是清首相（立憲政友会総裁）が玉串を捧げた。二年後に貴族院特権内閣打倒を掲げ、第二次憲政擁護運動で共闘し、護憲三派内閣を組織することとなる三人が奇しくも大隈国民葬で一同に会したのである。政党政治の発展を願ってやまなかった大隈の死が偶然もたらした「予兆」であった。

国民葬後、憲政会では機関誌『憲政』誌上に、大隈の遺影と国民葬の写真、加藤総裁の弔辞を第一面に掲載し、党の公式見解たる「論説」においても、加藤による「大隈侯爵の薨去」を掲載した（一月二五日）[132]。また、翌一九二三（大正一二）年の一周忌に際しては、「大隈侯一周年」[133]と塩沢学長の論説「大隈侯の政治的理想」[134]を掲載するなど、引き続き大隈の顕彰に努めた(135)。機関誌『政友』に若干の記事を載せた政友会とは趣を異にし、『憲政』誌上で党として追悼・顕彰色を強く打ち出していくのである。

おわりに

憲政会（加藤高明総裁）が大隈と歩んだ五年間は、結党直後の数カ月間を除き、党勢が振るわず、所謂「苦節十年」の中でもどん底の状態であった。総裁就任演説で加藤が指摘した、国民の権利の増進、政党政治実現への邁進、元老との対決を謳った大義名分を掲げる党としては、正面から元老の権威にすがることはできない。万一、それを欲しても、口に出すことも憚られる。しかしながら、国政運営の要である内閣総理大臣を天皇に推薦する権利は、慣習的であるにせよ、依然として山県有朋を中心とする元老が掌握したままである。かかる不文律のもとでは、足しげく元老のもとに通い、元老のメガネに適った人物となることが、政権に就くための近道であり、元老の好む政策を取り込むことが当時の政界における暗黙の諒解事項であった。

さらに制度面でも憲政会は苦境に立たされた。一九一九（大正八）年三月、原内閣が改正した選挙法（満二五歳以上、直接国税三円以上、小選挙区制）は、選挙権が有産者に限られていることからも分かるように、都市部に支持層の厚い憲政会とは異なり、地方名望家層に多くの支持者を抱え、地域に夥しい地盤を擁する政友会に極めて有利な選挙制度であった。このように法律に則り、勢力を拡張する原内閣・与党政友会を前に憲政会はなす術がなかったのである。

多数の党員や選挙地盤を抱え、憲政会を支持する多くの国民の存在を思う時、いかにして政党政治への道筋を切り開き、立案した政策を実行に移すのか。元老を敵に回さず、元老を懐柔しこれと結託する政友会とわたり合い、この難題を実現することは至難の業であり、険しいいばらの道であったと推察される。

勿論、この間憲政会としても、手をこまねいていたわけではなく、日常の党務（党勢拡張のための遊説活動、会期中の議会対策、議会答弁、政務調査、選挙対策、本部・支部運営等）に尽力していたことは決して忘れてはならない[136]。とすれば、万策尽きた中で、山県の門を叩くことを潔としなかった憲政会（加藤）としては、党の生みの親であり、かつ在野の元勲・大隈重信に頼るのはごく自然なことである。逆にいえば、天皇・宮中に一定の影響力を持つ「元老待遇」大隈を通じ、後継首班奏薦権を握る元老山県への斡旋や大隈自身の元老に類似した活動に頼る以外に、憲政会としては、かかる惨状を打開する手立てが残されていなかったのである。

第二次内閣末期、大隈は加藤にほとんど相談なしに独力で加藤内閣の樹立を模索した。このことが加藤の不興を買い、しばらく加藤と大隈の関係は冷え込んだ。それでも、総選挙対策、臨時外交調査委員会参加問題、米騒動への対応などで、憲政会（加藤）は大隈を頼り、協議を重ねていく。大隈も頑固一徹な加藤の性格と憲政会の方針を熟知し、自身が前面に出ることなく、党の後援とイギリス流政党政治の実現へ向けた下地作り（＝「輿論」の育成）に徹した。

そもそも憲政会は、高齢の大隈を戴く第二次内閣の退陣を見越し、与党三派が単独で衆議院の過半数を占める巨大政党を結成し、次期内閣で与党となることを期して結党準備が進められたものである[137]。しかし、中国政府への二一カ条要求問題（一九一五年）で対外政策を破綻させたとして、元老から白眼視されていた加藤が党首では、仮に第一党となった場合でも政権が回ってこないのではないかと危惧する党員も多く（後の憲政会党人派に連なる）、彼らは加藤を副党首格に降格させ、国民に人気の高い大隈を党首として迎えることを望んだ。

結党後も党内には大隈待望論が燻り続けるが[138]、大隈を中心に検討した場合、むしろ彼は憲政会（加藤）から頼られ、そのアドバイザー役を果たすことで満足していたように見え、党首就任の意思はなかったようである。しかも、晩年の大隈は、早稲田大学総長として大学経営に全力を注いでおり、憲政会を主導する力は持ち合わせていなかった。

そのような中で、幾つかの変化が生じる。第一は、大隈が大正天皇から度々下問を受け、原政友会内閣の成立にも参与し（一九一八年）、元老に限りなく近い活動を行うようになったことである。大隈が本格的に元老の役割を担うなら、次期政変で憲政会が浮上する確率が高まる。第二は、後継首班奏薦権を握る元老山県・松方が宮中某重大事件で失脚し、権力の空白状態が生じたことである（一九二一年）。そこで憲政会は一層大隈に依拠する。大隈もこれに応え、「苦節十年」の憲政会を支援し続けた。そして、大隈は『大観』『中外新論』等に憲政会擁護の論陣を張り、言論で原内閣に揺さぶりをかけ、山県に恩を売り、次期政権を憲政会に引き寄せようとしたのである。第三に、大隈が摂政に就任した皇太子裕仁親王から、「御沙汰書」を受け、他元老と遜色のない位置に立ったことが挙げられる。党弊の噴出に伴う政友会内閣批判の高まりとも重なり、憲政会には有利な条件が揃いつつあった。しかし、大隈の発病と死去により、以上の憲政会と「元老待遇」大隈の「共闘」には終止符が打たれたのである。

かかる政党と元老（ないし元勲）の相互依存関係は、戦前日本の政治構造と大きく関係している。原敬（政友会）が元老山県と西園寺を後ろ盾とし、磐石な政友会政治を展開していた時、憲政会は「元老待遇」大隈を頼り、それに対峙した。日本の近代政治が元老を中心に運営され、政党政治が他ならぬ元老（＝非選出勢力）によって導入されつつあったことは、それ自体が日本政党政治の特質を端的に示しているが、普通選挙制度が未成立で国民の政治参加が完全には確立していなかった当時、すなわち政党がいまだ国政全般を調整する「国家機関」たる地位を築き上げていなかった過渡的段階としては、「政党の限界」と簡単に片付けられないやむを得ない側面があったと考える。政党政治確立期の大隈と憲政会の五年間は、かかる点をもとに捉えられるべきであり、元老の権威が低下し、「元老待遇」大隈が元老以上の働きをしてしまうところに、過渡期の時代性や近代国家の軋みが色濃くにじみ出ているといえるのである。

最後に、大隈没後の憲政会に触れて擱筆したい。中間内閣期を迎えると、憲政会は急速に政権政党への階梯を歩みはじめる。同年夏には、政友会内で高橋是清総裁や横田千之助幹事長ら総裁派と、床次竹二郎ら改革派の間で、内閣改造をめぐる混乱が生じ、高橋内閣が瓦解する。原前首相・「元老待遇」大隈・元老山県が相次いで死去し、政界上層部での世代交代が急速に進展していたことや[139]、次第に元老内での比重を増しつつあった西園寺の急病も重なり、内大臣を務める元老松方が産婆役となり加藤友三郎内閣が成立する。

この政変で、所謂「加藤にあらずんば加藤」で有名な、第一候補加藤友三郎海相が辞退した場合、第二候補として加藤憲政会総裁が相応しいとの説が急浮上する。ただしこの時も政権は憲政会を素通りし、閣外協力となった政友会を与党とする加藤友三郎内閣が誕生した。加藤総裁にとり、大隈没後の政党指導は決して順風であったわけではない。むしろ、一九二二～二三年（大正一一～一二）年は、党人派による加藤降ろしの動きに悩まされ、一時は総裁辞任さえ思い立ったほどである[140]。

憲政会を中心とする護憲三派内閣が成立するには、さらに二年の歳月を要したが、ともあれ、大隈の死後憲政会では「独立の生計」条項を除いた完全な普通選挙制度の主張、二一カ条要求で傷ついた対外政策を修復（後の幣原外交への転換）していったことは、先行研究が詳細に明らかにするところである。

これまで各節で検討してきたように、加藤高明総裁擁立（＝憲政会を中心とする政党内閣樹立）を目標に掲げ、活動し続けた大隈は、一貫して憲政会の庇護者であった。「元老待遇」時代の大隈は、直接天皇や皇太子に、そして間接的には彼らへの後継首班奏薦権を握る元老山県に、政党政治確立の必要性を説き、加藤が次期首相に相応しいことを説き続ける役割を果たしたのである。その大隈の死が他ならぬ憲政会の政権政党化へ向けた「舵取り[141]」の一要素となったことは歴史の皮肉である。

註

（1）村井良太「第一次大戦後の世界と憲政会の隆興」（『神戸法学年報』一七、二〇〇一年所収）。
（2）奈良岡聰智『加藤高明と政党政治』（山川出版社、二〇〇六年）、特に　六五～一二三四頁。
（3）北岡伸一「政党政治確立過程における立憲同志会・憲政会」上下（『立教法学』二一、　九八三年、二五、一九八五年所収）、小林道彦『日本の大陸政策　一八九五―一九一四』（南窓社、一九九六年）、櫻井良樹『大正政治の出発　立憲同志会の成立とその周辺』（山川出版社、一九九七年）、前掲、村井「第一次大戦後の世界と憲政会の隆興」、同『政党内閣制の成立　一九一八～二七年』（有斐閣、二〇〇五年）、五百旗頭薫『大隈重信と政党政治』（東京大学出版会、二〇〇三年）、前掲、奈良岡『加藤高明と政党政治』、同時代の資料として『憲政会史』（原書房復刻、一九八六年、初版は一九二六年、憲政会史編纂所）。他に、櫻井良樹「外交問題から見た立憲同志会の党内抗争」（『日本歴史』五六四、一九九五年所収）、同「第二次大隈内閣期における外交政策の諸相」（『国際政治』一三九、二〇〇四年所収）、奈良岡聰智「加藤高明の外交構想と憲政会」（前掲『国際政治』一三九所収）等。
（4）ここでいう「元老待遇」とは、一九一六年一〇月九日、大隈が大正天皇から「致仕御沙汰書」（早稲田大学図書館所蔵（請求番号イ一四-D二三五）、「卿夙ニ国事ニ尽瘁シテ大政ニ維新ニ参シ賛襄匡輔シテ以テ朕カ躬ニ及ヘリ今請フ所ヲ允シテ閑ニ就キ老ヲ養ハシム卿其レ加餐自愛シテ尚ホ朕カ意ニ称ハンコトヲ勉メヨ」）を授けられ、建前のうえでは陪食や賜物、下問等で他の元老たちと同一の待遇を保障されたことを指す（実態は別問題）。以下大隈が、これらの権利、つまり「元老と同等の地位と権限」を行使するか否か、行使するとすればどのような場面でいかに行使するのかを検討していく。かかる大隈を指す表現として以後「元老待遇」を用いる。また、天皇に対する助言・補佐を輔弼というが、大隈は実質的に元老の輔弼を補い得る存在であった。そこで本章では、このような大隈の活動・行為を「輔弼」と位置づける。
（5）伊藤之雄「元老の形成と変遷に関する若干の考察」（『史林』六〇-二、一九七七年所収、安田浩・源川真希編『展望日本歴史一九　明治憲法体制』東京堂出版、二〇〇二年に再録）、特に二六二～二六三頁。
（6）季武嘉也『大正期の政治構造』（吉川弘文館、一九九八年）一九九、二〇二～二〇三、二一一～二一三頁。
（7）大日方純夫「原敬のなかの「大隈重信」」（早稲田大学大学史資料センター編『早稲田大学史記要』三六、二〇〇四年所収）、特に第六章。

(8)前掲、村井『政党内閣制の成立　一九一八～二七年』二八～二九、一〇五～一〇八頁。
(9)前掲、奈良岡『加藤高明と政党政治』、ならびに、前掲、村井『政党内閣制の成立　一九一八～二七年』。
(10)明治末から晩年にかけての大隈研究は、中央政局での指導からではなく、彼自身が畢生の大事業として推進した文明運動に関する研究の一環としてなされてきた。その代表例として、柳田泉『明治文明史における大隈重信』(早稲田大学出版部、一九六二年)三七四～四七〇頁、佐藤能丸「大日本文明協会史試論」(『近代日本と早稲田大学』早稲田大学出版部、一九九一年、一〇五～一四三頁所収。初出は、前掲『早稲田大学史記要』二一、一九八九年所収)、同「大隈重信と大日本文明協会」(『アジアの伝統と近代化』早稲田大学社会科学研究所、一九九〇年、二八五～三〇八頁所収)、間宮國夫「「東西文明調和論」の形成と人種問題」(同前、二六七～二八四頁所収)、中村尚美「解説(一)刊行の意義と書誌」(『大隈重信遺著　東西文明之調和』早稲田大学出版部、一九九〇年復刻、三～八頁所収、原版は一九二二年)。
(11)関田かおる「なぜ大隈重信の「陞爵申牒書」は廃棄されたか――大隈と元老たち」(前掲『早稲田大学史記要』二七、一九九五年所収)、荒船俊太郎「大隈重信陞爵・国葬問題をめぐる政治過程」(前掲『早稲田大学史記要』三八、二〇〇七年所収)
(12)荒船俊太郎「元勲と元老のはざまで――大隈重信「元老」となる」(前掲『早稲田大学史記要』三九、二〇〇八年所収)、同「原敬内閣期の「元老待遇」大隈重信」(前掲『早稲田大学史記要』四〇、二〇〇九年所収)。
(13)大隈侯八十五年史編纂会『大隈侯八十五年史』第三巻、一九二六年、四三七～七四九頁。
(14)たとえば、『東京朝日新聞』一九二二年二月一九日付夕刊(一八日発刊)。
(15)元老の名称は、明治維新の生存者中、内閣制度創設後も引き続き交互に政界要路に立ち、国政を指導した者(＝元勲)が呼びならされて定着した。このため、一般的には大隈もその範囲に見られてしまいがちである。
(16)大隈の加藤推挙の過程が最も鮮明に表れているのは、大正五年九月二八日付、大隈重信宛江木翼書翰である(早稲田大学大学史資料センター編『大隈重信関係文書』第二巻、みすず書房、二〇〇五年、一八五～一八六頁所収)。
(17)かかる経緯は、金原左門「第一八代寺内内閣」(『日本内閣史録』第二巻、第一法規出版、一九八一年所収)二三九～二四七頁、斎藤聖二「第一次大戦と寺内内閣の成立」(『上智史学』二八、一九八三年所収)、高橋秀直「寺内内閣成立期の政治状況」(『日本歴史』四三四、一九八四年所収)、同「寺内内閣期の政治体制」(『史林』六七-四、一九八四年所収)、山本四郎編『寺内正毅内閣関係史料』上巻（京都女子大学、一九八五年）一～四六頁（「解題」）、同「寺内内閣の研究について」（『政治経済史学』三〇〇、一九九一年所収）、勝田政治「第二次大隈内閣と憲政会の成立」（前掲『早稲田大学史記要』二一、一九八九年所収）、前掲、季武『大正期の政治構造』一六一～二二五頁等参照。

(18) 伊藤正徳・加藤伯伝記編纂委員会編『加藤高明』下巻、一九二九年、二三四頁。

(19) 減債基金還元問題の経過は、内藤一成「第二次大隈内閣期における貴族院——減債基金問題を中心に」（『史学雑誌』一〇四-九所収、一九九五年、後に内藤『貴族院と立憲政治』思文閣出版、二〇〇五年に収録）を参照。関係者の証言としては、田健治郎「『還元の役』始末」（東京朝日新聞政治部編『その頃を語る』朝日新聞、一九二八年、三一九～三二四頁所収）を参照。

(20) 伊藤隆編『大正初期山県有朋談話筆記・政変思出草』（山川出版社、一九八一年）九七頁、前掲、季武『大正期の政治構造』一九七頁参照。

(21) 前掲、伊藤『大正初期山県有朋談話筆記・政変思出草』一〇〇頁。

(22) 同右、一一四頁。

(23) 元老山県が掌握していた恩典審議権については、伊藤之雄「山県系官僚閥と天皇・元老・宮中」（『法学論叢』一四〇-一～二、一九九六年所収）参照。

(24) 元老山県は、政界の一線を離れ隠遁生活を送っていた西園寺が政友会に影響力を維持していると考え、彼の元老としての活動にも肯定的であった。前掲、季武『大正期の政治構造』一九七～二〇三、二一一頁、前掲、伊藤「元老の形成と変遷に関する若干の考察」二六二～二六三頁。

(25) 市島謙吉「双魚堂日誌」（早稲田大学図書館所蔵）一九一六年末条。

(26) 市島謙吉「双魚堂日載」一九一六年一〇月二八日条（早稲田大学図書館所蔵、以後引用に際しては、適宜句読点を補った）。

(27) 同右。この点については、前掲、季武『大正期の政治構造』二〇二～二〇三頁に同様の指摘がある。

(28) 前掲『大隈侯八十五年史』第二巻、一九二六年、四七一頁。

(29) 同右、四六七～四六九頁、一九〇七年一月二〇日の憲政本党総理辞任演説。

(30) 当該期の「元老待遇」大隈の宮中・府中における「輔弼」活動については、近く別稿で検討する(「寺内正毅内閣期の大隈重信——「元老待遇」の出発」(『早稲田大学史記要』四一巻、二〇〇九年末予定))。
(31) 江木翼書翰大隈重信宛、大正六年一月八日(前掲『大隈重信関係文書』第二巻、一八七頁所収)。結局一月一二日の補欠選挙では、憲政会の滝口吉良が勝利した(『大日本政戦記録史』一九三〇年、五一八頁)。
(32) 「平田加藤聯立内閣」(『読売新聞』一九一七年一月一五日付(朝刊))。
(33) 同右。
(34) 前掲、市島「双魚堂日載」一九一七年二月三日条。
(35) 第一二回総選挙における大隈伯後援会結成とその躍進に関しては、佐藤能丸「大隈伯後援会に関する一考察——市島謙吉の日記を中心として」(前掲『近代日本と早稲田大学』所収)、前掲、季武『大正期の政治構造』一六一～一九二頁等参照。
(36) 『読売新聞』一九一七年三月七日付(朝刊)。
(37) 前掲、市島「双魚堂日載」一九一七年三月二六日条。選挙戦の最中、大隈は嗣子信常に命じて推薦状を書かせている。ちなみに、この時永井は中橋徳五郎に敗れて落選した(『永井柳太郎』勁草書房、一九五九年、一三一～一四八頁)。
(38) 前掲、市島「双魚堂日載」一九一七年四月二三日条。
(39) 前年秋の第二次内閣退陣直後に、大隈は「吾輩は今後政党の上に超越して社会を教育し文明を指導し、明治大帝の遺業を翼賛恢宏し、今上陛下に身命を捧げて畢生努力する覚悟である」と述べ、政党指導の第一線からの引退を示唆していた(『経済時報』一六六、一九一六年一一月所収)。市島も、大隈が「此選挙に超然の態度を持せらる丶」と記し、大隈が諸勢力から利用され、政争の渦中に引き込まないよう警戒している(前掲、市島「双魚堂日載」一九一七年三月二六日条)。
(40) 『読売新聞』一九一七年六月七日付(朝刊)。
(41) 大隈は、「畢竟寺内が政友、国民両派の立場を救ひ、以て現内閣を擁護せしむる上に好都合ならしめんとした計画だ。……元来、国務の全責任は内閣にある。内閣以外に、更に変態の機関を設けて外交を議し、これを以て内閣の行動を掣肘する結果を来たさんか、憲法上に於ける輔弼の責任なるものは頗る明確を欠くに至るわけだ。そしてかうした変態の機関を設けるやうになつたのは、つまり寺内の無力による」として、猛烈に反対した(前掲『大隈侯八十五年史』第三巻、四九四～四九五頁)。また、大隈邸に出入りする立憲青年党の橋本徹馬との対談「寺内内閣弾劾に就き大隈侯と語る」で、大隈は

「外調」設置の非を語り、政府から冷遇された加藤に同情し「我輩も亦蔭ながら応援を辞せないのである」と述べている（『一大帝国』二－八、一九一七年七月一日）。なお、『一大帝国』は立憲青年党の機関誌で、当時大隈をはじめ早稲田大学関係者や寺内内閣に反対する論客たちが盛んに寄稿していた。憲政会幹部の論説もしばしば掲載されている。

(42) 「臨時外交調査委員会設置ニ関スル論争関係資料」（国立国会図書館憲政資料室所蔵「憲政史編纂会収集文書」五九八）、前掲『加藤高明』下巻、二六〇～二七五頁。

(43) 市島謙吉「酒前茶後録」（早稲田大学図書館所蔵）一九一七年六月二一日条追記。なお本資料は、前掲「双魚堂日載」の続編である。

(44) その結果として、元老会議が開かれる場合、大隈は参加しないことが多かった。ただし、元老会議への参加以上に、大隈の地位がいつでも元老としての役割を果たし得ると、天皇や宮中、国政指導層に認知されていることが重要である。

(45) 早稲田騒動については、早稲田大学大学史編集所編『早稲田大学百年史』第二巻（一九八一年、早稲田大学出版部）八八六～九七一頁、河野昭昌「早稲田騒動」（前掲『早稲田大学記要』九、一九七六年所収）参照。政府側も国政への影響を懸念し、密偵を放ち様子を探らせていた（「田逓相密報　第一　早稲田大学騒擾の原因」（国立国会図書館憲政資料室所蔵「伊東巳代治関係文書」三六五－（一））。

(46) 『読売新聞』一九一七年八月二四日～二七日（いずれも朝刊）。

(47) 前掲『大隈侯八十五年史』第三巻、四五五～四六〇頁。

(48) 本節は、前掲、荒船「原敬内閣期の「元老待遇」大隈重信」の第一章に加筆したものである。

(49) シベリア出兵の経過については、細谷千博『シベリア出兵の史的研究』（岩波現代文庫、二〇〇五年、初版は有斐閣より一九五五年刊行）、井竿富雄『初期シベリア出兵の研究』（九州大学出版会、二〇〇三年）参照。

(50) 前掲、市島「酒前茶後録」一九一八年三月七日条。

(51) 市島は、大隈から聞いた種々の山県・寺内批判を書き留めている。たとえば、「寺内に於ては廉潔を欠く権勢の地位にあれば必す自家の親近を挙く又遊蕩に於ても一人前なり」と手厳しく批判している（前掲、市島「双魚堂日載」一九一七年三月一四日条）。また、政府提出の工業動員法案に関し、日本には合格する企業などほとんどないとして、法案そのものが意味を成さないと酷評している（前掲、市島「酒前茶後録」一九一八年三月二三日条）。

(52)『読売新聞』一九一八年八月一七日(朝刊)。
(53)同右、一九一八年八月二一日(朝刊)。
(54)原奎一郎編『原敬日記』第四巻(福村出版、一九八一年)、一九一八年八月〜九月条参照。
(55)原内閣成立過程に関する研究は枚挙に遑がない。さしあたり、鳥海靖「第一九代原内閣」(前掲『日本内閣史録』第二巻、二八五〜三四〇頁所収)参照。
(56)『東京朝日新聞』一九一八年九月三日(朝刊)。
(57)同右、一九一八年九月九日(朝刊)。
(58)前掲『原敬日記』第四巻、四四〇〜四四一頁、一九一八年九月一一日条に「下岡が頻に山県を訪ふて挙国一致内閣とか、政友会内閣は不都合なりと云う」と記されている。また、下岡と安達謙蔵が人を介し、枢密院副議長清浦奎吾(安達と同郷)に挙国一致内閣の首班を引き受けるよう勧誘した経過も記されている。
(59)『東京朝日新聞』一九一八年九月一三日(朝刊)。
(60)最も起こりえないと踏んでいたが、原敬も万一山県が世論の行方を解さず、かかる超然内閣を成立させた場合、憲政会と協力して倒閣運動を展開することを考慮していた(前掲『原敬日記』第四巻、四三二頁、一九一八年八月二〇日条)。
(61)『東京朝日新聞』一九一八年九月九日(朝刊)。
(62)前掲、奈良岡『加藤高明と政党政治』二〇六頁。
(63)『東京朝日新聞』一九一八年九月一二日(朝刊)。一一日の憲政会懇談会で下岡と武富が党員から「後継首班に関し幹部中意見を異にせる者ありて党の方針那辺に存するや不明なり、此際明かに幹部の意嚮を示されたし」と詰め寄られる一幕が見られた。
(64)『読売新聞』一九一八年九月一九日(朝刊)。
(65)大隈重信「後継内閣問題　一新の内閣を組織せよ」(『経済時報』一八九、一九一八年一〇月一日所収)。本論説は、九月中旬頃、大隈が記者に語ったものである。
(66)同右。
(67)前掲『原敬日記』第五巻、五〜八頁、一九一八年九月一九日〜二二日条。

(68)『東京朝日新聞』一九一八年九月二〇日（朝刊）。
(69)『読売新聞』一九一八年九月二一日（朝刊）。
(70)同右、一九一八年九月二六日（朝刊）。
(71)『東京朝日新聞』一九一八年九月二一日（朝刊）。翌二二日朝刊も同様の観測を掲載。
(72)前掲、伊藤「元老の形成と変遷に関する若干の考察」二六二～二六三頁。
(73)同時期の大隈の活動中、宮中問題への関与、すなわち「元老待遇」を活かした政治活動については、前掲、荒船「原敬内閣期の「元老待遇」大隈重信」を参照。
(74)『読売新聞』一九一八年一一月二〇日（朝刊）。演説内容は、「大隈侯曰く」と題して、党機関誌に掲載された（『憲政』二―一、一九一九年一月所収、一九八六年柏書房復刻、以下同様）。
(75)立命館大学編『西園寺公望伝』第三巻（岩波書店、一九九三年）二六四～二七一頁参照。
(76)一九一九年前半、大隈は毎月刊行される『大観』等に戦後外交・教育関係の記事を活発に寄せているが（河野昭昌編「大隈重信論著目録」（三）、前掲『早稲田大学史記要』八、一九七五年所収）、三月上旬から四月上旬にかけ当時大流行していたスペイン風邪と見られる「流行感冒」にかかり、早稲田邸での蟄居を余儀なくされていた（『読売新聞』一九一九年三月八日（朝刊））。前掲、市島「酒前茶後録」一九一九年四月七日条にも、「病後の大隈侯を訪ふ、侯は流行感冒にて三十余日臥され今も衰弱いまだ全く回復せず」とある。一方、大隈が病臥する一カ月ほど前、山県も流行性感冒に侵され、肺炎を起こし重態となった。そこで山県没後の宮中と政局を慮った田中義一陸相は原首相に対し、「大隈が山県死後は宮中に取り入りて種々の行動をなさんも知れず、斯くては実に国家の為めに由々しき大事なれば」と述べ、大正天皇や皇后と親しく、宮中に独自のパイプを持つ大隈の躍進を警戒している（前掲『原敬日記』第五巻、七〇頁、一九一九年二月一四日条）。当局者に対する大隈の「潜在的」影響力を看取できる記述である。
(77)『大観』二―二、一九一九年二月一日所収。
(78)『早稲田学報』二八九、一九一九年三月一〇日所収。
(79)『読売新聞』一九一九年七月六日（朝刊）によると、七月三日山県が大隈を訪問した答礼の会見であったという。
(80)同右、一九一九年七月九日（朝刊）では、山県側近の観測として、「政界の一部にては山県公が反対党の総裁を招致したるを見て政変近しなと云ふものあるも思はざるも甚だし……又た大隈侯や加藤総裁との会見顚末の如き詮議立する必要もなし。要するに政界の一部が是等の往来を見て一大事出来かの如く大袈裟に吹聴するは寧ろ滑稽なり」として、政変説を打ち消す談話が掲載された。なお、引用に際しては筆者が句読点を補った。

(81) 同右、一九一九年七月六日（朝刊）。

(82) 同右、一九一九年一〇月二四日（朝刊）。加藤総裁、武富時敏、箕浦勝人、島田三郎、浜口雄幸、加藤政之助、若槻礼次郎、下岡忠治ら幹部と高田早苗が参加。

(83) 演説内容は「非常の秋」と題され、党機関誌に掲載された（『憲政』二-九、一九一九年一一月）。

(84) 『大観』三-二、一九二〇年二月一日所収。

(85) この時期の原内閣については、前掲、鳥海「第一九代　原内閣」、普通選挙運動の状態については、松尾尊兊『普通選挙制度成立史の研究』（岩波書店、一九八九年）参照。

(86) 前掲『大隈侯八十五年史』第三巻、四九九～五〇〇頁。

(87) 『読売新聞』一九二〇年三月二一日（朝刊）。

(88) 「政界の一波紋」（『読売新聞』一九二〇年三月二八日（朝刊））。ちなみに原首相の山県訪問については、前掲『原敬日記』第五巻、二二五～二二六頁、一九二〇年三月二六日条を参照。訪問理由は、外事彙報事件の収束とシベリア出兵問題、議会解散後の情勢報告であった。

(89) 『読売新聞』一九二〇年三月二九日（朝刊）。

(90) 「宮相の元老歴訪は皇室令改正の為」、同右、一九二〇年三月三〇日（朝刊）。

(91) 波多野宮相は、一九二〇年五月にも大隈に宮中問題を相談している。詳細は、前掲、荒船「原敬内閣期の「元老待遇」大隈重信」第三章を参照。

(92) 伊藤之雄『昭和天皇と立憲君主制の崩壊』（名古屋大学出版会、二〇〇五年）二七～二八頁、永井和『青年君主昭和天皇と元老西園寺』（京都大学学術出版会、二〇〇三年）一二～一三、一八頁。

(93) 前掲『原敬日記』第五巻、二八二頁、一九二〇年九月一三日条。なお、二七〇頁、同年八月一〇日条にも同様の記述がある。

(94) 木村毅監修『大隈重信叢書第五巻　大隈侯座談日記』(早稲田大学出版部、一九七〇年)八二～八四頁。初出は「山隈公侯会見の噂」(大日本文明協会編『文明協会講演集』大正九年一二月一五日号所収)。

(95) 下岡忠治の経歴については、秦郁彦『戦前期日本官僚制の制度・組織・人事』(東京大学出版会、一九八一年)ならびに三峰会編『三峰下岡忠治伝』(一九三〇年)参照。内務官僚として秋田県知事等を勤めた下岡は、一九一三(大正二)年山県の側近に抜擢され、枢密院書記官長となった。続く第二次大隈内閣で内務次官(内相は大隈首相の兼任)を務め、同時に衆議院議員に当選した。下岡は、大浦兼武内相の選挙買収問題で内閣改造となった際内務次官を退官し、小政党の公正会を率いた。そして一九一六(大正五)年末には憲政会に合同し党幹部の一人となり、山県のもとに出入りできる唯一の領袖として独自の地位を確立した。

(96) 前掲『三峰下岡忠治伝』三三九～三四一頁。なお句読点を適宜加えた。

(97) 前掲『原敬日記』第五巻、二九四頁、一九二〇年一〇月九日条。原首相は、大隈を避けようとする山県の様子から「大隈に悪口せらるゝ事を非常に恐れ居る様子兼て見え居る」と察し、このまま山県が大隈と会見すれば物議をかもすと予測している。

(98) 『読売新聞』一九二〇年一一月一五日(朝刊)。「例の隈侯との会見の如き最初より重きを置かざりしもの、如く一部世間の期待を裏切りて其会見は東宮御所に於ける各元老御賜餐当日別室にての会談にて頗る無雑作に終りたり」とある。

(99) 本節は、前掲、荒船「元勲と元老のはざまで――大隈重信「元老」となる」の第二章に加筆したものである。

(100) 『中外新論』は、もともと伊藤博文の晩年の秘書官であった小松緑が発刊し、伊藤縁故者や頭山満・内田良平に連なるアジア主義者たちの記事が散見される国家主義的色彩の強い政論誌であった。しかし一九一九(大正八)年頃から反政友会の論調となり、一九二〇(大正九)年六月、栗原彦三郎(一八七九～一九五四年)が社長兼主筆に就任してからは、一層この傾向に拍車がかかった。栗原は幼少時二年ほど大隈家に寄宿し、その後もしばしば大隈のもとに出入りしていた(栗原彦三郎伝記刊行会『日本刀を二度蘇らせた男　栗原彦三郎昭秀全記録』二〇〇〇年、一八八、二四五～二四六、二六九、二七七～二八〇頁)。栗原は、主筆在任中の一九二二(大正一一)年、対立する政友会を懲らしめようと衆議院の議場に蛇を投げ込む椿事を起こし服役した影響で、翌一九二三(大正一二)年一月号を最後に発刊が途絶えた。その後彼は政治家を志し、憲政会に所属、東京市会議員等を経て、一九二八(昭和三)年には衆議院に当選。当選後立憲民政党に所属、三期在任。三選後、安達謙蔵に従い民政党を脱党し国民同盟を結成。後年は刀鍛冶として刀剣（日本精神）の復興運動を推進した。

(101)『中外新論』五-一、一九二一年一月。栗原彦三郎「原内閣打破の理由」、大隈重信「思想悪化風紀弛廃の責任」、加藤高明「原内閣の更迭を促す」、尾崎行雄「憲政の正道を以て倒せ」、長島隆二「政変以上の政変迫る」、富田幸次郎「官僚内閣よりも悪しき偽政党内閣」、武富時敏「何故に原内閣を弾劾するか」、大津淳一郎「風教を毒する原内閣」、関和知「狡猾冷刻〔酷〕無能なる原内閣」、浜口雄幸「剣呑千万の予算」、安達謙蔵「満身悉く創痍也」、箕浦勝人「更迭あるのみ」、永井柳太郎「政界截断論」、他に反政友会陣営から立憲国民党を率いる犬養毅の「民心離れたる原内閣」が掲載された。

(102)宮中某重大事件の経過については、渡辺克夫「宮中某重大事件──杉浦重剛の役割」（『日本学園研究紀要』六、一九九二年三月）を参照。大隈の関与については、前掲、荒船「元勲と元老のはざまで──大隈重信「元老」となる」を参照。

(103)『大観』四-四、一九二一年四月号（相馬由也編『大隈侯論集』実業之日本社、一九二二年、三四八～三七〇頁収録）。なお『大観』の発刊状態については、前掲、佐藤『近代日本と早稲田大学』一四〇頁参照。

(104)当時の一木喜徳郎については、前掲、荒船「大隈重信陞爵・国葬問題をめぐる政治過程」六一～六二頁を参照。

(105)田中義一書翰原敬宛、大正一〇年三月二二日、前掲、原奎一郎・林茂編『原敬日記』第六巻、二二八頁。

(106)刈田徹「宮中某重大事件の基礎史料に関する研究──松平康国手記「東宮妃廃立事件日誌」の解題ならびに紹介」（『拓殖大学論集』一九〇、一九九一年）三七四頁、「憲党ノ下岡ハ予〔松平康国〕等ノ警告書ノ結果山県ノ勢力ガ挫ケタノデ、山県公ヲ斯ウ云フ風ニシテシマッテハ吾党ニ内閣ガ廻ッテ来ル見込ガナクナッタト慨嘆シタ」。同じ頃憲政会の望月小太郎は、山県系の台湾総督田健治郎に面会した。田によると、「彼頻論現内閣之危機、憂元老之凋落、談政局開展之針路」という状態であった（国立国会図書館憲政資料室所蔵「田健治郎日記」一九二一年三月二三日条、以下「田日記」と略記）。当時の憲政会内の状況については、前掲、奈良岡『加藤高明と政党政治』二二一～二三一頁参照。しかし、下岡の動向については特に言及されていない。

(107)岡義武・林茂校訂『大正デモクラシー期の政治──松本剛吉政治日誌』（岩波書店、一九九三年、以後『松本日誌』と略記）五九頁、一九二一年三月二二日条には大谷誠夫について「一木喜徳郎、安達謙蔵、下岡忠治、横山章、片岡直温、江木翼等の諸氏に使はれ、山県公に出入りして公の消息を窺ひ、加藤（高明子）を夢想して其実現の緒を開かんとする考を以て公の言動に注意するものなり」とある。大谷は翌年の大隈追悼号でもこの時のことを回想し、大隈・山県両人が天皇の相談相手となる構想が実現寸前だったことを指摘している（大谷誠夫「山公と隈侯」、『大観』一九二二年二月所収）。
(108) 前掲「田日記」一九二一年四月六日条。
(109) 同右、一九二一年四月一一日条。なお、本文は大隈が大正天皇に対し、山県が元老職に留任すべきであるとの趣旨の内奏をしたと、望月が田に語ったとも解釈できる。当時の大隈の心情については不明な点が多いものの、本節で検討したように、内々に山県への同情を表明していたことから、いずれかの天機奉伺でこのように上奏した可能性が高い。
(110) 『中外新論』五-五、一九二一年五月一日所収。本号は、大隈・憲政会が前年秋より継続してきた、原内閣および元老に対する「共闘」の集大成といえる。
(111) 以後同年八月号まで、大隈は毎号のように特集記事の先頭に論説を寄せ続けた。こうして『中外新論』は、大隈と憲政会の領袖が時事問題を自由に論じ合う「場」として機能するようになったのである。同誌は次第に、憲政会の準機関誌的色彩を濃厚にし、党の前月の活動記録や幹部の論説が誌上を賑わすようになる。
(112) 大隈重信「聖徳を傷け皇室を冒瀆し職に居据る破廉恥さよ」（『読売新聞』一九二一年五月五日所収）。なお、引用にあたっては、原文に句読点を補った。
(113) 本節は、前掲、荒船「元勲と元老のはざまで——大隈重信「元老」となる」の第三章に加筆したものである。
(114) 前掲『大隈侯八十五年史』第三巻、八八七頁。
(115) 前掲『松本日誌』八五頁、一九二一年五月二七日条。
(116) 同右、八九頁、一九二一年六月一日条。
(117) 同右、九三頁、一九二一年六月六日条。
(118) 同右、九六〜九八頁、一九二一年六月一一日条。ただし、大隈と山県の会談は六月一三日の誤りである（『東京朝日新聞』一九二一年六月一四日（朝刊））。
(119) 先述したように、大隈は「原内閣打破論——思想悪化風紀弛廃の責任」の中で、思想・風紀問題から原政友会内閣の打倒を訴えていた（『中外新論』五-一、一九二一年一月）。
(120) 『東京朝日新聞』一九二一年六月一五日夕刊（一四日付）。
(121) 大隈重信「臣節を尽さぬ者を逆臣といふ」（『東京日日新聞』一九二一年二月一九日（朝刊））。

(122) 前掲『松本日誌』一九二一年六月一八日、二〇日条、一〇四頁。
(123) たとえば、中橋徳五郎文相問責問題、満鉄疑獄事件、阿片事件、パリ講和会議における日本全権団の軟弱外交批判、枢密院問題、貴族院問題、田中義一陸相辞任問題等。
(124) 前掲『松本日誌』九八頁、一九二一年六月一三日条。
(125) これは当然、原首相や与党側より猜疑の目を向けられることを抑止するためである。
(126) 大隈が元老の機能を帯び、宮中問題での役割が増した経過については、前掲、荒船「元勲と元老のはざまで――大隈重信「元老」となる」を参照。
(127) 大隈に御沙汰書が下されるまでの経過は、同右、第四章を参照。
(128) 以後特に注記しない限り、出典は「老侯葬儀録」(早稲田大学大学史資料センター所蔵「大隈信幸氏寄贈『大隈重信関係文書』」請求番号一四(イ)三)、ならびに市島謙吉「壬戌漫録　大隈侯薨去の件　大正十一年一月起筆」(早稲田大学図書館所蔵)一月四日条。
(129) 『議会制度百年史　衆議院議員名鑑』(大蔵省、一九九〇年)、前掲『早稲田大学百年史』第三巻、一九八七年、特に九八～一一九頁参照。
(130) 詳細は、前掲、荒船「大隈重信陞爵・国葬問題をめぐる政治過程」参照。
(131) 市島に国民葬形式を示唆したのは加藤である。前掲「老侯葬儀録」三月一日夜追記分によると、生前大隈の見舞いに訪れた市島がたまたま加藤と同席した際、加藤から「外国で偉人の最後を飾る式とて別にありとも覚へす唯た、グラッドストーン逝去の際は棺をウエストミンスターに移して二日間衆庶の拝を許したるのみ」だと聞いた。一八九八(明治三一)年、駐英公使時代の加藤は、英首相を四度務めたグラッドストンの国民葬に接した経験があった(前掲、奈良岡『加藤高明と政党政治』二三三～二三四頁参照)。
(132) 『憲政』五-一、一九二二年一月所収。
(133) 同右、六-一、一九二三年一月所収。
(134) 同右、六-二、一九二三年二月所収。
(135) 立憲民政党結党後も大隈顕彰ムードは持続し、茗荷房吉「大隈侯の政党論」(『民政』二-九、一九二八年九月、一九八六

年柏書房復刻、以下同様)、小泉又次郎「大隈侯談片」(同前、七-二、一九三三年二月)、安部磯雄「大隈侯の思ひ出」(同前、八-六、一九三四年六月)、退守我愚庵主「故大隈重信老侯　舌頭弄珠」(一～一四)(同前、一〇-六～一一、一二-四～七、九、一〇、一二、一九三六～三七年)、渡辺幾治郎「憲政の三大功労者」(同前、一二-三、一九三八年三月)等毎年のように、機関誌『民政』誌上に大隈特集が組まれている。

(136)　前掲、奈良岡『加藤高明と政党政治』、前掲、村井「第一次大戦後の世界と憲政会の隆興」参照。

(137)　あわよくば加藤を首班に推挙し、政党内閣を樹立しようとした(前掲、勝田「第二次大隈内閣と憲政会の成立」、前掲、季武『大正期の政治構造』一七九～二二五頁、前掲、佐藤「大隈伯後援会に関する一考察」参照)。

(138)　奈良岡氏はこの点を強調し、加藤が大隈を担ぎ上げる党人派の動きに警戒していたことを指摘している(前掲、奈良岡『加藤高明と政党政治』一二四～一二五、二三三～二三四頁参照)。

(139)　挙国一致内閣期の政局に関する研究としては、石上良平『原敬没後』(中央公論、一九六〇年)、鳥海靖「原内閣崩壊後における「挙国一致内閣」路線の展開と挫折」(東京大学教養学部歴史学研究室編『歴史学研究報告』一四、一九七二年)、小宮和夫「山本権兵衛(準)元老擁立運動と薩派」(『年報近代日本研究』二〇、山川出版社、一九九八年)参照。

(140)　前掲、奈良岡『加藤高明と政党政治』二三〇～二六四頁、前掲、北岡「政党政治確立過程における立憲同志会・憲政会」下、二四九～二五〇頁。

(141)　立憲国民党の古島一雄は、「侯の死が憲政会に与へた精神的打撃はどうかと云ふに中には大隈直参の人々などは相当に影響を及ぼしたかも知れないが……或意味から云へば今後は却つて憲政会は党内の纏りが従来よりもよくなるであらう。加藤君にあきたらないものは大隈侯を中心にして野党の合同を図りたいと真面目に考へてゐた人々もあつたが、夫等のものは定めし失望した事であらう」と指摘している(古島一雄「徹頭徹尾政友会嫌ひ」、水谷竹紫・鶴淡々『重信大隈侯』東光閣書店、一九二二年、附録一三～一四頁所収)。

Ⅱ　政党認識の諸相

第六章　政党認識における欧化と反欧化

真辺将之

はじめに

今日の日本において、「政党」は政治運営における必要不可欠な存在として認識されているであろうか。一見すると、近年の「無党派層」の増大に見られるように、政党への不信は根強いものであるように思えるかもしれない。また国民の多くに、政党に直接コミットすることや政治に直接関わることを忌む傾向があることも事実であろう。しかし、こうした不信感の一方で、選挙は常に政党を軸に争われ、議会運営が政党を単位にして行われていることも事実である。前述したような不信感とは裏腹に、議院内閣制のもとで政党が果たしている役割の大きさは、誰もが認めざるをえないものになっていると言ってよい。前述した不信感は、政党の存在そのものを否定するものではなく、政党のあり方をめぐる不信感であり、「政党」という単位を基軸にして議院内閣制下の政治が運営されること自体に違和感を感じる人はほとんどいないのではないだろうか。そして単に人々の認識がそうであるのみならず、今日の日本において政党は法的にも国家公認の存在となっている。

憲法は政党について規定するところがなく、これに特別の地位を与えてはいないのであるが、憲法の定める議会制民主主義は政党を無視しては到底その円滑な運用を期待することはできないのであるから、憲法は、政党の存在を当然に予定しているものというべきであり、政党は議会制民主主義を支える不可欠の要素なのである。そして同時に、政党は国民の政治意思を形成する最も有力な媒体であるから、政党のあり方いかんは、国民としての重大な関心事でなければならない(1)

これは一九七〇年、企業による政治献金の可否をめぐって争われた八幡事件に際しての、最高裁判決の一節である。この判決文は、政党が国家機関の一要素として不可欠な存在であることをほかならぬ国家自身が認めたものとしてしばしば引用されるものである。政党助成金や比例代表制度などの存在も、政党が国家・国民公認の存在であることを前提としていることの表れといえよう。

しかしもちろん政党は当初からこのような国家・国民公認のものであったわけではない。この判決文の約一〇〇年前、アメリカに渡った福沢諭吉は次のような驚きを体験しなくてはならなかった。

選挙法とはどんな法律で、議院とはどんな役所かとたずねると、彼方の人は笑つている。何を聞くのか、分かりきつた事だと云ふ様な訳。ソレが此方では分からなくてどうにも仕末が付かない。又党派には保守党とか自由党と徒党のやうなものがあつて、双方負けず劣らずしのぎを削つて争ふて居ると云ふ。何の事だ、太平無事の天下にけんかして居ると云ふ。サア分からない。コリヤ大変なことだ。何をしているのか知らん。少しも考えの付こうはずがない。あの人とこの人とは敵だなんだと云ふて、同じテーブルで酒を飲んで飯を喰うて居る。少しも分からない(2)

「理学上の事に就ては少しも肝を潰すと云ふことはなかつた」と豪語する福沢が、その一方で「社会上政治上経済上の事は一向分らなかつた」と回顧するのは無理もないことであった。近代的議会政治の整ったアメリカと、未だ幕府によって政治が行われていた日本とでは、あまりに政治・社会の仕組みが違いすぎた。議院や選挙ということすら、驚きの種であったのであるから、「党派」＝政党について「少しも分からない」のはある意味当然である。そもそも、幕府政治下において、「徒党」を組むことは、命にかかわる重罪ですらあった。(3)

この福沢の驚きが、一〇〇年後の最高裁判決に至るまでには、さまざまな紆余曲折を経なくてはならなかった。そもそも、「政党」とは外来の観念である。その外来の観念であるところの「政党」が日本に根付くためには、それが「外来のもの」であるという意識自体が克服され、起源の如何に関わらず、日本の社会にとって有用であるという認識を得ることが必要である。言い換えれば、欧化主義者であれ、国粋主義者であれ、誰もが政党の有用性・必要性を認識しなくては、政党の社会への定着はありえないのである。そしてまさに現代は、そうした意識が人々のなかに定着した時代であるというべきであろう。人々は政党に対して不信感を抱いているとはいえ、それは政党不要論とはならない。不信感は、今現実に存在している政党のあり方に対する不信感であって、政党の存在そのものを否定するような性格のものではない。むしろ政党というものが今日の政治の舞台から消滅することなど、ほとんどの人は想像すらしたことがないのではないだろうか。

政党がかほどに国民意識の中に定着するに至るまでには、長い時間と、さまざまな紆余曲折を経ることが必要であった。筆者の関心は、このような政党に対する意識の定着が、いかなる経緯を経て実現したのか、そしてその定着の仕方には、近代日本という歴史的状況のなかにおいて、いかなる特質を見出すことができるのかということにある。日本における政党認識については、西洋の政党に関する政治思想が、明治期日本の歴史的環境のなかでいかなる形で導入・定着していったのかを検討した山田央子『明治政党論史』(4)が存在する。山田の研究はこれまで思想史的に検討されることのなかった人々の政党認識を初めて本格的に検討した秀作であり非常に意義の大きいものであるが、しかしそこで検討されているのは、一部の民権家と、福沢諭吉・陸羯南など少数に過ぎず、まだまだ近代日本の政党認識には検討すべき課題が多く残されている。

もとより、日本における政党認識のあり方をくまなく描き出すには、長いスパンに基づく精細な研究が必要であり、それは到底一朝一夕になしうるものではない。本章は、そのささやかな一里塚として、まずは明治期日本の政党認識のあり方を、「欧化」と「反欧化」をキーワードに検討することを目的とする。具体的には、まず最初に、「欧化」の一環として、政党に関する認識が導入される過程を概観した上で、「反欧化」の側の政党認識、とくに反欧化主義的政治勢力の代表と目されていた鳥尾小弥太と谷干城の両者の政党認識を比較し、両者間における政党認識の相違を明らかにし、両者がともに「反欧化」の立場に立ちながら、政治行動をともにしえなかった原因を探る。そして最後に、以上の検討を通じて見えてくる近代日本における政党認識の特質について、西洋との比較を交えつつ考察を及ぼしていきたい。

一　「欧化」としての政党

先に引用した福沢の驚きからも明らかなように、幕末開国後まもない日本にとって、政党はおろか、議会政治すら、理解しえぬものとして映った。イギリスの政党政治についても福沢は、「日本にては三人以上何か内々申合せ致す者を徒党と称し、徒党は曲事たる可しと政府の高札（法度の掲示場）に明記して最も重き禁制なるに、英国には政党なるものありて青天白日、政権の授受を争ふと云ふ、左れば英国にては処士横議を許して直に時の政法を誹謗するも罪せらるゝことなきか、斯る乱暴にて一国の治安を維持するとは不思議千万、何の事やら少しも分らず(5)」と疑念を抱いたと述べている。福沢のごとき洋学を修めていたものですらそのような状態であったから、一般の人々にとっては、政党以前に、議会政治そのものすら理解しがたいものとして映った。一八六〇（万延元）年、幕府が派遣した遣米使節副使の村垣範正は、アメリカで議会の論戦を観察した際、「凡四五十人も並居て其中一人立て大音声に罵手真似なとして狂人の如し」「国政のやんことなき評議なれと例のも、引掛筒袖にて大音に罵るさま副統領の高き所に居る体抔我日本橋の魚市のさまによく似たりとひそかに語合たり」(6)云々と日記に記している。議会の論戦を魚市場のせり売に擬するあたりに、議会の「激論」のさまを、村垣がいかなる感覚を抱きながら観察していたかを窺うことができよう。村垣にとって、アメリカ議会の論弁の姿は、奇異な、賤しいものとして、映ったのであった。

しかしその一方で、この直後から、西洋の政治制度に関する知識が次第に日本に入ってくることになる。ペリー来航後の欧米列強の圧力の下、日本の独立についての危機意識が広まると、その危機の挽回のためには、従来のような幕府の独裁政治ではなく、日本全国の力を結集して外国に当たることが必要であるとの認識が強まり、その力の結集のためにも、政治が幕府の私論によってではなく全国的な「公論」に基づくかたちで行われなくてはならないという意識が強まっていく。もちろん、それは当初は、国民の力の結集という意味ではなく、全国の諸藩の力の結集という意味であったし、したがってその議事も諸侯会議という形でイメージされたのであったが、のちにはその議事の構成員が藩から藩士へ、さらに国民全体の力の結集という意味へと範囲を拡大して理解されるようになっていく。こうしたなか、議会制度に関する知識も次第に広まりをみせ、幕府が倒れ、明治新政府が成立すると、まず各藩の人材を集めた議事機関として公議所が設置され、のち集議院と改称、さらに廃藩置県後は太政官左院、さらに元老院へと組織を改めていくことになる。

こうした「公論」重視の思想を明瞭に示すものが、一八六八（明治元）年三月一四日、京都御所紫宸殿において、天皇が神々に誓約するという形で出された明治新政府の施政方針「五箇条の御誓文」であろう。

一　広ク会議ヲ興シ万機公論ニ決スベシ

一　上下心ヲ一ニシテ盛ニ経綸ヲ行フベシ
一　官武一途庶民ニ至ル迄各其志ヲ遂ケ人心ヲシテ倦マザラシメン事ヲ要ス
一　旧来ノ陋習ヲ破リ天地ノ公道ニ基クベシ
一　智識ヲ世界ニ求メ大ニ皇基ヲ振起スベシ(7)

「五箇条の御誓文」は以上の五箇条からなるものであるが、「会議」によって全国民の力を結集して「公論」に基づく政治を行うという、新政府の基本理念がここに込められていることは容易に読み取れよう。

しかし、その一方で「五箇条の御誓文」の翌日に、旧幕府の高札に代わって「五榜の掲示」が掲出され、その第二榜には「何事によらずよろしからざる事に大勢申合候をととう〔徒党〕ととなへ……堅く御法度たり若右類之儀これあらば早々其筋之役所へ申出べし御ほふび下さるべく事(8)」と掲げられ、幕府時代以来の「徒党」に対する禁令は継承されることになった。こうした背景のもと「徒党」に対する不信感は、維新以後においても抜きがたいものがあった。

一八七四（明治七）年、征韓論で下野した参議たちが、「民撰議院設立建白書」を政府に提出、「愛国公党」を設立した際に、その党派の名前を「公党」と称したのも、こうした「徒党」あるいは「私党」に対する不信感が背後にあってのことであった。板垣退助は、この党派の命名の由来を「蓋シ封建政治ニ於テハ、党派ハ最大ノ禁物ニシテ、人民ガ徒党ヲ結ブコトハ即チソレ自身直チニ反逆ヲ意味セシナリ。而シテ当時封建ノ世ヲ距ル未ダ久シカラズ、心未ダ其旧習ヲ擺脱スル能ハズシテ、単ニ党派トイフ時ハ私党ノ如クニ感ジ却ツテ誤解ヲ招ク恐アリ。故ニ新党ノ命名ニ方ツテ、予輩ハ特ニ公党ノ名ヲ択ビタルナリ(9)」と述懐している。したがって、自由民権派がこれ以後、「政党」の必要性を主張する際には、西洋の議会政治において、政党がいかに重要な役割を担っているかを強調するという手法を取った。「明治期における「政党」論や、「立憲政体」論は、いずれも同時代の西欧における様々な論著を素材にして成立した(10)」と言われる所以である。そもそも、「政党」という語自体が、"political party"の訳語として近代になって初めて用いられた語句であった。したがって、近世的な「徒党」と、議会政治における「政党」とがいかなる違いを有するか、ということを、西洋の例を引証して論じることが、民権派の課題であった。つまり、政党の定着は、「欧化」の一環であったのである。

もちろん、政党によってその必要性の論じ方はさまざまに異なる。「準備政党」を標榜した自由党は、「政党」を団結の道具としては捉えても、議会開設後の政党の果たすべき役割に関しては、共通意思というべき明確なビジョンを持っておらず、そうであるが故に山田央子が指摘するような近世的な盟約共同体的意識を脱却しえない部分が存在していたように思えるが、(11)それでも当該期における新聞や雑誌における政党論を見れば一目瞭然なように、自らの政党論の正しさを主張する際には常に西洋の政党のあり方が引証されている。自由党に比べ都市知識人の比率が高かった立憲改進党は、西洋に関する知識が豊富な分だけ、政党のあり方に関するビジョンがよりはっきりしており、明確にイギリスの政党政治のあり方をモデルに据えている点に特色があった。明治一四年の政変の契機のひとつとなった大隈意見書は、「立憲ノ政ハ政党ノ政ナリ政党ノ争ハ主義ノ争ナリ故ニ其主義国民過半数ノ保持スル所ト為レハ其政党政柄ヲ得ヘク之ニ反レハ政柄ヲ失フヘシ是則チ立憲ノ真政ニシテ又真利ノ在ル所ナリ」(12)として政党政治の必要性をはっきりと打ち出していたが、この意見書は矢野文雄がトッドの『イギリスの議会政治』(13)を下敷きに執筆したものであるという。(14)立憲改進党系の人々にとっては、政党政治の導入とは何よりもイギリスの政治制度の移植として捉えられていたのである。

しかしながら、「欧化」は民権派の専売特許ではない。明治政府は、明治初年に多数の留学生を海外に送り出したことからも明らかなように、日本の近代化のモデルとして西洋に学ぶべきであるという姿勢を強く持っていたし、岩倉使節団以後、政府要人による欧米視察もしばしば行われた。したがって、こうした民権派の政党論に対する批判も、「欧化」そのものを否定するのではなく、別の「欧化」のあり方を持ち出すという形で行われた。すなわち、岩倉具視が「憲法制定の綱領」において、「普国の憲法、尤も漸進の主義に適す」「議院の権力各国異同あり、而して最大至強の勢力なる者は、英国議院に如くものはなし、内閣宰相を政党の首領に取るを以て、行政の実権は議院に在りて、国王は徒に虚器を擁するのみ、英国の語に、「国王は国民を統率すると雖も国政を理せず」と云ふ是なり」「之に反し、普漏西は、国王は国民を統ぶるのみならず、且実に国政を理し、立法の権は議院と之を分つと雖も、行政の権は専ら国王の手中に在りて敢て他に譲与せず。故に国王は議院政党の甲乙に拘はらずして其宰相を選任するものとす」として、イギリス流の政党政治の導入を批判してドイツ流の政治制度の導入を唱えたのがそうした例として挙げられる。[15]そしてこのような岩倉の意見（その背後には井上毅がいることは周知の通りであるが）[16]は、明治一四年の政変後には政府の既定路線となった。自由党や改進党が西洋の例を引証して自らの正しさを主張するのに対して、政府もまた、西洋の引証によってその誤りを指摘するという対抗策を取った。金子堅太郎に翻訳させた『政治論略』（元老院蔵版、一八八一年）は、エドマンド・バークのフランス革命論を基礎に、[17]ウールジーによるルソー批判を交えて、[18]「政府部内は勿論洋学者間にも西洋之政治論と云へば只自由民権論のみと即断し欧米にも保守漸進之政論あることを知らざる有様」[19]について批判を加えているし、また、アメリカの政治学者スティックネーの著書を合川正道に[20]『政体新説政党論』（元老院蔵版、一八八三年）として翻訳させて、「米国党派の弊害」を世に知らしめようとした。さらにアメリカの政治学者シーマンの著書を千賀鶴太郎に[21]『政党弊害論』（丸屋善七、一八八三年）として翻訳させてもいる。以上のように、日本の近代化にとって、「欧化」は既定路線であり、その上で、その「欧化」のあり方、具体的には政党の効用を重視するかそれとも政党の害悪を重視するかによって、欧米のどの学説に準拠するのかを定めようというのが、当時の政治論争の基軸であったのである。

しかし、明治一〇年代後半に至ると、こうした「欧化」への疑義が提示されることになっていく。そのとき、ヨーロッパからの移入概念として導入された政党も、欧化への批判と同様に否定されることになったのであろうか。実は事はそう単純ではない。次節以降で検討するように、その「欧化」への批判と「政党」の評価とは、極めて複雑な関係を見せていくのである。

二　反欧化主義の潮流

「文明開化」の言葉に象徴されるように、明治初期以来、西洋から多くの文物を導入することが急務とされた。政治制度から文化に至るまで、社会のあらゆる部分に西洋化の影響が見られたが、それとともに、そうした西洋化に対しては、日本在来のよき伝統を破壊するものであるとの批判もなされていた。しかしそうした伝統的立場に立つ批判は、明治一〇年代半ばまでは、大きな社会的潮流となるには至らなかった。政府要人にとっても、また民権派にとっても、欧米列強の中に伍して日本がその独立を保つためには、西洋に学ぶことは、必要不可欠な政策として捉えられていた。そして、明治一〇年代後半になると、条約改正を急ぐ政府によって、単に政治制度や技術のみに止まらず、風俗・習慣に至るまでを急速に西洋化し、欧米諸国に日本の近代化を印象づけようとする政策が採られることになる。それは次第に、羅馬字会や風俗改良会、さらには人種改良論などのさまざまな「改良」運動を誘発し、いわゆる「欧化主義」と呼ばれる社会的風潮をもたらすことになった。この明治一〇年代後半の欧化主義は、もともとが条約改正という目標のもとにはじまった風潮であるだけに、たとえば「鹿鳴館時代」との言葉に象徴されるように、まず何よりも上流階級における外面的な風俗の改良において際立っていた。しかしながらその一方で、民衆の間には松方デフレによる傷跡が深く残っている状況であり、その欧化主義政策の多くは民情と乖離した皮相なものであるとの批判を受けるようになる。こうした中で、欧化主義に対して反対の意を唱え、日本在来の伝統や慣習を擁護する立場に立つ、「反欧化」の潮流が脚光を浴びることになる。

その最初の一撃となったのは、一八八七（明治二〇）年七月、ヨーロッパ視察から帰国した農商務大臣の谷干城が政府批判の意見書を提出してその職を辞したことであった。そしてこの谷の意見書提出を機に、政府の鹿鳴館外交に対する批判の世論が高まり、一八八八年四月には谷らが出資者となり陸羯南が主筆を務める新聞『東京電報』が発刊される。同月には三宅雪嶺・志賀重昂ら政教社同人により「国粋保存旨義」を標榜する機関誌『日本人』が発刊され、一一月には鳥尾小弥太が欧化主義批判を唱える政党「保守党中正派」を設立して翌年一月より機関誌『保守新論』を発刊、二月には『東京電報』が『日本』と改題されて日本主義・国民主義を唱え、さらにその後大隈重信外相による条約改正反対運動が起こると、これら反欧化主義勢力がその急先鋒に立った。

こうした動きに対しては、平民的欧化主義を唱える徳富蘇峰が早くから危機感を表し、一八八七（明治二〇）年一〇月、雑誌『国民之友』第一〇号に論説「保守的反動の大勢」を、第一一号に「新保守党」を掲載して、警鐘を鳴らした。徳富らが警戒したのは、「今日の保守論は、既に其の面目を改め、亦た明治十四五年の頑固論にあらず、此の如く進歩の機運は、何となく保守に傾くに際し、保守の政論は、何となく進歩の衣服を纏ふて出て来れり」というように、この反欧化の潮流が、かつての立憲帝政党の丸山作楽のような世間から頑迷固陋と罵られるような存在ではなく、民権派からも同意を得られるような近代的なナショナリズムに基づく欧化主義批判であったからである。実際、彼ら反欧化勢力の中には、一時的であれ、大同団結運動に参加する者が出た。

だが、実際にその後の流れは、徳富が恐れるほどには、反欧化勢力は大きな政治的勢力とはならなかった。その要因にはいろいろあるだろうが、当時世間では、何よりも、この反欧化の政治的勢力の頭目ともいうべき谷干城と鳥尾小弥太の両者が反目している状況を訝しがった。かつて「保守的反動の大勢」に危機感を表明した徳富蘇峰の『国民之友』も、一八九〇（明治二三）年三月には鳥尾に対して「自ら保守党中正派の小天地を作ることなく、一歩を谷子に譲り、谷子を推して保守党の総大将と為し、己れ其の副将と為り、以て政治世界に雄飛せば、是独り居士の幸のみならず、谷子の幸のみならず、保守党全体の幸ならん」との忠告を行うほどの余裕を見せている。[22]

もともと、谷干城と鳥尾小弥太は、一八八一（明治一四）年の国憲創立議会設立建白の提出以来、三浦梧楼とともに「三将軍」（または曽我祐準を含めて「四将軍」）と呼ばれ、同一の政治勢力と見なされていた。鳥尾が保守党中正派を結党した際にも「鳥尾氏の此挙は即ち谷三浦諸氏の意見を代表したる者」[23]と見なすむきもあった。一八八八（明治二一）年四月の『東京電報』発刊の際には、鳥尾・谷・三浦・浅野長勲などが共同出資しており、この時点で両者が親密な関係であったことは間違いない。[24]『東京電報』が鳥尾や谷の後援のもとに発刊されたことは、当時はなかば公然の事実であったようで、都下の新聞はみな『東京電報』を鳥尾と谷の「機関紙」であるとして報道している。だがその後鳥尾と谷の間には亀裂が走った。

一八八九（明治二二）年二月二一日の谷の日記には「柴（四朗）氏の咄に鳥尾氏に面会せしに浅野氏及余との間不熟なるに付仲裁せよとの意也と云ふ鳥尾氏余等と絶ち藤田（一郎）氏等と保守中正党なるもの設立す然れ共人之に同せす党の名あり実なし後悔の意ある殊勝の事也鳥尾氏方に任せ自ら縦にす信義を欠く事多し」とあり、翌日の日記にも「三浦中将を訪ふ談鳥尾氏の挙動に及ぶ……三浦氏云ふ余も春来面会もせす彼の男は旧来の友人なれ共兎角独智に任せ熟談の出来ぬ性来」云々とある。[25]また一八九〇（明治二三）年一月二八日の日記にも「嗚呼余や一昨年の鳥尾氏の違約より三千円を義捐し」云々とあり、[26]これらの文面から鳥尾が『東京電報』に約束していた資金を払わず一方的に谷一派と手を切り、谷らが感情を害し関係が悪化したことがわかる。一八八九（明治二二）年の条約改正反対運動では行動をともにするものの、条約改正延期決定後一〇月二二日の谷の日記には「晩に鳥尾派の指原安三、中井義真氏等来る……指原氏は頻りに日本倶楽部と保守党と合併の事を談す余只行掛りを談し合併の難きを述へて帰す」とあり、[27]結局この「行掛り」が第一の阻害要因となり両者は合同しえなかったのである。しかし、これに先立つ九月四日の谷の日記に「三浦氏来る……鳥尾氏が不平談ありし由余に忠告あり余も鳥尾氏の挙動には不平多し……鳥尾氏は只何よりも政権を握るの方便而巳に思はれ又政治と宗教と混同するの傾きあり又我流を立て協同の意なく自ら大将とならざれば不承知なる流なれば余とは流儀の合はさる所多し(28)」とあるが、その背景には、単なる感情的な行きがかりだけではなく、運動の進め方に対する方針の相違があったのではないかと思われる。筆者は、特にそのなかでも、運動を政党という形で進めるか否かという点において、重大な相違があったと考える。谷も鳥尾もともに、政府の欧化主義とともに、いわゆる民権派の党派性、言い換えれば近世的な「徒党」的な性格を厳しく批判する点で一致していたが、鳥尾一派が新たな政党を樹立することによってそれを是正しようとしたのに対し、谷は自身の政党樹立が党派軋轢のさらなる激化を招くと考え自重していた。そのような政党に対する考え方の違いが「政権を握るの方便而巳」「我流を立て協同の意なく」という評価につながったのではないか。以下、この両者の政党認識を詳しくみていきたい。

三　鳥尾小弥太の政党認識

鳥尾小弥太は長州出身の軍人である。一八四七（弘化四）年に長州藩士の子に生まれ、奇兵隊に入り、戊辰戦争には建武隊参謀として参戦、維新後は陸軍に奉職し、一八七六（明治九）年、わずか二九歳の若さで陸軍中将に昇進し、参謀局長・近衛都督などを歴任し陸軍中枢部に位置していたが、次第に政府の施政に対して不満を抱くようになり、一八八〇（明治一三）年に辞職を決意、近衛都督を依願免官となり事実上の非職となった。また同年『王法論』を脱稿、政府要路の者や知人に配布した。この『王法論』の中で鳥尾が最も力説しているのは、民選議院設立と有司専制批判であったが、翌明治一四（一八八一）年九月には、三浦梧楼・谷干城・曽我祐準と連名で政府に意見書を提出、元老院への立法権付与、国憲創立議会の設置、北海道開拓使官有物払下の中止などを訴えた。意見書提出の後、鳥尾は大阪に移転、禅学の研鑽に没頭、一八八三（明治一六）年には護国協会を設立（翌年明道協会と改称）、護法護国論を唱えた。翌一八八五（明治一八）年一一月から鳥尾は欧州を巡回し翌年二月に帰朝したが、帰朝後は元老院議官として元老院の立法院化、集会条例・新聞紙条例の改正実現のために運動し、その一方で、一八八八（明治二一）年には、神仏儒三教融合を唱える日本国教大道社の副会長となり、会長山岡鉄舟の没後は鳥尾が会長に就任した。また同年鳥尾は東洋在来の教学を考究して東洋哲学を大成すべきことを目的に東洋哲学会を組織している。

以上の経歴から明らかなように、鳥尾は、有司専制批判・議会開設・憲法制定などの立憲制の確立と、仏教など在来の教学を振起して欧化主義を排撃することを二つの柱として活動していた。保守党中正派もまたこの活動の延長線上に一八八八（明治二一）年一一月に設立されたのであった。すでに鳥尾小弥太の基本的な思想や、保守党中正派の活動に関しては、検討を試みたことがあるが[29]、紙幅の都合もあり、彼らの政党認識についてはごく簡単に触れることしかできなかった。したがってここでは、彼らの政党認識に焦点を絞って検討を試みたい。

そもそも、「政党」という存在は、もともと日本には存在していなかったものである。鳥尾をはじめとする反欧化主義の立場に立つ人々は、それまで、民権派勢力に対しても、厳しい批判を繰り広げてきた。にもかかわらず、鳥尾は自ら保守党中正派なる政党を結成することになる。それはいったいいかなる論理に基づいていたのであろうか。

保守党中正派の結党は、一八八八（明治二一）年一一月のことである。結党に際して掲げられた「立党条約」は下記のごときものであった。

第一条　吾党ハ我日本国内ニ樹立スル各政党ノ間ニ儼立シ大中至正確乎不抜タリ

第二条　吾党ハ我ガ　聖天子ノ親裁公布シ玉フ所ノ憲法ヲ遵奉シ　皇権ノ尊厳ヲ翼賛シ奉リ民権ノ貴重ヲ敬維スル可シ

第三条　吾党ハ名分ヲ正シ大義ヲ鳴スニ臨ミテハ毫モ忌憚躊躇スル所無カル可シ

第四条　吾党ハ上下両院ノ規定権限ヨリ立法行政ノ区域権限等ハ一ニ憲法ノ明文ニ恭順ス可シ
第五条　吾党ハ質素倹約ヲ以テ経国ノ基本トナシ政費ヲ節シ民力ヲ養ヒ百般経国ノ大成ヲ永遠ニ期ス可シ(30)

この立党条約を、当時の諸新聞は、抽象的かつ当然のことを簡単に論じているにすぎず、具体的にどのような政策をとるのかが不明確であると評している(31)。むしろ保守党中正派の特徴がより現れているのは、党名に冠した「保守」の語義解釈を示した「立党大意」のほうであろう。

保守トハ守成ヲ主トシ結果ヲ受用スルヲ目的トス今此義ヲ明ラカナラシメン為ニ之ガ反対説ヲ示ス可シ我ガ反対説ヲ改進急進等トナス此改進急進論者ハ結果ヲ棄テ彼レガ想像ヲ目的トシ国家ヲ改造セント欲スルモノナリ此ノ国家改造ノ説ハ其ノ底止スル所ヲ知ラズ（底止スレバ改進論者ニアラズ変ジテ保守トナル）故ニ国家ヲ常ニ構造中ニ置キ試験中ニ置ク者ナリ若シ保守党アリテ之ヲ制セザレバ危険之ヨリ甚ダシキハ無カランサレバ両説ノ分離スルハ主義目的ヲ以テ之ガ名ヲ立ツル者ナリ其実際ニ就テ言ヘバ保守党ニシテ改ムル事モアリ改進党ニシテ守ル事モ有ル可シ其ハ其ノ目的主義ヨリシテ生ズル事ナレバ其意オノヅカラ同ジカラズ(32)

以上の文章からは、彼等が、進歩主義者が「想像」をもとにして「国家ヲ改造」しようとすることを批判し、「国家の体相性格」、わかりやすくいえば「国体」を「保守」することが必要であると説いていることがわかる。「国家は祖宗の国家なり。国家の大権は祖宗の大権なり(33)」「我が帝国は宗廟皇室を経とし大義名分を緯とす。一切の政教風俗之に拠て組織せられざるは無し。実に皇祖皇宗建国の神意にして我国の体相性格なるもの是なり(34)」というように、日本は「祖宗の国家」であるとされる。したがって、主権は天皇に存在するのであるとされ、西洋流の社会契約論や天賦人権論は排除されることになる。

それでは、議会や政党という存在も、西洋起源のものとして排斥されるのかといえば、決してそうではないことは、彼等自身が議会開設を目前にして政党を結成したことから明らかであろう。先ほどの「立党大意」に、「其実際ニ就テ言ヘバ保守党ニシテ改ムル事モアリ改進党ニシテ守ル事モ有ル可シ」と書かれていたように、もし議会や政党という存在が、「国家ノ体相性格」に相反しないものであるならば、排斥する必要はない。それどころか、むしろ保守のためには改革が必要なことすらある。では、彼等はどのような論理で、議会や政党の存在を必要と考えたのか。それを考える上では、保守党中正派の機関誌『保守新論』に掲載された「政党論」(35)がその材料となる。

先に見たように、鳥尾は、日本には日本という国家の「体相性格」があり、それは西洋の国家の「体相性格」とは異なるもので、置き換え不可能なものであるとされていた。しかし、その「体相性格」を保持すれば、そのまま国家を維持しうるのかといえば、そうではなかった。

親を親とし尊を尊とするの義に随ひ。大に尊族貴姓を天下に封じ。礼数を設けて品等を定め。以て非義を制し非分を正す。斯に以て我が国家を保つべき乎。曰く美は則ち美なりと雖も。未だ以て我が国家を保つに足らず。」古人言へることあり。後世必ず弱ならんと。後世は余輩之を知らず。今日我が国家の弱勢は。全く昔時封建の余弊にあらずや。何を苦みて再たび其の轍を踏み。其の弊を長ずることを為さん。」然らば則ち一芸あるものは。必ず之に禄を与へ。一能あるものは。必ず之に職を授け。天下の人才を網羅し蓋して。秩序を位階の上に正し。以て其の欲を制し。其の望みを満たしむ。亦以て今日の弱勢を救ふべき乎。曰く善は則ち善なりと雖も。未だ以て我が国家の弱勢を救ふに足らず。」古人言へることあり。後世必ず簒弑の臣あらんと。蓋し名を好み功を貪るの弊は。終に此の極に至るを謂ふなり。我が国家君臣の分は。誠に天倫に出づ。支那易姓の国を引て。例すべからずと云ふと雖も。是れ特に其の極に至らざるを恃むのみ。其の弊の如きは。勢の免れざる所のものにして。必ずや其の理なくんばあらず。」（カギ括弧は原文のまま。以下同じ。）

日本の国家の弱体は、「昔日封建の余弊」すなわち門閥主義の弊害に基づくものである。しかし門閥制度を改め、人材登用を行っても、それだけは十分ではないという。というのも、もし人材登用によって賞罰を明らかにしても、

「名を好み功を貪るの弊」をもたらしかねないからである。「且夫れ外国交渉の事起りしより。門閥瓦解し。四民常職を失ひ。国を挙て狼狽帰する所を知らず。是時に乗し。彼の浮華の文化は。人心を撹乱し。空理の虚談は。徳教を破壊し。詭言詐術を一芸となし。暴論危行も一能に似たり。一芸一能以て才を衒ひ術を弄するの徒天下に盈つ。仮令間税直税。委曲に法を設けて。斯民の膏血を絞り蓋すも。豈悉く此の徒を網羅し蓋して。其の所を得せしむるを得んや。」というように、とりわけ西洋との交渉が始まって以降、人心は浮華に惑っている。このような状況で、人材登用だけに頼ることは、「才を衒ひ術を弄するの徒」が横行する結果に帰着するにすぎないというのである。ここには暗に、政府要職を占める伊藤博文をはじめとする欧化主義者に対する批判が含まれている。人材を登用した結果が、伊藤博文や井上馨、大隈重信などの才子型政治家の横行をもたらす結果になったというのが、彼等の認識であった。

では、どうしたらよいのか。ここで、立憲制度が持ち出されることになる。「我が聖明文武なる天皇陛下は。かゝる有様を大観したまひ。爰に祖宗の懿徳を聿べ修め。大に之を治むるの道を建てたまふ。其の道何ぞや。所謂立憲政体なるもの是なり。」というように、立憲政体は、前述したような日本の危機的状況を救うために、他ならぬ天皇により設置されたものであると彼等はいう。ここでは立憲政体が西洋起源であるということは一切触れられていない。そうではなく、天皇が設立するという、その事実を以てして、議会は日本の「体相性格」に矛盾しないものとして、捉えられることになる。そして、天皇は、立憲政体すなわち議会制度によってはじめて民意の在り処を知ることができる。こうすることによって、才子型政治家の恣意ではなく、民意に基づく政治を行うことが可能になるのである。そしてその立憲政治においては、政党の存在は必然的なものであるとされる。

封建廃れて。門閥その威権を失ひ。立憲興りて。政党其の主義を争ふ。是亦天下必然の勢なり。独り勢の然らしむるのみならず。立憲にして政党なきは。猶封建にして門閥なきが如く。面の如きの人心各々帰向を異にする時は。蓋善蓋美の制度も。遂に徒法に属し。仮令国君の力能く鬼神を駆使するも。国家の大政は得て理すべからず。」（議会に立法を附托するものは殊に然りとす其は余輩他日之を論明せん）抑々政党の起る。国家必然の数なるのみならず。果して国家必用の事となさば。苟も忠君愛国の士たるものは。今の時に方りて。須く国家の利害を講究し。党論の是非を看破し。心志を固め。向背を決し。断然起て国民の為に正路を示し。国家百代の基礎を護るべし。是実に千載一遇の時なり。」

このように、立憲政治において政党が起って主義を争うのは、「天下必然の勢」とされる。ここでは、政党というものもまた西洋起源のものとしては捉えられていない。「古今内外の国を問はず。世として正邪の説。彼此の党なきは無し。其の消長得失は。必ず一国の盛衰興廃に関せり」というように、立憲政体、すなわち議会制度を採用する以上、そこでの意見の相違が政党を発生させ、その政党間の主義の争いが行われることになると彼等はいう。このように、政党の存在は議会政治において必然的・自然発生的なものとして捉えられ、西洋からの移入としては捉えられていないのである。

宋の欧陽修〔ママ〕曽て之を論じて曰く。朋党の説。自古有之。惟幸人君弁其君子小人而已。〔ママ〕と専制政に在ては。実に人君の之を弁ずるを幸とするのみならず。人君に非ざれば之を弁ずるも。国家の治乱に於て補ひなし。」然るに立憲政に在りては。必ずしも然らず。仮令人君と雖も。議会の議員は之を随意に進退すること能はず。其の撰挙の権は。国民の多数之を保つが故に。所謂君子小人の弁は。却て国民の多数之を弁ずるを幸とすと云ひて可なり。」且彼れ欧陽修の論の如く。道義を以て合するを君子の党となし。私利を以て合するを小人の党となすは。其の言たるや甚だ分明なりと雖も。其の道義たる所以のものは。学士大人をして動もすれば其の弁を謬らしめ。又其の私利の私利たる所以のものも。是非曖昧として。誰か烏の雌雄を知らん。」されば道義と私利と君子と小人との別は。事実上漠然として。国民一般に之を弁ぜしむること能はざるが故に。必ずや政論の主義を定め。世間に表白して。是非を論明し。得失を計較し。以て国民の帰向を示さゞるを得ず。是れ今日に在て。必至止むべからさるの理数にして。君子小人の別なく。政党を樹立して。曲直を争はざるを得ざる所以なり。」

議会の議員は、天皇によって選ばれるものではない。もし天皇が選ぶのであれば、それは前述したような、才子型政治家の横行につながりかねない。そうではなく国民によって選ばれるからこそ、天皇は国民多数の意見を知ることができるのである。そして、その選ばれるべき議員が、道義的な人物であるのかそれとも私利を求める人物であるのか、君子か小人か、ということは、漠然としてわかりにくい。したがって、国民がそうした判断を行うためには、政党が「主義」を定めて世間に表示し、曲直を争うということが必要なのだと言う。

我党の如きは。固より道義を以て立つものなりと雖も。彼れ反対党を目して。悉く私利の党なりと断言すること能はず。何となれば政党なるものは。国家上に於て。必ず一種の意見を有して起るものにして。其の利の如きは。全く之に随伴するものなればなり。仮令利の為に起るも。力を政党に借りて其の利を達せんと欲するものに過ぎざれば。其の利と其の政論とはおのづから差別あり。今これを子細に論ずれば。利は勢力より生じ。其の勢力の原因は必ず国民の多数より生ずるが故に。利を主とするの政党は必ず先づ国民の意思に投じ。以て多数を篭絡せんと図ること。猶専制国に於て。其の君主に阿諛迎合する佞臣と異なること無し。斯の如きは其の党人の心術は悪むべきも。其の政論の如きは。是非正邪の弁を俟て之を排すべし。」夫れ政論なるものは。其の実私利の為に起るも。道義の為に起るも。明らかに天下の公衆に告白する所の意見なれば。其の意見に就て。之が是非の判定を下すべし。其の言論行作に就て。之が正邪の判定を下すべし。決して其の党人の心事を訐いて以て直となすべからず。（其の意見を公衆に表白せずして窃に党を結ぶは是れ真箇の小人乎）若し夫れ其の意見にして義に合すれば。是れ正論なり。其の意見にして義に合せざれば。是れ邪説なり。其の是非正邪の弁は。実に政党に於ける君子小人の弁と謂ふべし。」之を要するに今日我国立憲政の下に在りては。君子小人に論なく。国民の多数を得て。其の道を行ふが故に。其の道の消長は。是即ち国家盛衰興廃の道なり。」

道義か私利かという問題は確かに重要な問題ではあるが、しかし議会制度というものが施政のあり方を争うものである以上、そうした心事を暴くのではなく、政治上の意見を持って争わなくてはならない。国民の多数に対し、政治のあり方の判断基準を提示するのが政党の役割だとされる。したがって、国民の多くが見る目をもたなかったり、国家を保守することに関心を持たない場合には、国家は危機に陥る危険を有することにもなる。そうであるが故に、政党の役割は、国家の興廃にとって極めて重大なものであるとされることになる。

彼の議会議員の撰挙を司る国民の多数が。国家を保維するの意思なき時は。終に国体に背反するの法律をも制定するに至るべし。若し此事は。上に天皇陛下の君臨し給ふあるが故に。万々有ること無しと云はゞ。是れ己れ輔弼の任。参政の権を有しながら。独り国家を維持するの責を。天皇に帰し奉るものなり。其の不忠不義之より甚しきは無からん。」

今や我国は立憲政なり。我が天皇陛下は。帝国議会に立法の大権を附托遊ばさるゝが故に。帝国議会の性質たる。天皇陛下の立法府にして。天皇の大権中なる立法権を執行するの責任なるも。其の反面に於ては。議会の議員は。全く人民の代表者たるの資格を有するものなり。されば名義名分は兎もあれ。実際天下の人民と大政を共にし遊ばさるゝの義なれば。従来主権の全部を。上御一人にて御執行ありしと。大に其の趣を異にせり。然りと雖も余輩窃に思へらく。此の革政を以て我が国家の主権上に。軽重の意見を懐くものあらは。是れ誠に不忠不義の大罪と謂ふべきのみ。（英国の如く人民の承諾を軽ざれば主権を執行する事能はざるの義となせば国家の主権は主権みづからが存在せずして人民の承諾に依て始めて主権の成立する事となるなり）何となれば。国家は祖宗の国家なり。国家の大権は祖宗の大権なり。然るに今陛下の御治世に当りて。万一その大権の　分たりとも御失墜遊ばさるゝ時は。上祖宗に対せられては勿論。下臣民に対せられても。恐れながら陛下の御失徳と申奉るべし。されば帝国議会の召集は。（人民の代議として召集せらるゝも）全く王者は。臣民の心を以て心とする我が祖宗の大御心より生ずる事にして。我が祖宗の御盛徳を聿べ修めて。今代に明らかにし給ふものゝみ。是故に天下挙て是と云はゞ。我が天皇陛下も之を是とし給ひ。天下挙て非と云はゞ。我が天皇陛下も之を非とし給ふの御心なれば。苟も国家の臣民たるものは。区々権利の説を擲ち。一図に忠義の心を以て。万一を献替すべきの職分あるのみ。」故に忠愛の士たる者は。啻に国家を政度の上に托せずして。己れ身を以て率先し。彼れ破壊党改革党に対して。大に之が邪義を排し。之が非理を斥し。我が国民をして。其の惑乱を受ることなからしめんのみ。是れ実に忠君愛国の士の今日に当りて。尤も当に務むべきの急たるものなり。」

日本の議会は、イギリスの議会のように、君主の主権を制限するものではない。しかし日本においては、天皇は国民の是とするところを是とするという「祖宗の大御心」の伝統が存在しているが故に、国民多数が誤った見解を持つならば、大変危険な結果に陥ることになる。そしてそうであるからこそ、政党の役割は重大なのであり、国民に主義を表白して自らの正しさを明らかにするとともに「破壊党改革党」の「邪義」を排する必要があるというのである。「立憲政の下に在る我党は。大に議論を主張し。間接直接に。彼れ破壊党を撲滅して。国家を保守するの義務」があるとし、「政党外に立て右眄左顧するも。決して国家の頽勢を挽回するに補ひなき事」として「世の無政党を唱へて。一段の高尚を気取るものに対し。当今の事情を述べて。其の悔悟を求」めたのである。こうした彼等は「政党」としてその職分を尽くし、「破壊党」すなわち西洋主義・欧化主義を主張する人々の排撃を行うのである。

以上のように、鳥尾小弥太率いる保守党中正派は、「政党」を西洋由来のものとは捉えずに、天皇が設置した、天皇が民意を判断する基準たる立憲政体＝議会制度における必要不可欠な要素として捉えていた。その上で、立憲政体においては、政党というものが、政論という形で主義を表示してその主張を国民に示して国家を守るという重要な義務を有していると主張するのである。政党の西洋起源という性質は剥奪され、政党の設立は「欧化」の一環としてではなく、むしろ「欧化」を排撃して「国家ノ体相性格」を保持するためにこそ重要な存在とされているのであった。

四　谷干城の政党認識

次に、谷干城の政党認識を考察してみたい。谷干城は一八三七（天保八）年、土佐藩士の家に生まれた。先祖には山崎闇斎門下の高名な神道家で儒学者の谷秦山がいる。谷干城もこうした家系の影響のもと、早くから尊王攘夷を唱えて武市瑞山とも親交を結び、戊辰戦争に際しては大監察として土佐藩兵を率いて各地を転戦した。維新後は陸軍に奉職し、一八七四（明治七）年の佐賀の乱、同年の台湾出兵、そして一八七七（明治一〇）年の西南戦争に出動して軍功を立て、一八七八（明治一一）年、陸軍中将に昇進した。しかし、この頃から次第に谷は政府主流派の動きに対して批判的な見解を持つようになっていく。一八八一（明治一四）年、開拓使官有物の払い下げが問題となると、谷は鳥尾小弥太・三浦梧楼・曽我祐準と連名で、払い下げ中止と、国憲創立議会の設立を主張する建白書を提出した。一八八五（明治一八）年に内閣制が施行され伊藤博文が初代首相に就任すると、谷は農商務大臣として入閣することになるが、一八八七（明治二〇）年に政府の民情を無視した欧化主義政策を批判する意見書を提出して辞職し、大きな波紋を呼び起こした。以後谷は一貫して在野の立場から政府に対する批判を続け、一八九〇（明治二三）年に帝国議会が開設されると、貴族院議員となり、以後この貴族院を足場として、谷は政府の欧化主義や、増税政策、軍備拡張などを批判していく。彼の前半生の「武人」としての側面からすると極めて意外であるが、彼は日本の対外進出を批判的な目で捉え、日露開戦に対しても反対論を唱え続けた。また、彼は小農民・貧民の保護を常に唱え続け、地租増徴問題が大きな政治的争点となると、地租増徴を主張する経済学者・田口卯吉との間で激しい論戦を繰り広げた。

谷干城については近年小林和幸によってその思想に関する解明が進められてきている(36)。これまで保守的な国家主義者としてのイメージが先行してきた谷の思想の内実を、当該期の政治状況のなかに位置づける小林の研究は非常に有意義なものであるが、それらの研究において谷の政党認識については深く触れられてはいない。しかし谷が「政党」に対する根強い不信感を持っており、生涯の政治活動において政党という形態を取ることから距離を置き続けたことを考えるならば、その政党認識を明らかにすることは、谷の政治姿勢を窺う上でも非常に重要な問題であると考える。そしてその谷の政党認識を窺える材料としては、新聞『日本』に一八九〇（明治二三）年六月一二日から一四日まで三日間にわたって掲載された「党弊私言」が材料となる。「党弊私言」は、それ以後の谷の他の論考の中でも、自分の政党認識については「党弊私言」を読むようにと指示されるほどのもので、谷の政治思想を窺ううえでも貴重な材料なのであるが、小林の研究では触れられていないため、以下この「党弊私言」に基づき、谷の政党認識を検討していきたい（以下、本節での引用はすべて同論説からのものである）。

まず谷は自らの問題関心の在り処について次のように述べる。

余は社交上の事に最も憂を抱くものなり、而して政事上に於ては多少の愚見なきにあらされとも、先つ社交上の事を匡済するにあらさるときは如何なる善法良政も其実効を現はす能すと信するものなり、……政党の如きは固より政事上の部類に属すれとも、今日の勢にては自然社交上に迄も余波を及ぼし実業幷公徳の点にも関係少からす、是れ余の愚見を政党問題に述へ天下の有識者を質さんと欲する所以なり。

このように谷は、自分が最も関心を抱いているのが「社交上の事」であり、まず「社交上」の改善がなくては、政治や法律を変えても実効がないという。そして「政党」の存在は、政治上の問題ではあるが、社会に及ぼす影響も大きいため、ここで論じることにしたのだという。

天下に政党の事を論するもの少なからす、然れども其の言ふ所は甚た浅近なるの嫌を免れさるか如し、其説に曰く、政治の進歩は政党の競争に因る、制度の改良国富の開発は皆な政党競争の結果なり、立憲政体の本元は英国にして英国は政党競争の最盛なる国柄なり、故に立憲政体を実施せんには必ず政党を組織せさるへからすと、此説は甚単簡なり、試に此説に従はんか立憲政体とは即はち党派政治なりと云ふへし、余は泰西に遊ひ親しく彼の地の学者より聞きたる所もあり、英国の政党は最も整備したるものにして政党の模範とも云つへき程なりと、果して然らは先つ社会に英国と同様の政党を組織するにあらされは完全の立憲国と為る能けさるへし、国民の事情英国の如く変更して始て立憲政体を施すへきなり。然れとも天下英国の如くならさる国民甚た多し、而して各其国柄相当の立憲政体を立て丶能く国利民福を謀るは何そや、余以為らく国法上の事は之を改むること難からすと雖とも、社交上の事は人種歴史等に密着の関係ありて容易に之を改むへからす、若し急に之を改めんと欲せば必す不測の弊害を貽して及ふ可らざるの悔あらん。

世間の論者は、イギリスの政党政治を理想と考え、それに倣って議会政治は政党政治でなくてはならないと主張している。しかし、それぞれの国には、それぞれの国に応じた立憲政体のあり方があると谷は反論する。それぞれの国の社会のあり方には、「人種歴史等」の違いに応じて、容易に変革しがたい違いが存在しており、急激にこれを改めれば大きな弊害がもたらされる。ここに、谷の政党批判が、「明治維新の始め泰西学術の頓に輸入せられ日本固有の事物が取捨もなく排斥せられたることの弊害は二十年後の近時に至りて始めて世人の感知する所と為れり」という欧化主義批判と結び付いていることを窺える。

それでは日本とイギリスとでは、一体何が違うのか。谷はまず両者の「人種」の相違について、次のように主張する。

夫西洋人種は振古より個人性の最も発達せるものにして、東洋人種は之に反し親族性の最も成備するものなり、若し其原因を求むれば土地気候の異同により漂流生活と土着生活との別あるより来れるか、又は地勢交通の便否より生したるか、余は此穿鑿を暫く措き、兎に角右の異同あることは明白なる事実と云ふへし。此異同は社会百般の事に影響し両人種をして非常の差異あらしむるに至れり、譬へは夫の相続の習慣、婚姻の習慣、人倫道徳の事等に於て、又た彼の国人は君臣父子夫婦兄弟の間柄なとに付きて吾人とは驚くへき異同あるを見るへし、……思ふに彼の人種は全体に於て個人性発育し自立心多きか故に、従て自治の精神は東洋人種よりも甚強し、是れ実に立憲政体即ち議院参政の政体早く彼の国々に起りし大原因なり、夫れ自治の精神強き人民に在りては公務評議の事を以て直に一身生活の隣次に置き、多数の人々は政治を以て殆んと尋常の事とし之か為に特別の感を為すことは甚た薄く恰も日本人民に於て一村内一町内の鎮守祭を計画するか如き状態あり、之れに反して東洋人種は古来政治論の事を以て功名顕達を取るの地と為し其政府も亦た動もすれは内乱革命を企つるの手段と見做して処分することあり、市町村の選挙にも治国平天下の議論を用ひ政体論を提出するに至るの例なしとせす、西洋人種が政党の事を視ること殆んど日本人が宗旨の異同を感知するか如しと雖も、之に反して日本及支那に於て古来国事上に党派の分裂あるは、是皆な功名を争ふの党派にあらされは君子小人の分派なり、要するに目下に在りて東洋人種は西洋人種の如く政党競争の穏和なることは甚た難し。

つまり、東洋人と西洋人とでは、国民の性質が異なると谷は言う。西洋人は個人主義が発達して自治的精神に富んでおり、したがって政治の議論にも慣れている。しかし東洋人の社会は「親族性」において発達した社会であって、個人主義に基づく自治的精神は発達していない。このような東洋社会において、政治的党派が分かれて争うならば、その争いは功名を争う結果になり、西洋のような温和な争いを行うことは難しい。実際歴史に照らしても、「党派の争は古来東洋に於て殆んと禍乱の源なりしことを見るに充分なるへし」と谷は主張するのである。

もちろん、維新後二十年を経てヨーロッパの学問も国内に広まっており、政党の本領も世間に理解されるようになってきてはいる。しかし「千百年の久しき社会全般の耳目常に古来の史跡に慣れ、僅かに二十年間を以て容易に変更」することのできるものではなく、実際に現実の政党を見ても、「末流の徒は政党組織を見て功名を争ふの軍隊組織の如くに感知し、反対党を以て仇敵と為し之を殲滅するにあらされは自党の目的を達すへからすと信ずるか如し。

無知の小民は固より問ふに及はす、現に新聞記者又は政論家と称するものと雖も之を口筆に現はすものあり」という状況である。「政党の前途甚た憂ふへきものにあるにあらずや」と谷は言う。

蓋し日本人民の旧思想に於ては必す以為らく、同しく正義の士同しく愛国の士にして党派を殊にするの理あるへからす、苟も党派を異にせんか是れ其一方は必す正義の士にあらす愛国の士にあらす、政党なる者は必す善悪の両極に相分かるゝものなりと、而して西洋の如く同しく愛国者にして党派を分つの例は日本人民の旧思想に於ては殆んと奇怪の事ならん、此の旧思想は今日に至りて何程の減退を作せしや、昨年条約問題の時に方り、余は東京の諸新聞紙を読み又各党派の演説に罵詈侮辱の言あるを聞き、又た警察官の保護等に奇談あるを聞き、深く此に感する所あり、日本の官民尚ほ旧思想の去らさる所あるを知り、其他各地方政党の争ひ動もすれは腕力を用ひ自由主義を取ると称するものと雖も此弊を免れさることを知る。

日本の政党の現状は、相手を悪、自分を善として相手を激しく攻撃し、しばしば暴力的行為に及んでいる。これはまさしく社会状態や人間の性格が西洋と異なるからであって、一朝一夕に変革することは難しい。こうして谷は「日本の社交事情は猶ほ斯の如し、斯る国柄に向て直に夫の西洋に行はる、政党競争の風を容れんと欲する者は、是れ平地に波を起し再ひ騒乱を樹ゆる者なり」として、政党間の争いによって政治を運営することを批判するのである。

以上の議論から窺えるのは、谷が西洋の政党政治のあり方や、社会と政治との関わり方を、日本の現状よりも高く評価し、そうであるが故にこそ、日本への政党政治の導入を否定的に捉えているということである。谷は模倣的な欧化主義に対して批判的であったが、それは決して西洋を低く評価するからではなく、むしろ日本の政治社会の状態を、西洋よりも低い段階にあると見ていたからであった。

余は単に日本の旧態に固着して立論するものにあらす、日本人民の情態にして改むへきものは固より之を改めさるへからす、余は西洋に於ける政党なるもの君子の争に近き所あるを知る、此の美風は取りて以て之を日本人民に入れんことを欲す、余が所謂る社交上の進歩とは即ち此等の点を指称するなり。唯た如何せん社交上の改良進歩は法律を以て一朝に仕遂くへきにあらす、寧ろ教育其他の力を以て之を将来に期せさるへからさるを、今此の社交上の改良進歩を図らすして直に西洋に行はるゝ制度を模倣せんとするものは余の常に排斥する所なり、政党競争の如きも亦た猶ほ社会各般の事物の如く決して徒らに模倣主義を取ることを得す、社会の現状に照らして其弊なからんことを期し以て取捨折衷するの必要を見る、若し然らすして直に彼の政党競争を今の日本に実行せんとするは愛国者の熟考すへき所なり、然りと雖とも人各々志あり強て之れを世人に責むる能はす、余は天下の同感者と共に聊か社交上の改良に力を尽くし一は党派の弊害を防遏せんと欲するものなり。

谷はこのように述べて日本社会の改良はまず教育によって行われるべきであると主張する。そういう社会の改良がまだ実現していないのに、形式ばかりを西洋に倣って政党間の争いを導入するというのは、まさしく機械的・模倣的な欧化主義に他ならず、谷が最も嫌うものであった。谷は「英国の政党は一朝一夕に人力を以て製造したるにあらす数百年の昔より淵源して種々の沿革を経以て今日に至れるなり、歴史上数百年にして成れるものは人力と云ふよりは自然と云はさるへからす斯る次第の事物を一朝にして組織せんとするは果して其当を得たるものなるか」として、歴史的な時間を経てゆっくりと政党が形成されていくべきであると考え、最初から西洋の政党を模倣して目的遂行的に政党を組織するというのは、理に適っていないと考えた。「政党は同感者の漸次に相集り種々の問題に遭ひて分合集散したる其後に自然成立するにあらされは真正の党派と云ふを得す」というように、種々の政治的問題について意見の離合集散が積み重なって自然に政党が成立していくべきなのであって、もし最初から目的意識を持って政党組織を結党するならば、それは政治的理念を追求する団体としてではなく、組織そのもの、あるいはその組織によって獲得しうる私的利益を追求する団体になることは必然である。

余の聞く所によれは西洋の学者は党派を二種に区別し、公事の為に私利を抑ゆる者は政党たるの名種を得へく、私利の為に公事を曲くるは之を私党と称すへし、此の説は支那学者の謂ゆる君子党小人党の分別に均し、党派の為に国事を軽忽にする者は小人党にして国事の為に党派を組成するものは君子党なり。余は君子党の日本に起らんことを希望するものなり。然りと雖とも今日の状態に在りては政党なるものは自然に私党と為るの傾きあり、政党の競争は自然に騒乱と為るの傾きあり、是れ甚た憂ふへし、何によりて然るかと云ふに、即ち人種と歴史との関係より来りて一国人民の積習と為り、二十年間の歳月未た之を変更する能はさるに坐するのみ、

このように谷は、現在の日本で政党が結成されれば、それは「私党」たらざるをえないとし、「日本に於て真正の政党を組織し其争を君子にせんと欲せは、先つ教育其他の方法を以て社交事情を改良せさるへからす」「余と此感を同しくする諸士あらは、願くは一方に於て現存党派の弊習を抑へ、他の一方に社交上の改良を謀り、以て漸次に立憲政体の実効を挙げ、明主の大詔をして永く其光輝を内外に燦然たらしめさるへからす」と呼びかけるのであった。以後谷は、自らの政治活動を政党組織という形では一切行わず、貴族院を拠点にあくまで着実温和な活動を行うことをモットーとし、その一方で新聞『日本』を援助することによって、国民に政治教育を行おうとしたのであった。

五　「私党」と「公党」

以上のように、鳥尾と谷とは、同じ「反欧化」の立場にありながら、その政党に関する意見は全く対照的な論理を展開していた。鳥尾が、日本の「国家ノ体相性格」を何よりも保守すべき優れたものと考えていたのに対し、谷は日本の現状を西洋に比べて遅れたものとして捉えている。しかし、日本の「体相性格」の特殊性・優越性を主張する鳥尾が、本来的に西洋起源であるはずの政党の必要性を主張するのに対して、谷は西洋の社会状況を日本よりも進んでいると捉えるが故にこそ、西洋起源の政党の設立を尚早であると主張したのであった。鳥尾も谷も、当時の「欧化」

の風潮や、現実に存在する自由党や改進党といった政党に対して快からぬ感情を抱いていたが、鳥尾がそれを政党の本質とは見ずに、自由党や改進党など「破壊党」の「邪義」を排するために、自ら「道義」の党を設立したのに対し、谷はいかなる政党であれ、日本社会の現状の中では「私党」たらざるをえないと考えていたのであった。以上から指摘できることは、まず第一に、政治史的には、このような政党認識の相違が、鳥尾と谷との連合運動を妨げる大きな要因になったと思われることであり、そして第二に、思想史的には、「反欧化」の立場に立つ者が、西洋起源であるところの「政党」を認めるためには、政党の存在が国益に叶うものであるという認識を持つことが前提として必要であったということ、であろう。特に第二の点に関して言えば、政党が西洋起源のものであるという、その本来的起源性を消去するためには、国家主義の色彩が必要であったということである。

そしてこの政党と国家との問題に関連して、さらに考えてみたいのは、「公党」と「私党」という二分法の問題である。先にみたように、谷干城は「政党なる者は必す善悪の両極に相分かるゝものなりと、而して西洋の如く同しく愛国者にして党派を分つの例は日本人民の旧思想に於ては殆んと奇怪の事ならん」として善悪二分法的政党観を否定しながら、しかし末尾においては、「党派の為に国事を軽忽にする者は小人党にして国事の為に党派を組成するものは君子党なり」という区分をもとに、「公党」と「私党」の二項対立図式を用いて、現在の日本ではすべての政党が「私党」たらざるをえないと考えるに至っている。鳥尾もまた、「公党」「私党」の呼称こそ使用していないものの、道義に基づき国家を保守する政党と、私利に基づき国民を籠絡しようとする政党とを二分法的に区別し、自らを前者に位置づけていた。結論は異なるとはいえ、いずれも、現実の政党が「公党」たりうるかどうかという視点に立って、日本における政党設立の可否を論定している点で同一であると言ってよい。

実は、この「公党」「私党」の二分法は、「反欧化」の立場に立つ者に特有の態度ではない。本章の前半においてすでに触れたように、板垣退助らが一八七四年に設立した「愛国公党」は、「余輩が新政党に公党の名を冠せる所以のものは、之によりて私党との区別を明らかにせんが為めなり」と、私党・徒党と自らを区別するためにあえて「公党」の呼称を使用していた。また自由党と立憲改進党とが一八八二年前後激しくお互いを攻撃しあったことは「偽党撲滅」運動として知られているが、この攻撃合戦においても、相手を「偽党」「私党」とし、自らを「公党」「真正の政党」と位置づけるやり方はしばしば取られた手法であった。そしてここで言う「公」というものが「国家」とほぼ同義であることはいうまでもないであろう。愛国公党が、「愛国」の名を掲げたのもそれに基づくし、先の鳥尾や谷の議論においても、根本的な判断基準となっているのは、国家的政党・愛国的政党の成立可能性如何の問題であった。

このように「私党」「公党」の別、「徒党」「政党」の別は、現実に存在する政党の実態はともかくとして、理念としては、明治期の幅広い勢力によって共有された観念であった。そしてそれは単に政治勢力において共有されただけでなく、学問の世界においても同じであった。日本における政治学の成立を示すメルクマールといわれる小野塚喜平次『政治学大綱』は、「党派ニ二種アリ意見ノ如何ニヨリテ分ツ、意見ガ箇人的利害ニ出ヅル時ハ私党又ハ朋党ト称シ公共ノ利害ヨリ来ル時ハ公党ト呼フ而シテ政党ハ公党ノ一種ニシテ政治上ノ公党ナリ」という政党定義を行っている。(37)

そして、実はこの二分法的論理は、日本に特有のものではない。西洋においても、そうした弁別はなされた。というのも、政党すなわちparty の語自体が、ラテン語のparsを語源とする言葉で、全体の中の一部・部分性を意味する言葉であったように、政党はその成立期において、部分性や私的利益を追求する集団としてのイメージにおいて捉えられていたのである。その点、日本の幕末から明治初期にかけての状況ときわめて類似していたと言ってよいであろう。たとえば、自由民権派がしばしば依拠したルソーは、党派というものが存在しなければ一般意思に基づく決議が成立しうるが、もし党派が存在するならば、それは人民の決議が一般意思に結果することを不可能とし、特殊的意見が勝利を得ることにつながるとして、党派というものの「部分性」を国家的利益に反するものとして否定的に捉え

る冷ややかな見方を示している。(38)

したがって、ヨーロッパにおいても、政党黎明期にその有効性を主張した人々は、こうした政党の部分性を否定し、公共性を強調することになった。政党（party）と党派・徒党（faction）とを区別し、前者と後者とを区別するのである。たとえばエドマンド・バークは、政党というものを、ある特定の主義または原則を是とする人々が、その主義または原則に基づいて、「国家的利益」を増進せんがために協力すべく結合した団体であると定義した。(39)また、ホイッグおよびトーリーの発生についての歴史的経緯を明らかにした著作として知られるボーリングブロークの『政党論』は、次のように「国家的政党（national party）」としての「政党（party）」と、私利を追求する「党派・徒党（faction）」との区別を提示している。

原理や政策上の実際の差異がその対立の基礎となっている時には、政党は国家的政党（national party）として分立する。そしてそのような対立はとても不幸なことである。実際、各政党の心ある人々はこのような対立を悲しむ。原理や政策上の差異が消えてしまい、対立だけが残るとするならば、不幸はより大きくなるのではないか。このような場合には、もはやそれは政党（party）間の対立ではなく、党派（faction）間の対立とならざるをえないからである。この場合、少なくとも一方の党派は、もはや国家的利害に関心を持たず、公共的な利益を私的利益の下位に置くことになる。そしてこれこそが党派（faction）というものの真の性質なのである。(40)（訳は真辺による）

このようにしてボーリングブロークは、政党というものは「国家的世論によって権威化されていることが必要」であって、それは一般的利益を追求すべきであり、特権的利益や少数の特殊利益によって指導されてはならないと主張しているのである。まさに日本の政党論における「公党」と「私党」の区別とパラレルであるといってよい。

また明治期の日本にも大きな影響を与えたブルンチュリは、『政党の性質および精神』(41)において、政党は国家の構成部分ではないけれども、常に国家的利益を超越することを得ないものであって、一般的・国家的精神に立ち、公共の福祉を目的とし、決して非国家的であってはならないものであると論じるとともに、国家的精神に基づかないものは、「政党」とはいえないと論じている。その上でブルンチュリは、たとえば「階級政党」に分類される労働党に対しては、政党の純粋性を濫るものであり、国家秩序を破壊するものであるとして厳しく非難し、あくまで政党は特殊利害・一部の利害ではなく、国家的利害関係に基づいて組織されるべきであると論じている。

日本においても、西洋においても、当初「党派」というものはマイナスイメージを持って捉えられていた。そうであるがゆえに、以上のような「私党」と「公党」に類する二分法的区別を持ち出して、自らの公共的性格を強調したのであった。党派的団結に対する根強い不信感が存在するなかで、政党が自らの存在を認めさせるためには、その公共性や国家主義的性格を強調する必要があった。政党の必要性如何の問題が、政党が国家的利益の実現において有益な存在たりえるか否かという論点をめぐって争われることになったのもそのためであったのである。

おわりに

冒頭で筆者は、日本における政党の必要性に対する認識はどのような過程を経て今日に至っているのか、という問題意識を掲げた。本章の検討によって明らかなのは、政党が定着するためには、まず第一段階として、それが国家的利益の追求を目的とする団体であるという認識が必要であったということである。その条件を乗り越えることではじめて、「反欧化」の立場にある者ですら、本来ヨーロッパ起源のものであるはずの政党を受容することが可能になるのである。

とはいえ、それだけで、政党というものが、政治の運用を担う機関として定着しえるものではない。というのも、この後昭和期に入ると政党不信の声が高まり、政党政治を否認する議論が国家公認のものとなり、戦時体制へと突入するなかで、一度は全政党が解散・消滅するに至るからである。したがって、今日のように議会政治における政党の役割が当然のこととして認識されるに至るまでには、幾多の紆余曲折を経なくてはならない。最後に、先に述べた「公党」と「私党」の二分法にかかわって、今後の筆者の課題を含めた展望を述べておきたい。

先に、西洋においても、「公党」「私党」の二分法が見られると述べた。しかし、西洋においては、政党政治がある程度の定着を見せると、こうした政党の捉え方に対する批判が出てくるようになる。政党とは国家的利益を代表するものではなく、部分的あるいは特殊的利益の追求を目的とするものだという定義が、かつての「徒党」「私党」の議論のような批判的な議論としてではなく、価値中立的な学問的議論として提出されるに至るのである(42)。そしてこうした議論の中から、政党とは決定を要するある政治的問題を焦点化し、民衆の注意をひきつけるための機関である、とする機能主義的な理解が出てくる(43)。すなわち、アメリカの政治学者ローウェルによれば、政党というものは、政治を円滑に運用するための機関であって、その機能は、候補者と政治綱領とを民衆に提示することによって、各個人のバラバラで雑多な意見を統一するところにあり、政党の任務は、政治的広告および周旋にこそあると述べている。ここでは、政党が国家的精神に基づくのか、私的利益を追求するのかというのは、定義に際しての前提条件にはなっていない。そうではなく、政策を提示して民意の判断を仰ぐとともに、その民意に基づいて公論を取りまとめていくという役割にこそ、政党の本質的な機能を見ようとする議論である(44)。

こうした議論の背景には、ヨーロッパにおいては、地域政党や宗教政党、さらに階級政党というものが、大きな力を持ち、国政に実際に影響力を及ぼすに至っていたという事情があった。政党を国家的利益あるいは全体的利益を追求するものと定義するならば、これらの政党は「政党」として定義されえない。しかし現実には、それらの政党は政治に参加し、のみならず民意をまとめていき公論を取りまとめる機能を果たしており、そこからこうした機能主義的理解が出てくるのである。[45] だが、戦前日本においては、地域政党や宗教政党は大きな勢力としては存在しなかったし、階級政党＝無産政党にしても現実政治にさほど大きな影響力を持っていたとは言いがたく、そうした階級政党には常にその部分的利益を代表する性格に批判が投げかけられていた。[46]

こうしたなか、政党の私的利益追求的性格を認めるような主張は、現実政治においても、また学問的にも、ほとんど見ることはできなかったし、まして機能主義的な政党理解などが登場してくる余地はなかった。例外的に、高橋清吾[47]や佐藤丑次郎[48]が政党の本質を「利益の追求」という性格に求めているが、そうした見解はむしろ傍流的見解であって、政党定義の主流にはなりえなかった。大正デモクラシーの旗手と言われる吉野作造にしても、また美濃部達吉にしても、政党政治を手放しで称揚したことはなく、政党の私益追求性に対しては一貫して強い警戒心を抱いていたことは、先行研究ですでに明らかにされている通りである。[49] こうした日本の政党認識の流れについてはより精密な実証が必要であり、筆者の今後の課題であるが、以上のような傾向は、昭和期に入って政党の腐敗・堕落に対する批判が高まってきた際に、政党批判が政党のあり方を改革しようとする方向にではなく、政党の存在そのものを否定しようとする方向に進んでいったひとつの大きな原因であったのではないかと考えられる。たとえば松岡洋右は、一九三四年、政友会を脱退した際に、「政界の混濁」「政党の醜態」を非難するとともに、そもそも政党政治とは「日本の国情と国政に合しない」も「一体政党政治は覇道である、王道では断じてない、況んやわが国の型ではない」として、政党の解消を主張するに至る。[50] ここに、政党が国家的利益を追求するかどうかという判断基準が満たされなかった瞬間に、政党そのものを「欧化」すなわち外来のものであって、日本には本質的に適合しえないものであるとするようになる、戦前期日本の政党認識の状況を見ることができよう。ここで松岡が政党を否定する論理は、日本の国体の優越性を主張する意味では鳥尾の、そして日本の社会状況における「公党」の不可能性という意味では谷の論理にのっとりつつ、「欧化」たる「政党」を否定するものにほかならない。ここに、帝国議会開設から四〇年以上を経てなお、日本の政党認識が深化していないその様を見ることができよう。

もちろん、そこから一歩先に進む萌芽がなかったわけではない。たとえば大隈重信は一九一九（大正八）年、「日本の政党」と題する文章のなかで「政党も又勢ひなり、憲法の意にあらずして必ず起こる、撲滅することは出来ないのである……公然と団体を組んで国民的政治の運動をなして悪いことはない、その力は筆と舌である、これに反対する党派が出来て、筆と口とで互いに切磋琢磨するなかに公論も世論もここに現れて来るのである」という言葉を述べている。(51) 大隈自身がどこまで自覚的であったかは別にして、近代日本の政党論の流れを考えるとき、非常に稀有な指摘がここにあるように思われてならない。つまり、アプリオリに公論なるものが存在するのではなく、異なる意見を持つものが議論を闘わしていくなかではじめて公論というものが形成されていく、その公論形成にこそ政党の役割があるのだという考え方である。この考え方は、先述したローウェルの機能主義的な政党理解に通じるものがあるように思える。しかしながら、以上のような議論は萌芽的な議論として垣間見ることはできても、本格的な議論にまで発展することはなかった。近代日本の政党認識は、常に国家的利益というものがアプリオリの前提として存在しており、公共性・公益というものが社会的調整によって成立するものであるという発想がなく、政党には強い国家主義的道義性が求められることになった。そして学問の世界における政党論も、こうした道義的議論に強く引きずられていたように思える。

政党が定着する過程において「公」が強調されることは、第一段階として必要なことであった。しかし政党政治が定着し、政党が政治に大きな影響力を持つようになる中で、部分利益・私的利益というのは、政治のなかで全否定されなくてはならないものなのかという議論が、本来起こらなくてはならなかったはずである。そしてそこからさらに「公共性」というものが一体何なのか、それは国家的利益と同義なのかということが問われ、国家と社会との関係や、全体的利益と私的利益の関係が問われなくてはならないはずであった。しかし近代の日本においては、そうした議論が大きな論争として行われることはなく、政党の利益追及的性格が強く批判されると、それがそのまま政党の存在自体を否定する議論へとつながっていった。つまり、当初政党自身によって唱えられた国家的公共性の桎梏が、政党にとっての軛となり、自らの否定へとつながっていくことになったのである。いったいそれは何故なのか。こうした明治中期以後の政党論の流れを、現実に存在していた政党の活動や、近代日本社会のあり方とからめながら、実証的に解明していくことが、今後の筆者の課題である。

註

（1）『最高裁判所判例集』二四-六（一九七〇年六月二四日判決）。
（2）福沢諭吉『福翁自伝』（『福沢諭吉全集』第七巻、岩波書店、一九五九年）一〇七～一〇八頁。
（3）同右、九五頁。
（4）山田央子『明治政党論史』（創文社、一九九九年）。
（5）福沢諭吉「福沢全集緒言」（『福沢諭吉全集』第一巻、岩波書店、一九五八年）二七～二八頁。
（6）村垣範正「遣米使日記」（大塚武松編『遣米使日記纂輯』第一、日本史籍協会、一九二八年、一〇四～一〇五頁。
（7）『明治天皇紀』第一（吉川弘文館、一九六八年）六四八～六四九頁。
（8）同右、六五六頁。
（9）板垣退助「我国憲政ノ由来」（『明治憲政経済史論』国家学会、一九一九年）。
（10）前掲、山田『明治政党論史』七頁。
（11）同右、三四～四一頁。
（12）国立国会図書館憲政資料室所蔵伊藤博文関係文書書翰の部五〇二。
（13）Todd, Alpheus. *On Parliamentary Government in England: Its Origin, Development, and Practical Operation*. (London: Longmans, Green, 1867–69).

(14) 稲田正次『明治憲法成立史』上（有斐閣、一九六〇年）四六一～四六三頁。
(15) 『岩倉公実記』下巻（皇后宮職蔵版、一九〇六年）一七六三～一七八五頁。
(16) 大久保利謙「明治十四年の政変」（大久保利謙著作集2『明治国家の形成』吉川弘文館、一九八六年）。
(17) Burke, Edmund. *Reflections on the Revolution in France, and on the Proceedings in Certain Societies in London Relative to That Event.* (London: Printed for J. Dodsley, 1790).
(18) Woolsey, Theodore Dwight. *Political Science: or, The State Theoretically and Practically Considered.* (New York: Scribner, Armstrong & Company, 1878) の〝Part2. Theory of the state.〟におけるルソー批判。
(19) 一九三八年一一月一二日尾佐竹猛宛金子堅太郎書翰（『明治前期思想史文献』明治堂書店、一九七六年、四八六～四八七頁）。
(20) Stickney, Albert. *A True Republic.* (New York: Harper & Brothers, 1879).
(21) Seaman, Ezra Champion. *The American System of Government, Its Character and Workings, Its Defects, Outside Party Machinery and Influences, and the Prosperity of the People under its Protection.* (New York: Scribner, 1870).
(22) 『国民之友』七五号。
(23) 「保守党中正派」（『静岡大務新聞』社説、一八八八（明治二一）年一一月二三日）。
(24) 鳥尾が同紙に出資していたことは谷干城自身が語っている（猪狩又蔵編『佐佐木高美大人』非売品、一九一九年、一三頁）。なお同書の谷の談話中『日本』とあるのは『東京電報』の誤り。
(25) 谷干城「条約改正論沸騰当時の日録」（『谷干城遺稿』二、東京大学出版会、一九七六年）七〇六頁。
(26) 谷干城「明治二三年記」（前掲『谷干城遺稿』二）八五五頁。
(27) 前掲、谷「条約改正論沸騰当時の日録」八一三頁。
(28) 同右、七九二頁。
(29) 真辺将之「鳥尾小弥太における政府批判の形成――『王法論』執筆まで」（『日本歴史』六五七、二〇〇三年二月）、真辺将之「近代国家形成期における伝統思想――鳥尾小弥太『王法論』の評価をめぐって」（『早稲田大学大学院文学研究科紀要』四七-四、二〇〇二年三月）、真辺将之「議会開設前夜における保守党中正派の活動と思想」（『史観』一四二、二〇〇二年三月)、真辺将之「帝国議会開設後の保守党中正派――『中正日報』における言論活動」(『歴史学研究』七八四、二〇〇四年一月)。

(30)「立党条約」(『保守新論』一、一八八九(明治二二)年 月)。

(31)「鳥尾中将の新政党」(『東京日日新聞』社説、一八八八(明治二一)年一一月二一・二三日)、「保守党中正派を論ず」(『読売新聞』社説、一八八八(明治二一)年一一月二三・二五日)、「保守党中正派」(『静岡大務新聞』社説、一八八八(明治二一)年一一月二三・二五日)など。

(32)「立党大意」(『保守新論』一)。

(33)「政党論」(『保守新論』二、一八八九(明治二二)年二月)。

(34)「吾党員諸君に告ぐ」(『保守新論』三、一八八九(明治二二)年三月)。

(35)『保守新論』二、一八八九(明治二二)年二月。

(36)小林和幸「谷干城の慶応三年」(『駒沢史学』六四、二〇〇四年二月)、小林和幸「長崎梅ヶ崎軍人遺骨処分事件と谷干城」(『書陵部紀要』四七、一九九五年)、小林和幸「谷干城における「民権」と「天皇」」(『駒沢史学』五四、一九九九年六月)、小林和幸「谷干城の議会開設後における対外観・外交論」(『駒沢史学』五七、二〇〇一年三月)、小林和幸「政治家としての谷干城」(『谷干城関係文書』〔目録〕、北泉社、一九九五年)など。

(37)小野塚喜平次『政治学大綱』下(博文館、一九〇三年)一一三頁。

(38)ルソー『社会契約論』(岩波文庫、一九五四年)四六～四八頁。

(39)エドマンド・バーク著作集1『現代の不満の原因・崇高と美の観念の起源』(みすず書房、一九七三年)二七五頁。

(40)Bolingbroke, Henry St. John. *A Dissertation upon Parties.* (London: Printed for E. Hill, 1735) pp. XVI-XVII.

(41)Bluntschli, Johann Kaspar. *Charakter und Geist der Politischen Parteien.* (Nordlingen: Beck, 1869).

(42)たとえば、ドイツ政治学界においては、まずカール・ヴァルケル『グナイストの英国憲法行政論の立場からするドイツ政党の批判』が、政党を経済的特殊利益を主張する存在として定義した上で、「保守党」は土地的利益を追求するもの、「自由党」は貨幣的利益を追及するもの、「民主党」は労働的利益を追求するもの、とする分類を行った(Walcker, Carl. *Kritik der Parteien in Deutschland vom Standpunkte des Gneist'schen Englischen Verfassungs-und Verwaltungsrechts.* (Berlin: J.

Springer, 1865)）。つまり、政党は本質的に私的利益に基づく団結であるとし、それを基にする分類を行ったのである。これに対してヴィルヘルム・フォン・ブルーメは、カール・ヴァルケルの主張、すなわち政党は経済的特殊利益の代表的勢力であるとする見方を批判、ブルンチュリのいう「純粋政見党」のみが政党であると主張し、公共的利益の追求を基軸とするものこそが政党であるとし、それ以外の団体は政党ではないとしたのであった（Blume, Wilhelm von. "Bedeutung und Aufgabe der Parlamente, Parteienbildung." *Handbuch der Politik.* vol. 1 Hrsg. von Paul Laband [et al.] (Berlin: W. Rothschild, 1912)）。しかしこうした古典的な見方に対して、ヘルマン・レームの『ドイツの政党』は、何らかの意味において特殊的利益を代表しない政党はなく、表面では公明な全体的見地を示していても、具体的にみるならば、何らかの特殊利益に根拠していないものはないと主張し、再び政党の利益追求的性格を定義するに至っている（Rehm, Hermann. *Deutschlands Politische Partein.* (Jena: Gustav Fischer, 1912)）。英米においても同様に、政党の性格をめぐるさまざまな議論がなされた。たとえばジェームズ・ブライスは、「政党員等を結束させる動機と統制力とは、立法によって自分達の主張を実現しようとする共通の欲望から成立っている」といい（Blyce, James. *Modern Democracies.* Vol. I. (New York: The Macmillan Company) pp. 115–116)、ロバート・セシルは「政党は政治上の目的に対して相互に協力しようと一致した人々の団体である」(Cecil, Edgar Algernon Robert Gascoyne-Cecil. *The Way of Peace* (London: P. Allan, 1928) p. 15)、またチャールズ・メリアムも「政党の一般的基礎は個人もしくは集団の——普通は集団の——利害である。利害はそれ自身政府の政治過程を通じて社会的支配の体制に転化する」という（Merriam, Charles. *The American Party System, an Introduction to the Study of Political Parties in the United States.* (New York: Macmillan, 1922) pp. 2-3)）。

（43） Lowell, Abbott Lawrence. *Public Opinion and Popular Government.* (New York: Longmans, Green, 1913).

（44） 政党のこうした機能について、ローウェルは具体的には次のような例を挙げている。「すべての市民の独立的意見の主張は、何も決定できない。これらの意見は思想の一般的傾向を暗示するかもしれないが、しかしながらそれは概して、ある一人に過半数の投票を集中しえないのみならず、比較多数ですらも容易に成立しえない。たとえば政党のない国において、各有権者がなんらの予備協議なしに、各自の適当と信じる人の名前を投票用紙に書いたと想像せよ。この場合、計算された投票は、国民の実際の選択に関し、なんらの観念をも与えないであろう。市民の独立意見に放任すれば、稀な例をのぞくほか、ある一人に過半数が一致するということはない。そして比較多数の投票をえた者が、人民の過半数によって、非常に嫌われているという場合もある。たとえば、X氏はA、B、C、D四氏のいずれよりも多くの投票を得るかもしれないが、仮にこの四氏の投票数が有権者の四分の三を含むとすれば、これら四氏の支持者が妥協すれば、X氏のかわりに四氏のうちのある一人を選ぶことができるということになる。議会で法案を決定する場合も同様であって、たとえば大多数が保護貿易主義で一致するとしても、その保護の品目は十人十色で、一致ができないのである。ゆえに集団的意見は、ただ一定の議案を提出し、これに対して可否の投票を行うより外に決定する方法はない」(ibid., pp. 67-69)。

(45) またイギリスの政党が議会において発達してきたのとは対照的に、アメリカにおいては、各地域社会に根を張る政党が選挙において重要な役割を実際に担っていたという事情が、ローウェルのような理解が出てくる背景に存在していた。

(46) 前田蓮山『政党政治の科学的検討』(秀文閣書房、一九三六年)。

(47) 高橋清吾『現代の政党』(日本評論社、一九三〇年)。

(48) 佐藤丑次郎『政治学』(有斐閣、一九三五年)。

(49) 吉田博司「吉野作造の政党観」(『聖学院大学論叢』一五-二、二〇〇三年三月)、空井護「政党否定論者としての美濃部達吉」(『法学』六七-二、二〇〇三年六月)など。

(50) 松岡洋右『政党を脱退して日本国民に訴ふ』(大阪毎日新聞社、一九三四年)。

(51) 大隈重信「日本の政党」(『明治憲政経済論』国家学会、一九一九年)。

〔付記〕本研究は日本学術振興会科学研究費補助金(若手研究スタートアップ・課題番号21820057)ならびに早稲田大学特定課題研究助成費の助成を受けた研究成果の一部である。

第七章　『新人』における吉野作造の政党論
——日露戦争期に着目して——

高橋　央

はじめに

本章においては、吉野作造が日露戦争前後の時期に雑誌『新人』に寄稿した政党論について考察したい。周知のように、一九〇〇（明治三三）年九月に東京帝国大学法科大学政治学科に入学した吉野は、やがて海老名弾正が牧師をつとめる本郷教会に出入するようになり、本郷教会機関誌の『新人』の編集に参加、自らも「時論」等に寄稿するようになる。吉野作造の生涯にわたる言論活動がスタートしたのである。この時期における吉野の思想については、着実に先行研究が積み重ねられている。第一に、この時期の吉野の思想の根底にあるキリスト教思想を考察するものである。(1)第二には、吉野が一九〇五（明治三八）年の一月号と二月号に寄稿した「本邦立憲政治の現状」に着目し、この論文で吉野が提唱した「主民主義」に着目し、これを後の民本主義論の原型として指摘するものである。(2)また飯田泰三氏は、吉野の国家観に着目し、この時期の吉野を「ナショナルデモクラット」として、その国家主義的傾向を指摘している。(3) これらの研究により、日露戦争前後の時期の吉野の思想の特徴や傾向は、かなり明らかにされてきているといってよい。本章は、この時期の吉野の議論の中でも、特に政党をめぐる議論を考察する。吉野の大正期以降の政党論は有名である。吉野が一九一六年一月号の『中央公論』に「憲政の本義を説いて其有終の美を済すの途を論ず」を発表して民本主義を提唱し、普通選挙制度と二大政党制による政党内閣制の確立を提唱したことや、一九二七年一月号の『中央公論』に「我が国無産政党の辿るべき途」を寄稿して無産政党に関する吉野独自の見解を示したことは周知の通りである。しかし、吉野の日露戦争前後の時期における政党論を分析の中心にした研究というのは、管見の限りではあまりないようである。しかし、この時期吉野が政党について如何なる見解を有していたかという問題を考察することは重要である。政治評論を開始し始めた吉野にとって、あるべき政党、政党人（政治家）とはどのようなものなのか。また、帝国議会開設後十年強のこの時期の政党（立憲政友会、憲政本党、帝国党等）をどのように考えていたのか。またこの時期の吉野は、海外の政党をどのように認識していたのか。このような問題を考えることは、吉野の政党論を問い直すことにつながるであろう。

以上のような問題意識から、本章においては、雑誌『新人』において展開された吉野の政党論を考察する。時期は吉野が『新人』に寄稿を開始した一九〇三（明治三六）年初頭から、吉野が袁世凱の子、袁克定の家庭教師として清国へ渡航する一九〇六（明治三九）年までとする。

一　日露戦争期における吉野の言論活動

(1) 日露戦争期における言論活動の概要

吉野の政党論の考察に入る前に、まず当時吉野がどのような媒体において言論活動を展開していたかを考察してみたい。

この時期の吉野の寄稿媒体を、吉野作造著、松尾尊兊・三谷太一郎・飯田泰三編『吉野作造選集』別巻（岩波書店一九九七年）所収の「吉野作造著作年表」（土川信男編・大内俊介協力）を参考に考えてみる。大正期と比較すると、顕著な特徴がある。新聞への寄稿はなく、雑誌への寄稿もほぼ『国家学会雑誌』（一九〇五年より）と『新人』（一九〇三年より）の二雑誌に限定される（例外は一九〇四〈明治三七〉年九月号の『法学協会雑誌』に寄稿した「ヘーゲルの法律哲学の基礎」である）。著書としては、一九〇五年一月に法理研究会から刊行された『ヘーゲルの法律哲学の基礎』がある（また清国渡航後の一九〇六〈明治三九〉年九月には、『試験成功法　全』を昭文舎より出している）。ここでは、『国家学会雑誌』と『新人』の二雑誌における吉野の言論活動を概観してみたい。

まず『国家学会雑誌』における活動をみる。吉野は『国家学会雑誌』の編集に参加しつつ、前述のように一九〇五年より寄稿を開始している。この年の寄稿の情況は次の通りである。

「河上学士著『経済学上之根本観念』を読む」（三月号）、「「国家威力」と「主権」との観念に就て」（四月号）、「有賀博士著『満州委任統治論』を読む」（五月号）、「日本文明の研究」「法科大学列品室」「条約の国法上の効力」（七月号）、「河上学士訳述『歴史之経済学的説明　新史観』を読む」（八月号）、「金曜経済学会の設立」「瑞典諾威分離問題」(九月号)、「瑞諾分離問題の其後」「米国政治社会学会第九回年会」「加藤博士の日本政体論」(無題)(「海外新刊書目」欄)(一〇月号)、「台湾の経済的価値」(一一月号)、「二院制度と一院制度孰れか立憲国の法制に適すべきや其根拠如何」(一二月号)。

この中には四月号の「国家威力」と「主権」との観念に就て」のように吉野の国家観を考察する上で重要な論考もあるが、多くは雑報欄の小論であり、書評や研究会の紹介も多い。例えば七月号の「条約の国法上の効力」は法理研究会の大要であり、また一二月号の記事も法理研究会における小野塚喜平次等の討論をまとめたものである。ここにかいま見えるのは、編集に参与しつつ、雑報欄に新刊書の紹介や、研究会の概要記事を書く、新進の研究者としての吉野である。法科大学の機関誌であり、教授陣や先輩の研究者が論説を寄せる『国家学会雑誌』に、新進の法学士である吉野が、縦横に論陣を張る舞台は、まだなかったということである。しかし、吉野が編集者としても、執筆者としても中心的存在として活動する舞台があった。それが雑誌『新人』であった。

吉野が『新人』に参加する経緯は、先行研究において言及されている。[4] 一九〇〇(明治三三)年九月に東京帝国大学法科大学政治学科に入学した吉野は、同大学学生基督教青年会に入会し、中央学生基督教青年会館に入寮した。その吉野を『新人』の活動に誘ったのが、同期生で哲学科に在籍し、本郷教会員であった三沢糾であった。三沢は青年会館の学生に、『新人』に「何か書かんか」と勧誘し、これに応じたのが吉野、またともに仙台より上京してきた小山東助、そして内ケ崎作三郎等であった。吉野は本郷教会に通い出し、『新人』の編集に参加、やがて寄稿者となる。本郷教会の機関誌として、一九〇〇(明治三三)年七月に創刊された『新人』は、当時四〇代半ばで、雄弁家の牧師海老名弾正を主筆とし、編集の実務は三沢、吉野等二〇代の若者が担った。[5] 同時に彼等は、『新人』の寄稿者として多様な問題を論じた。若き雑誌『新人』は、若き吉野が自由闊達に議論を展開する舞台となった。吉野は『新人』で多様な問題を論じていく。次項で具体的に論じてみたい。

(2)『新人』における言論活動と政党論

ここでは、『新人』誌上で吉野が何を論じ、また本章の主題である政党についてはどのように論じていたかを考えたい。

吉野が初めて『新人』に寄稿したのが、一九〇三（明治三六）年一月号の「政治界に対する我党の態度」「国務大臣及び政府委員に望む」であった(6)。以降寄稿は次第に増加し、吉野は「社説」や「時評」欄に多様な問題を論じていく(7)。以下、吉野の『新人』における論考の概要と、その中での政党論の位置を確認してみたい。

吉野の『新人』における議論は多岐に渡る。国家論、立憲政治論、政党論、選挙制度論、日露戦争に関連するロシア政治論等である。一九〇三年には数回の寄稿であったが、一九〇四（明治三七）年二月の日露開戦後は日露戦争の要因や戦争の目的、また日露戦争に関する外国の論調、またロシア情勢等、戦争に関係する議論が増える。一九〇五年になると一月から一二月まで毎号に寄稿し、一・二月号に寄稿した「本邦立憲政治の現状」において、後の民本主義論の原型となる主民主義論が展開される。また国家観をめぐり、二月号の「国家魂とは何ぞや」、三月号の「木下尚江君に答ふ」、四月号の「平民社の国家観」等で、国家観をめぐり木下尚江等と論争している(8)。その一方でロシア情勢についても言及し(9)、一〇月号では「トルストイ翁の土地私有制度廃止論」を寄せ、トルストイの論考を訳出し、その土地私有制度廃止論を紹介するなどロシアの知識人の議論を紹介したりもしている。吉野は一九〇六（明治三九）年一月には袁克定の家庭教師となるべく渡航しているので、一月号の「所謂官庁の威信とは何ぞ」を除いては、中国における見聞を数点寄稿するくらいである。

では、政党についてはどうか。前述のように、この時期の吉野は、日露戦争に関連する議論や、国家や立憲政治の総体としてのあり方を議論することが多く、政党に関する議論がこの時期の吉野の議論としてさほど目立っているわけではない。しかし、立憲政治のありかた、そして議会の問題や、総選挙等を論じる上では、政党の問題は不可避の問題として浮上してくる。こうして吉野は一九〇三年二月号の『新人』に「政界時観」を寄稿して政党内閣の是非を論じたり、一九〇四年四月号の『新人』に「政党進化論」を寄稿して政党の変遷を論じたりしている。このような日露戦争期の吉野の政党に関する論考を注意深く読むと、当時の吉野の政党観が見えてくる。そして、政党に関する問題も、当時の吉野にとって重要な問題の一つであったことがわかる。では、具体的には、吉野はどのような議論を展開したのか、次節で見てゆきたい。

二　『新人』における吉野の政党論

(1)　「政党進化論」に見る吉野の政党史観

吉野は一九〇四年四月号の『新人』の時評欄に「政党進化論」を寄稿した。これは三頁強の短い論であるが、当時の吉野が、日本における政党の変遷をどのように認識していたかを考える上で貴重な論考である。本節において吉野の政党論を考えるにあたり、まず、吉野が日本における政党の歴史的発展をどのように認識していたかを考えて見たい。

吉野は日本における政党の発達史を、次のように時期区分する。

我国政党の創設は明治十二三年頃ならん。それより現時に至るまでの発達は之を三期に分つを得るに似たり。第一期は国会開設に至る迄の時期にして、第二期は夫より日清戦争前後に至る迄、第三期は現今に至るまでなり。(10)

この時期区分は稍曖昧な感があるが、吉野は一八七八（明治一一）年の愛国社再興、そして愛国社による国会開設運動、そして一八八〇（明治一三）年の国会期成同盟の結成といった一連の流れを、日本における政党の起原と認めているのである。吉野はここから帝国憲法の制定を経て一八九〇（明治二三）年の帝国議会開設までを、政党発達の第一段階とする。そこから日清戦争迄の時期、所謂初期議会の時期を第二期、そして日清戦争後から一九〇四年までの時期を第三期に区分する。このように時期区分した後、吉野はそれぞれの時期の政党に対する見解を示している。

第一期の政党に関して、吉野は次のように述べる。

第一期にありては仏蘭西流の自由民権論の行はるるに連れて臣民も亦大政に与らざるべからずとの願望より政党の組織せられし時代なり。西南戦争も済み内地統一略ぼ成りしを以て更に個人の充実を顧みるは当然の趨勢なりし也。併し当時の政党者は一二有識の人を除いては別に深き考察をなせるにもあらず、只漫然と自由民権を叫びしに似たり。云はば只感情的に直覚的に政党を組織して民権を主張せしなり。去れば彼等は往々冷静なる理性の指導を欠き言行屢々矯激に失する等の譏はありしと雖も、それだけ真摯にして現時斗筲の陣笠連の如く利欲の為めに狂奔する等の如き者は甚だ少かりし也。例へば河野広中氏の如き熱誠に出でて而かも没常識なる行動をなすの模型は甚だ当年の「志士」を想はしむるに足るものある也。(11)

自由民権運動期における民権家に対する吉野の評価は非常に厳しい。吉野は民権家達が個人の権利の充実を提唱することを「当然の趨勢」と是認しつつも、大半の民権家達が「感情的に直覚的に政党を組織して民権を主張せしなり」と断じている。これは民権家や民権思想の評価としては一面的であろう。

その一方で興味深いのが、民権家達が政党運動を含む政治運動に参加する際の「真摯」さを評価している点である。ここには個人的な利害を度外視して政治に邁進した民権家達の心情を、彼等の思想内容や行動と区分して評価しようとする吉野の視点がうかがわれる。

次に第二期、すなわち国会開設後、初期議会期の政党に関しては、初期議会における政党と藩閥の衝突、論争の激化が指摘される。第三期については、日清戦争を期に政党と藩閥の間に「挙国一致の実」が挙がると、政党と藩閥の調和が図られる様になったと指摘し、憲政党内閣が成立したとする。そして憲政党内閣が倒れた後も政党と藩閥の提携が模索され、伊藤の指導の下政友会が組織されたとする。結成当時の政友会について吉野は次のように述べる。

自ら政友会組織の任に当れる伊藤侯の素志は、党員を訓練して憲政有終の美を済すの大抱負に在りしことは、当時の新聞紙の伝へし所なり。然れども大多数の党員は固より此抱負と此識見とありしに非ず。当時の政友会には三種の会員ありしが如し。一は直参派と称するものにして政治上の経歴に於て伊藤侯の子分なりし人々也、金子、末松、原、等の人々是也。二は伊藤侯の威名の下に人の勧誘に応じて漫然として入会せしものにして実業家に多し、固より政治に何等のインテレストあるに非ざるの徒也。三は従来より政党員として経歴し来りし者にして即ち政党としての政友会の活動は主として此等の人々の意思に依る也。去れば政友会の運命消長は少数の直参派と多数の此の「政治家」とに係りしもの也。

而して之等政治家の心事如何と見るに、必ずしも伊藤侯と同志なるに非ず。思ふに彼等の中には永く政党の事に狂奔して今や家に余財なく頗る生活に苦む者もありて漸く利益を思ふの輩あり。彼等の中には夙に政党内閣を夢み局長の椅子にありつかんなどとの空望のためのみに十年一日の如く党事に鞅掌し来りしものもあり。要するに政府の官職を得んとの希望は大に彼等の胸中に鬱勃たりし也。併し政党員としては容易に政府に立ち難き之れ迄の状勢なりしを、今や藩閥の棟梁たる伊藤侯自ら下りて政友会を組織するに至りたれば、彼等は政友会こそは将来必らず内閣を作るべき政党なれと予測して、翕然として伊藤侯の旗下に集れり。遂に議会に於て絶対的過半数の議員を有するの大政党となりし也。(12)

吉野は伊藤博文の政友会結成を一応評価しつつも、大多数を占める旧自由党——憲政党系の政党人に極めて批判的である。吉野は、彼等が政友会内閣の実現により官職を得ること、すなわち個人的な利害のために政友会に属していると批判している。

吉野は政党の変遷を次のようにまとめている。

夫れ第一期の政党は民権自由を以て第二期の政党は藩閥打破を以て団結の主義としき。彼等は多く無学なれども熱誠の士にして能く歩調を一にして遂に目的を達したり。第三期の政党に至りては表面は国論の統一を以て原理とすと雖も、党員多数の意裡を窺ふときは彼等の党籍に列する所以は主として利益にあり。是れ政党の名うるはしくして而かも腐敗窮りなき所以也。(13)

「無学」と手厳しいが、吉野は自由民権運動期、初期議会期の政党人が政治に対する情熱を有し、国会開設、藩閥への対抗といった政治的目標を達成したことを評価する。しかし日清戦争後、藩閥と政党の妥協提携の中、政治権力に近づいた政党人が個人的利益を図るようになり、「腐敗」したと批判する。吉野にとって日清戦争後の政党史は、政党の政治勢力としての成長といった積極的な側面よりも、政治権力に接近して猟官等の利益を図る側面が重視され、批判の対象となるのである。

しかし、伊藤政友会総裁を首班とする第四次伊藤内閣の総辞職、また衆議院議員選挙法の改正による無記名式の投票方法の確立等により、政党が利益を以て求心力を発揮することが困難になりつつあると吉野は指摘する。(14)そして今後の政党の展開については吉野は次のように指摘する。

まず吉野は「利益」を以て政党の結合の原理とすることは困難で、そのような政党は今後は衰微するであろうとし、将来の政党は別の結合の原理のもと成立しなければならないと主張する。そして吉野は、次のように結論する。

将来の政党は「人格相互の信認」によりて成立せざるべからず。夫れ政党は意見の一致によるべからずと雖も、又銘々の意の赴く儘に行動し其間に一致共同といふことなくんば殆んど政治は行はるべくもあらず。必ずや小異を捨て大同に就くこととならざるべからず。而して多少私見は枉げても多数の意見に従はんとの正直なる従順の誠は人格相互の信認を外にして之を何処に発見すべき。正直なる謙譲は信認すといふことあるに非ずんば生ぜず。自己の信認せざる者の意見に盲従するは国士の潔とせざる所たるべければなり。要するに人格相互の信認を基本とせざる政党は到底存立し得べからざるもの也。而して政党は到底立憲政治の運用に欠くべからざる必要ありとせば将来の政党は必ず人格の信認に基づかん。而して予は一日も早く茲に至らんことを希望す。(15)

このように、吉野は政党結成の原理を「人格相互の信認」とすることを主張する。政党人が自己の利益を図り、また党員や支持者の利益のみを追求するのではなく、政党人が「相互の信認」により結束し、私利を求めず政治に貢献するようになれば、理想的な政党が形成される、というのが吉野の認識である。

(2) 吉野における理想的政党像とその機能

吉野が政党結成の原理として、「人格相互の信認」を基本とすべきと提唱したことは前項で見た。それでは、吉野にとってあるべき政党像は具体的にはどのようなものであり、またどのような機能を果たすべきものであるのか。本項で考察してみたい。

「政党進化論」を発表する約一年前、一九〇三（明治三六）年二月号の『新人』時評欄に、吉野は「翔天生」のペンネームで「政界時感」を寄稿した。これはこの年の三月一日の総選挙に際し、政友会と憲政本党が地租継続反対の方針のもと提携し、両党とも前代議士再選の方針のもと選挙活動を展開したのを受けて、選挙に臨む有権者が選挙また政党に対し如何なる態度を取るべきかを論じたもので、吉野の最初の政党論とも言うべきものである。

ここで吉野は政党について次のように述べる。

抑も政論によりて団結を為すの現象は智識進歩の賜たる国民の政治的自覚の必然の結果なり。況んや立憲制度の国に在ては所謂万機公論に決するの主義を認め国民をして立法の機関に干与せしむるが故に、国政の大体に関する見解の異同に従つて盛に政党の活動を見るは、蓋し免るべからざる所にして又必要なる現象ならん。去れば政党なるものは必ずしも立憲国に特用なる現象に非ずと雖も、そが本然の妙用を極め国政発展の上に一大勢力を振ふを得るには、必ずや立憲制度と相伴はざるべからざること固より言を待たず。……思ふに政党とは或一定の主義を国政の上に実行せんとする継続的の団体也。一定の主義に立つものなるが故に之を組織する者は其主義を計画し、又は少くとも之を理解し得るだけの智識なかるべからず。一定の主義の下に団結するものなるが故に、団体の各員は各其共同心を発揮し、衆人の一致せる主張に対しては絶対に服従するの雅量なかるべからず。而して又政党は国家の政治に関する団体なるが故に、苟くも党員たる者は国益を先にして私益を後にし、只一に国家の盛運を図るべきのみ。斯の如くならずんば何を以てか天下の公論を発揮することを得ん。又何を以てか公論をして政治的勢力たらしむることを得ん。又何を以て為政者を監督して過誤なからしむるを得んや。社会の変遷して熄まざるは国家の政策をして永く一定不動なるを得ざらしむ。而して一般国民は智識未だ高からずして日進の世運に応じ一々適切なる画策を為すに堪えず、必ずや有識の啓発に待たざるを得ざるものあり。是れ吾人の密かに任ずる所たる政治教育の必要なる所以なりと雖も、かの政党も亦主としてこの国民啓発の大任を負はざるべからざるや論なし。何となれば政党は政治的先覚者の組織する所たるべきを以てなり。故に政党は天下の公論を代表すると同時に、又国民を啓発指導して穏健なる世論を生ぜしむるを期せざるべからず。我国の如く政治的経験に富まず又訓練を積むこと乏しきものに在りては、殊に適切に此必要を感ぜずんば非る也。(16)

吉野は立憲政治の展開において、政党が成立し、活動することの意義を認めた上で政党人は「国益」の観点から政策を立案するべきと主張する。また、政党は国民を「啓発指導」するべく、「政治教育」の任にあたるべきことを主張するのである。このように、政策を政党や政党人の利益ではなく、「国益」という観点から立案・公表・実現すべきこと、また国民の政治的知識の向上の為、「政治教育」を行うこと、この二点が、当時の吉野が政党に求めた機能であった。

次に吉野は、当時の日本において政党内閣制を展開することの是非を論じる。吉野は「政党内閣は政党の理想にして立憲政治の極致」と論じ、「政党内閣の将来の実現を確認するに躊躇せざる者也」とし、政党内閣制の将来的な確立を断言している。こうして吉野は政治制度としての政党内閣を是認する。ただ吉野は、「政党にして健全ならんか政党内閣固より可なり、政党にして朽廃せんか政党内閣は尚未だしとせざるべからず」と述べ、結局の所政党内閣を成立すべきか否かという問題は、政党また政党人の質次第、としている。(17)

こうして吉野は、現在の政党が政党内閣を成立させるに足る資質を備えているかを議論する。しかしここで吉野が実際の政党に対して下した評価は厳しい。

吾人は現時の政党をして内閣を組織せしめ安んじて其政治に服するを得べきか。此問題を論ずるに当り余は今更往年の憲政党内閣の失政を引例せじ。政党内閣は其本質に於て我が国体に適せずとなすは迂儒の説のみ。然れども政党の現状如何を顧みるなくして漫然として政党内閣を謳歌するも亦浅慮たるを免れず。予輩は之を我国の現状に鑑み、国政を托するに足る有識至誠の士は之を求めて却て党人以外に多きを認め、茲に敢て政党内閣尚早論を唱ふるの已むを得ざるを遺憾とす。何となれば政党者流の多数は見識なく節操なく甚だしきは何等政治上の意見もなく、漫然として勢利に集るものに過ぎざればなり。(18)

このように述べた吉野はさらに政党における賄賂の横行、政党の腐敗を痛論して、「之を要するに現時の政党にして奮然として大革新を加へ、節制ある品格ある政党団体とならずんば、何の理由を以てかまた政党内閣を強要せんや」と結論し、現状での政党内閣は尚早と結論づけるのである。(19) 吉野は政党の現状から超然内閣が暫く成立するのも止むを得ない、とするものの、その存在には基本的に批判的である。超然内閣が存続する理由について、次のように述べる。

政党を以て立憲政治に必在のものとなし、而して超然内閣を以て政党の主張と相容れざるものとせば、超然内閣は実に立憲政治と相容れざるものなるや明けし。我が国既に立憲の大義を宣明してより茲に十有五年、而かも今猶超然内閣の存在を許すは何ぞや。我輩私かに其因を探りて二を得たり。上流人士の政党に関する反感情其一なり、政党其ものの腐敗其二なり。[20]

吉野は、欧米では「上は教養ある上流の人士より下は僻邑の有志家に至るまで」何れかの政党に所属し、政治家も当然各政党に属しているのに対し、「独り我国の上流社会に於ては其教養ある人士にして猶政党に関する政党の観念を欠き、甚しきは政党に入るを以て国家に不忠なる所以となすものあるに至る。其愚寧ろ憐むべきに非ずや。されど我が政党が普く上流の紳士を網羅するを得ざる所以は政党其ものの腐敗実に其重きをなす」と述べ、日本の「上流人士」の政党に対する理解のなさを厳しく批判するとともに、其一因としての政党の腐敗を批判する。そして政党が政府を形成する能力がないことを言及し、「政党の無力は国民の政治能力の欠如を証明す。超然内閣の存立は政党の屈辱にしてまた実に立憲帝国の最大恥辱也」と断言するのである。[21] このように、政党の存在と意義を理論上是認しつつ、実際の政党と政党人は手厳しく批判をするというのが吉野のスタンスである。

「政界時感」の最後に当たり、吉野は総選挙に際しては、「吾人は政党の声言に誤ることなく、玉石を分ち、適当の能力と見識と品格とを有する至誠の国士を挙げ、以て選良の任を尽しヨリ能き議会を捧呈するを期せざるべからざる也」とし、政党ではなく人物本位で投票すべきことを主張するのである。

以上、「政界時感」を見ると、吉野が当時考えていた政党の機能や在り方を見ることができる。吉野によれば、政党は政策を立案・公表・実現するべく、政策遂行機関としての機能と、民衆を「啓発指導」する政治教育機関としての機能を兼ね備えなければならない。政党に属する政党人は当然、政策遂行能力と民衆を政治教育する能力を持たねばならない、ということになる。その際政策は「国益」の観点から立案されるべきであり、私的な「利益」を画策する事無く、「上流人士」から一般民衆に至るまで、幅広い信頼を得て、公党としての役割を果たすべきである、というのが吉野の趣旨である。また、吉野がこの約二年後の一九〇五（明治三八）年一・二月号の『新人』に「本邦立憲政治の現状」を発表し、「主民主義」を提唱した時、吉野が議会と政府の関係において提唱したのが責任内閣制のシステムであった(22)。ここにおいて吉野は議会の主要勢力としての政党に、行政府に対する監督機能という機能を付与する。吉野は後の民本主義提唱においても、この監督機能の重要性を強調している。このように、吉野は政党・政党人に高度な機能と、猟官運動・賄賂・汚職等に手を染めず、公人としての職責を果たす道徳心を求めた。ここには若き秀才にしてクリスチャンである、吉野の理想主義が色濃く反映されている。

ただ吉野の議論にもいくつかの課題がある。まず吉野は政党が政策を立案・遂行する際に「国益」を重視することを主張したが、これは国家の利益と、国家に属する個人の利益は矛盾することなく緊密に結びついている、という吉野の国家観を反映している。国家という個人全体の共同体の利益を図ることが結局は個人の利益になるという価値観である。これは個人、あるいは本論で議論している政党等に、時には国家という共同体全体の利益の為に、政党自身の利害を度外視して貢献せよ、という論理にもなりかねない。吉野の政党論の背景には、国家という共同体、あるいは全体に対する楽観的な価値観が存しており、そこには一抹の危うさがあると言える。飯田泰三氏はこの日露戦争の頃の吉野を「ナショナルデモクラット」と定義しているが、吉野の政党論を見ても、楽観主義的な国家観を背景とした吉野の政党論というものが浮き彫りになってくるのである。吉野の長い言論活動においても、この時期の吉野が最も国家主義的な見地に立っている。

また、これはこの時期の吉野の論考には短編が多いため、紙幅の都合上止むを得ない点もあるのだが、吉野の政党論にはやや具体性を欠く面がある。例えば、吉野は政党の腐敗を厳しく批判するが、それでは政党が政権を取る、ないし政治権力に接近した場合、その腐敗や不正行為を具体的にどのように抑止するのか。政治道徳の徹底を説くことだけでは不十分であろう。批判に急なる余り、腐敗の抑止という観点からの議論がなかった観がある。ただ政党の腐敗を如何にして防ぐか、という問題はそれこそ今日まで続く問題である。吉野も大正期以降も政党の腐敗の糾弾、また政治道徳の確立を主張し続けることになる。

(3)　各政党に対する吉野の見解

前項で、吉野が政党や政党人の在り方について抱いていた見解を議論した。ここでは実在の、具体的な個々の政党に対して吉野が如何なる見解を示したか（あるいは、示さなかったのか）という問題を、様々な吉野の論考から考察したい。

まず日本における政党については、政友会に関する議論が大半である。また政友会と提携する憲政本党（進歩党）に関する議論がこれに次ぐ。吉野は憲政本党については、政友会との提携に関して論じている。その他の政党に関する議論はほとんどなく、帝国党に関する言及が若干あるくらいである。まず、政友会と憲政本党に関連する論考をいくつか見てみよう。

一九〇三（明治三六）年三月の総選挙に際し、政友会と憲政本党が、地租増徴の継続に反対する方針のもと提携関係となるが、吉野は両党の提携は「反対の為の反対」であると批判する。

連合党の団結の極めて薄弱なることは多言を要せずして明なり。二者の相一致したるは地租を直ちに継続するを否とするの一点に於てのみ。進歩党は絶対に地租継続を否とするに反し政友会の之を否とするは只現在のみ。地租に関する根本の見解に於て異なる事斯の如し。要するに彼等は只政府に反対せんがために合同したるのみ。他日若し政友会に於て地租増徴を必要と認むるの時来らば二者の合同は一朝にして崩壊せん。思ふに政友進歩の二党は本来其歴史に於て其感情に於て其利害に於て相衝突するものなり。政見の異同の如きは朝三暮四の彼等に取

り て固より重きをなすに足らず。二派の領袖が総選挙に於ける歩趨の一致を厳約せるに拘らず地方到る処に二者は隠然として烈しく衝突しつつあるに非ずや。利害の異なる所には本部の訓令も為すなきなり。多年の政敵一朝にして手を握るを得んや。(23)

このように、吉野は地租増徴継続反対を理由とする政友会と憲政本党の提携の危うさを指摘している。その背景には、両党の長年の対立に対する吉野の批判がみてとれる。

前掲の「政党進化論」では、吉野の政友会への見方がよく表れている。吉野は伊藤の政友会結成を評価しつつも、政友会員を金子堅太郎、末松謙澄、原敬等の「直参派」、実業家、そして多数の「政治家」、すなわち旧自由党――憲政党系の政党人の三派に区分し、最後の旧自由党――憲政党系の政党人には、政権獲得後各省局長等のポストを求めて政友会に参加した者がいると批判する。(24) 政党人の猟官的傾向には、吉野は口をつぐんでいられなかったのである。大政党政友会の利益政治への批判は、吉野は終生続けることになる。

日露開戦後、第一次桂内閣は、戦時下の肥大化した予算案、また関連法案等の円滑な審議・議決を求め、政党勢力に接近してゆく。一九〇四(明治三七)年六月二三日には、清浦農商務大臣が農商相官邸に政友会、憲政本党、帝国党、自由党の代表者、無所属議員の有力者、また政府側より桂首相、芳川内相、曾禰蔵相、小村外相、大浦逓相等を招き、官民懇話会が開催され、議会・政党勢力と政府の意見交換が行われた(懇話会は一〇月まで三回ほど開催)。このように政党と政府の接近、官民懇話会の開催という政治状況を受け、吉野も『新人』の時評欄に政党に関する見解を示していく。この年一〇月号の『新人』に掲載された「政進両党の新連鎖」を見てみよう。

憲法発布せられてより既に十有五年、而かも政党は僅かに政界の一勢力たるに止まり、政治的活動の中心は未だ厳然として所謂元老なるものを中心とせる一種奇妙なる団体の掌中に在ることは明了なる事実なり。政治的活動の原動力が宜しく元老連にあるべきか将た政党者流に在るべきかの可否得失の問題に対しては吾人別に説ありと雖も、立憲有終の美を済さんと称して起てる政党の目的より云はば、断然此の奇怪なる元老内閣てふ現象を我が政治界より消滅せしめて已れ自ら取て之に代らざるべからず、否な少くとも責任内閣の制を確立せざるべからず。然らずんば吾人は殆んど政党存在の理由を知るに苦む也。知らず、我国の大政党たる政進両党には政府を乗取るの勇気と実力とありや。また此目的のために邁進するの明識ありや否や。政党は主義として藩閥政府其ものに反対すべきものなり。二者は先天的に相容るべからざるものなり。主義政策の一致を名として両者相接近するは政党の自殺なり。漫りに「挙国一致」の名に惑ふ勿れ。固より時と場合とにより多少の斟酌の要すべきものはあらんも去ればとて政党本来の面目を失墜して可ならんや。(25)

このように吉野は政党の現状を整理し、政党は本来元老・藩閥から政権を奪取し、政権を担うだけの意志と実力を兼ね備えるべきものであり、戦時下とはいえ「挙国一致」の名の下やたらと政府に妥協すべきものではない、という論を展開する。立法府たる議会に属する政党が無暗に行政府と妥協すべきではない、という主張である。吉野は官民懇話会については次のように述べる。「責任内閣の樹立の目的のために政党の多年の苦辛は吾人之を認めざるに非ず。然れども彼の努力は常に失敗に終りき。遂に節を屈して款を閥族政府に通ぜんとに至りては更に敗残の不名誉を甚しからしむるものなり。かの官民懇話会の如きを我より求めて開催せしめたるが如きは政党近時の一大失態と言はざるべからず」(26)。官民懇話会の開催経緯を、政党が政府に「節を屈して款を閥族政府に屈する」ものとして厳しく批判している。それだけ議会、政党勢力が政府に対して毅然とした対応を取ることを吉野は要求していたということであろう。また第二一議会を前としたこの時期、政友会と憲政本党の提携が各新聞に報じられ、吉野は次のように述べる。

近時二三新聞は報じて曰く対韓政策に於て政進両党は同一の意見を有するを以て今度これを基礎とせる聯合を作り然る後漸次他の問題に及びて一致融和を謀るべしと。報道は単に之に止まる。然れども裏面の消息や、やや揣摩し難からず。予以為く、政府に当るの目的を外にしては二政党の事に托して漫りに提携すべき理由なし。官民懇話会の失敗に覚醒せし彼等は茲に自己の執るべき当然の途を自覚して対政府同盟を作らんとするものに非ずやと。幸いにして予輩の臆測を誤りに非ずとせば政党今日の急難を救ふものは合同対抗の成否如何に在りと云はざるべからず。(27)

このように、吉野は政友会と憲政本党が対政府同盟を形成することに期待するが、この期待は後述のように、吉野の期待外れとなる。

この「政進両党の新連鎖」において、官民懇話会の成立について厳しく批判する吉野だが、翌一一月号には官民懇話会について次のような見解も示している。

官民懇話会は兎も角も我国政治界の二大勢力の接近と見るべかりき。予輩熟ら我国政治界の現状を見るに政権運用の源泉大体に於て二つあるを認む。一は元老を中心とする閥族の階級にして他は国民を基礎とすと称する政党家なり。而して此の二者が久しく政権の掌握を争ひ来りしこと、之れ迄は政府の位置は閥族主として之を占めしこと、政党は従て久しく不遇の境に沈湎せるのみならず政府の圧迫を受けて大いに苦めることは人の知る所なり。然れども二者の扞格は要するに立憲政治の妙所に非ず。之を以て両者本来敵味方にてあり乍ら、細小なる出来事は二者を駆りて相提携せしむるを得たりしなりき。

国民の多数の同情が政党に在りや閥族に在りやは予之を知らず。然れども政党内閣は一度実行を見てマンマと失敗し、閥族内閣も亦識者其弊に堪えずとなす。然らば我国将来の政治は政党をして之に当らしむべきか、将た他に別途の方法を執るべきかは愛国の士の一日も考究を怠るを得ざる大問題なりとす。

予をして簡単に所思を述べしめよ。我国に於て立憲政治の好果の挙がらざりし原因の一は慥かに官民の無用なる衝突なりき。故に其の動機は兎もあれ両者の相接近するはかの問題の解決に一光明を与ふるものなり。此点に於て予は官民懇話会の経過に向つて大なる注意を払ひたりき。されども其結果は不幸にして和衷協同の実を挙ぐる

に至らず。二者を隔つる牆壁は依然として旧の如し。嗚かくして何の日か我国の憲政は其本領を発揮するを得べき。(28)

つまり官民懇話会に、政府と政党の「無用なる衝突」を回避し、政治の円滑化を図る機能を期待してもいたのである。「政進両党の新連鎖」と合わせて読むと、やや議論に整合性がないような感もあるが、吉野が言いたいのは、立法府による政党が、過度に政府に追従するのはいけないが、政党と政府が過度に衝突するのは政治の停滞を招くので好ましくない。成立の経緯はともかく、官民懇話会が政党と政府の意見交換の場となり、政治の円滑化に寄与するのであるなら、官民懇話会にも意味がある、ということであろう。しかし官民懇話会も結局不調に終わったので、吉野は失望を隠さない。

第二一議会が開会し、吉野の期待に反して、政友会と憲政本党が政府提出の予算案・予算関係法案審議において、政府に協力的な姿勢を示すと、吉野は政党が政府に「盲従」していると怒りをこめて批判する。

政進両党は政府対抗のために同盟せしには非りき。固より軍国多難の際漫りに政府と議会との間に無用の論争を見るは国家の大不利なりと雖も、併し近頃の套語の如く何事も挙国一致てふ空名の為めに雷同附和するは好ましき事に非ず。軍国時代の政党としては出来るだけ時の政府に好意を持ち其行動を助くるを可なりとすべしと雖も、既に民間党として藩閥に対抗する政党たる以上は、監督者たる自家の本領を枉げず独立の判断を以て政府に臨まざるべからず。然るに何事ぞ、政進両党の提携は政府に対抗せんがために非ずして却て之に盲従せんが為めならんとは何故に政進両党は政府に盲従せしか。是れ疑問たり。両三月前の官民懇話会は当時失敗に帰せりと伝へられしも、之れ或は其筋の流言にして、実は今日の政府政党の妥協既に此時に決せられしには非ざりしか。遮莫両党相提携して既に議院に絶対的多数を制し得るに拘らず猶おめおめと政府に盲従せしには茲に何等か深き意味なくんば非る也。人或は曰く戦後の内閣を政党に譲るの条件を以て政党は内閣を助けしなりと。真偽固より明ならずと雖も、兎に角政党盲従の動機は将来の政局に一大関係を有することだけは明了なり。盲従の真理由の如何は吾人之を知らず、然れども盲従の方策を決せしものは所謂幹部の二三氏にして多数党員は與り知らざるが如し。是れ各党の総会に於て常に歩調を一にせず且甚しきは此提携に慊らざるものあるを以て明あり。然らば今日の政党其自身は亦二三の専決に動くものにして政党の本領たる平民的主義を没却するものといはざるべからず。是れ思ふに党員多数の無智なるが故なり。政党の専制的なるは即ち党員の無智なるの結果にして亦已むを得ざるなり。而して政党の事務が凡て専制的に決せらるるが故に政府との妥協の如きは事易く行はるるなり。(29)

実際桂首相と原敬の間で、水面下で協力関係が模索されていた。議会開会後の一二月八日には、桂首相と原敬が会談し、議会運営における政府と政友会の協力、戦争終結後も桂が政権を担当する際は政友会と相談すること、また退任する場合は政友会総裁西園寺を後継首班に推薦することが話し合われた。以降の議会は政友会が主導し、憲政本党とも交渉しつつ、両党内の反対派を抑え、一部の修正を加えて、巨額の軍事予算と関連法案を可決・成立させている。(30)

このような桂・原等政府や政党の上層部の思惑の下、増税を含む巨額の軍事予算や関連法案が成立していくのは、吉野から見れば政党が独自の判断を放棄し、政府に付和雷同して、政府を監督する職責を放棄するものであった。また一般党員と十分な議論もなく幹部党員の思惑がまかり通る政党、特に政友会の専制的な体質は、政党の在り方として不適当と批判するのである。

このように、日露戦争前後の時期の政友会・憲政本党に関する吉野の各論を見ると、両党に対する彼の見方がよくわかる。

吉野が政友会・憲政本党という、衆議院の二大勢力にまず求めたのは、立法府たる議会の政党として行政府と堂々と対峙しその監督機能を果たすことであった。政府に対抗する相当の理由あるときは両党提携し、政府に対し堂々と自論を展開すべきであり、立法府の政党としての存在意義を示すべきである、ただし、地租増徴継続反対の時の提携のように、一時的・表面的な提携や、政府に追従することはやめるべきであり、そして最終的には、藩閥・元老に代わって政党内閣を樹立するだけの識見と能力を持つべきである、という見解である。このような観点から吉野は、第二一議会下での、特に政友会の政府妥協的態度を批判するのである。

吉野は衆議院第一党である政友会について論じることが多く、憲政本党を正面から議論することはなかった。やはり第一党としての政友会の立場と影響力を重視したということであろう。そこから、政友会所属代議士の猟官的傾向、腐敗、政府との妥協、総裁・総務委員等少数の幹部中心の体制への批判が出てくるのである。

目を転じて政友会、憲政本党以外の政党についてはどうか。例えば帝国党や、帝国党を改組して成立した大同倶楽部については、吉野はほとんど言及していない。これは例えば帝国党が数十人規模の少数党であり、議会における影響が少なかったこと等が原因であろう。ただ帝国党が第一次桂内閣の与党として、政府支持の態度を取り、政党内閣に否定的であった点については、吉野は「政界時感」の中で、「政党内閣に反対するを以て綱領の一とする帝国党の主張は吾人の解す能はざる所也、吾人は之を呼んで「政党の自家撞着」と云はんとす」と批判している(31)。管見の限り、これが日露戦争前後の時期に吉野が帝国党について言及した唯一のものである。

海外の政党については、吉野はこの時期具体的な政党についてはほとんど言及していない。ただ、興味深いのは、ロシアの「立憲保守党」に関する言及があることである。吉野のこの政党への言及は、当然日露戦争との関連でなされたものである。

吉野が、海老名弾正を始めとする『新人』の関係者同様、日露戦争を肯定・是認したことは周知の通りである。吉野は一九〇四（明治三七）年三月号の『新人』に「露国の満州占領の真相」「征露の目的」「露国の敗北は世界平和の基也」を寄稿し、日露戦争の意義を強調している。吉野の日露戦争肯定論のなかで興味深いのは、「露国の敗北は世界平和の基也」で吉野が示した見解である。ここで吉野は、ロシアが日本に敗れれば、「或は自由民権論の勢力を増す所以とならん」と述べ、日本が戦争に勝利すれば、ロシア国内の「自由民権論」の勢力が強化され、政治の民主化が促進されるという予測から日露戦争肯定論を展開するのである。[32] 相手国の民主化の促進のために戦争を肯定するという論法は随分乱暴だけれども、吉野のこのような戦争認識が、「立憲保守党」への注目を促した。日露戦争も終局に向いつつあった一九〇五年五月の『新人』に、吉野は「露国に於ける主民的勢力の近状」を寄稿している。この論の冒頭で、吉野はロシアの帝国参議院議員、元老院議員等政府の高官達が「立憲保守党」を組織しつつあるという報道[33]を紹介し、次のように述べる。

日露戦争以前の露国を顧みるに、当時上流貴族の階級は優に所謂革命党社会党の如何なる計企をも急破一掃するの実力を有して余りありき。進歩主義の平民党は政府の辛酷なる抑圧を蒙るに拘らず日に月に同志者を増加して止まず、進歩主義革命主義の漫延や誠に素晴らしきものありしとは云へども、一方に政府の権力の強大なるを顧みては、露国に於ける革命主義の実現や前途実に遼遠たるの感なきを得ざりしなり。然るに図らざりき。今茲に倫敦電報により立憲保守党の設立を聞かんとは。

此電報に依れば政府方の上流階級が自ら進んで立憲政体の樹立を期するに在るものの如し。これまで人民の一部の者が血を流して希望せし立憲制をば政府方自ら其設立を設立を声明するものなり。是れ豈政府が先きに無辜の人民を殺してまで争いし所のものを今自ら我より之を許さんとする者に非ずや。露国政府は何故に此一大反覆を敢てしたるや。是れ識者の注目を怠るべからざるところ。

露国政府のこの一大反覆を解明するに二様の道あり。第一に露政府の一派が時勢の赴く所国利民福の示す所に依り到底立憲制に依らざるべからざることを心から信ずるに至れるものとすれば、かの反覆は更らに怪むに足らず。併し今日の露国政府が一朝にして其頑迷を改め、吾人と共に文明の恵澤をたのしまんとするに至りしとは如何にしても信ぜられず。然らばかの反覆を説明するの道は即ち、露国内に於ける人民的勢力の著しく勃興して政府も少しく危険を感ずるに至りし結果、之を慰撫するの必要より斯の手段を取りしと見るの外なき也。予輩は実にかの倫敦電報の所報を以て露国に於ける人民的勢力の激増を察する者なり。(34)

吉野はこのような「立憲保守党」成立への動きの背景に、ロシアの「人民的勢力」「主民的勢力」の伸長を認める。吉野によれば、このような「人民的勢力」の伸長をもたらしたのは日露戦争であるという。戦争の結果、専制政治の弊害がロシアの民衆に認知され、「人民的勢力」の伸長を促したとするのである。吉野は「日露戦争の結果たる露国の人民的勢力の激増は結局同国人民を専制の害禍より救ふに至るべきや疑いを容れず。吾人は今や東欧の天地に漸く文明の微光のひらめき初めたるを見て大に之を祝する者也」(35)という。このように、吉野は自身の戦争肯定論から、「立憲保守党」組織の記事に着目して言及したのである。ただ吉野の期待に反し、帝政ロシアにおける政党史は一筋縄ではいかなかった。吉野が想定していた、民意を背景にした穏健な立憲政治の確立・展開という訳にはいかず、やがてロシアは第一次世界大戦への参戦・大戦の長期化を経て、一九一七年の革命を迎えるに至るのである。

おわりに

日露戦争前後の時期、吉野は、『新人』という舞台を与えられ、政党に関する自論を展開することができた。吉野が政党に求めたのは、藩閥・元老に代わって政権を担い、民意に基づいた政治を遂行し得る識見と能力を有することであった。それだけに、政友会に属する古参党員の猟官的傾向や、利益政治的傾向を容認できず、批判したのである。また、立法府たる議会における有力な勢力として、行政府に対して毅然とした対応をとり得る独自の判断力を有し、行政府に対する監督機能を果たすことを求めた。故に第二一議会における政党の協力的態度は、政府への「盲従」と吉野は批判したのである。議会勢力である政党、そして政党人に高度な能力と識見を求めるのは、この時期の吉野の理想主義的傾向の反映と言える。この時期の吉野が政党に求めたのは、言わば「国家国民」に対する貢献であったといえよう。この時期の吉野の政党論には、後の大正期以降の政党論と比較しても、「国家」や「国益」に貢献することを求める傾向があるようである。それだけ当時の吉野にとって、国家と言う共同体の価値は個人の存在と不可分のものとして重んじられ、それは吉野の政党論も強く規定した。吉野の当時の楽観的とも言うべき国家観は、その政党論を個性づけるとともに、一抹の危うさをも付加することになったのである。こうして形成された吉野の日露戦争期の政党論が、大正期以降如何に変化したかは、今後の検討課題としたい。

註

（1）三谷太一郎「思想家としての吉野作造」（三谷編『日本の名著　吉野作造』中央公論社、一九七三年）、太田雅夫「吉野作造とキリスト教」（同志社大学人文科学研究所編『『新人』『新女界』の研究　二〇世紀初頭キリスト教ジャーナリズム』人文書院、一九九九年）、田沢晴子「吉野作造における「民本主義」の形成――キリスト教信仰の観点からみた」（『早稲田大学大学院文学研究科紀要別冊　哲学・史学編』第一九集、一九九二年）等。

（2）田中惣五郎『吉野作造――日本的デモクラシーの使徒』（未来社、一九五八年）、田澤晴子『吉野作造――人世に逆境はない』（ミネルヴァ書房、二〇〇六年）等の吉野の伝記では、民本主義の原型として吉野の「主民主義」が位置づけられる。

（3）飯田泰三「吉野作造〝ナショナルデモクラット〟と社会の発見」（小松茂夫他編『日本の国家思想』下、青木書店、一九八〇年）。

（4）田中真人「『新人』の意義と性格」、太田雅夫「吉野作造とキリスト教」、ともに前掲『『新人』『新女界』の研究　二〇世紀初頭キリスト教ジャーナリズム』所収。

（5）一九〇三年一月における『新人』の陣容は、主筆海老名弾正、編輯主任三沢糾、小山東助、吉野作造、羽中田淳策、編輯参与員内ケ崎作三郎、栗原基、深田康算、斎木延次郎。同月『新人』四－一、「江湖の諸君に告ぐ」参照。

（6）この論文は無署名であるが、西田耕三「『民本主義』の原型考――吉野作造の最初の政治論」（『大正デモクラシー研究』三、一九九七年三月号）が、吉野の最初の政治論として紹介しており、本章もこの立場をとる。

（7）一九〇三年から一九〇六年にかけて吉野が『新人』に寄稿した論考等は次の通り（以下ここでは〇三・一などと略記）。「政治界に対する我党の態度」「国務大臣及び政府委員に臨む」（〇三・一）「政界時感」（〇三・一）「世界普通語エスペラント」（〇三・五）「露国の満州占領の真相」「露国の満州閉鎖主義」「征露の目的」「露国の敗北け世界平和の基也」（〇四・三）「政党進化論」「政府の公債政策を難ず」（〇四・四）「日露戦争と世界政治」（〇四・八）「豪州人の日露戦争観を読みて」「政進両党の新連鎖」（〇四・一〇）「大に黄禍論の起れかし」「官民懇話会」（〇四・一一）「普通選挙請願運動の檄を読む」「選挙権拡張の議」「選挙方法改正の議」（〇四・一二）「本邦立憲政治の現状」「実業界の奮励を望む」「政進両党の態度」「選挙法改正の行悩み」「少数党の圧迫」（〇五・一）「国家魂とは何ぞや」「本邦立憲政治の現状」「仏領印度に対する日本の野心」に付いて」（〇五・二）「木下尚江君に答ふ」「劇界の新風潮」「学生停学問題」（無題）（「時潮小観」欄）「加藤君の「愛国心」論」（〇五・三）「平民社の国家観」「権力万能主義の謬妄」「わが筆（大町桂月君著）」（〇五・四）「現代青年の要求に通暁せよ―牧師諸先生に告ぐ」「露国に於ける主民的勢力の近状」「露国貴族の運命」「露国革命と憲法」「朝鮮人の真面目」「露西亜とアルメニヤ教会」（〇五・五）「走る者非歟」（〇五・六）「日本民族の精神的自覚」「社会主義と警視庁」（〇五・七）「ケナン翁旅順紀行の一節――敵前坑内に於ける日本兵士の生活」（〇五・八）「社会主義と基督教」（〇五・九）「再び社会主義と基督教とに就きて」「トルストイ翁の土地私有制度廃止論」（〇五・一〇）「文武両官の気風」（〇五・一一）「編集局より」（〇五・一二）「所謂官庁の威信とは何ぞ」（〇六・一）「支那観光録」（〇六・四）「支那観光録（第二信）」（〇六・五）「支那人の形式主義」（〇六・七）「ニコライ大主教叙聖二十五年紀念会」（〇六・八）「支那人の形式主義（再び）」（〇六・九）

（8）論争の発端は、一九〇五年一月号の『新人』社説に海老名弾正が「日本魂の新意義を想ふ」を寄稿し、「日本魂」すなわち日本の国家精神を肯定する議論を展開したことによる。これに対し幸徳秋水が一月八日の『平民新聞』第六一号で「国家無上、国家万能の主義」と批判した。これを受けて吉野が二月号の『新人』に「国家魂とは何ぞや」を寄稿して、国家魂は「一大民族的精神」であるとして幸徳に反論した。海老名、吉野の議論を受けて、木下尚江が二月一二日号の『直言』に「『新人』の国家宗教」を寄稿し、吉野の国家論が理想主義に過ぎ、やや非現実的であること、また海老名の信仰は「国家宗教」であり、「根本的誤謬」と批判した。これを受けて吉野は三月号の『新人』に「木下尚江君に答ふ」、四月号に「平民社の国家観」を寄稿してさらに反論している。この論争で吉野が力説したのは、個人の共同体としての国家の価値であった。このような吉野の国家観は彼の政党論にも色濃く反映されている。それ故に、彼は政党が「国益」を重視することを主張するのである（本章第二節）。なお、この海老名・吉野・幸徳・木下等の論争については、前掲、飯田「吉野作造　ナショナルデモクラットと社会の発見」、清水靖久「吉野作造の政治学と国家観」（『吉野作造選集』第一巻解説、岩波書店、一九九五年）、松本三之介『近代日本の思想家一一　吉野作造』（東京大学出版会、二〇〇八年、第一章）等を参照。

（9）日露戦争を受けて、一九〇四年から一九〇五年にかけての吉野の国際関係論はロシアないし日露戦争に関するものが大半である。ロシアの満州方面への進出を論じた「露国の満州占領の真相」「露国の満州閉鎖主義」、日露戦争の意義を論じた「征露の目的」「露国の敗北は世界平和の基也」（以上〇四・三）、日露戦争に起因する黄禍論について論じた「日露戦争と世界政治」（〇四・八）「大いに黄禍論の起れかし」（〇四・一二）、戦争下のロシア情勢について論じた「露国における主民的勢力の現状」「露国貴族の運命」「露国革命と憲法」「露西亜とアルメニヤ教会」（以上〇五・五）等がある。またトルストイの土地私有制度廃止論を抄訳した「トルストイ翁の土地私有制度廃止論」（〇五・一〇）等がある。ただ、吉野は講和をめぐる問題については論じていない。

（10）吉野「政党進化論」（『新人』五-四、一九〇四年四月号）二九頁。

（11）同右、二九頁。

（12）同右、三〇頁。

（13）同右、三〇頁。

（14）同右、三〇〜三一頁。

（15）同右、三一〜三二頁。

（16）吉野「政界時感」（『新人』四-二、一九〇三年二月号）三二頁。

（17）同右、三二〜三三頁。

（18）同右、三三頁。

（19）同右、三三頁。

(20)　同右、三四頁。
(21)　同右、三四～三五頁。
(22)　吉野「本邦立憲政治の現状」(『新人』六-一、一九〇五年一月号)一七頁。
(23)　吉野「二大党提携の末路」(『新人』四-三、一九〇三年三月号)三四頁。
(24)　本章、二一二～二一三頁。
(25)　吉野「政進両党の新連鎖」(『新人』五-一〇、一九〇四年一〇月号)三四～三五頁。
(26)　同右、三五頁。
(27)　同右、三五頁。
(28)　吉野「官民懇話会」(『新人』五-一一、一九〇四年一一月号)三九～四〇頁。
(29)　吉野「政進両党の態度」(『新人』六-一、一九〇五年一月号)五七頁。
(30)　第二一議会下での桂・原の交渉については、宇野俊一「第一一代　第一次桂内閣――「第二流」内閣の登場」(林茂・辻清明編『日本内閣史録1』第一法規　一九八一年)四〇七～四〇八頁、等。
(31)　吉野「政界時感」(『新人』四-二、一九〇三年二月号)三三頁。
(32)　吉野「露国の敗北は世界平和の基也」(『新人』五-三、一九〇四年三月号)二五～二六頁。
(33)　ちなみに、一九〇五(明治三八)年四月一九日号の『万朝報』に、「露国の政党編成」の題で次の記事がある。
「現今露国に於て編成せられんとしつつある立憲保守党ハ其党員中に元老院議員及び政府の重要官吏の外に七名の帝国参議院議官を包含せり而して該新政党ハ内務大臣ブリグイン氏の賛助を得且つ改革問題討議の目的を以て聖彼得堡に於て開かるべき集会に出席勧告の為め全露国に渡りて数千枚の案内状を発したり又同党は既に代議院設置の計画を完成したりと云ふ」

なお、同様の記事が同日の『東京日日新聞』『東京朝日新聞』等にある。
(34)　吉野「露国に於ける主民的勢力の現状」(『新人』六-五、一九〇五年五月号)五二頁。
(35)　同右、五三頁。

第八章　田中惣五郎における政党史研究の位相
――『東洋社会党考』成立の背景――

廣木　尚

はじめに

政党を「政治空間に浮遊するさまざまな利益・思想を吸引・動員して、その力を背景に政治過程の継続的支配権を奪取しようとする人びとの集合体(1)」と理解するなら、そこでいう「さまざまな利益・思想」もまた政党を構成する重要な要素ということになろう。したがって、過去におけるそうした利益・思想の内実、さらには、その実現を政党に仮託するという社会的意識の態様を解明することは政党史研究にとっても不可欠の課題であるはずだ。

それは、政党という存在を社会状況や人々の意識との相互関係において捉えるという観点ともつながっている。ある時代のある地域における特定の政党ないしは政党概念が、どのような利益や思想の反映として位置づけられるのか、反対に、人々の政治意識は政党のあり方にどのように規定されているのか、という視点が主題化されるのである。本章は、二〇世紀の初頭から中盤にかけて歴史家、教育者、社会運動家として活動した田中惣五郎（一八九四～一九六一年）に焦点を当て、田中が歴史家としての初期の代表作『東洋社会党考』を執筆するに至る経緯と、それまでの田中の経験が同書の内容に与えた影響を考察することで、この課題に対し一つの具体的な解答を提出することを試みるものである。

田中についてはこれまでも何度か言及がなされてきた。(2)それらは概ね人物評や回想の形で著されており、田中の人柄や歴史研究の特徴、研究姿勢を明示することを主眼としている。そこでは田中の運動経験が歴史研究に影響を与えたことも指摘されているのだが、叙述の性質上、具体的な事実関係の検証を欠いており、田中のどのような運動経験が、どのような影響を歴史研究に与えたのか、それは具体的な歴史叙述の中にどのような形であらわれているのか、明確な分析はなされていない。また、それらの論稿は、いずれも完結した田中の歴史研究の総体を解釈するという立場に立っており、印象論的な評価にとどまるとの感はぬぐえない。本章ではこれらの記述を導きの糸としながらも、そこでの田中評を一旦保留し、田中惣五郎個人の具体的な歩みの中で歴史研究が浮上してくる過程とその意味とを生成史的に描出したい。

その際、留意したいのは、田中の多様な活動をひとまとまりの実践系として捉えることである。先に田中のことを歴史家、教育者、社会運動家と評したが、田中にとって歴史研究と教育実践、社会運動といった諸局面は各個に分断されてあったわけではない。それらはいずれも田中の実践の一側面なのであって、どの側面に光を当てるにせよ、他を排除しては解明することはできないのである。この点を意識化することで、運動家としての田中が運動体としての政党の歴史をどのように認識していたのか、その認識が田中にどのような影響をもたらしたのかがより明瞭に見えてくるはずである。

本章では、以上の目的に基づき、まず第一節で、田中の新潟時代から『東洋社会党考』執筆直前までの活動の軌跡を、特に教員組合運動への関わりに力点を置いて分析する。その上で、第二節では、田中の活動の中で次第に大きな位置を占めていった歴史研究の実践的な意味を跡付けるとともに、『東洋社会党考』の内容を分析して、彼がそれまでの活動で培った運動観や組織論が同書の内容にいかなる影響を与えているか、また、東洋社会党という対象を取り上げたことが彼のその後の思想や行動にいかなる影響をもたらしたと考えられるかを検証したい。

大正期に新潟県の小学校教員として出発した田中は、デモクラシー状況の地方への波及の中で、その積極的な担い手として思想形成を遂げて行ったのであり、その意味で、ここで田中を取り上げることは、大正期のデモクラシー状況にコミットした知識人／地方エリート層における政党の意義を考える上でも、一つの典型を提出することになると思われる。また、歴史家田中惣五郎には、これまで「民間史家」との称号が与えられてきた(3)。明治以来の在野史学の系譜に田中を位置づけることには異論はないが、その前に、田中と同時代には一年年長の田村栄太郎（一八九三年生）や、十年ほど年下の平沢清人（一九〇四年生）、庄司吉之助（一九〇五年生）といった、二〇世紀初頭に、アカデミズム史学の正系とは別のところで、多かれ少なかれ社会運動の経験に触発されて学問形成を果した一群の歴史家達が存在することを今少し深く考えてみたい。彼らの活動を「現代歴史学の青春」と位置づける見方があったことを踏まえるなら(4)、「民間史学」という大きな概念に括る前に、より分節化された彼らの実践の固有性を位置づけておくことは、史学史的にも必要な作業だと思われる。田中にとって終生の課題となった自由民権研究、社会運動研究の初発である『東洋社会党考』の成立過程は、この観点からも検討すべき対象といえるだろう。こうした目的意識をも念頭において分析を進めていきたい。

一　教員組合運動の経験

(1)　無明会の活動と団結の思想

『東洋社会党考』(一元社、一九三〇年)は「私は、社会運動に相当の関心と興味とを持つものである。従つて、社会運動史にも多大の興味が持てる」との書き出しで始まる。(5) 田中を日本初の「社会党」の研究へと向かわせた「関心」とはいかなるものだったのか。東洋社会党の性格を創立者樽井藤吉の生涯の中に探った田中の手法に習い、まずは『東洋社会党考』の「前日譚」を、執筆者田中の運動歴の中に辿ってみよう。

高田師範学校に学んで教員となった田中の社会運動への関わりは、彼が新潟市の鏡淵尋常小学校に赴任した一九一九年頃に始まる。この年は野口伝兵衛、豊川善曄、中村和作といった、田中と共に教員結社無明会の活動を支えていく人々が相次いで新潟に赴任した年でもあった。無明会をはじめとする新潟県下の思想団体の活動については荻野正博の研究に詳しいが、(6) ここでは田中の無明会結成の動機と教員組合論を中心に見ていきたい。

無明会は若手教員による思想研究団体として出発した。田中の回想によれば、無明会結成の直接の目的は教員内の対立関係の解消にあったという。鏡淵尋常小学校内部の新潟師範系教員と高田師範系教員との激しい学閥争いを憂慮した田中が、「両師範出身者を打って一丸とした組織を作り、これを新思想の研究団体とする計画」を立て、同僚で新潟師範出身の野口伝兵衛とともに若手の教員を糾合していったのである。(7) その結果、一九二〇年一二月一八日、新潟市を中心に約一二〇名の会員を擁して無明会は結成された。(8)

結成後の無明会の活動は、座談会の開催から、社会科学・文芸関係の書物の購入と会員間の回読会の実施、中央から講師を呼んでの講演会の開催等であった。[9] 折しも米騒動後の当時、デモクラシー状況の興隆の中で小学校教員を担い手とする教育運動、文化運動が活発化しており、無明会結成の前年には全国的な教員組合の先駆けとなる啓明会が下中弥三郎を中心に結成されていた。無明会はそうした動向を新潟の地に呼び込み、推進する役割を担ったのである。

一九二一年には、新潟新聞社の主催で下中弥三郎・小原国芳を講師とする教育問題講演会が開かれたことをきっかけに、無明会と啓明会との間に提携関係がもたれるようになる。啓明会は前年の第一回メーデー参加の後「日本教員組合啓明会」と改称して運動団体としての傾向を濃厚にしており、無明会もまた次第に社会問題への関心を鮮明にしつつあった。そして、啓明会と無明会との仲介役を果たしていたのが田中惣五郎であった。[10] 田中は新潟師範系教員と高田師範系教員、中央の啓明会と新潟の無明会といった、内部と外部で無明会を支える人々の結び目の役割を果たしていたのである。[11]

新潟文化学会[12]の第一回講義で「社会問題」を担当した田中は、[13] すでに社会変革への志向を強く持っており、無明会をそうした変革の担い手とするべく組織論・運動論を構築していった。以下で検討する「教員組合考察の断片」[14]は、そうした田中の経験と研鑽を踏まえた思索の成果といえる。

まず、田中は「五年に亘つた人間同士の争闘」＝第一次世界大戦の経験とその後の「人間発達史」の方向に思いを寄せ、「吾等は教育者である。流れの本支を弁別して本流〔に〕棹し以て行くべき方向に速かに導かねばならぬ」との意識のもと、「教育者が人間道の本支を研究し、之に棹し、同時に研究し棹すべき力を養ふ為の方法を考へて吾等は種々迷路に入つた。そして辛うじて教員組合を得た」と述べる。[15] 無明会の活動に第一次世界大戦後という世界史的な根拠を与え、教員組合となることこそが「人間道」の「本流」に掉さす方向であると総括したのである。

それでは、教員組合を結成することがどうして「本流」に掉さすことになるのか。以後の論旨はほぼこの点の説明に費やされている。

田中は労働争議や小作問題が激化する現代の社会状態を「成長や変化から来る当然の帰結だか《ママ》と考へられる」としながらも、「此同胞相食む底の惨状、等しく　陛下の赤子である筈の人々が白昼剣を鳴らす暴状は、実に歎かはしき極みだと歎息せざるを得ない」と慨嘆する。(16) こうした状況を改善するための方法は「「飽迄も現実の真に立て」と決して空想や夢を現実の面に仮して自個を欺く態度を避く」ことである。田中によれば、「資本家の生れたのは剣を尊重した時代に武士が輩出した様に生るべくして生れたもの」であり、「唯それが一度時の変異――それは雨の降る如く風の吹く如く自然な――に遇ひ其座を去るべくして尚位置を頑守した時に初めて問題が起る」のだという。一方で、資本家を攻撃する「社会主義者或は労働運動の左傾派は動もすると資本家の横暴を叫び不倶戴天の仇扱ひをすると多数労働者が簡単に共鳴するのは彼等労働者が単純なる知識にのみ終始する結果である」。つまり、社会問題の原因は、資本家も労働者も含めて、人々が歴史的必然性という「現実の真」に対する知識を欠いていることによる。「此真を避けた胡魔化しが多くの惨虐を生むのである」。

ここに教育者の役割が見出される。「教育者が其対象物たる青年児童に真個社会の実状を知らしむると同時に来るべき国家社会に順応すべく指導することに努めたならば真を理解し真を行ふべく育まれたる彼等が造る社会は現在の我等が見て以て理想に近いものであると思ふ」と。(17)

「最も穏健なる社会改良は十七万の小学教員、一万七千の中等教員一万の新聞記者の三者が一致結束して適当に対者を揮くことによつてのみ完成される」。田中はこう断言するが、それには教育組織に順応し、硬化し果てた教育者自身の問題や、教育組織の制度硬化といった克服すべき難関があるという。教員が社会変革の主体となるためには、教員自身の意識改革と教員の要求を実現させるための方途とが必要なのだが、田中は「此難関は教員が組合を造つての活動に於てのみ突破せらる」とした。つまり、教員の相互教育と意思表示の二つの機能を持つものとしての教員組合の構想である。「人間が排他競争による進歩より相互扶助によつて如何に進歩し繁栄するものかと云ふ事実は何もクロの相互扶助論によらなくとも明か」であり、教員組合があれば「教育者が互に砥礪して教員の地位向上を説き思想問題教科問題を論じ社会国家の帰趨を挙示」することが可能となる。その上で、教員の要求を「為政家に要請して速かに之を言論から形あるものに変じさせねばならぬ」のだが、「一人の声は彼等の耳に入るべく余りに細い」。そこで、教員組合の集団の力を使い、「異口音を同じうして始めて彼等も耳底深く之を聞くであらう」というのである。「真乎放たれ目覚めた教育者が当局を動かして新たなる国家社会を建設すること。これが完全なる生命の転化、革新で無くて何であらうぞ、血の一滴をも見ざる社会改造、これが教育者の最大任務では無からうか。そして教員組合がそれを果して呉れる最も善い方法の一つと確信する」。論稿はこう結ばれている[18]。田中は教育者に世界大戦後の時代の方向性を見極め、「現実の真」に立った教育を施すことで、社会運動の激化を抑止するとともに、理想的な社会を実現する「青年児童」を育成する役割を果たすことを求めた。そのための手段として要請された教員組合は、「教育者の相互扶助による地位の向上革新の場所」となることで、教育者自身が「青年児童」を正しく導きうる存在となり、同時に、集団の力によって為政者に迫り「血の一滴をも見ざる社会改造」を実現する実行体となるべきものだったのである。

田中の教員組合論の特徴は、社会問題の解決という明確な目的意識を持っていること、そのための手段に暴力を用いることを回避し、組織力によって達成しようとするところにある。この運動論を支えていたのは、世界史的な「人間発達史」上に自己の生きる現在を位置づける認識であり、また、無明会の活動や、おそらくは日々の教育実践の中で「種々迷路に入つた」末に教員組合を見出すという経験の蓄積であった。歴史的現在の認識と、運動の経験、それに裏打ちされた協同と非暴力の志向、これらの特徴が田中惣五郎の実践の基調となっていく。

しかし、こうして理念化された運動論が無明会の活動の場で具体化されることはなかった。次第に教員組合化する無明会は当局から不穏団体視されるようになり、一九二一年一二月、機関誌『無明』の創刊号が発禁処分を受けたことをきっかけに、田中や野口ら無明会中心メンバーの多くが退職や郡部への左遷というかたちで新潟市を追われたからである。以後、田中の活動の場は東京へと移されることになる。(19)

(2) 啓明会再建運動の挫折

上京した田中は、自由党壮士あがりの松見文平が校長を勤める順天中学校に採用され、同校に勤務する傍ら、無産政党の前身である政治研究会や、俸給生活者組合、そして啓明会といった団体の活動に加わっていく。(20)田中が去った後の新潟では、無明会と新潟文化学会が合同して創生会が結成され活動が続けられていたが、(21)田中も講演会の講師に有島武郎・秋田雨雀・江口渙らを斡旋するなど側面から協力を続けた。(22)三・一五事件の頃には市ケ谷刑務所に近い田中の借家は差し入れや謀議の連絡所の様相を呈していたとされ、(23)また一九三二年当時、新興教育同盟準備会の専従として活動していた井野川潔も、池田種生や上田唯郎と並んで田中からたびたび援助を受けたと回想している。(24)上京後の田中は新潟の人々との繋がりを保ちながら、新たな運動・人々と出会い、活動の場を広げていったのである。

新潟を出てから歴史研究を本格化させる間の時期、田中が最も深く関わったのは啓明会の運動であろう。上京後、啓明会に加入した田中は、早速、無明会会員の半数以上を啓明会地方会員として合流させたという。(25)しかし、当時の啓明会は低迷期にあった。啓明会は第一回メーデーへの参加後、教員組合を名乗り、労働運動との連携を進めたが、当局からの圧迫や労働運動内部の「アナ・ボル論争」の激化、そして多数派会員が労働運動ではなく思想教化運動を志向していたことなどが重なり、田中が加入した一九二二年の大会出席者は僅か六名に留まるなど、求心力を大幅に低下させ、労働組合同盟からも脱退、労働運動との関係を絶つに至っていた。(26)

一九二五年に「啓明会の新方針」を発表して本格的に方向転換をした啓明会は、その後「教化団体啓明会」を名乗り思想教化団体としての性格を強めることになる。(27)しかし、その過程でも啓明会内部が教化運動志向で塗り固められていたわけではなかった。下中弥三郎の個人的なカリスマ性に多くを拠っていた啓明会は、それ故に会員の思想傾向に幅を持ち、下中自身の思想的振幅や「自由連合」的組織論も相俟って会内部の緩やかな思想対立を醸成・温存していたのである。(28)そうした環境の中で、田中は啓明会を教員組合運動に引き戻すための論陣を張り、「ボル系」と見なされるようになっていく。(29)

一九二四年一〇月、東京支部会での地方幹事設置をめぐる田中と下中との遣り取りには、啓明会主流と田中との組織論の相違が明確に現れている。下中が「地方には自然に支部が生れて来るのを待つて、その時幹事をつくればよい」と、「地方」の自発性を尊重する立場を取るのに対し、田中は「その支部が生れるのは、何時の事やら解らないから、むしろ適当の人に幹事として働いて貰へば支部の出来る事もその方が早くはないか」と、中央主導の地方支部組織論を展開した。岡本洋三は田中の主張を「中央集権的な指導体制への要求」と評しているが、「その適当の人と言ふのが難しい」と難色を示す下中に対し、「現在の儘では地方と中央に殆んど連絡がなくつて、地方の人達〔は〕雑誌を読むと云ふに過ぎない〔。〕もつと之に緊密な関係を持ちたい」との危機感を吐露しているように、田中の主張は地方教員の状況を熟知した上で、「雑誌を読む」以上の活動を希求する、「地方」からの意思表示と言えるものであった。(30)

田中と下中との意見の相違は、普通選挙法が成立し、無産政党の結成をみる段階に至って、両者の無産政党観、階級認識、そして運動論の相違として明確化する。啓明会の機関紙『文化運動』誌上で「非政党同盟」の結成を提唱する下中が、「非政党同盟は、その戦術上地主をも包括する運動であり、無産政党は地主を拒否する運動である」として非政党同盟と無産政党の違いを強調し、運動の目的を階級闘争ではなく、「商工業を農業に従属させ、都市を農民に臣属せしむること」としたのに対し、(31)同じ号で、教員に向けて「教員病」の克服を訴えた田中は、「同職同階級の結束と団結」による階級闘争を展望している。(32)この相違は「普選になつても、我等は議会主義そのものには多くの期待を持ち得ない」とする下中と、「だが将来は政治に参与する人々の数が多くなればなる程、彼等は自己の階級を擁護し自分達の職業の発展と利益を希ふ様にならう」という田中との、普選実施後の展望の相違によるものでもあった。

上京当時の田中が「ボル系」と称されるほどの明確な思想傾向を持っていたかは疑問である。むしろ、無明会の経験に根ざす教員組合の構想を蔵しつつ、政治研究会などの無産運動との関わりも持ちながら右のような論陣を張る中で、次第に自己の立場の理論的根拠を突き詰めていったと考えるほうが自然であろう。先の論説の中で田中は「マルクスの生産方法中心、思想道徳上部構造の説」に触れているが[33]、同じく啓明会内の「ボル系」とされる為藤五郎の『教育週報』に寄せた言葉でも「人間をあまり信用出来なくなつた私には社会制度の組織換へより外に名案がありません」と述べている[34]。新潟時代に「人間道」の「本流」と漠然と把握されていた運動目標が[35]、社会制度の改変、さらには資本主義的経済制度の変革と社会主義への志向という形に明確化していった過程が看取されよう[36]。

田中が池田種生、関根悦郎らとともに乗り出した啓明会再建運動は、こうした理論的な深化を経た上で、それを具体的な運動に結びつけようとする行動であったと理解できる。その行動は『教育週報』(一九二七年一一月五日)への「啓明会第二次宣言」の掲載として現れた。それは教育界の現状を「機械化と隷属化」と総括し、六項目の具体的な要求事項を掲げて、その実現のために教員の団結と啓明会への参加を求めるもので、全国の教育者に向けて無気力な「自慰的生活」を脱し「真の教育を宣揚し実現しよう」と呼びかける戦闘的なものであった[37]。

この「宣言」は、上田唯郎と野村芳兵衛の論争を軸とする「教育の政治化問題論争」を惹起するなど[38]、教員間の議論を活性化させる役割は果たしたものの、呼びかけに応えて入会を申し込んだ者は僅かに一六名に過ぎず[39]、教員組合としての啓明会の再組織化を図ろうとする田中たちの目論見は失敗に終わる。並行して進めた、下中個人への経済的依存を改め、独自調達の資金によって組合運動を維持しようとする啓明会内部の改革も頓挫し[40]、かわりに思想教化運動志向の会員と教員組合運動志向の会員との対立が激化、一九二八年四月六日の会合で解散の動議が提出され、「田

中氏一人が反対するだけで満場解散に賛成」というかたちで、啓明会は一挙に解散へと向かったのである。(41)

結局のところ田中たちの啓明会再建運動は、退潮と路線対立の中にも緩やかに保たれていた会員のまとまりにひびを入れ、分裂を決定的にする呼び水の役割を果たしたことになろう。しかし、その中でも田中だけは啓明会の解散に反対したという事実は重く見たい。田中は後に、啓明会と有馬頼寧の「日本教育協会」(日本教育者協会)との合併運動を行ったことを回想しているが、(42)目的意識の明確化や後述する組織論の体系化を進める一方で、具体的な運動の場面で田中は、抽象的な差異に囚われない団結の志向を有していたと言えるだろう。

啓明会再建運動には挫折したものの、その陰で田中は新潟時代以来の教員組合論を着実に練り上げていた。啓明会解散直後に『教育新潮』に掲載された「教員組合運動私見」(以下、「私見」と略記)には、具体的かつ体系的に陶冶された田中の教員組合構想をみることができる。その論旨を以下に示そう。(43)

啓明会会員間で運動方針に差異が生じていた背景には、大別して、教員を「被支配階級に属する」労働者とみなすか、それとも「支配階級の側に立つ」者とみるかという認識の相違が存在した。田中は、まずこの問題に切り込み、教員の待遇、職場環境と職務内容、生産手段の有無等を検討して、「彼等教育者は国家の経営する学校工場に雇傭され」た賃金労働者であり、それゆえ教員組合運動は労働組合運動に準ずべき性質のものであると結論付ける。(44)

それにもかかわらず、当の教員自身に組合運動を忌避する傾向があるのは何故か、それは多くの教員が、些少な「特権」に守られて「安全第一主義」の生活信条を持ちながら、「封建思想」に根ざす「官吏根性と師匠根性」を具有しているからであると田中は言う。そして、こうした意識は教員が「正しき意味の教員の本質に立脚する」ことで克服されるとする。(45)

「正しき意味の教員の本質」とは、教員が自らの社会的任務である「人間加工」を理想を持って行うことである。そして「其の理想は、人間社会の進化過程を正視することによつてのみ立て得られる」。教員の役割は「理想社会に適応した人間であると同時に、その理想社会を打開し得る力の所有者」を「加工」することであり、そのためには、教育者は「社会悪を洞察する識見と、それを実行すべき情熱の所有者」であるとともに、「現代社会の歴史的職分」を知った上で、「社会進化の当然の帰結としての未来社会を、理想社会を把握しなければならぬ」のである。しかし、こうした理想を獲得するのは容易いことではない。さらに、その実行方法を研究し、社会からの誤解を釈明し、当局への要請を行うことは「難中の難事」である。そこに「自覚した教育者」が教員組合を結成して、多数の力を借りる必要が生じるのである。(46)

このようにして教員組合の結成が要請される所以を説明した田中は、次にその具体的な組織論を展開する。田中は、校長、町村、府県、国家の四段階が覆い被さる教員の複雑多岐な雇用関係に触れて、しかしそれは「文部大臣―国家と云ふ中心点に集中されるべき性質のものである」とする。つまり、教員は「国家の雇傭人、国家の使用人」なのである。こうして教員組合が闘争すべき対象を確定した上で田中が構想したのは、学校を単位とし、地域支部、府県支部によって構成される「全国的に組織した一個の大教員組合」であった。(47)

それでは、目下のところ教員組合が実行すべき具体的な運動方針は何か。田中は、「教員の立場と思想とは、甚だしく封建的」であり、また無産階級運動は未成熟であるという現状認識を示す。そして末尾において「政治的にはブルヂヨア民主主義、経済的には教員の地位を保証し、拡大する運動、そして思想的には批判的態度、かうした漠然とした空気を背景として教員組合は一歩一歩、日常生活の具体的問題を解決して行くべきであらう」と結論するのである。(48)

啓明会での経験を踏まえて田中が構築した教員組合論は、前項でみた「断片」と基本的な論旨では一貫しつつも、教員の階級性の認識、状況把握、組織構想、運動方針など、いずれの点においても具体的かつ理論的な精緻化を遂げている。そして、その背景には「人間社会の進化過程を正視」して「理想」を見出し、「現代社会の歴史的職分」を把握して具体的な問題に立ち向かうという歴史認識に基づく発想があった。そこで田中が「ブルヂヨア民主主義獲得」を運動方針とした背景には、やがて講座派マルクス主義に結集していく諸研究の影響が見て取れるかもしれない[49]。少なくとも、当時の田中が、具体的な運動の経験に根拠を持ちながら、講座派と呼応する運動論を構築したということは間違いないだろう。

「私見」に結晶化された田中の運動論が啓明会での議論の中で陶冶されたことは明らかであり、見解の相違を許容する啓明会の体質が少数派の田中にも持論を展開する場を保障したことが、田中の理論的深化に大きく寄与したといえることができよう。田中もまた教員組合の相互教育の機能や団結の力に多くを期待していたのだが、しかし、その結果構築された彼の教員組合論は、教員に階級的自覚と運動方針の共有を求めるものであって、啓明会の体質とは（そして、思想の純化よりは団結を重んじる田中自身の志向とも）相容れないものであった。啓明会という場で深化された田中の主張は、それゆえ、あらかじめ挫折を約束された運動論だった。

二　東洋社会党の「発見」

(1)　運動としての歴史研究

啓明会再建運動後の田中は、次第に歴史研究に傾斜していく[50]。その背景には親友の稲村隆一が逮捕されるなど、時局の悪化の影響があると見られている[51]。しかし、田中が『東洋社会党考』を世に問うた一九三〇年は、本格的な教育労働運動を連携して担っていく新興教育研究所（「新教」）と日本教育労働者組合（「教労」）が創立された教育運動史上の画期でもあった。先の「教育の政治化問題論争」で田中たちの主張を擁護した上田唯郎・佐野五郎らは「新教」

の所員となり、また、田中の「私見」は同じく「新教」所員となる本庄陸男から「全無産階級戦線への反響を巻き起し、懶惰な教育界を素通りしてその問題の検討にまで行つてゐた」ものと特筆された[52]。その意味で、田中は啓明会の運動と「新教」「教労」の運動との橋渡しを行ったことになる。前節第二項で見た井野川潔の回想にあるように、田中が「新教」「教労」の運動に側面からの支援を行っていたことも確かであろう。しかし、「教労」の運動方針、綱領を示した渡邊良雄〔山口近治〕「日本に於ける教育労働者組合運動に就いての一考案」が、「日本教員組合啓明会の如き、ファシズムの一萌芽形態と目される危険団体は別として」としているように、「新教」「教労」の運動は、それ以前の啓明会の運動を批判し、それとの意識的な切断の上に展開された運動でもあった[53]。現実の教員組合運動は、思想的には田中の延長上にありながらも、具体的な運動の場面では、大同団結を志向した田中とは異なり、運動の分離化、純化の方向に進んだといえるだろう。その意味で「新教」「教労」の運動と田中の間には見過ごせない齟齬が生じていたとも考えられる。

それでは、田中が行った歴史研究は、運動の場を喪失した失意の田中の、撤退ないしは逃避の所産として位置づけられるものだろうか。

一九二九年、田中は最初の単著である『日本叛逆家列伝』を刊行する。これは手研耳命、恵美押勝から、由比正雪、木内宗五郎、絵島、田中正造、幸徳秋水に至るまでの古今の「叛逆家」についての小論をオムニバス形式でまとめたものである。その「巻頭の一言」には、「自己の生活と没交渉の世界の理想をのみ見て、安んじて居た時、我が住む世の理想は果して誰によつて、いつ果されるのであらうか。こゝに叛逆の現実化が必要とされる」、「社会進化のタクトを取る第一人者は例外なしに叛逆者である」との所感とともに、「いかなる叛逆を叛逆すべきかゞ当面の問題である。そして、その参考として過去の叛逆形象の種々相を眺める」と、実践的な目的意識が明快に述べられていた[54]。また、『東洋社会党考』に次ぐ三冊目の著作『与茂七』は、新潟に伝わる義民伝承を題材にしたセミ・フィクションだが、その執筆の動機は、「一昨年の春、新潟県の農民組合の稲村隆一、野口伝兵衛、原素行其他の諸君が私の家に集つた時、与茂七が話題の中心になつた。地方農民の信仰に近い与茂七讃仰熱を聞かされて居る中に、これは啓蒙運動の材料になるなと考へた。書いて見たい気が湧き起つた。そこでその話をすると、是非さうして呉れ、材料は出来るだけこちらで集めるからといふことであつた」[55]というもので、無明会人脈との繋がりの中で、その助力を得ながら「啓蒙運動の材料」として構想されたものであった。

このように田中の歴史研究は現実的な課題意識や運動論上の動機に強く促されて進められたものであり、現実の課題を解決に導くための運動の一形態ともいうべき性格を持っていた。田中にとって歴史研究と社会運動は連続的なものだったのである。初期の田中の歴史関係の論稿が掲載された雑誌には『中央公論』や『改造』といった総合誌とともに、『批判』『解放』『サラリーマン』『歴史科学』等の社会運動やマルクス主義と関係の深い雑誌が並ぶが、ここからも田中にとっての歴史研究の位置が推察されよう。

したがって、研究対象の選定や歴史事象の解釈には、いきおい運動経験からくる田中の志向が反映されてもいた。例えば、幸徳秋水について田中が重視するのは、「幸徳が、無産階級解放運動上に於ける功罪」であり、同志間の葛藤を団結に導いた幸徳の「統制の才、人心収攬の術」を高く評価する反面、過激な言動や「直接行動論」の高唱をもって社会主義協会や平民社、日本社会党を解散に追いやり、「最後に、日本社会主義史上に、紅血を滴らした大逆事件」を惹起したとして、批判のまなざしを向けている[56]。実際の運動の局面で現状の歴史的な位置づけを重視した田中は、歴史研究に臨んでは、逆に、協同と非暴力の志向、無産運動へのコミットメントといった、運動経験に由来する価値意識を投影していたのである。

一九二七年、雑誌『解放』に掲載された「慶応三年に於ける左右両翼の対立（無産政党はどこへ行く）」は、「維新革命」の過程を「幕府（反動）」「土佐（右翼）」「薩州（中間派）」、そして「長州（左翼）」（！）の離合集散、「中間

派」と「左翼」の連合による「革命」達成の過程として描出した、歴史関係の論稿としては最初期のものだが、その序言には、

> 「慶応三年に於ける左右両翼の対立」は、現在の無産政党の離合集散を暗示し、その帰趨を示すつもりで書いたものです。其の対立関係や史実は決して誤謬の無い正確なもののみによつたつもりです。維新革命がペチ《マヽ》資本主義革命――政治革命――である如く、来るべき××もペチ社会主義××となる情勢が充分あります。そして、その××の当事者が各派別に別れて居る別れ工合が、今と昔と実によく似て居ることに驚くのです。[57]

と、執筆の動機が、来るべき革命を展望した上での無産政党各派に対する運動論の提示にあることが述べられている。協同と非暴力の志向を有し、普通選挙にも一定の期待をかける田中にとって、無産政党は変革を担うべき重要な存在であった。そうした意識が歴史を見る目にも及んでいたことを、この文章は物語っている。また、「対立関係や史実は決して誤謬の無い正確なもののみによつた」とあるように、徹底した資料の渉猟と、資料をもって事実を語らせる手法という、田中の歴史研究の「本質」とされる特徴[58]が、すでにこの時点で自覚的に選び取られていることも注目されよう。このような問題意識の延長に、田中は東洋社会党を発見するのである。

『東洋社会党考』の「序に代へて」には、「新聞を中心に社会運動史を綴つて見やう」との目的で調査を始めたところ、東洋社会党に行き当たったとあるから[59]、同書は後に『資料日本社会運動史』へと結実する作業の過程で派生した著作ということになろう[60]。

調査の過程で田中は、当時、明治文化研究会の活動に熱心に取り組んでいた吉野作造に出会う。すでに吉野は雑誌『新旧時代』に「東洋社会党のこと」を発表しており[61]、「東洋社会党に関する研究中、今日までに発表せられたものでは吉野博士のが最も詳密」との評価を得ていた[62]。田中からの東洋社会党とその創立者樽井藤吉に関する質疑の書面を受け取った吉野は、自らの知識を教授するとともに、樽井や山路愛山と知己の間柄にあった中村太八郎を紹介する[63]。

さらに、田中は翌一九二九年、暑中休暇を利用して樽井の故郷、大和五条を訪ね、樽井の遺族や支援者、内縁関係にあった女性などを探し当て、聞き取りと日記や自伝といった樽井に関する一次資料の発掘に成功した。その後、樽井に社会主義の知識を与えた憲政会――民政党系の大物政治家、武富時敏からの聞き取りや、人を介しての東洋社会党の結党場所、島原での資料収集を行った上で、その成果を明治文化研究会例会で講演したのである。(64)

田中の研究成果に接した吉野は「同君の研究の周到精細を極め至らざるなく又尽きざるなきに驚嘆」する（「推薦の辞」一～二頁）。吉野の推挙により、講演の翌日には一元社との間に出版契約が結ばれ、一九三〇年六月、『東洋社会党考』は吉野の「推薦の辞」を冠して刊行された。(65)大恐慌の最中、中等教員を勤める傍らで、田中は吉野作造を驚嘆せしめる研究を成し遂げたのであった。次項では、その内容を詳しく見てみたい。

(2)　『東洋社会党考』の視座

『東洋社会党考』では、はじめに「東洋社会党考」において結党から解散に至る党の輪郭、党則等の検討から、東洋社会党の思想的背景と活動の実態が解明され、次いで「東洋社会党雑考」で党員数や党名の由来、創立者樽井藤吉の人となりや、結党に至るまでの樽井の活動と解党後の顛末が丹念に説き起こされる。この二つの章と、解党後の樽井の活動を追った「社会党後日譚」の三章が田中による論述にあたる部分である。残る章のうち、「東洋社会党々則草案」「新聞雑誌を通じて見たる党の影響」「樽井藤吉の手紙」「樽井の演説と原稿」は、関連史料を若干の論評を加えて紹介したもので、この中には、宮武外骨から提供を受けた樽井の演説の記事の他、田中が大和五条で手に入れた多くの新出史料が含まれている。その大和での史料調査の模様は、最終章の「大和の樽井藤吉」に紀行文の形で綴られており、また、武富時敏からの聞き取りの様子も「武富時敏氏と東洋社会党」として収められている。

このように『東洋社会党考』は、研究書であると同時に資料集としての性格も有している。こうした構成を取っていること自体、『東洋社会党考』がそれまでの研究を大きく進展させたという事実と、著者田中の自負とを示しているといえよう。実際、田中が挙げた先行研究（同書「序に代へて」二～三頁）は、いずれも小稿か政党史、社会主義運動史の一齣として東洋社会党に触れるに留まるものであった。[66] 田中は、多くの先行研究が典拠としている指原安三『明治政史』[67]の該当記述の吟味や（七頁）、樽井の幼少期、学力、家系、知人関係から衆議院選挙立候補の事情（五〇～五三頁、六七～七四頁）、「社会党」の語の由来（五四～六六頁）等、先行研究の誤解や保留点に考証に基づいた訂正を加えている。『東洋社会党考』の一つの焦点である修正党則をめぐる問題も、『明治政史』所載の党則が結党当初のものか、後に修正されたものかという吉野作造と木村毅の疑問への解答といえる。[68] 党組織や支持層についての緻密な分析には「私見」で行われた具体的な組織論との連続性を窺うことができるが、三〇〇頁からなる『東洋社会党考』は、その分量、実証的な質ともに他を圧するものであった。

これほどの厳密さと紙数を費やして、田中は東洋社会党――それは数十日の寿命をしかもちえなかった[69]――に何を見ようとしたのだろうか。

明治十五年五月廿五日／肥前島原の江東寺に於て結党された東洋社会党は、その客観的状勢――ブルヂヨアの闘争機関の政党が、自由党改進党の名で現れたのは、此党結成の数ケ月前でしかない日本である――や、主体的条件――社会党の理解者が果して何人居たらうか――が完備して居ないにも関はらず、なほ且つそれは、社会党の外貌と内容とを兼ね備へて居た。／明治十五年の社会党／それは温室育ちのメロンかも知れぬが、それだけに珍重するに足る。（一頁。／は改行）

本文始めのこの一文に、東洋社会党に対する田中のスタンスが明示されている。それは、「私見」で明確化された発展段階論的歴史認識のもと、「明治十五年の社会党」の不可能性を醒めた目で見据えつつも、[70] 無産政党の原点として、その全貌を見極めようとする態度である。

分析にあたっては、さしあたり東洋社会党の性格規定に軸が置かれている。この点に関しては、東洋社会党の思想的基盤を無政府主義とみる石川三四郎らと、国家社会主義とみる山路愛山、吉野作造、木村毅との見解の相違があったが（一〜二頁）、田中はこの対立を導きの糸として、「東洋社会党結成への因子」と具体的な活動の解明を進め、その「因子」は「一、樽井藤吉の持つ社会主義的思想／二、武富時敏氏の与へた欧米の社会主義思想／三、九州改進党の余波——ブルヂヨア政党の簇生／四、鍋島閑叟の徳政を今後も継続せんとする農民群／五、副島を背景とした諸岡正直等の支持」であり（一一〜一二頁）、「東洋社会党の実際運動」は「一、機関紙半鐘警報の発刊／二、鍋島閑叟礼讃の扁額奉献／三、秘密集合／四、富豪を脅かして党費徴集／五、主として壱岐対馬方面へ勢力の拡張」であったことを突き止めていく（二二頁）。

しかし、東洋社会党の性格規定自体は叙述の都合上設定された課題であって、田中の主眼はそこにはなかったらしい。なぜなら、その解答は「儒教、仏教、当時の欧米思想のカクテル」「封建思想プラス自由思想、割る二」。つまり、自由主義前派の社会主義思想」（三四〜三五頁）というもので、発展段階論的な解釈こそ加味されているものの、「どっちつかず」の印象を免れないものだからである。

『東洋社会党考』の画期性は、東洋社会党に対するそうした紋切り型の把握に回収されえないところにある。右の解答に辿り着くまでに田中が分け入った具体的な事実の数々、その圧倒的な分量に示された事実の集積の中に、それまでの諸研究と根本的に異なる『東洋社会党考』の本領が現れているのである。田中は東洋社会党と創立者樽井藤吉に関して、一見、無目的にも思える細密な考証を行っているが、その論旨から言えば余剰ともいえる部分の中に、田中の運動経験に裏打ちされた多くの発見があった。

その発見をもたらした田中の態度は、一言で言えば、樽井を中心とした人々の結びつきのあり方への着目ということができよう。人々の協同と非暴力の志向という新潟時代以来一貫する田中の運動論が『東洋社会党考』にも濃厚に反映され、その叙述の全体を支えているのである。

「後日譚は、なほ前日譚の如く党の性質を闡明にする」（一五六頁）という田中は、結党に至る樽井藤吉の半生に東洋社会党の思想的背景を見、解党後の樽井の活動にその影響を見ようとしている。田中は樽井の自叙伝をみる中で、明治初期の樽井が、右大臣岩倉具視に「社会主義政策採用案」を提出して容れられず（一八〜二〇頁）、西南戦争にあたり西郷軍を支援する活動をしたこと、「征韓策の根拠地」として無人島探検を行ったことを知る（六五〜六七頁、七八頁、一七八〜一八三頁）。そして、東洋社会党結成の背景には、佐賀で私塾を開いていた武富時敏から西洋の社会党に関する知識を得たこと（一四四〜一四七頁）、当時、社会主義的意見を蔵していたという副島種臣と、その甥である諸岡正直の支持を受けたことが深く影響していた事実に行き当たる（一一、一五頁）。

最初の「社会党」の背景に、創立者樽井の錯綜した思想遍歴と、一九三〇年の時点から見れば社会主義とは対立する立場にあると思われる人々の関与があったことは、田中にとって、自らの視野の拡大を促す事実だったのではないだろうか。

　こゝで私が、／「今日の露西亜の制度見たい〔ママ〕ですね」／と畳みかけると／「さうださうだ」／と此の老政治家は破顔一笑するのであつた。（一四頁）

武富が樽井に賦与した社会主義思想についてのこうした会話を通じて、田中は「ブルヂヨア政党の領袖武富氏も曽ては日本最初の社会党の創立に干与したのである」（一二三頁）と率直な感慨を漏らすのである。[71]

解党から一〇年後、樽井は第二回総選挙で当選し代議士となる。当選後、吏党側に立った樽井を、武富は「社会党なんて言つて居ながら出ると吏党だ。出る時の金が怪しいんだ。一体あの男は政府の探偵でないかと云はれたこともある」（一五四頁）と訝るが、田中はそうした疑念には与さない。議会での樽井の行動については、彼のパトロンで郷里大和の山林王であった土倉庄三郎と品川弥次郎内相との関係、師と仰いだ副島種臣が当時閣内にいたことなどの影響を推量するが（二九〇〜二九五頁）、そうした一見理解に苦しむ樽井の行動を、田中はむしろ肯定的に捉えている。

此の社会主義者は議会に其の姿を現すのみならず、何処如何なる処へもその姿を現したものである。／彼と蒼海伯とのことは既に述べた。其他岩倉の前に現れ、東久世の前に現れ、板垣の前に現れた。彼は、パトロン土倉の娘を内田康哉に娶すことに成功して居る。彼は又、パトロン北の娘を副島の当主に送ることに成功して居る。彼の支那大陸横行の便は、この内田伯の手で扱はれたものが多いのである。／彼は大木喬任伯には特に信任を得た。彼其他岡崎邦輔と知り、佐々友房と交つた。熊本に日本最初の支那語学校の設立を見たのは、樽井が佐々をそゝのかした結果である。（三〇〜三一頁）

こうした神出鬼没な樽井の行動に、何か陰謀めいたものを嗅ぎ取るよりは、他人を疑わず他人に憎まれない樽井の人柄をみとめる姿勢を田中は取っている。[72] そして、「彼の動くところ、その思想が動いたものとしたら、東洋社会党員樽井の影響も大なりと言ふべきではないか」（三一頁）との評価を与えるのである。

暗躍する樽井に東洋社会党の影響を重ねるという姿勢、こうした評価の背景には、樽井の思想的一貫性に対する、田中の信頼があったということができるだろう。『東洋社会党考』に収録された樽井の「国有銀行論」に、田中は特に論評を加えてはいないが、そこには「夫れ金利の為に衣食する富人は、不生産の惰民なり、良民の食客なり、彼をして懶惰に生活せしむる道を杜絶するも、国家何の不利あらんや、唯不利ならざるのみならず、却つて国利民福を増進せん」（二六一頁）といった文言が頻出する。[73] こうした丹念な考察を経て、田中は、「東洋社会党は、平民社によつて結党された社会民主党までのつなぎには充分なつて居やう。社会民主党が、日本農民労働党へのつなぎになつて居るのと同じ意味で」（三一頁）と、控えめだが確実な意義を見出すのである。社会運動の源流行がこうして現在と接続される。

一筋縄ではいかない樽井の行動、そこから思いもよらない人々が結びついていく様相を東洋社会党の影響として考える田中の視座は、その対象が自己の属する時代と接続されたとき、単に歴史上の発見にとどまらない、実践的な意味を取り出すだろう。樽井の人脈のあり方は田中の志向する協同性とは趣を異にするものであるが、それゆえに、そこに新しい可能性を付け加えることになったのではないか(74)。

さらに俯瞰してみれば、『東洋社会党考』は田中により直接的な可能性をもたらした。東洋社会党がとりもった吉野作造との邂逅から明治文化研究会との繋がりが生まれ、研究発表と出版の機会を得た。大和五条での資料調査は「古い宿屋なら古い事を知つて居やうと云ふ尋常一年生の論理形式」（二七二頁）に則って人づてに関係者を探り当てるという体当たりのもので、そのようにして貴重な一次資料や文字に残らない多くの証言を発掘できたことは、無明会以来の田中の行動力が生んだ成果とも言えるが（註(11)参照）、その成果はまた「正史では無視されていた民衆間の史実、史料の新しい視点からの蒐集再検討(75)」を任務とした明治文化研究会によってこそ、評価を得られたものでもあった。

明治文化研究会は思想や立場に幅をもった多様な人士の集まりであり、その点、「私見」で田中が構想した組織的な運動体よりは、下中弥三郎の組織論に近い場である。しかし、その中で自己の研究が深化し、一冊の著作へと結実する経験を田中は持った。明治文化研究会との繋がりは、多くの人々と結びつき、その協同に努めてきた田中の志向の延長上にある。ただし、それは田中の実践が理念化された教員組合論から、具体性に重きをおく歴史研究へと比重を変えたことで発見された協同性だった。樽井の人脈と明治文化研究会と、歴史研究の過程と成果の両方から、田中は自己の運動論を更新する契機を得たのである。

おわりに

田中惣五郎は、無明会の結成を手始めに様々な運動に関わる中で、自己の運動論を鍛え、教員組合論として結晶させていった。それは人々の団結の力で暴力に拠らない社会変革を導こうとするものであり、理想社会の到来を確信する歴史意識によって支えられたものであった。

無明会への弾圧、啓明会の解散と、主要な運動の場を二度にわたり喪失した田中は、歴史研究の中に活路を見出していく。それは社会運動の延長線上にある運動の一形態ともいうべき実践であり、したがって、研究対象の選定や分析視角には、協同と非暴力の志向、無産政党への関心といった運動経験に由来する価値意識が投影されていた。

田中の教員組合論は、実際の運動に関わる中で、体系化され、理論的抽象化を遂げていったが、歴史研究においては、そうした理論的思考を踏まえつつも、具体的な事実に着目する姿勢が貫かれた。『東洋社会党考』はそうした態度の所産である。運動経験が実証的な研究方法に媒介されることで、研究水準を飛躍的に高める成果がもたらされた。また、そこで田中が発見した諸々の事実は、田中に運動論の拡張を促す契機をもたらした。田中にとっての歴史研究は運動の多様化を意味したが、その実践自体が、田中にさらなる可能性の発見を促し、運動の多様化を導く媒介となったのである。

それでは、歴史研究を通じて得た可能性を、その後の田中はどのように生かしていったのだろうか。普通選挙と無産政党に期待を掛けた田中は、その後に到来する政党否定の時代にいかに対応したのか。そうした「後日譚」の解明が次なる課題となろうが、今は後稿を期すという他はない(76)。『東洋社会党考』刊行の翌年に発表された「無産運動パトロン史」には、敵陣営に席を置きつつ無産運動に理解を示す存在としてのパトロンが主題化されており(77)、樽井の人脈から得た体制内反体制ともいうべき人々への持続的関心を窺うことができる。また、一九三四年に編まれた「東洋社会党前後」は明治文化研究会同人、宮武外骨からの史料提供を受けてのものである。(78)「後日譚」の一端を示す事例として挙げておく。

田中の歴史研究は現実的な課題意識に強く促された実践であった。しかし、それはその解決に性急なあまり実証的な手続きを怠る類のものではなかった。むしろ、過去と現在とを連続的に捉え、現実の問題に何らかの示唆を得ようという田中の真摯な態度が、可能な限り渉猟した史料を精密に検討するという実証的な方法を保証したといえる。出版から半世紀以上を経てなお、多様な諸論稿も結局は『東洋社会党考』に負う状態、との評価を得ていることが、その価値を証明している。(79)

無明会といい、啓明会といい、そして無産政党といい、田中が関わった諸々の運動体は純粋な運動史、政治史から言えば限定的な役割しか果たせなかった存在かもしれない。しかし、田中の歴史叙述には彼の運動経験が濃厚に反映されていたのであり、それらの運動の影響なくしては成り立ち得ないものだった。それはちょうど樽井藤吉と東洋社会党の関係にも似て、田中の歴史叙述に不可欠の要素となっているのである。そして、このことは、いかなる運動を研究対象とするにせよ、その運動の文化的影響力にまで視野を広げなければ、それを充分に把握することはできないということを示唆していよう。田中の実践を貫く、人々の協同による暴力を伴わない社会変革への確信は、広い文脈に置けば、普通選挙の開始と合法無産政党の出現によって、無産階級の団結による平和的な権力獲得の展望が開かれた段階で生まれた政治意識といえる。その状況下でこそ、田中は東洋社会党を「発見」し、そこに自己の思想の歴史的リアリティを仮託することができた。

正系の訓練を受けることなく、運動への自己投企の中で歴史的視座を鍛えた田中惣五郎は、安易な同一化を許さない独自の存在として史学史上に屹立している。その実践が持った歴史的意味を十全に理解するには、さらなる考察の蓄積が要請されよう。

註

（1）岡沢憲芙『政党』（東京大学出版会、一九八八年）四頁。

（2）田中に言及した論稿として本章で主に参照したのは、本間恂一「田中惣五郎」（今谷明・大濱徹也他編『20世紀の歴史家たち』五、刀水書房、二〇〇六年）、同「『北越草莽維新史』解題」（田中惣五郎『北越草莽維新史』柏書房、一九八〇年所収）、池田種生・安田常雄「田中惣五郎」（『日本アナキズム運動人名事典』ぱる出版、二〇〇四年）、佐藤伸雄「民間史学に生きた人々――田村栄太郎・田中惣五郎・平沢清人を中心に」（『歴史評論』三一八、一九七六年）、高橋磌一「野人歴史家田中惣五郎」（『高橋磌一著作集』第十二巻、あゆみ出版、一九八五年所収、初出一九六七年）、三木亘「生活者の歴史学――田中惣五郎さんのこと」（『歴史評論』一三八、一九六二年）、遠山茂樹「田中惣五郎と服部之総の学風」（労働運動史研究会編『労働運動史研究』二八〈特集・田中惣五郎追悼〉一九六一年）、荒井信一「「反逆」の歴史家――その思想的系譜をめぐって」（同右）、木村礎「田中さんの仕事――幕末維新史を中心に」（同右）、新岡敦夫「社会運動・労働運動史の研究をめぐって」（同右）、絲屋寿雄「田中惣五郎先生の思い出」（同右）。田中の年譜には田中陽児「田中惣五郎略年譜」（同右、後に『東洋社会党考』の復刻版〈新泉社、一九七〇年〉に転載）がある。

（3）前掲、佐藤「民間史学に生きた人々」、前掲、遠山「田中惣五郎と服部之総の学風」等。

（4）歴史科学協議会編『現代歴史学の青春』一（三省堂、一九八〇年）の該当項目を参照。ただし、一九六一年に亡くなった田中は同書では取り上げられていない。

（5）『東洋社会党考』「序に代へて」一頁。

（6）荻野正博「大正デモクラシー期における新潟県思想団体の形成と発展」（『歴史評論』二八一、一九八二年）。同「大正デモクラシー期における新潟県思想団体の形成」（新潟県高等学校教育研究会社会科部会『社会科研究』二〇、一九七四年）。なお、この時期の田中自身の回想に、田中「無明会前後」（井野川潔・川合章編『日本教育運動史1――明治・大正期の教育運動』三一書房、一九六〇年、以後「前後」と略記）がある。

(7)「前後」一九三〜一九四頁。
(8)「無明の名は私がつけた名であり、当時の時代を無明と観じたためである」(同右、一九五頁)。
(9) 同右、一九四、一九七頁。前掲、荻野「大正デモクラシー期における新潟県思想団体の形成と発展」五〇頁。
(10) 前掲、荻野「大正デモクラシー期における新潟県思想団体の形成と発展」五三〜五四頁。
(11) その頃田中は中等教員免許の試験のため上京の際、堺利彦のもとを訪れている。目的は大逆事件当時に新潟で活動していた人びとの名を聞くことであった(「前後」一九六〜一九七頁)。
(12) 前掲、荻野「大正デモクラシー期における新潟県思想団体の形成と発展」五一、五九頁。
(13)「新潟文化学会成る」(『新潟新聞』一九二一年九月一五日)。
(14)『新潟新聞』一九二一年九月一一日〜一五日。以下、「断片」と略記。
(15)「断片」一(同右九月一一日)。
(16)「断片」三(同右九月一三日)。
(17) 以上、「断片」四(同右九月一四日)。
(18) 以上、「断片」五(同右九月一五日)。
(19) なお、野口や同じく無明会のメンバーであった原素行らは、この後の一九二六年五月、木崎争議の勃発に際して開校された木崎農民学校の教育計画と教育方針をつくり、教師としても主導的な立場に立つことになる(「前後」二〇〇頁、田中「木崎農民学校――いわゆる木崎争議をめぐる」前掲、井野川・川合『日本教育運動史1』)。
(20) 例えば、一九二九年二月二〇日の堺利彦宛書簡には次のようにある(引用文中の／は改行)。
「……小生は約十年前建設者同盟の演説会からお宅へ参上して〔原稿用紙十字分切取り〕新潟へ戻った一青年です。／八年前に上京して、教員組合啓明会から、政治研究会、俸給生活者組合と色々の運動に関係をつけつゝも、意気地がないのと、中学校の先生なんかになつて居る関係上、大した活動もし得ずに、かといつて骨髄に徹した無産運動から離れやう筈もなくて、今日に及んで居るものです。／今度先生が牛込から候補に立たれると聞いて、牛込の住民として四五票は拵へたい念願で居ります。そして、無産運動への開眼をして下すつたあなたへのお礼返しをしたいと思つて居ます。どうか勇躍一番、無産階級の為に奮闘して下さる事を切に希望します。……／田中惣五郎／堺利彦様／清党運動が問題になつて居る際とて定めし色々工合の悪いこともありませうが断乎として突破して下さい。」(堺利彦宛田中惣五郎書簡、法政大学大原社会問題研究所所蔵)。

(21) 創生会については前掲、荻野「大正デモクラシー期における新潟県思想団体の形成と発展」五九～六五頁。

(22) 「前後」二〇一頁。

(23) 前掲、田中陽児「田中惣五郎略年譜」。

(24) 井野川潔「新興教育・教育労働運動——新興教育の旗の下に」(海老原治善『昭和教育史への証言』三省堂、一九七一年)六三～六四頁。

(25) 「前後」二〇一頁。

(26) 土屋基規『近代日本教育労働運動史研究』(労働旬報社、一九九五年)一〇八～一〇九頁。森川輝紀は、啓明会の主力を為す埼玉県の会員の階層分析を行い、啓明会が思想団体志向と農民運動への傾斜を強めていったことの要因に、会員の多くが農村に基盤を持つ社会層を出自としていたことを挙げている(森川輝紀『大正自由教育と経済恐慌——大衆化社会と学校教育』三元社、一九九七年、第一章)。

(27) 前掲、土屋『近代日本教育労働運動史研究』一一〇～一一一頁。

(28) 岡本洋三「帝国主義教育に対する批判の運動と思想——大正期教員運動史研究」(『東京大学教育学部紀要』六、一九六三年)一五六頁。田中とともに啓明会の改組、組織の確立を下中に訴えた関根悦郎によると、その時の下中の態度は「先生はただうなづくだけで、強く反対もされず、私達の努力でそれが出来れば、それに任せてもよいという態度であった」という(関根悦郎「下中弥三郎と田中惣五郎」『芳岳』一三、一九六二年)。

(29) 啓明会内の思想対立および、そこでの田中の位置づけとしては、前掲、土屋『近代日本教育労働運動史研究』一〇九頁、前掲、岡本「帝国主義教育に対する批判の運動と思想」一五三～一五七、一六五～一六六頁。

(30) 以上、「啓明会記事」(『文化運動』一五二、一九二四年)三二頁。前掲、岡本「帝国主義教育に対する批判の運動と思想」一五六頁。

(31) 下中弥三郎「非政党同盟へ——普選実施後における農民の新しき結束」(『文化運動』一五六、一九二五年)。

(32) 田中「教育者の生くる道」(同右)。

(33) 同右、一八頁。
(34)「頻発する官公吏の涜職——教育者は如何に観るか」(『教育週報』一九二六年二月二〇日)。
(35)「断片」一。
(36) 田中「石貨」(『教育週報』一九二七年五月七日)を参照。ただし、そこでは過去の人類史への洞察から、社会主義変革の困難さも見透されている。
(37)「宣言」にある要求事項は「校長の公選」「治安警察法第五条(教育者の政党加入の禁止)の撤廃」「義務年限制の撤廃」「教員転免権濫用への抗議」「代用教員、女教員の差別改善」「試験制度の合理化」。校長公選論は、一九二〇年の大会で啓明会が主張して当局から危険団体視される契機となったとされる事項でもある(『下中弥三郎事典』平凡社、一九六五年、八七頁)。
(38) 坂元忠芳他編『近代日本教育論集2——社会運動と教育』(国土社、一九六九年)二四七〜二五九頁。前掲、土屋『近代日本教育労働運動史研究』二〇五〜二一三頁。
(39) 前掲『下中弥三郎事典』九〇頁。池田種生は「入会者なんか一人もなかったんです」と回想している(池田「大正自由教育の超克——夜明けを求めて」前掲、海老原『昭和教育史への証言』四七頁)。
(40) 上田庄三郎「啓明会幹部の思想的葛藤(一)——啓明会は解散せよ」(『教育時論』一五四二、一九二八年四月)。
(41) 同右。
(42)「前後」二〇一頁。
(43)『教育新潮』二-五、二-六(一九二八年五月、六月)。本章では寺崎昌男編『近代日本教育論集6——教師像の展開』(国土社、一九七三年)に所収のものに拠った。
(44) 同右、二四一〜二四五頁。
(45) 同右、二四六〜二四九頁。
(46) 同右、二四九〜二五〇頁。
(47) 同右、二五〇〜二五六頁。
(48) 同右、二五六〜二五八頁。

(49) 一九二七年には野呂栄太郎「日本資本主義発達史」（『社会問題講座』一一、一三、新潮社）が発表されている。
(50) 「田中君の現在の興味は、実際の解放運動よりは、学究的の方面にあるらしくも見える。」（「教育界の親分・子分」『教育週報』一九三一年四月一一日）、「曾て、啓明会華かなりし頃、君はその四天王の一人だつた。啓明会解消されて後の君は、専ら筆の人となつた。」（「口の人　筆の人」同一九三四年三月二四日）。
(51) 前掲、本間「田中惣五郎」一二六頁。
(52) 江頭順二（本庄陸男）「昭和三年教育労働者運動」（『教育時論』一五六七、一九二八年一二月）九頁。
(53) 『新興教育』一九三〇年一一月号、六六頁。
(54) 田中『日本叛逆家列伝』（解放社、一九二九年）二頁。
(55) 田中『与茂七』（朝日書房、一九三一年）一頁。
(56) 前掲、田中『日本叛逆家列伝』二五六〜二五八頁。第二次大戦後の田中は、大逆事件に伴う政府当局による弾圧とフレームアップの側面を詳述するようになる。しかし、組織者としての幸徳に対する「功罪」の評価は一貫していた（田中『幸徳秋水――一革命家の思想と生涯』理論社、一九五五年）。特に六〜九章。
(57) 『解放』六-一九（一九二七年）三〇頁。
(58) 前掲、本間「『北越草莽維新史』解題」四一九頁。
(59) 『東洋社会党考』「序に代へて」一頁。
(60) 前掲、新岡「社会運動・労働運動史の研究をめぐって」一九頁。『資料日本社会運動史』は一九四七、四八年に到って東西出版社から一、二巻が刊行される。
(61) 『新旧時代』一-七（一九二五年）。
(62) 木村毅「日本社会主義史」（『社会問題講座』七、新潮社、一九二六年）二二頁。
(63) 吉野「推薦の辞」（『東洋社会党考』一頁）。以後、同書の引用箇所は本文中に頁数のみを記す。なお、田中と吉野との関係については、しまね・きよし「吉野作造と明治文化研究会」（『思想の科学』一一一、一九七九年）が詳しい。
(64) 「明治文化研究会十二月例会講演梗概」（『明治文化』六-一二、一九三〇年）。
(65) 田中陽児「後記にかえて」（田中惣五郎『吉野作造』三一書房、一九七一年〈復刊〉）三八九頁。また、『東洋社会党考』

中の「東洋社会党考」と同内容の論稿が、「東洋社会党新考」として『中央公論』一九三〇年四月号に掲載されている。

(66) 田中が参照した研究の全貌は「序に代へて」の記述だけでは特定できないが、以下に、主な文献と該当頁を発行年順に挙げておく。石川三四郎「日本社会主義史」(『石川三四郎著作集』五、青土社、一九七八年、一〇五～一一三頁。初出一九〇七年)、山路愛山「現時の社会問題及び社会主義者」(大久保利謙編『山路愛山集』筑摩書房、一九六五年、三六七～三六九頁。初出一九〇八年)。若林清『大日本政党史』(市町村雑誌社、一九一三年)四一九～四二四頁。石川三四郎「明治社会主義梗概」(『明治文化の研究』解放社、一九二一年)中篇三六頁。前掲、吉野「東洋社会党のこと」三～八頁。赤松克麿『日本労働運動発達史』(文化学会出版部、一九二五年)八頁。前掲、木村「日本社会主義史」一九～二四頁。堺利彦「黎明期総説」(『日本社会主義運動史』改造社、一九二八年)四頁。木村毅「明治前半期の社会主義思想と社会運動」(同右)六二～六四頁。石川三四郎「日本無政府主義の由来」(同右)八一～八六頁。

(67) 一八九三年、冨山房刊。一三三一～一三三五頁。

(68) 前掲、吉野「東洋社会党のこと」五頁。前掲、木村「日本社会主義史」二二頁。

(69) 田中は「晴れての党の寿命は明治十五年五月廿五日から同年六月廿日までの廿七日間、そして党則草案を出す迄は余喘を保つて居たのである」(一二三頁)としている。しかし、実際には東洋社会党の結成は同年四月とされる(高木知明「東洋社会党に関する一試論——樽井藤吉の動向を軸として」『日本歴史』五一一、一九九〇年)。

(70) 「温室育ちのメロン」と同様の表現は、支配者の為の商品の意で「私見」にも見ることができる(前掲、寺崎編『近代日本教育論集6』二四二頁)。

(71) もっとも田中がそこに見たのは、意外な事実というよりは「当時の被圧迫民衆としてのブルヂヨアとプロレタリアの交合」(一二三頁)の具体的な現象形態であった。

(72) 「この他人を疑はぬ心が樽井の憎まれぬ所以である。赤心を他人の腹中に置く態度が、愚図とか何とか言はれつゝも人から信じられる原因なのだ。」(二八〇頁)。

(73) ただし、樽井の念頭には「国家は有機体なり」(一二三三頁)という観念があった。

(74) 一方、非暴力の志向について言えば、その「東洋」を「日本中心の東洋」(四一頁)とみる田中は、清仏事件における樽井藤吉の「支那の危いことは衆目の見るところで、吾日本が、国を挙げて之を奪ひ、以て東洋の昌隆を計らんとするならばよし。若し、仏国の尻馬に乗つて、白人の勢力を東漸せしめ、日本の運命を危殆に導くが如き事は絶対によくない。」（一五八頁）とか、「若し、支那で事を挙げるなら、他国の力を恃まず、日本独力で決行すべきである。」（一五九〜一六〇頁）といった言動を引いた後で「東洋社会党の東洋の文字は、この一事を以て明かに説明されると思ふ。」（一六一頁）と突き放している。また、「当時の日本には虚無党の思想が相当に入りこんで居た。露国皇帝の暗殺は十四年二月である。相当影響されたかも知れぬ。それに、国家思想も、資本主義思想もまだ幼稚な明治十五年である。その対蹠的地位に立つ社会主義思想の確立があらう筈はない。資本主義の幼稚な時代の反思想は、むしろアナーキズムである。」（三四〜三五頁）という文言は、この時点で田中のアナーキズム評価がテロリズムを想起させる否定的なものであったことを示唆している。
(75) 大久保利謙「明治文化研究会のこと」（『日本歴史』四四〇、一九八五年）。
(76) 第二次大戦後、田中の東洋社会党評価は「暗殺党として輸入された社会党はわざわいなるかな」と、否定的色彩を帯びるようになる（田中『日本の政党』創元新書、一九五三年、一一二〜一一五頁）。この背景に田中の戦争体験が翳を落としていることは間違いないだろう。前掲、田中陽児「田中惣五郎略年譜」には戦時中の田中が「時代のゆがみに影響」されたとある。しかし、一方では田中の著作の思想的振幅の小ささを指摘する見解もある（前掲、本間「『北越草莽維新史』解題」四一九頁）。こうした評価のゆらぎを念頭に置きながら、戦時期の田中の実践を具体的に検証することが課題となろう。
(77) 『中央公論』一九三二年五月号。
(78) 『歴史科学』三―一〇。
(79) 前掲、高木「東洋社会党に関する一試論」五七頁。

第九章　石橋湛山の政党論
――「浮動有権者」として――

上田　美和

はじめに

普選運動への知識人の関わりは、これまで研究蓄積の多いテーマである。一九一〇年代後半、論壇を席捲した吉野作造の民本主義論は、ロシア革命と第一次世界大戦終結後の国際環境のなかで、二〇年代にはマルクス主義隆盛の波によって「時代遅れ」と見なされつつあった。新人会に集った若者は、急激に社会主義に傾斜し、労働運動に接近した。また、民本主義の牙城となった総合雑誌『中央公論』の吉野に並ぶもう一人の論客、大山郁夫は一九二六年に労働農民党委員長となる。一方吉野は、一九二四年、明治文化研究会を結成し、一時は政治評論に距離を置いていたが、合法無産政党の成立にあたって、安部磯雄らと社会民衆党の結成に関わった。

このような知識人のなかにあって、石橋湛山（一八八四〜一九七三年）は異色の存在といえる。彼の言論活動の舞台であった『東洋経済新報』は、総合雑誌に比べ、世論への影響力の限定的な経済専門誌であったが、一貫して普選支持を展開した雑誌である。同時代の多くの知識人とは異なり、石橋は、当該期に特定の政党活動に関わったわけではない。しかし戦前期、いまだ一有権者に過ぎなかった石橋は、[1]戦後保守政界に出て、内閣総理大臣の地位まで上りつめたのである。

本章の目的は、男子普通選挙体制下で、石橋が有権者としてどのような政党観を有していたのか、それが戦後の政界進出にどのような影響を与えたのかを考察することである。石橋をこのような視角から分析した研究は管見の限りない。ワシントン体制のもと展開された石橋の植民地放棄論、普選運動期の政治論、そして満州事変以降の外交・内政論、といったトピックの狭間となっているのである。

本章では、第一回男子普選実施（第一六回総選挙、一九二八年二月）前後と、石橋が民間の経済評論家として論争に精魂を傾けた浜口内閣下の金解禁論争・実施から恐慌までを、分析対象期として設定する。なぜならば、前者は既成政党に加え、複数の合法無産政党が出揃った時期で、新有権者の大量創出とともに、石橋の政党観を見るには最適の時期であり、後者は石橋が回想で当時を振り返り、「ただ筆や口で論じているだけでは間に合わない。自ら政界に出て、せめて、いずれかの政党の政策に、自分の主張を強力に取り入れてもらう要がある[2]」、「理屈、議論としてはずいぶんやったけれども、ついに世間を動かせない。この時の経験からいっても終戦後……じっさい政治に関与しようという気を起こした[3]」と述べたことから、何故彼が政治家に転身したのかを考える手がかりとなるからである。

一　前史――石橋湛山の普選熱望時代――

一九二八年、いよいよ男子普選が実施されるにあたり、「若し普選に就ての隠れたる功労者を挙ふるなら、多分本誌は其随一に[4]」と石橋が自負した『東洋経済新報』は、普選問題に対してどのような意見を展開してきたのかを本節では本論の前提として概観する。

『東洋経済新報』の普選論は、石橋より二代前の主幹植松考昭までさかのぼることのできる、社の持論であった。植松はすでに一九〇七年、「普通選挙を主張す」において、普選は国民の「憲法上の当然の権利」と述べたのである。(5)これを受け継いだ石橋は、「代議政治は、普通選挙を施行するに至るまで、到底其の完全なる事を得ない」(6)として、以後間断なく普選を主張した。石橋は政治システムとして、政党政治を至上としたのである。「政治の形式の中では、……代議政治に勝ったものはない。……代議政治は、必然に政党政治を齎し、而して又政党の存することに於て、初めて代議政治は其運用の妙を得る」(7)。その根源には、善政ならば政治の担い手は誰でもよいのか、という問いがあった。『第三帝国』(8)一九一六年一一月号に石橋が寄せた「哲人政治と多数政治」では、「意志の自由は、人間生活の根本である。仮令所謂善政でなくつても、自由に自己の意志で、自己の社会を支配して行けば、それで我々は満足を得る」と述べたのである。民主主義の政治は、たとえ悪政であっても、国民自身の責任の結果であれば納得でき、代議政治によってこそ、真の哲人政治が行われるのだと彼は考えた。石橋の政党政治支持の背景にはこのような「自己を自己が支配する」という人間観があり、それは以後の時代にも保持されていく。(9)

当時、石橋は、一九一九年三月一日の日比谷—銀座—二重橋を行く普選デモに副指揮官として参加した。東洋経済新報社の先輩植松考昭、三浦銕太郎がデモの指揮者中村太八郎と親しかった関係から石橋も知り合いになり、「評論家として左様の実際運動に参加することは好まなかつた」のだが、デモに「無理に……引張り出された」(10)という。石橋はこの時の模様を「日本最始の大示威運動」（一九一九年三月一五日、以下、注記なき場合、掲載誌は『東洋経済新報』、日付は掲載号を示す）という社説に記している。石橋がこのデモを高く評価した点は「平穏に秩序正しく」行われたということにあった。

ここで留意すべきは、米騒動を経てからの石橋に「安全弁」としての普選の主張が加わったことである。つまり、普選によって革命を避け、社会の安泰を図るという配慮であった。[11]「デモクラシーは実に革命を避くるが為めに、人類が工夫し出した生活の様式[12]」、「何故に普通選挙制は施行されねばならぬか。それは単なる権利の問題ではない、国家の安全の問題である[13]」。石橋は「第二の露西亜[14]」化を恐れていたのである。

石橋は普選の行使によって民衆が政治的知識を向上させるという政治教育の側面を重視していたため、[15]婦人参政権に賛成するという徹底をみせた。[16]また、選挙制度として石橋が支持するのは比例代表制であった。小選挙区は、有力者の影響力が大きくなり、「地主党、資本家党には便宜」だが、「一般民衆基礎の政党には、全く致命的打撃」だと見て、反対したのである。[17]

石橋は政界の汚濁した現状を批判するが、「政治傍観的な態度並びに政治否定的な思想に同ずる者ではない[18]」と断言した。この意味で、「党弊」批判の行き過ぎにも警戒した。なぜならそれは、「人心を、政府否定の虚無主義に導く」おそれがあると考えたからであった。[19]

二　第一回男子普選をめぐる政党論

石橋は普選支持を展開する言論活動を通じて、男子普選はもっと早く実現するものと期待していたが、現実は厳しかった。一九二五年に男子普通選挙法が成立したとき、石橋にとっては遅すぎた感があった。「最早これに対してわれわれは感激を失っていた。何だ、今ごろになってようやく男子普選かと、いささか鼻であしらう気分であった[20]」と述べたのは、彼の率直な感想であろう。普選法の議会成立を受けて特別な感慨はなく、むしろ同時に成立した治安維持法の危険性を懸念し、「民衆政治家の出現を待つ」（一九二五年四月一八日）では、「金力」がなければ、断じて党首に迎えられず、政党も独立を保てないのが現実だと述べ、「問題は……新加の有権者がその投票を善用するか否かにある」(「政革合同を如何に見るべきか」一九二五年五月一六日)と金権政治を批判した。

一有権者として石橋は一体どの政党を支持していたのだろうか。当時、彼が支持政党を公にした史料はない。しかし、石橋の評論を追っていくと、そこには支持政策の「ねじれ」がみられるのである。つまり、個々の政策への是非で見ていくと、彼は支持政党を決めることができなくなるのであった。端的に言って、内政面では政友会の地租移譲論を支持し、外交政策では憲政会――民政党の幣原外交路線に近いといえた。

石橋は「第二維新」を可能にするために、地方の振興、分権主義が必要であるとの考えから、政友会の看板政策たる地租移譲論[21]に親近感を感じていた(「行政改革の根本主義　中央集権から分権主義へ」一九二四年九月六日)。地租を市町村へ移譲することにより、自主的財源を与えることができる。その分、中央は国庫補助金を全廃することができるので、支出が減るというのがその趣旨である。「地租地方移譲に関する限り、記者は喜んで政友会員たらんとする者である」と彼は述べた[22]。石橋はこの政・民の立場を地方分権主義と中央集権主義の対立とみなしたのである(「政友会は地方分権主義に徹底すべし」一九二七年九月一七日)。実際、第一回普選のポスター標語に明らかなように、地租移譲は選挙の一大争点となった。政友会は「地方分権丈夫なものよ　ひとりあるきで発てんす」、民政党は「借金して見えをはる政友会」、「整理緊縮真面目で押し行く民政党」とそれぞれ宣伝したのである。

一方、陸軍出身であり、満鉄からの期待も厚い、田中義一が総裁を務める政友会は、国内の積極政策と符合するものとして、「満蒙特殊権益」重視政策、具体的には張作霖支援政策をとった。しかしこれは石橋の「小日本主義」的満蒙観とは相容れないものである。若槻内閣当時、「記者は大体に於て幣原外相の現在の対支態度を可とする」(「白紙の上に対支外交を展開せよ」一九二七年二月五日)としていた石橋は、田中内閣が一九二七年五月、第一次山東出兵を行った際にこれを厳しく批判した(「あゝ遂に対支出兵」一九二七年六月四日)。選挙後、再度行われた山東出兵を無用な出兵であると指摘し(一九二八年五月五日社説)、「戦死者を思へ」として撤兵を主張した(一九二八年五月一九日社説）。「田中首相を済南に送り、岩倉旅団あたりの一兵卒にすることだね」（同号週間寸評）と痛烈に皮肉ったのである。また、当時、政友会の山本条太郎満鉄社長の、満蒙独立を援助する傾向を「危険至極」と批判した（「満鉄社長の満蒙経済開放論」一九二八年九月二二日）。統一へ向かおうとしている中国情勢に逆らい、満蒙地域を中国から分離しようとする政友会の方針は、「帝国主義の出遅れ」であり、「対支外交を中心として政党の離合集散が行はれる」現状を憂慮したのである（「対支強硬外交とは何ぞ　危険な満蒙独立論」一九二八年一二月一日）。ただし、山東出兵の際、石橋は民政党の対応にも手ぬるさを感じていたようで、次のように批判していた。「満蒙の特殊権益を云々してゐる間は到底対支問題は解決できまい。何うせ軟弱外交と罵らるゝからは、民政党は何故思ひ切つて満蒙特殊権益の放棄を叫ばぬか」（一九二八年八月一一日週間寸評）。つまり、政友会の外交政策は決して支持できないが、民政党の政策にも食い足りなさ、歯がゆさを感じている石橋がみてとれるのである。

このように、石橋は支持する政策と政党とがねじれていたが、第一回男子普選をめぐり、既成政党に加えて無産政党が石橋の議論の構図に入ってくる。石橋にとって無産政党とは、既成政党は腐敗しきっているという認識によって脚光を浴びる存在であった。松島遊郭事件（一九二六年一月発覚）、田中政友会総裁への陸軍機密費問題（一九二六年二月議会で問題化）など、政党とカネの問題をめぐって石橋の不信感は頂点に達していた。「既成政党は……総てが最早国政を担当する資格なき醜団」、「腐つた建物は、速に其腐つたことを知つて倒すが宜い」（「今期議会の功績」一九二六年三月二〇日）と非難をきわめた。実際、政党とカネの問題の深刻度は、選挙のたびに行われた露骨な干渉や買収の事実からも容易にうかがうことができる。(23) 第一回普選も例外ではなく、鈴木喜三郎内相の指揮のもと、依然として猛烈な選挙干渉が行われたのである。

石橋は第一回普選において複数の候補者の応援演説に協力した。「ある程度、社会党の連中と懇意で、たとえば片山哲君の応援に行ったりした。非常に軽い意味で援助者というふうな立場だった」と語るように、片山哲（社会民衆党)、高橋亀吉(日本農民党)、鈴木梅四郎(政友会)の応援に出たことが判っている。[24] 一九二八年二月一一日「我等は誰に投票すべきか」において、石橋は政策でいえば、地租移譲を支持するので「躊躇なく政友会」という。しかし「肝腎の政友会その者に道徳的の信用がない」と述べ、今回の選挙の投票基準は「既成政党の打破、換言すれば政党の改造」、それは政策よりも大事だと結論したのである。石橋は特定の候補者を奨めることはしないが、「成るべく多数の既成政党以外の新人物を議会に送り込むに限る」と説いた。つまり石橋にとって第一回普選は、政策より道徳が優先事項となったのである。

さて、二月二〇日総選挙の結果は政友会、民政党がほぼ拮抗し、石橋が期待を寄せた無産政党各派は八名が当選した。この結果を彼はどう見たのか。まず政・民が互角の結果となったことは事実上、政友会の敗北であり、無産政党については「惨めな結果」、「彼等仲間の同士打の結果だ」と評した(「総選挙の結果と政局の前途」一九二八年三月三日)。無産政党議員の数は少なく、勢力は分散しており、多数決を原則とする議会では「値打無し」になってしまう。しかし有権者は彼らを無意義な者として議会に送ったのではない。無産政党議員に託されたのは既成政党の打破と、無産階級の利益を擁護する新政策の実行である。それを達成するためには、小異を棄てて大同団結する以外に道はない。「議会政治は……常に妥協であり、譲歩であり、漸進である」(「政友民政以外の議員は大同団結せよ」一九二八年二月二五日)。

しかし、石橋の望みに反して、無産政党側は容易に合同ができない状況にあった。労働農民党は、「単純なる寄せ集め的合同論」を拒否した。労農党は社会民主主義をめぐって社会民衆党と相容れず、合同問題で自党の主導権を主張し、譲らなかった。「我党議員は諸他の労農政党の議員と共に共同統制委員会の命に服して共同行動をとるべきである。しかしながら左翼的大衆党たる我党の議員はその階級的立場を確保するために独自的行動の自由を獲得せねばならぬ」。この対立の根底にあるものは、議会政治に対する労農党の深刻な懐疑であった。「口労や社民の議会主義的幹部は議会に代議士を送ることによつて益々議会主義の方向に進み、帝国主義ブルジョアと地主の支配下にある議会から何等か実質的な利益を期待し得るかの如き幻想を労農大衆にふりまくであらう」。しかし、「労働者農民の要求は議会内のかけひきで獲得されるものではない。議会外の日常大衆闘争こそは労農政党本来の使命であり、これのみが労農の解放の道を準備する」。「今日の議会には寸毫も進歩的役割はない。それはブルジョアの民衆偽瞞〔欺〕圧迫の立憲的機関たるに過ぎぬ。……我々が議会に参加するのは議会的改良の獲得のためではなく、議会政治バクロのためである。……我党代議士が議会内に於て発言を求むるのはブルジョア議員に対して語るのではなく労農大衆に対して語り訴へんがためである。……戦術上彼等を利用するために一時的に共同行動をとる場合にも彼等をキタンなくバクロせねばならない」(25)。

このような議会軽視の考え方は、議会政治を至上のものと考える石橋とはそもそも根本的に相容れない。石橋は無産政党諸派の対立をみて、悲観に傾いていった。八名の議員が議会で協調を保てるかどうか「懸念に堪へぬ」という石橋は、「無産政党諸派間で互に争ふことが、……大衆の利益に反する所行であることは明白であるにも拘らず、其争ひを止め得ない。……然らば彼等は所謂大衆無産階級を足台にして、各自己の野望をとげんと図るシレ者で、其心底は既成政党政治家と何等異なる処がない」と非難したのである(26)（「無産党の前途」一九二八年三月一〇日）。石橋が無産政党を歓迎したのは、既成政党とは異質な政党への期待があったからだが、結局既成政党と類似するならばその理由もなくなる。石橋は議会政治の本質を妥協・互譲にあると考えていたので、無産政党諸派間のみならず、場合によっては既成政党とも政策協調すべきだと述べた（「政友実同の政策協調非難するは当らず」一九二八年三月二四日）。

田中政友会が第一六回総選挙で公約として掲げた地租移譲問題は、同党が辛うじて第一党になったものの、過半数を制することができなかったので、営業収益税廃止を主張する実業同志会と提携することになった。一九二八年四月、政実協定を結び、地租と営業収益税の両税移譲案を編成するという方針のもと、一九二九年一月、第五六議会に上程され、衆議院は政実協定によって通過したが、貴族院で審議未了となり、不成立になった。石橋はこの結末を惜しんだが（「第五六議会終る」一九二九年三月三〇日）、そればかりではなく、両税移譲の議論を巡って石橋は「無産党の無識」にも失望したのである。河上丈太郎（日本労農党）は衆議院で、地租移譲案に反対し、次のように述べた。「私ハ、現内閣ヲ信任シナイカラ両税移譲ニ反対スルト云フ意思ヲ表明致シマス……現内閣ニ致命的ナ所ノ打撃ヲ与ヘルモノハ、此両税移譲ニ不信任ノ意思ヲ表スコトデアルト私ハ考ヘルノデアリマス……私ハ感情論ト認メテ宜イ(27)」。これを石橋は「記者は殆ど唖然とした」、「馬鹿！」と非難した（「両税移譲と無産党」一九二九年三月二日）。地租移譲によって民衆の負担が軽減されると考えていた石橋には、同案に無産政党が反対する理由が、同案を否決することによって政友会内閣を倒すためだという「感情論」だったことが許し難かったのである。つまり「善い案でも之に反対する……流儀」が石橋には受け容れ難い態度だったのである。このような彼の批評は、後に論ずる金解禁問題における無産政党批判の伏線となっていく。

張作霖爆殺事件の事後報告をめぐり、昭和天皇の叱責を受けた田中首相の七月頭の辞職は、石橋の目には「突然」と映った。石橋は田中内閣の業績を総括して、対支外交は「惨憺たる失敗」、唯一期待していた地租移譲案が不成立で「遺憾至極」と述べた（「田中内閣倒る」一九二九年七月六日）。こうして石橋の期待は八方破れとなった。彼曰く、「我政治の愈よ総破産」（「首相問責決議」一九二九年三月二日）。かくして石橋は既成政党・無産政党双方に不満を抱えて彷徨を続けることになる。

このようにみてくると、第一回普選をめぐる石橋の政党論の特徴は、次のようにまとめられる。第一に、既成政党への絶望から、無産政党の進出に期待した。第二に、議会政治の本質を「妥協」と考えるため、無産政党諸派の対立、既成政党との没交渉を批判し、小異を棄てて政策協調する必要性を訴えた。第三に、石橋自身、一有権者として特定の支持政党をもたない浮動有権者といえる態度をとっている。

なおここで、本章における「浮動有権者」について定義しておく必要がある。石橋は自らこれを論じて、「初めからおれは何党、或は何某の支持者だときめていない人々」、「選挙毎に心を労して投票先を決定する」有権者を浮動有権者と述べている。浮動有権者は地盤に左右されないため、選挙結果の予想し難い要因となる。したがって選挙の結果を左右するのは浮動有権者であるから、選挙で政党および候補者にとって大切な有権者とは、浮動有権者だと石橋は考えていた(28)。川人貞史の選挙研究は石橋のこの議論を裏付ける。川人は、連続する二回の選挙における政党得票率の変化をスウィングと定義した。政友会と民政党の二大政党政治時代、中選挙区制のもとでは、このスウィングが大きく(最大は一九三二・三六年)、かつそのスウィングは全国化しており、ナショナル・スウィングと呼べる現象が進行していたことを示した。すなわち、「膨大な数の有権者が、選挙の度毎に投票行動を政友会と民政党の間で振り子のように変えた(29)」ということになる。つまり、一九三〇年代の日本社会は浮動有権者が全国化した状況にあったと考えることができる。このような理由から、本章では「浮動有権者」の語を用いることにする。

石橋は、同時代の知識人の政党論と比較した時、どのような位置にあるといえるだろうか。前述した第一の点、既成政党が腐敗しているので、無産政党を歓迎するという政党認識は当時の知識人に共有されており、彼らを論客として迎えるジャーナリズムの論調も呼応していた(30)。吉野作造は次のように述べている。「無産政党の結成は第一に既成政党を脅かす意味に於て国民の歓迎する所となつて居る。……彼等を牽制し深刻に従来の非を反省せしむるの効は十分にある」(「我が国無産政党の辿るべき途」『中央公論』一九二七年一月)。

選挙が目前に迫った『改造』二月号巻頭言「新有権者に警告す」(執筆者無記名)では「在来の利権的政党を斥け、利権的党人を断乎として拒くべきである」と既成政党を批判し、一方、「新興政党の弱所は大目に見る寛宏さ」を有権者に求め、無産政党への支持を呼びかけている。

石橋は、第一回普選直後の三・一五事件の際、政府政友会を非難したが、そこには彼の無産政党観が如実にあらわれている。三・一五事件のあおりで労農党は解散させられたが、それを「天下の公党たる労農党を、あの様な方法で解散せしめ、圧迫することは許さるべきであらうか。断つて置くが、記者は平常決して労農党に同情を持つ者ではない。……が之は意見の相違である。それ故に記者は、労農党が無法に踏み虐げらる丶を善しとは考へない。之は法治国に住む者の正当な感情である」（「我が国を赤化する者は誰ぞ」一九二八年四月二一日）と批判した。労農党と同様の理由で既成政党も含む他の政党が同様の解散を命ぜられたらどうするのだろうか、と石橋は述べ、他政党、特に社会民衆党が事件に対する共同抗議の提案を斥けたことを批判した。このように石橋は、意見の相違にもかかわらず、無産政党の存在意義を評価していたことがわかるのである。

前述した第二の点、議会における無産政党の非協調への批判も、知識人の間で珍しくはなかったといえる。すでに述べたように、無産政党間の抗争は、激しく混迷を極めた[31]。吉野作造の「大山郁夫君が三井三菱乃至浅野安田以上に鈴木文治君を憎むと云ふやうなこと」（「無産階級運動に於ける左右両翼の対立[32]」『中央公論』一九二八年一一月）という表現は決して誇張ではなかったのである[33]。第一回普選後の『中央公論』一九二八年四月号「選ばれた無産党議員への要望」には各界の知識人の意見を掲載している。石橋もその一人で、次のように述べている。「一、各派の大同団結を行ふ事。……二、政策を洗練し実行性あるものたらしむる事。今までの無産各派の掲ぐる政策は甚だ実行性に乏しく若しくは出鱈目である。……三、議会政治は discussion and compromise の政治であることを忘れぬこと。……政策を本位として既成政党ともコンプロマイズするを要する」。これは石橋の政党観を簡潔に示す箇所である。当時の論壇では、既成政党とは非協調でも無産政党各派は協調すべしとする意見と、場合によっては既成政党とも協調するべきだという意見とがあったが[34]、石橋の場合は後者であり、より幅広い協調を求めている点が特徴的である。吉野作造の場合は、総選挙の結果を受けて、無産政党議員に「カスチング・ヴォートを握る地位を巧に利用し二大政党をして各々善を為すに競はしめること」、「二大政党の抗争に対しては全然是々非々主義を以て一貫すること」（「無産党議員に対する国民の期待」『改造』一九二八年四月）を希望した。このように、議会政治の本質を妥協・漸進と見る点で、石橋と吉野は非常に類似性をもっていた。吉野は「政治は政治学ではない」と述べたように、「政治の現実的性質」を忘れなかった。政治は「最も下らぬとさるる所から着手するのが本当の順序」であるから、最初から完全な政策の実行は不可能だという立場であった（前掲「我が国無産政党の辿るべき途」）。

第三に、石橋の浮動有権者的態度について考える際にも、同時期の吉野の政党観が示唆的である。吉野は社会民衆党の結成においてその産婆役を務めたが、「私一己としては今後どの政党でもい丶一番正しい道を歩むものを助けることにする意図である。……最早私共は何党の地盤でもない」と明言している[35]（前掲「我が国無産政党の辿るべき途」）。社会民衆党への参画はむしろ、「私の本来の立場と全然一致せざるを覚悟しつ丶」のことだったという（「無産政党の辿るべき途」の批評に答ふ」『中央公論』一九二七年五月[36]）。以前から吉野は地盤を忌み嫌い、「地盤とは即ち、地方良民に対する政党の横暴なる奴隷的駆使の別名に外ならぬ」（「新政党に対する吾人の態度」『中央公論』一九二二年九月）と述べていたのである。「政治専門家」でない一般民衆は政党に加入すべきではなく、政党の堕落の原因となる地盤を作らせないこと、民衆は政党に対して超然たる「厳正中立」を保つことを説いた（「無産政党問題に対する私の態度」『中央公論』一九二五年一〇月[37]）。「専門家の真似事」をするのではなく、「監督者としての本来の使命」を忠実に遂行し、政治家が悪事に誘惑されないように監視する役割が民衆にはあると述べたのである。つまり、政治の良否を決めるものは、「民衆的監督」なのである（「無産階級の政治的進出」掲載誌不明、一九二七年一月[38]）。したがって、普選によって無産階級が有権者として大量に参入しても、彼らが既成政党と同様に無産政党とも距離を保つことを望んだ。それが吉野のいう、「代議制度に在ては主客の地位を正すこと」、すなわち民衆は「監督者」としての務めを果たすという意味であった（前掲「我が国無産政党の辿るべき途」）。このような政党観からみると、石橋の浮動有権者的態度こそが、吉野の考える理想の有権者像——吉野のいう「監督者」——に合致していたのである。

三　金解禁論争と無産政党観

一九二九年七月、浜口民政党内閣が成立した。成立当初から浜口内閣は緊縮財政と金解禁断行を掲げていた。第一次大戦中に停止した金本位制に列強は次々と復帰していたが、日本は一九一七年の停止後、相次ぐ不況や関東大震災などの影響で復帰のタイミングを失しており、金解禁は長年の懸案事項だったのである。金解禁実施の際、一〇〇円＝五〇ドル弱という旧平価で解禁するのか、当時の実勢相場四三ドルという新平価で解禁するのかをめぐり、意見が分かれた。これが金解禁論争である。列強の金解禁はほとんど新平価解禁だったにもかかわらず、なぜ政府民政党は旧平価解禁論に固執したのか。それは政治的な事情によるものだった。新平価解禁の場合、貨幣法の改正を必要とする。しかし、総選挙以前の議会では民政党は絶対多数を占めていなかったので、改正は通らないだろう。それ故に一九一七年金輸出停止時の大蔵省令を廃止すれば済む旧平価解禁を選択したというのである。[39]なお、政友会は新平価解禁論だったのではない。元来、金解禁そのものに反対ではなかったが、実施のタイミングをめぐって曖昧な態度をとってきたのである。[40]金解禁実施後も、政友会は当初から金輸出再禁止を主張したわけではなく、恐慌が顕在化したことで危機を認識し、一九三一年九月、イギリスが金輸出再禁止したことで確信を深めたという程度であろう。[41]

浜口内閣の金解禁は一九三〇年一月一一日に実施されたが、この時国民は全くの祝賀ムードだった（「金解禁ぶし」という歌までできた）。[42]二月の総選挙では民政党が大勝し、民政党に近い路線を掲げた右派無産政党の社会民衆党はかえって大打撃を受けた。しかし、内閣が順風満帆だったのはここまでであり、前年の世界恐慌のあおりを受けて、未曾有の昭和恐慌へ突入し、浜口内閣への不満が蔓延していく。一一月、浜口は狙撃され重傷を負う。翌三一年四月、後継総裁若槻礼次郎が二度目の組閣を行うが、九月、満洲事変が勃発、この秋、国際危機を乗り切る方策として政・

民協力内閣論[43]が若槻内閣内相安達謙蔵と政友会幹事長久原房之助らを中心に盛り上がった。しかし、一一月、政友会の議員総会で、同党の党議として金輸出再禁止を宣言したことは、政友会の民政党倒閣宣言を意味したのである。一方、井上蔵相はあくまでも経済政策の転換を拒み、協力内閣論は行き詰まり、一二月、閣内不統一で総辞職に追い込まれた。犬養政友会内閣は成立後すぐに金輸出再禁止を行った。

金解禁問題における石橋の活躍は、彼をして一経済雑誌の主幹から、著名な民間のエコノミストの座までおし上げたといえるが、新平価解禁論を打ち出したのは一九二四年春のことであり（「円貨の崩落と其対策　正貨無期限払下を断行せよ」一九二四年三月一五日）、それ以後、彼の持論であった。恐慌が顕在化した一九三〇年夏以降、政友会内部で石橋の新平価解禁論や金輸出再禁止論への賛同者が出てきた際、「政友会内閣は、曾つて私共の主張に耳を傾けやうともしなかつた」と皮肉を書いている。そして自説への賛同者に対して「私は、其限りに於て政友会を支持することを辞せぬ。けれども之は敢て政友会だから支持するのではなく、若し民政党が同じ決意を持つなら、私は矢張民政党を喜んで支持する。所謂是々非々主義は、評論家の生命だ。人だの党だのは、我々の眼中には無い」と言い切ったのである（「不景気対策の検討」一九三〇年九月六日）。

浜口内閣が成立して旧平価解禁を行うと知った石橋はこれまでの論稿をまとめ、一九二九年七月、『金解禁の影響と対策』を刊行した。石橋は、浜口内閣の寿命は金解禁に成功するか否かにかかっていると、成立早々に予言した（「井上蔵相の使命」一九二九年七月一三日）。そもそも、井上準之助が蔵相に就任したのを世間が意外の人事と思ったのは無理もない。同年五月、井上が田中内閣の三土蔵相を訪問し、金解禁延期を声明させていたことからもわかるが、井上蔵相は蔵相就任前までは、金解禁反対論者だったのである。

石橋はこの間、一切の評論活動を金解禁問題に注いだといってよい。『改造』一九二九年九月号に「金解禁が農村に及ぼす影響」を寄せた。彼は浜口内閣の金解禁政策は「一般に大金融資本団の要求を代表してをるものなるは、疑ひを容れる余地が無い」、「大金融資本家かぶれ」であると非難した。石橋は、金解禁に為替相場を安定させる働きを認め、金解禁実施自体は必要であるとした。しかし、新平価解禁論を提唱した理由は、実勢相場に合わせない旧平価による解禁は、深刻な不況を招来し、中小企業・労働者に直接打撃を与えると予測したからであり（「金解禁実施後の楽悲両観」一九二九年一一月三〇日）、事実、そうなったのである。旧平価解禁によって物価は下落する。その影響は賃金低下、労働者待遇の低下となってあらわれる。つまり浜口内閣の緊縮財政とは、労働者の負担に転嫁されようとしているのだ、と石橋は警告した（「起らんとする労働争議の危険」一九二九年一二月一四日）。しかし、石橋の新平価解禁論は顧られなかった。解禁直前に『改造』一九三〇年一月号に寄せた「一月十一日金解禁と我財界」は、金解禁の祝賀ムードに冷水をかける不穏な論説として伏字にされた。石橋は金解禁実施後の恐慌下では金輸出再禁止論を展開していく。いよいよ恐慌が誰の目にも明らかになってきた一九三〇年春以降、「急迫せる財界難の原因　旧平価解禁の外に何が有る」（一九三〇年五月二四日）、「深刻化せる財界難の真因と其打開策」（『改造』一九三〇年六月号）など、不況の原因は政府の旧平価解禁にあると立て続けに説いた。八月になると、「浜口内閣が倒る、とせば、……根本は此経済政策の失敗に基づく国民信望の離反に原因する。……其命脈は恐らく余り長くないと判断する」と予言した（「濃厚化せる政変来の予想」一九三〇年八月二日）。[44]さらに石橋は特別論文「不景気対策の検討」（既出）を『東洋経済新報』に掲載し（一九三〇年九月六日）、井上蔵相の著書『世界不景気と我国民の覚悟』（一九三〇年八月刊行）に対抗した。ここで石橋は新平価解禁論というより、管理通貨制度に基づく金輸出再禁止論を全面的に解説し、列国の通貨が金本位制から次第に離脱傾向にあることを指摘したのである。[45]

従来の研究では、旧平価解禁論を展開した政府と石橋ら少数派の新平価解禁論者の対立が注目されてきた。[46]しかし本章では、無産政党が金解禁問題にどのような立場をとったのか、それが石橋の政党観にどのような影響を与えたのかを検討したい。これまで述べてきたように、金解禁論争における石橋の立場は、財界側ではなく、民衆生活の擁護の立場で一貫している。それならば、石橋の主張は無産政党に受け容れられたのだろうか。双方に何か一致点があったのだろうか。

まず、政府の金解禁政策への各無産政党の反応はどうだったのか。社会民衆党は一九二九年七月の中央委員会声明として次のように述べている。「現内閣が為替相場の回復を待つことなく旧平価による金解禁を断行せんとするならば、必ずや急激なる物価の暴落を来たし産業界は一大混乱に陥り、その結果は無産階級は生活不安の暴風におびやかされるであらう。……我党は無産階級の生活難を現状以上に深からしめざらんがために、平価切下げによる金解禁を主張するものである。……我等はあくまで無産階級の現実的生活の立場を尊重し、これに立脚して合理的なる資本主義改革の進路を辿らんとするものなるが故に、金解禁を新平価によつて即時断行し、以て財界の混乱を防止し、無産階級の生活難を防衛し併せて積極的なる無産階級的財政政策を断行することが、現下に処する我党の最も正当なる態度であると信ずる」[47]。ここから同党の態度としていえるのは、第一に金解禁は必要である、第二に財界の混乱を防ぎ、無産階級の生活を擁護するため、平価切下げ＝新平価解禁論を主張する、第三に、合理的な資本主義改革を目指す[48]、ということになる。石橋の主張と何と似ていることだろう。これを裏付ける史料として、同年三月一六日の『東洋経済新報』で社民党中央執行委員赤松克麿と鈴木文治は、平価切下げによる金解禁を明確に主張している（「金解禁問題に対する無産階級の立場」）。そもそも、社会民衆党は「綱領」において資本主義を「合法的手段に依て之が改革を期す」と宣言しており、金解禁への対応も社会改良主義の線に沿ったものだったのである。

無産政党中間派の日本大衆党は浜口新内閣に対して、田中内閣時のような打倒運動一辺倒ではなく、「進歩的政策を利用する効果的闘争」が必要だと述べていた[49]。一九二九年九月一三日決定の「昭和四年度下半期に於ける日本大衆党の闘争方針」では、「金解禁は現下の必要悪としてこれを容認」、「平価切下げ案をも考慮し民衆への転嫁を出来る限り最小限度に止むべき」としている[50]。金解禁政策については社会民衆党とほぼ同じ主張とみられる。

左派の労働農民党は、三・一五事件で解散させられた後、一九二九年一一月に再結成するが、機関紙『労働農民新聞』において次のように述べている。「今日旧平価を以て金解禁を断行すれば、それによつて更に深刻なる不景気が襲来するであらう……不景気の犠牲は実に労働大衆に転嫁されるのである」。このように、旧平価解禁論が不景気を招来し、無産階級の生活を脅かすという認識は右派・中間派と共通しているが、対応策が異なり、資本家・地主へ重税を課すこと、失業保険などの社会政策に財源を充当すること、労働者に団結権・罷業権を与えること、などを提案している。(51)労農党の場合、平価切下げ論は出てこない。むしろ、社民党の不況対策を生ぬるいと批判して「それでも無産政党か」、大衆党に対しては「社民と異らず」と切り捨てている。(52)そもそも労農党にとって金解禁は、無産階級ではなく、資本家国家の問題という認識であり、「金解禁問題に表現される資本主義の諸矛盾の爆発を利用して、労働者の××化を促進する」ことを目指していた。(53)左派の資本主義否定の立場から恐慌を「利用」するという態度は、社会民衆党とは対立する。労農党にとって、金解禁は資本主義体制に包摂される施策であり、ともに否定されるべき対象だったので、金解禁問題に無関心な対応をとるのは当然であった。

このように、石橋の新平価解禁論は、金解禁実施までは社会民衆党の主張と非常に近似性をもっていたが、この関係が変化してくるのが、一九三〇年二月、第一七回総選挙での無産政党の敗北である。この選挙でも無産陣営の選挙協定は不振に終わった。(54)その結果、無産政党全体で八名から五名へ、社会民衆党だけでは四名から三名へ減少したのである。このような「同志打」の結果を石橋は厳しく批判した。「独りよがりの観念的闘争乃至個人的勢力争ひから、大部分死票に」、「民衆の無自覚を叫ぶ前に、先づ自らの無自覚と大衆に対する反逆とを謝罪せねばならぬ」（「浜口氏個人の勝利　諸政党は総て失敗」一九三〇年三月一日）。

総選挙敗北を受けて、無産政党には再び合同の気運が高まった。しかし以前から続く各党の主義の差異から、難航するのは明らかであった。社民党と労農党の対立は「等しく無産党とは云ひながらその差異無限である」と評された。(55)

こうした焦燥に加えて、昭和恐慌の顕在化が無産政党各派に追い討ちをかけた。一九三〇年の無産陣営の政治運動・経済闘争を総括するにあたって、議会活動は「議会主義の幻影」、「ブルジョアジーとの取引」、「代議士病」などと一層罵倒されている。(56) 無産政党陣営が恐慌に対する施策として挙げているのは、日本大衆党は労働者・農民・無産市民の支払猶予、借金棒引、資本家地主への租税重課、家賃、ガス、水道料金値下げ、小作料減免であり、社会民衆党も同様の内容であった。労農党は「内部に於ける力の不足確乎たる方針の欠如」によって活動できない、とある。(57) 今や、彼らにとって最も深刻な関心事は失業問題となり、各陣営の「失業反対闘争方針」は次のようになっている。労農党は、工場法の徹底的改正、失業手当制度の実施、それを捻出するための軍事費の半減などを提案している。日本大衆党は一九三〇年七月、全国民衆党、統一協議会の三派で合同して全国大衆党となったが、資本家と国庫負担による失業保険法、職業紹介機関の完備、八時間労働即時実施などを方針とした。社会民衆党は「小市民的」にとどまり、見るべき成果を挙げていないと書かれている。(58) このように、金解禁実施後、無産政党の政策には恐慌・失業対策が前面に押し出され、「金解禁問題」、「平価切下げ」などの文字は見えなくなったのである。

一方で石橋は前述したように、当の恐慌・失業の真因は金解禁の失敗によるものとみて、金解禁実施後は再禁止に切り替えて論を展開していた。彼は前掲「不景気対策の検討」（一九三〇年九月）で無産政党陣営の「反資本主義的不景気対策」を批評して次のように述べる。「以上四つの不景気対策は〔石橋の主張する不景気対策のこと〕、所謂無産党あたりの人々に批評させると、頭からブルジュアー的対策として排撃する所のものである。……が然らば所謂無産党方面の人々にはブルジュアー的でない、何んな対策があるかと云ふに、私は残念ながら、ここにも亦之ぞと感服するやうな名案を何等発見し得ない」。

第一に、無産陣営は資本主義撤廃を叫ぶが、石橋はその撤廃が実現するまでの差し当たっての方策なしには、人々の生活が成り立たない現状だと説く。第二に、資本家に課税して財源を作り、公共事業を起こすべしという方策に対して、「之は不景気対策と云ふよりは、寧ろ失業対策」、「失業対策以上の不景気対策は、殆ど無いらしい」と評し、「残念ながら、此案は、今の我国には行ひ難い」と述べる。なぜか。今日では資本家も債権の回収が困難となっており、経済的に苦しく、まず景気を回復してからでなければ資本課税は難しいというのである。政府の方針は、「死ぬ者は死ね」であるが、無産党の失業対策は「乞食が居るから、食物を与へろ」であって、「乞食を無くす手段にはならない」。つまり石橋は失業対策したいのであれば、不景気対策が必要であり、不景気対策のためには金輸出再禁止しかない、という結論に行き着くのであった。

このように、金解禁実施前には石橋と無産政党右派は経済政策上で共通性を持っていたが、実施後の恐慌の顕在化と第一七回総選挙を経て、各々が目指す方向は分岐していった。石橋は眼前の資本主義体制の救済のため、金輸出再禁止による不景気対策を提唱したが、無産政党右派は失業問題に集中したのである。選挙の大敗によって議会主義に限界を感じた無産政党陣営は、一層議会に失望する。一九三一年三月、第五九議会での労働組合法案は衆院を通過したが、貴族院で審議未了となり葬られたのである。成立当時、「社会政策の確立」を金解禁と並んで「十大政綱」に掲げたはずの浜口内閣は結局、資本家向きの施策ばかりで社会政策を投げ棄てた、と彼らが考えたのは想像に難くない。最早彼らは、長幸男のいう「革命の時機到来という一種のカタストロフへの期待感」[59]から金解禁問題に無関心なのは当然であった。金輸出再禁止後、笠信太郎が『東洋経済新報』を罵倒して、「再禁止は、金融寡頭政治下にひしがれた、産業資本のいぢけたカリカチューアでしかない！」、「平価切下げの算盤に余念のない東洋経済新報誌」[60]と述べたのも、その文脈上にあるのだった。

一方、石橋にとって議会政治＝政党政治擁護と資本主義救済は譲ることのできない主張だったので、無産政党とは一層相容れなくなっていったのである。石橋が、特定の支持政党をもたず、選挙のたびに政党を選ぶ人々＝浮動有権者だったと考えれば、金輸出再禁止後の一九三二年二月の第一八回総選挙で彼は、消去法的な選択で政友会を支持したのではないかと推測できる。この時の石橋の関心事は金解禁政策であり、民政党を不可とし、無産政党に絶望していたからである。「今回の総選挙に於ては、政友会を勝たしむるを当然と考える」(「総選挙に於ける両大党の勝敗」一九三二年一月三〇日)。

おわりに

一九三一年九月の満洲事変以後、石橋と無産政党の心理的距離は一層広がったと思われる。周知のように赤松克麿らは国家社会主義へ転じていくからである。死期の迫った義父の吉野作造の危機意識は深かった。それは吉野をして、従来の政党不関与の節を再度曲げてまで、無産政党合同に関与せしめたほどである(61)。五・一五事件後、赤松は日本国家社会党を結成し、斎藤内閣が成立、政党政治は断絶する。そのなかで石橋は依然として政党政治の復活を望んだ。「政党内閣主義の認められて僅に八年、謂はばまだ過渡期に属する。其運用の旨く行かぬも寧ろ当然だ。然るに早くも之に我慢しきれず、超然内閣を歓迎するは、記者から見れば、実に軽率の至りである。蓋し其結果は、必ず近く後悔せしめらるゝ折があろう」(「超然内閣に期待を懸くるの謬想」一九三二年五月二八日)。政党に失望しながらも政党政治にこだわる石橋の態度は、同時期の美濃部達吉の次の意見と対照したときに、より際立つだろう。「吾々は主義としては飽くまで立憲政治の原則を擁護せんと欲するもので、再び旧時代の如き独裁専制政治に逆転することは、吾々の到底忍び得ない所である、然しながら、一方において従来の如き政党政治が堪へ難い弊害を現すに至つたことも、亦これを承認せねばならぬことを認むるもので、この弊害を除くためには、今日の如き立憲政治の原則に何等かの変改を加ふる必要が有るのではないかと疑ふものである(62)」。

まさに石橋にとっては「腐っても鯛」ならぬ「腐っても政党政治」だったのである。いいかえれば、戦前期における政党政治とワシントン体制を表裏一体の関係と捉える場合、石橋の思想においてそれは政党政治システムの至上性と「小日本主義」的植民地放棄論というかたちで表現された。後者は満洲事変以後、（研究史上度々論争点となってきたように）紆余曲折を経ていくが、前者は戦時下も変わらず維持されたといえる。つまり、石橋は浮動有権者の政党政治論者であった。[63]

「街の経済学者」だった石橋湛山は戦後、政治家になり、自由民主党から首相になった。吉野作造のことばをかりれば、「監督者」から「政治専門家」への転身である。一九四六年三月、戦後初の総選挙に石橋は自由党から初立候補する（落選）。「私は、人のつながりとしては、とくに自由党と縁はなかった。だが、当時のおもなる政党である自由、進歩、社会の三党を比較すると、私の主張に多く耳を傾けてくれる望みがあると思われたのは自由党であった。社会党は、所謂社会主義に束縛されて、思想の自由を欠いているように見えるし、進歩党は、また当時、妙な統制経済を唱えておって、とうてい私は一緒に行けそうでなかった。これに反し、自由党は最右翼の保守党というように、世間の一部からは見られ、共産党あたりからは目のかたきにされていたが、しかし私は、思想の自由は、ここに一番多くあると考えた」[64]。石橋は、友人はむしろ社会党に多かったにもかかわらず、「一番なにもなさそうだから」、「非常に漠然たる」[65]感じがするという極めて消極的な理由で自由党を選んだのである。戦前、石橋は膨大な量の政治評論を書いた。しかしその主張は少数派の意見にとどまった（その最たるものが金解禁論争）。その石橋が政界入りするにあたり、特定の支持政党はないが、とにかく自分の意見を容れてくれる余地のある政党を、という観点で選んだというのは不思議ではない。これは、浮動有権者としての石橋ならではの選択である。

本章は、石橋の政治家転身に直接的な影響を与えた経験という視点から、第一回普選から金解禁論争までを論じたが、その後の石橋の政党論については別稿を期したい。

註

(1)『石橋湛山全集』第一五巻の「年譜」によると、石橋は一九一四年四月一四日「将来の行くべき途を考える。結局政界に出ること」と比較的若い頃に政治家の道を意識していた。
(2)石橋湛山『湛山回想』(岩波書店、一九八五年)三三九頁(初版は毎日新聞社、一九五一年)。
(3)石橋湛山『湛山座談』(岩波書店、一九九四年)六〇頁(初出は『経済評論』一九六四年の連載)。
(4)「総選挙の題目」『東洋経済新報』一九二八年一月二八日。以下、注記なき場合、掲載は『東洋経済新報』。
(5)「議院改革」一九〇七年三月五日~四月一五日、「普通選挙を主張す」一九〇七年七月五日~九月一五日。
(6)「政府党増加幾何」、「代議政治の功績」一九一五年三月二五日。
(7)「政界を清むる手段」一九二四年二月二日。
(8)一九一三年一〇月創刊の雑誌、のち『文化運動』と解題、一九二五年、通算一五六号をもって廃刊。
(9)「所謂憲政常道論の意義」一九二二年七月一日。
(10)石橋湛山「中村さんと普選運動」(平野義太郎編『普選土地国有論の父中村太八郎伝』日光書院、一九三八年所収)。中村太八郎(一八六八~一九三五年)は長野県出身の普選運動家。松尾尊兊「中村太八郎の家庭と石橋湛山」(『自由思想』四一、一九八六年一一月)。
(11)「何の為の選挙権拡張ぞ」一九一九年一月一五日、「再び選挙権の拡張を論ず」一九一九年一月二五日、「臨時議会と普選案」一九二〇年六月五日、「革命化の危険」一九二〇年七月三一日。
(12)「デモクラシーの本質と少数代表」一九一九年二月二五日。
(13)「民心に希望を与へよ」一九二〇年三月二〇日。
(14)「原内閣は普選案を提出すべし」一九二〇年一一月二七日。
(15)「哲人政治と多数政治」『第三帝国』一九一六年一一月、「普通選挙と民衆の知識」一九一九年二月五日、「我民衆の政治的知識は低からず」一九一九年二月一五日など。
(16)「普通選挙と選挙資格」一九二〇年一月三日、「普通選挙案」一九二二年一二月一〇日、「婦人を社会的に活動せしめよ婦人参政権の台頭」一九二四年七月五日、「婦人公民権」、「国民の半数」一九二九年二月二日など。

(17)「小選挙区制は民衆運動の障害」一九一六年九月二五日。同内容に、前掲「デモクラシーの本質と少数代表」、「選挙法改正案の結果」一九一九年三月五日、「比例代表制を」一九二二年七月二九日。

(18)「政治と国民」一九二〇年七月二四日。

(19)「党弊を厭ふの行過ぎ」一九二三年八月二五日。

(20)前掲『湛山回想』一八四頁。

(21)両税移譲論についての研究は、金澤史男「両税移譲論展開過程の研究」(『社会科学研究』二六―一、一九八四年)、小路田泰直「「政党政治」の基礎構造」(『日本史研究』一九八一年三月)、同「田中義一内閣と「地方分権」論」(『歴史学研究』一九八六年九月)、池田順「政党内閣下の二つの地方税制改革と官僚」(『一九二〇年代の日本の政治』大月書店、一九八四年)。

(22)「地方自治制と市町村」一九二五年六月六日、「両税移譲と中央財政」一九二五年七月四日、「地租市町村移譲の方法に就て」一九二七年八月二〇・二七日。石橋湛山『新農業政策の提唱』(東洋経済新報社、一九二七年)。

(23)季武嘉也『選挙違反の歴史』(吉川弘文館、二〇〇七年)。

(24)前掲『湛山座談』一一頁、『石橋湛山全集』第一五巻年譜。ちなみに三候補者とも落選。

(25)労農党選挙対策委員会「選挙指令第十二号　合同問題の展開について」一九二八年二月一日、労働農民党常任中央執行委員会「総選挙を終って全国の同志諸君に檄す」一九二八年二月二四日(大原社会問題研究所編『日本社会運動史料　無産政党資料　労働農民党(四)』法政大学出版局、一九八五年)二八〇、二八三頁。労働農民党臨時対策委員会「我が党の合同具体案」一九二八年三月二四日以前、拡大中央執行委員会「合同問題に関する件(第一草案)」一九二八年三月二七日(同右(五)、一九八七年)四二六～四二八頁。拡大中央執行委員会「議会対策の件(第一草案)」一九二八年三月二七日(同右(二)、一九八三年)二二一～二二六頁。

(26)石橋の眼にこのように映った無産政党リーダーたちの心性分析については、古川江里子「立身出世としての社会運動」(『日本歴史』七〇二、二〇〇六年)。

(27)「第五六回帝国議会衆議院議事速記録第二〇号」『官報号外』一九二九年二月二二日。

(28)「総選挙と政党の政策貧困　政党政治復活の希望遠し」一九三六年二月一五日。

(29)川人貞史『日本の政党政治』(東京大学出版会、一九九二年)二七九頁。「浮動有権者」は、現代政治学でいう「無党派層」に相当するだろう。川人貞史・吉野孝・平野浩・加藤淳子『現代の政党と選挙』(有斐閣、二〇〇一年)。
(30) 山室建徳「昭和戦前期総選挙の二つの見方」(『日本歴史』五四四、一九九三年)。
(31) 増島宏・高橋彦博・大野節子『無産政党の研究』(法政大学出版局、一九六九年)。
(32) 吉野作造『日本無産政党論』(一元社、一九二九年)所収。
(33) 吉野も無産政党の合同を熱望していた。「麻生久氏に遇ふ　無産政党合同の気運熟せるを説く」(一九二八年一月一八日、吉野作造日記)『吉野作造選集』第一五巻(岩波書店、一九九六年)。
(34) 同記事には石橋以外にも無産各派の議会での「大同団結」、「共同戦線」を主張する論者が多い。那須皓、藤井悌、河村又介、堺利彦、緒方竹虎、高島米峰、小川未明、林癸未夫の意見を参照。
(35) ただし、吉野はこの時の選挙で社会民衆党に投票したことは日記から明らかである。前掲、吉野日記、一九二八年一月八日・三〇日、二月一日・四日・九日・一三日・一七日・二〇日。「無論安部さんに入れる」(二〇日)とある。
(36) 前掲、吉野『日本無産政党論』所収。初出原題は「麻生君の批判に答ふ」。
(37) 前掲、吉野『日本無産政党論』所収。初出原題は「無産政党問題に対する吾人の態度」。
(38) 前掲、吉野『日本無産政党論』所収。初出誌は不明。
(39) 長幸男『昭和恐慌』(岩波書店、一九九四年)九九頁(初版は一九七三年)。
(40) 同右、一〇一～一一五頁。
(41) 『宇垣一成日記　二』(みすず書房、一九七〇年)八一八頁に「金輸再禁問題は、民政政友主張の差は認識の相違より来りしものにて、両者共に始めより再禁希望にあらざるべく」とある。
(42) 前掲、長『昭和恐慌』六七頁。
(43) 協力内閣論については坂野潤治「「憲政常道」と「協力内閣」」(『近代日本の政治と外交』研文出版、一九八五年)。
(44) ただし、注意すべきはこの社説で石橋は、海軍軍縮問題については「大局に於て浜口内閣を責むべき何者も無しと確信する」と擁護している点である。
(45) 金解禁論争と東洋経済新報社、および経済界については、拙稿「『東洋経済新報』と経済界」(『早稲田大学大学院文学研究科紀要』第五〇輯、二〇〇五年)。

(46)　近年の代表的な研究に岩田規久男『昭和恐慌の研究』(東洋経済新報社、二〇〇四年)がある。
(47)　『日本社会運動通信』一九二九年八月五日。
(48)　一九三〇年一月に日本社会運動通信社が前年の社会運動全般を回顧して刊行した『日本社会運動通信特輯　社会運動大観』で社会民衆党は、「動乱に乗じて無産階級の急激なる手段を企図するが如きは社会進化の過程を健実に辿らんとする同党の態度ではない」(二八、二九頁)としている。
(49)　『日本社会運動通信』一九二九年七月一五日。
(50)　『日本社会運動通信』一九二九年九月二三日。
(51)　大塚衛「金解禁問題について(一)(二)(三)」『労働農民新聞』一九二九年一〇月二一日・一一月一日・一一日。
(52)　「金解禁に伴ひ猛襲し来る産業の合理化に備へよ」『労働農民新聞』一九二九年一二月一日。
(53)　前掲『日本社会運動通信特輯　社会運動大観』二九頁。
(54)　「各無産政党間の選挙協定全く絶望」『日本社会運動通信』一九三〇年一月二五日、「地盤協定乱れて血で血を洗ふ無産派諸党」同右、一九三〇年一月三一日、「無産戦線益々異状だらけ　到る処　針《ママ》合せと巴合戦の展開」同右、一九三〇年二月四日、「予想を裏切る無産派の惨敗」同右、一九三〇年二月二五日。『労働農民新聞』一九三〇年二月一日一面には大見出しで「選挙戦だ！！暴露戦開始だ！！ブルと社民主義の仮面をヒツパグのだ！！」とある。選挙協定が結ばれたのは、日本大衆党と全国民衆党の間で、東京六区、大阪一区、二区だけであった(日本社会運動通信社調査部『社会運動年鑑』一九三一年九月、九二～九四頁)。
(55)　「果然各無産党間に合同運動の気運動く」『日本社会運動通信』一九三〇年二月二七日、「各党中味の異なる合同論の鉢合せ　実現は先づ絶望」同右、一九三〇年三月四日。
(56)　前掲『社会運動年鑑』。第一七回総選挙後の無産政党の方向転換については、山室建徳「政党内閣期の合法無産政党」(『社会科学研究』三八-二、一九八六年)。
(57)　前掲『社会運動年鑑』五四～五八頁。
(58)　前掲『社会運動年鑑』六二～六八頁。
(59)　前掲、長『昭和恐慌』一四九頁。

(60) 笠信太郎「金輸出再禁止「論」と金輸出再禁止」(『中央公論』一九三一年一一月号)。
(61) 田澤晴子『吉野作造』(ミネルヴァ書房、二〇〇六年)二四二~二四六頁。
(62) 美濃部達吉「斎藤内閣の成立と政党政治の行衛」(『帝国大学新聞』一九三二年六月二七日・七月四日掲載、『議会政治の検討』日本評論社、一九三四年所収)。
(63) 酒井哲哉『大正デモクラシー体制の崩壊』(東京大学出版会、一九九二年)、小林道彦「政党政治と満洲事変――ワシントン体制の挫折」(伊藤之雄・川田稔『二〇世紀日本と東アジアの形成』ミネルヴァ書房、二〇〇七年)。
(64) 前掲『湛山回想』三三〇頁。
(65) 前掲『湛山座談』六一頁。

Ⅲ　政党とその周縁

第一〇章　自由民権運動における政党と壮士
——自由党の壮士への対応と壮士の動向——

安在邦夫

はじめに

明治維新から自由民権運動期にかけては、さまざまな群像が政治の舞台に登場した。その一つに壮士と呼ばれる人びとの動きがある。しかし、その定義や歴史的位置付けは充分行われていない。近年、壮士については青年論の視点から論述されている研究成果をわれわれは得ているが[1]、概して壮士についての研究は少なく、壮士といえば「三多摩壮士」を想起し、あるいは奇妙な風体をして行動した「政治ゴロ」的な存在を直感的に念頭に浮かべるなど、否定的な理解が多い。青年の政治意識や社会的関心の所在を考える時、壮士に関する歴史的な検証が必要なのではないか。このような問題意識から自由民権運動に関わった壮士の動向に関する検証を行い始めた[2]。その研究の一環として、本章では、自由党（解散後の旧自由党系を含め「自由党」の名で呼ぶ）の壮士認識・壮士への対応と壮士の動向について、主として一八八四（明治一七）～一八八七（明治二〇）年の時期を対象に考察することにしたい。

一　自由党と壮士

(1) 自由党における壮士の組織化――有一館の設立――

一八七七(明治一〇)年西南戦争勃発の際、西郷軍に与したとの容疑で片岡健吉・林有造ら立志社幹部が縛に就いた。この状況に世人は、「民権党此に滅ぶ」と述べたといわれるが、この時血気に走る若者に触れて、『自由党史』は「独り板垣は此間に処して泰然として惑はず、能く壮士迅烈の気を制し、益々其主義を講明して、広く天下の同志と謀り、以て回天の功を就すべきを諭し、提撕至らざる所なし」、「板垣の最も憂ふる所は、若し板垣にして捕へられんか、壮士輩或は憤激して為めに軽挙し、以て事を傷らんとするにあり。よりて一日社中同志を一席に招き、之を励発して、任ずるに愛国社再興の事を以てし(3)」と、壮士の存在について触れ、その行動の意義について言及している。

その後も、自由党結党に関して述べた一文「自由党組織の大意」において、「慨して少壮の輩は泰西文物に養はるゝも、老長に存するの経験と少壮に発する学識とは、相憑て以て其功を奏せず、互に離乖するの弊を生ぜり(4)」と記述されるなど、明らかに壮士を意識させる語が連ねられている。壮士と考えられた人々の動向がそれだけ気になるようになったということであると思われるが、特に壮士の活動が注目されるようになるのは、集会条例の改正による自由民権運動への弾圧強化、松方財政の遂行に伴う階層分化の進展と貧困層の増加、そのような政治・社会状況の変化に対応する自由民権派政党間の軋轢、政府の離間策等々、一八八二(明治一五)年に入ってからである。

たとえば、板垣退助が岐阜で暴漢に襲われた折(一八八二年四月六日)の記載において、「当時有司一人の如きは、左右を顧て、板垣未だ死せざる乎、板垣未だ死せざるか乎と問ひたりとさへ伝へらる。……岐阜の変一たび起り、壮士皆を決して政府転覆を議せしも、亦た勢の已むを得ざる所なりと謂はざる可らず[5]」と壮士について述べ、板垣外遊中の状況に触れた中では、「自由党に在ては、既に福島、高田二獄の為めに劇しき打撃を受け、且つ集会条例の厳密なるより、地方との連絡を遮断せられ、往々統制の帰一を欠き、少壮血性の輩は、快を一時に求めんが為めに、単独以て事を処せんと謀り、潰裂分離の傾向を見はせり[6]」と、壮士の動向について論じている。

注目すべきは、帰国後行った「西洋聞見一斑」という演説の中で、板垣が「余因て以為らく、誠に我が東洋に於ても今日泰西の奢靡文弱の弊に戒め、創業心を以て少年血気の勇を鼓し、力行実践して社会の改良を謀らば、東西文明の運を顚倒して、一蹴して泰西の上に駕するも或は亦た難きに非らざるなりと[7]」と、少壮輩の活動の必要性について説いていることである。そしてこのような認識は、一八八四（明治一七）年三月に行われた春季の党大会で、「武を講じて以て身幹の健壮を保ち、完全具備の人物を産出する、亦た今日の急務なり。是れ諸君が文武館（館名未定是仮称）の設立を議決せられたる所以なり」とされ、「文武館（館名未定）を設け、活発有為の士を養成すること[8]」が決議されるに至るのである。自由党はこの大会の決議に従い、文武研究所の建築を具体化する。その経緯の概略を、「有一館の設立」（『自由党史』中、第七編第六章）の一文によって示すと次の通りである。

事未だ予期に達せざるも、猶ほ茲に数万の資を挙ぐるを得たり。是に於て先づ文武研究所を創設せんとし、春来土地数十坪を購ひ、府下築地新栄町にトして工を起し、六月下旬に至て略ぼ竣成を告ぐ。名けて有一館と称す。先きに片岡健吉之が主監たりしも、大坂相輝館の派出員と為りしを以て、内藤魯一之に代り、磯山清兵衛其幹事たり。規則を定むること左の如し

有一館規則

第一条　本館は同士相会し、文武の業を攻究する所とす。

第二条　本館は築地新栄町に置く。

第三条　本館は主監一名、幹事一名を置き、諸般の事務を整理せしむ。
第四条　本館々員たるときは適当なる保証人二名以上を要す。其之を取捨するは主監の任とす。……[9]

かくして、一八八四（明治一七）年春以来築地新栄町（今の中央区入船三丁目付近）に館の建設が進められ、やがて「講堂を兼ねた剣道場と寄宿舎が付置され、頑丈な黒門を備え、周囲は竹矢来で囲まれ[10]」た建物が竣工し、主監には片岡健吉に代わって内藤魯一、幹事には磯山清兵衛が就き、彼等が諸般の事務を整理するという形で始動した。正式な開館式は同年八月一〇日であった[11]。

(2)　壮士組織化の背景

自由民権運動の歴史全体から見れば、政党の結成は運動の一定の発展・帰結を示すものであり、憲法の制定・施行を見据えた新たな運動のスタートを切るものであった。実際、一八八二（明治一五）年度の福島県会に見られた官権＝県令三島通庸と自由民権派の対決、そして民権派の勝利となった「議案毎号否決」という事態は、自由民権運動の成果を表すものであった。しかし、結果的に同行動は官権の弾圧強化を生み出す契機となり、やがて「官吏侮辱罪」という処断を導くことになった。現実には必ずしも組織的な発展へとスムースには行かず、官権の横暴に対する新たな対応が迫られることになったのである。このような時に目立つようになるのが壮士の動きである。田辺熊八（編輯兼出版）の『自由ハ放談・改進ハ正義　近頃両党壮士之舌戦　全』（一八八三年）が世に出されたことは、このことをよく伝えている。

ところで、自由党が壮士養成所ともいうべき文武館の創設を極力進めるに至ったのは何ゆえであろうか。その背景には何があるのであろうか。端的に記せば、前節で触れたように「活発有為の士」の養成であることは確かであろう。また、一八八三（明治一六）年八月、「資金募金の檄」の中に示された次の一文は、その内容を補強するものであるように思われる。

練武場を設くる所以のものは亦故あり。蓋し中興以来士の常職を解き、歩武正斉、結伍編隊の事は独り軍人の任ずる所にして、昔日の所謂士人は復た與ることを得ず。且つ文芸の道日々に開け、少壮の徒唯だ書帙是れ事として、終日几窓の間に兀々として、絶へて筋を練り力を養ふこと無し。夫れ身体尫弱なるときは志気も亦際〔随カ〕ふて振はざるは自然の理なり。故に今に於て練武場を置き、少壮の輩をして撃剣術を習はしむるときは、其身体を健にし、其志気を養ふに於て、其益蓋し鮮少ならざるなり(12)。

少壮の輩を集め正しい撃剣術を教示し志気を養う、という理由も理解できるところである。しかし、それはあくまでも表向きの理由であり、緊急の課題として以下のような背景があったのではないかと思惟される。すなわち、少壮血気の輩の暴発を防ぐということである。たとえば、福島・喜多方事件、高田事件における徹底した弾圧、あるいは言論や組織的活動への規制強化などにより、少壮活動家の孤立化・過激化が顕著になったことは、前述の『自由党史』の一文からも推測し得るが(13)、この点に関しもう少し具体的に見ると以下のようである。

①十六年に及んで、時勢は福島、高田の大獄に激発せられて倍々奔騰し、党中往往地方に偏局して単独軽挙を事とする者を生じ、協同一致、旅進旅退の目的を誤らんとする傾向に陥れり。少壮血気の輩は、皆な言論の道絶へたりと称して、郷関を脱走して東京に輻湊し、泊するに定居なく、食するに常資なく、略ぼ維新前浪士の状に彷彿たり。……栃木、福島等関東東北の壮士は、眼に県令三島通庸の暴政を実睹せるより、意気熱鉄を挾むが如く、急熱すること殊に甚だしく、独力独行して憤怒に徇へんとし、復た全党の一致を顧みず(14)。

②福島の獄、高田の獄、既に政府が民間党を撲滅し一意に政党を剗殺せずんば止まざるの真意を示す。……自由党の少壮は熱血の坌湧するを自制する能はず、所謂非常手段を講じ、単為孤行して狂名を当世に甘んぜんとす。徒らに成敗の跡を見て志士の行動を議する莫れ。彼等が虐節苦行、其心敢て利名に於てせざるは、復た以て偉

とすべきなり(15)

③福島、栃木の地只だ白河の荒関を挟んで相界するのみ。二県の壮士互に交を納れて往来すること此れより繁し。福島に河野、琴田、草野、其他横山信六、原利八、天野市太郎、山口守太郎、五十川元吉、三浦文治、小針重雄、杉浦吉副等あり。栃木に鯉沼九八郎、平尾八十吉、大橋源三郎等あり、皆な青年の死士《〔ママ〕》なり(16)

①は一八八三（明治一六）年後半期、②は、一八八四（明治一七）年三～五月頃、③は、同年五～六月頃の壮士層の動向をそれぞれ伝えるものである。次第に激高してゆく姿が容易に推測される。そしてこの壮士層の動向にはあるグループ結成の動きが見られた。

右の状況を示す一例が、一八八四（明治一七）年六月五日から開かれた、大阪横堀における関西有志懇親会である。同懇親会は、衰微した運動の回復を図ることを目的に、山陰・山陽・西海など東海から西の地方の自由党関係者が開いたもので、その時の模様を、政府の密偵は次のように報告している。

関西有志懇親会六月五日ヨリ開会シタリ会員外ノ人々（傍聴ノ資格ヲ以テ列席セシ者ヲ云フ）トヲ合セテ百四十名ナリ議決セシ条項ハ自由新聞（　《〔ママ〕》　）ニ掲載スルヲ以テ略ス純粋ノ自由党員ハ七拾余名ナリト而シテ公然ノ議会ハ已ニ終ヘタリシカ隠密議会（当春東京ニ於テ同党ノ議会ノ如キ景況即チ小会議）ヲ処々ニ開キ議会ニ列セサル者或ハ疑ハシカラサル人物或ハ議論ノ符合スル者ト五人若クハ四人ニテ会ヲ為ニ将来ノ事ヲ約シ種々ノ計画ヲ議セラレタリ当時大坂ヨリ其事ヲ報道シ来リ出席人帰京ノ後隠密ニ報告スヘシ云々ト(17)

「自由党ノ政略及内情」と題するこの密偵報告書は、同報告の他、「自由党決死派ノ内幕」「博徒ノ景況」について記した一綴りのもので、本史料には次のような注目すべき記述がある。掲載が少々長くなるが、主なところを箇条書き的に示そう。

○大井憲太郎ハ書生ヲ引連レ関西親睦会ニ行キ宮部襄モ行カレタリ大井ノ目的ハ彼ノ小会議ト偽党ヲ排斥スル等

ニアリ而シテ同人ハ宮部ト外面親密ノ如クナレトモ其実ハ宮部ヲ疑フコト甚シ然ルニ宮部ハ之ヲ知ラス故ニ今回宮部ハ早晩照山ノ轍ヲ履ムモ計リ難シ（照山新三ハ自由党ノ疑ヲ受ケ高崎ニ於イテ殺害サレシ者）

○関西懇親会ニ本部ヨリ総代トシテ出席セラレシハ加藤平四郎外弐名其外出席セシモノハ大井憲太郎星亨深沢寛一郎宮部襄等ノ諸人ニシテ大井星ノ両人ハ書生ヲ引連レ出発ス

○自由党中自カラ尤モ過激急進ノ者ナリ敢テ外面ノ形勢ニ関セス専ラ内密ニ過激ノ活動ヲ行ハントスル者ナリ之ヲ目シテ決死派ト曰フ大井憲太郎斎藤壬生雄宮部襄等ヲ首領トシテ其派各地方ニ散在ス

○大井憲太郎ノ今回ノ大坂行ハ全ク諸人ト其目的ヲ反対ニセリ書生ヲ連レ行クハ彼ノ関西懇親会ヲ破壊スルノ目的ニテ是迄余リ世間ニ奔走セサル書生弐拾名可ラ撰ヒ之ヲ引連レ行キシ該会開会中ニハ多少ノ負傷者ヲ現出センノ決心ナリシ且ツ出発スルニ当リ金ニ乏キヲ以テ之ヲ総理ニ謀リシニ総理ハ之ヲ本部ニ掛合ヒ本部ヨリ金百円ヲ出シテ大井宮部ラ旅行費ニ渡シタリ

○星亨ハ廿四日坂地ヨリ帰郷シタリ大井ハ七月中旬ニ非スンハ帰京セス同人ハ坂府ニ於テ屡々小会議ノ如キ者ヲ為シ彼地方ノ壮士ト契約シ東京ト相往復スルノ計画ヲ為シ居ル此ノ目的ハ帰京次第東京ニ於テ一派独立スルニアリ引連レ行キシ書生ハ会議ノ決議ヲ報スルノ名義ニテ各地方ヲ巡回シ居ラルト

○自由党ノ軋轢表面活溌活動ヲ主張スル人々ハ星亨斎藤壬生雄小勝俊吉磯山清兵ヱ山崎重五郎外群馬県ノ前橋縄張内ノ博徒（刀根川ヲ堺トシテ博徒ノ管轄ヲ異ニスルヲ以テ前橋ト高崎ト二派アルナリ）等ヲ前橋派ト云フ

又隠密主義即チ決死派ノ大井憲太郎宮部襄仙波兵庫新井愧三郎佐久間亮茂館野由之助冨松正安川名七郎杉田定一伊賀我何人稲垣由三守邦某小林高之介清水栄三郎南関三大塚国五郎長坂八郎石井代二藤田壮之助久野初太郎太和田東馬関根庄五郎茨城県ノ宗道ニ青柳某〇〇（ママ）五左エ門以下弐十五名及ヒ高崎縄張内ノ博徒尤モ多シ之ヲ高崎派ト云フ

○決死派ノ山﨑重五郎ハ嘗テ帰県（前橋）サレシガ直ニ管内ヲ巡回シ（前橋ノ縄張内ヲ云フ）各所ノ壮士ト約シ或ハ同人ト共ニ来リシ者モアリ皆前橋へ集合シ高﨑へ御臨幸ニ付頗ル計画スル所アリテ山﨑ハ壮士四十人ト約シ上京ノ後チ報道アレハ直ニ上京スベシ云々其餘ノ壮士ハ尽ク高﨑ニ集会ス山﨑外一名ハ上京ノ道ニ上リ思フ所ロアリテ鉄道ヲ検見ニ来リシヲ以テ大ニ時日ヲ費シ廿四日ノ夜板橋ニ抵リ同処ノ坂ノ上ニ露宿シ居ラレシヲ巡査ニ見認メラレ拘引セラレ廿五日ノ朝放免ニナリタリ然ニ彼ノ四十人ノ徒ハ其期ノ逼リシニ報知アラサルヲ以テ各々決心シテ出立シ車ヲ馳テ上京ノ途ニ向ヘリ山﨑ハ大ニ定期ヲ後レタルヲ以テ終ニ彼四十人ノ徒ト共ニ入京シタリ其後頻リニ奔走尽力セラレシカ警衛ノ厳ナル為メ終ニ一事ヲ為ス能ハサリキ

一連の報告書で知り得るのは、「決死派」と呼ばれる激派が生成していることであるが、このことは、先に触れた『自由党史』でも判明する。新たに知り得るのは、第一に、この決死派とされる面々は、「隠密主義」を採り主として大井憲太郎を中心とするグループであること、そしてこれには高﨑派とされる博徒が関係していること、第二に、大井派に対抗するグループとして星亨を中心とする「表面活発活動を主張」するグループがあり、これには「前橋派」と呼ばれる博徒が連なっていること、である。「隠密主義」とは非合法的活動を、「表面活発活動」とは合法的活動を説くものと考えられる。

このように両者に相違はあるが、しかしここで明瞭なことは、関東を中心に新たな活動家たちが多く登場してきたことである。このことを念頭において見るとき、「今や世上俗論囂々、志士感覚を乱し、方向を誤らんとす。若し此時に方て我党力を此に致すに非ずんば、既に春雨の養を失ふたる此嫩芽の発育を如何せん」[18]という土佐派の視点から書かれた『自由党史』の指摘は興味深い。すなわち、大井派や星派に対する、そして新たな活動の担い手となっている壮士層への土佐派＝自由党主流の危機意識という問題である。結論を記せば、有一館の建設には、自由党主流＝土佐派の主導権掌握という意図が込められていたと推測されるのである。[19]

二　自由党の解党と壮士の動向

(1) 自由党の解党

政府密偵の報告書「自由党ノ政略及内情」によれば、有一館の建設は次のような経緯で進められた。

文武舘設立ノ事　該舘設立ニ付板垣退助片岡健吉（健吉ハ目下北陸道漫遊中）ノ両人ヨリ磯山清兵エヲ挙ケテ該舘ノ幹事ヲ依頼シタリ磯山ハ之ニ答テ曰ク諸君ニ於テモ飽マテ該舘ニ尽力スルノ意ナレハ財産ヲ破リ身命ヲ抛ツニ至ルモ敢テ辞セサルヘシ若シ然ラスシテ一時ノ仮挙ナレハ敢テ辞スト退助ハ決シテ仮挙ニ非サル旨ヲ告ケタルヲ以テ終ニ幹事トナルコトヲ肯諾シタリ舘長ハ片岡健吉ナリ該舘ハ本月二十日頃武一方ノ開業式ヲ行フ各地方ノ壮士六百名ヲ募リ入舘セシム其目的ハ衆中ヨリ俊秀慓悍ナル人物ヲ撰抜スルナリ故ニ文武舘ト名ツクト雖トモ武ヲ先ニシ文ヲ後ニスルノ景況ナリ武術ノ教師ハ北田正董内藤魯一茨城県ノ片野某ナリ撃剣道具ノ如キハ已ニ四十人前ヲ入レタリ然シテ其組織ハ陸軍ニ模倣シ一室ニ部屋頭ヲ置キ十人ニ什長ヲ置キ其上ニ取締数名ヲ置ク即チ陸軍ノ分隊長ノ如キ者ナリ該舘建設費ハ五千円ノ見積ニシテ星亨ハ其幾分ヲ出金スルト云フ設立ニ付北陸道筋ニ於テ募集金余程出来セリト文学ノ師ト其開業日ハ未定目下木挽町ニ建築中ナリ(20)

運動の主流派となりつつある関東への配慮を行いつつも、土佐派がイニシアチブを握って進めようとしていることが史料の一文から読み取れる。開館時、館生（入館が認められた者）の割合は寄付金千円に対して一人とされた。具体的に記せばその数は次のようになっている。(21)

秋田—一人、岩手—二人、福島—二人、栃木—五人、群馬—三人、茨城—三人、埼玉—一人、千葉—二人、東京―六人、神奈川―六人、新潟―七人、長野―一人、静岡―一人、愛知―一人、岐阜―一人、大阪―一人、岡山―一人、愛媛―二人、徳島―二人、高知―八人

ここでいう寄付金とは何を指しているのか、また千円という額は何を基準に定めたものなのかは不詳である。おそらく一八八三（明治一六）年秋に立てられた資金募集の実績および館の収容能力と関連することと思われる。

ともかくも有一館は、一八八四（明治一七）年八月一〇日開館式を挙行した。『自由党史』によれば、出席者は総理板垣退助の他、由利公正・中江兆民・長谷場純孝・星亨・北田正董・中島又五郎・吉野泰三・石坂昌孝・杉田定一・佐藤貞幹・加藤平四郎・植木枝盛・小林樟雄・栗原亮一・小島忠里等「五百名の賓客」が集まったとされる[22]。後藤象二郎は病のため代理が出ているが、興味深いのは「韓客」として李樹定・李樹弼の名が記されていることである。どのような意図で来日し、いかなる資格で出席したのであろうか、今後の検証課題である。

開館式では主監内藤魯一に代って磯山清兵衛が開館の趣旨を話し、館員の武技演技ののち板垣・杉田定一などが祝辞を述べた。その後の祝宴では壮士による「慷慨の謡」の披露、招待力士の相撲などが行われた。開館趣旨文には「今や時将に国家立憲政体を設立するの期に近からんとす。則ち天下の有志者が国家の重に任ず可きの日に非ずと言ふ可らず。宜く勉て文武を研究し、文は以て世を益し、民を利するの道を明にし、武は以て事を為し、志を遂ぐるの気を養ふべし[23]」と述べられている。文とは民の利益を考究・追求することであり、武とはその実現を図るための意志・行動力を磨くこと、と読み取れる。

また、本館開館以後の様態については次のように記している。

是れより青年大に奮ふ。有一館の設置せらるや、諸県風を聞いて皆な心を武事に傾け、壮年義に勇むの徒、競ふて剣を曉風に撃ち、馬を草原に駆らざるなく、竹刀の音、鉄蹄の響、至る処に戞々たり。信州小諸の文武館、常州下館の有為館・土佐高知の聯合各社の如き最も盛なりと称せらる。是の如く自由党は唯だ全幅の党力を尽して

党制を振興し、十数万の同志を挙げて畢く一号令の下に進退せしめんと図り、既に臨時大会を開くこと両回、地方を区画して、常備員を配置し、諮問を設けて総理の帷幄に参賛し、関西に派出所を開いて、東西の聯絡を完ふし、中央に文武場を剏めて少壮有為の士を収養し、略ぼ組織の緒に就くを得たり(24)

有一館が地域からも期待されたものであり、また館も入館者の指導に一定の熱意を有していたことは次の史料からも窺える。

一興館（文武館）ハ長野県ノ文武舘ヨリ書生ヲ送廻アランコトヲ乞ハレシヲ以テ書生中ヨリ抜選シテ彼地ヘ廻サントノ書ナリ而シテ該舘ノ舘長ハ内藤魯一ニシテ入舘人ノ集シ後細則ヲ定ムルナリ且ツ書生ニ課スル書ハ維新前ノ慨慷家ノ伝或ハ革命史ノ如キ者ナリ其余ハ武ヲ講スルト云フ又入舘書生ノ中演説スル者ハ該舘ニ於テ演説会ヲ開キ傍聴料ヲ集メ各自ノ費用ニ充ツルト云フ(25)

しかし、実際はどうであったのか。たとえば文武舘の状況を伝える次の一文である。

山崎重五郎ハ前日前橋ヘ赴ケリ前橋ノ実況斎藤士生雄（目下奥羽漫遊中）ノ宅ニ至リ其手下二三百名ヲシテ追ミ上京セシメ文武舘ヘ入舘セシムルコト又彼ノ辺ノ博徒ノ親分ト約束シ一朝急報アレハ五六百ノ人数直ニ集合スルコトノ手配ヲ定メ遅クモ二十日迄ニハ帰京スルナリ同人モ文武舘ヘ入舘ス(26)

引用史料からは、入館者の「割り当て」などは無視された状況が想像され、前掲『自由党史』の記述と実態とは、かなり乖離しつつあったことが看取される。さらに、加波山事件に関連する記述、すなわち、「時に既に開庁式〔栃木県庁のこと〕或は九月二十日に延期するの報あり、激徒一行〔三浦文治、琴田岩松らを指す〕相率いて中田文武館に投ず。館主小久保喜七之を延き、坐に在る有一館生保多駒吉を介す。保多は旧石川藩士、明治の初年父と倶に移つて茨城県下館町に家す。……保多曰く此地未だ身を安ずべからず、宜しく僕の生地下館に移るべし。下館に有為館あり。富松正安之に長たり、頗る義胆あり。必ず吾党の計に便せん。僕京に入て河野等を誘ひ帰郷して兄等と面せんと」[27]、「予審終結の結果常事犯に擬刑を受るや、四箇所〔東京・千葉・栃木・山梨〕の壮士一時に不服を鳴らし、斉しく其裁判所会議局に向て故障趣意書を提出し、赤心実に政府転覆、国政改革の目的を以て其予備を為さんとして、兇器金品を掠略したる者なるが故に、宜しく国事犯の罪名に依り高等法院の審判を受くべき者にして、通常裁判所の管轄を受くべき者に非ざる所以を具陳」[28]などの記述から、有一館主宰者の意図を越えた壮士層の動きがあったことを窺い知ることができる。自由党土佐派の目論見の失敗である。この状況から解党論が現実化したものと推測される。

研究史の整理を含め、自由党の解党については、「かたく秘すところの板垣の解党論とそれをめぐる同党の対応」問題について、新史料をもとに検証した寺崎修氏の緻密な研究成果をわれわれはもっている[29]。寺崎氏は資金調達の不調を解党の主要因とされているが、その要因は複合的なものであったと思われる。『自由党史』における解党に関する記述は、早くも一八八三（明治一六）年八月段階、「苟も専制政府に対抗して活動を期せんには、宜しく我党も亦た中央集権の組織を立て、以て総理指揮の下に進退すべしと。而して多くは有形政党の存立至難なるを感じ精神的結合の必要を説くに至れり」[30]と見える。

以後、一八八四（明治一七）年八月～一〇月の内外状勢について、『自由党史』は、清仏戦争によるアジアの緊張の様態、米価低落による産業の萎靡、困窮農民の非合法運動の顕著化などを指摘したあと、「時勢の非なるを憤激して血熱し、肉躍る自由党の少壮の士は、この時に乗じて事を挙げんとし、関東の野、東海の浜、死士激徒の機を窺ふ者、ただ二三に止まらず」と述べ、「太平を粉装する」政府の施政と無策を批判し、集会条例・出版条例・新聞条例の弾圧法が、自由党の統一と党員間の意思疎通を妨げているとともに、その結果として各地に「激挙」を産み、その風潮がさらに助長され、反対党はこれを好機と自由党攻撃を行っているとし、次のように記している。

是を以て自由党の先覚の士は以為らく、政府並に其党與にして我党の統一節制を妨ぐる斯の如くんば、我党は今より断然解党して、悉く其統一節制の絆を解き、之をして各々自由の行動に出でしめ、従来の旅進旅退に代ふるに単為独行の非常手段を以てし、有形の組織に代ゆるに無形の精神的団結を以てし、法令の範囲を超脱して、検束なき秘密の天地に活躍し、以て政府をして狼狽困頓せしむるあるのみと。(31)

さらに、以下のように解党の不可避性ついて触れている。ここには壮士認識・対策に関する板垣の思惑違いが吐露されている。

丹波の人法貴発、大阪に来りて解党の論に反対し異議を唱ふるや、板垣之に暁して曰く、卿は時勢を解せざるなり。乞ふ今より各地有志の許に至り、少しく裏面の消息を採られよと。法貴其の言の如くし、先づ大井憲太郎の所に至れば、其部下事を挙げんとして来り迫りつゝあり。名古屋、静岡の各地に於ける同志も亦勃発せんとして、勢極めて険悪なり。是に於て法貴大に悟る所あり。全然其意を翻して、解党の急なるを唱ふるに至りしといふ(32)

『有形組織　自由党の成行』は、内村義城が「旧自由党の是迄履み来れる事歴の概略を叙述」したもので、一八八五（明治一八）年一月、「自由燈出板局」から刊行されたものである(33)。出版届が前年一二月六日であることを考えれば、解党直後に出版の計画が立てられたものと考えられる。同書の記載により改めて党の維持が困難、とする理由を記せば、①分社分局を地方に置くことができず、活動の拡大・統制が取れなこと、②集会の自由がなく十分な活動ができないこと、③新聞条例によって言論の自由が制限され、上下隔絶官民意思疎通を欠いていること、を挙げている。解党大会は一八八四（明治一七）年一〇月二九日、大阪北野の太融寺で開かれた。各地党員総代の資格を有する者を中心に百余名の出席者があった。幹事佐藤貞幹が解党大意を朗読し、板垣退助が説明をした。しかし、そこには説得性が見られない。実際、解党に関する『自由党史』の叙述はきわめて粗略である。資金問題・急進派の動向・困民層の運動・指導層の分裂など、その要因は多岐にわたり、そこにはあからさまに述べ得ない土佐派の立場の問題があったと考えられる。

(2) 解党後の「旧自由党」の動向と壮士

三島通庸関係文書には、一八八七（明治二〇）年のものであるが、自由党解党後の政治集団・状況について触れた密偵の興味ある報告書がある。「改進・自由・急激・改革ノ四政党ノ事情」(34)がそれで、この記載で改革党というのは三浦梧楼らのグループを指し、「此党ハ公然人ノ耳目ニ触ル丶団結アルニ非ズ然レトモ目下現政府ヲ反対スル各政党中最モ恐ルベキハ此党トス何トナレバ他ノ党派ハ総テ皆軍隊ト関係ナキニ依リ一朝暴発ノ変乱ヲ生ズル兵力ヲ以テ容易ニ之ヲ撃破スベシト雖トモ此党ハ三浦曽我堀江其他ノ武官ガ陸軍部内ノ有力者ト気息ヲ通ジテ平素ノ企望ヲ貫カント欲スル者ナレバ尋常普通ノ平民政党ト同一視ス可ラザル者アリ」、と報告されている。多様な政治集団が形成されていたことが窺われるが、本論考との関係で重要な箇所は、自由党と急激党についての記述である。自由党について触れた史料の記載を整理すると、次のように指摘している。

第一に、党という組織は解いたが、しかし、板垣退助が隠然として力を有していること、第二に、土佐派と一般派（反土佐派）に大きく分かれ、一般派は「土佐の自由党」といって土佐派を濱斥し、板垣を軽蔑する者さえいること、第三に、党員は財産を使い果たし、星亨さえ蕩尽して負債を抱えるに至っていること、第四に、旧党員は互いに疑心暗鬼の状況で、あたかも密偵の嫌疑を受けた者によって組織された党派という感がもたれていること、したがって党派拡大は困難になっていること、第五に、板垣はこのような四分五裂した状態を憂慮していること、第六に、星は旧自由党を思う気持ちとこれに反対する者を憎む気持ちが合い半ばしていること、などである。では、自由民権運動が当時最も盛んな地域であった福島と高知において、その後壮士層はどのような活動をしていたのか。その例を若干見ておこう。

まず福島県の動向について、一八八六（明治一九）年一二月、後藤象二郎の東北地方遊説の際、これを迎えた三春地方の壮士の動向についてである。やや長い引用となるが次にこのことを伝える史料を掲げる。

①近隣ヨリ来集ノ有志家幷ニ壮士ニハ仝町字八幡町迄出張シ待チ受ケタルニ日已ニ暮ル丶ニ及ヒ入町スルヤ否ナ待受ケノ一連ニハ拍子ヲ以テ安着ヲ賀シ夫ヨリ直ニ旅館ニ車ヲ就ケタリ其際随行トシテ来ルモノハ三春ヨリ出迎ヒノモノハ申スニ及ハズ福島ヨリ佐々木宇三郎石川郡ノ須藤喜左エ門又兼テ出福ナリタル安積三郎照山秀元等ナリ直クト後藤ニハ一酌ヲモセズ夜飯ヲ食シ水風呂ニ浴シ結束シテ直ニ来集者ニ向ヘ一条ノ噺ニ取リ係レリ其際ハ旅館ノ両戸ヲ閉チ門守ヲ置キ看護甚タ厳ニシテ若シモ他ヨリ相窺フガ如キモノアルトキハ壮士ノ一連ハ是レヲ殴打センモノナド丶切歯扼腕シテ視廻ハレリ一同静然トシテ座ニ就キ拝聴ノ有様ナリ坂崎神山左右ニ侍シ座ノ正中ニ後藤席ヲ整ヘテ曰ク[35]

②後藤神山八弥ヲシテ壮士ヲ引キ一説ヲナス

土日朝飯ヲ喫スルヤ直ニ栗原足五郎渡辺留蔵大河内英象大内辰象深沢宮次等ノ壮士ヲ別室ニ招キ後藤曰ク昨夜ヨリ今日ニ至ル迄大略漫遊ノ話ヨリ御話シタレトモ今尚一言申置ク事アリ曰ク自由党ト云ヒ改進党ト云ヒ其名ハ異ナレトモ其実ハ殆ント同シキナリ自由党ハ英国ノ自由党ヲ輸入シタル如キモノニシテ立派ニ国会モ設ケアル国ヨリ我専政国へ此ノ如キモノヲ入レ改進党ハ自由党カ出来タルニ付是レニ付属シテ出来タルノ云ヒニシテ其名ハ異ナレバトテ其実ハ大略同シ大活眼（大活眼者トハ自ラ任スルモノ丶如シト聞ケリト云フ）ノ目ヲ以テ見レハ互ニ一ト躍リ社会ニ躍リタル位ナリ大同小異ノモノナレハ元理ハ同シキ事ナリ仝シキモノハ相合スルノ定則ニヨリ到底相合ス可シ最早其徴効アリ本年京地ニ於テノ大懇親会ノ如キ多少相ヒ合シタルノ様子ヲ呈セリト信ス他日有力者世ニ顕ハレ出テ丶合同論ヲ主張スルトキハ合党スルハ火ヲ見ルヨリモ明ケシ（有力者トハ誰ヲ指スカ傍聴者ハ後藤自ラ有力者ト唱フルモノ丶如キト聞ケリ）諸氏ハ此辺ハ決シテ心ヲ痛マル丶コトナカレ唯々誰レ彼ヲ問ハス諸氏ニ向テ望ム処ハ廿三年迄ニハ圧制ノ為メニ機会ノ辛酸ヲ受クルモ其良結果ヲ得ルノ間ハ必ス非常ノ耐忍ヲ以テ勤ム可キナリ[36]

掲載史料は、後藤が高知県人坂崎斌、群馬県人大澤惣造、福島県人神山八弥を随行員として東北地方を遊説した時の模様を伝える警視総監三島通庸宛福島県知事折田平内の「密偵報告書」である。官憲の「内偵」を極度に警戒していることがそのまま伝えられている興味ある「密偵報告書」であるが、まず①の史料から分かる壮士の役割は演説会・懇親会などにおける官憲あるいは反対派の妨害防止である。そして②の史料からは、一八九〇（明治二三）年の国会開設に至るまでの忍耐・努力である。

次に高知県の壮士の動きについて見てみよう。一八八七（明治二〇）年九月頃の様子について触れたものであるが、「或ル人云高知ハ党派モワレズ一身同体ノ勢ヲナシタルナラン仲道〔島本〕云。然り谷〔干城〕後藤板垣夫〻考案ハ幾分カ差異アルヘキモ今日ノコトハ外国ニ対スル国権カ主トナル故土佐ノ子弟壮年豈ニ党派ヲ撰ム遑アランヤ猶御互ニ機密ヲ通シ合ヒ尽力スルコトニ従事セン(37)」と、壮士の一帯感と活動の模様を伝えている。ただ、谷については、「谷子ノ着スルヤ同人ハ欧州巡回中ノコトヲ談話シ文明国ニ至テハ壮年輩ノ如キ決シテ政党抔ニ拘泥セス真ニ立志ノ事業ニ従事シ中年以上ノ者ニテアラサレハ政党抔ニ関係セサルモノ、如シ実ニ我国ノ壮年輩ノ如キハ折角立志ノ事業ヲ勉励スルノ中ニ当テ会、政党抔ノ事ヲ論弁シ末年悔ヲ取ルニ至ル誠ニ嘆スヘキナリ(38)」と、壮士の行動を抑止することに務めていることを報ずる一文も見える。この時期の谷の行動は検討課題であるが、板垣・後藤と一線を画しているというのが実状であろう。

しかし、いずれにしても言い得ることは、壮士の活発な活動であり、自由民権家の関わりである。板垣については、たとえば、「目下頻リニ少壮者ヲ集メ邸内ニ於テ相撲杯ヲ取ラシメ大ニ腕力ヲ試ミ其志気ヲ励マシ居リ少壮者ハ亦之レニ無上ノ望ヲ属シ板垣ニシテ自由内閣ノ総理トナルトキハ各自相当ノ官吏トナリテ補佐スベシト云ヒ既ニ西山志澄ノ如キハ人ニ語リテ曰ク今回ノ業首尾ヲ終ルトキハ大蔵大臣トナリテ天下ノ財務ヲ取ラント実ニ彼等ノ予想スル所斯ノ如シ(39)」と報告されている。解党後の旧自由党の領袖は、各地域でそれぞれ壮士の養成に努めていたのである。

三　壮士活動の顕著化・自立化

(1) 壮士活動の顕著化

一八八七（明治二〇）年は、まさに「壮士の年」であった。[40] このことについてはすでに触れたことがあるので、ここで言及することはしない。[41] ただ、その背景の主要因について改めて記せば、第一に、ノルマントン号事件・長崎清国水兵事件など国権侵害と映る事件が生起していたこと、第二に、「鹿鳴館外交」に示される屈辱的な井上外交が進められたこと、第三に、解党した旧自由党の指導層を中心に大同団結運動・建白運動が展開されるようになったこと、第四に、大阪事件・静岡事件などの発生と関係者の捕縛・裁判など政治事件への関心の高揚、などが考えられる。次の史料はこのような事実を示している。

当時人々の噂話は大坂国事犯事件と不景気挽回の二種に止まれり此分にて最早我邦に自由家はなきか民権家は亡ひたるやと思ふ間もなく驟かに昨年六七月頃に至りて意見書奉呈なる者流行し世の所謂壮士なるもの現出せり其より大臣の官邸を叩く者あり井生楼に政談演説あり上野に壮士運動会あり降て湧たる大騒動政治社会の波瀾漸く動蕩たる現象を呈せり……壮士とは高知愛媛長野岩手福島新潟山形京都宮城栃木千葉富山福井大坂山梨愛知群馬埼玉兵庫等二府十八県の有志家が意見書奉呈の為に人民の総代として上京せし者幷に各府県より府下に留学せる書生の政治思想を抱く者を云ふ[42]

また、次のような指摘もある。

自由党の此言を誓ひて解散せしより爾来四周星気運は年々に歩を進め……旧の自由党の壮士は言ふも更らなり全

国各府県郡の壮士は皆な奮然として崛起し相謂ッて曰く嗚呼時なる哉時勢なる哉勢之を徒過して再び到来すべからざるなりと争ッて気運の下に集まり輿論の前に会し協心戮力彼の沸騰の熱湯を将て鍛て千万馬力の蒸気と為し之を使ひ之を用ひ以て我が康楽の境土を拓き我が自由安宅を築くの一大器機を製造せんと欲するに至る(43)

引用文で留意しておきたいことは、「旧自由党の壮士」と「都道府県の壮士」という記述が見られることである。この区別はどのように考えればよいのであろうか。この問題については、前者については旧自由党員として党の活動と深く関る活動をした人びと、後者は自由党解党後に地域での活動を顕著化した人びと、世代的には一段若い層をさしていると思われる。激化諸事件に見られた官憲の厳しい弾圧、過酷な処罰を目の当たりした者、投獄されても比較的軽微な刑で済んだ人びと、あるいは無罪となった人びとであるとともに、地域において政党の活動に関りをもち、あるいは一定の新知識を修得した人びとであったと推測される。政治・社会の諸状況はかれらに活動の場を与え、上京を促した。次の一文からこのことが読み取れる。

関東々北西南各地方の壮士は陸続出京して大に社会の為めに尽すところあらんとするもの丶如し然るに世上或る部分の久士中には書生とか壮士とか云へば徒らに無謀の軽挙を試むるものと誤認して大に憂慮する者ありと聞けど十九世紀の今日に顕はる丶壮士は復た昔日無知の壮士にあらず或は従来政党に加盟して国事に奔走し或は内外の史籍に渉猟して識見あるあり其の世故に通じて時勢に明かなる事は却て老練家を以て自ら許すの老成人に優る者あらん(44)

また、次の史料は明治維新期とは異にする壮士像を提起している。

維新の改革は暗黒時代の改革なり今時代の改革の法と為すべからず而して其壮士の精神は亦野蛮社会の精神なり現社会の壮士の師と為すべからず何となれば彼の改革は兵戦に因ッて成就せられたればなり彼の壮士は腕力を用いて事に従ふたればなり夫れ腕力兵戦の事の文明社会より駆逐せられたるや其跡既に遠し今や我邦の如き之を全

然たる文明の社会なりとは称すべからざるも亦以て之を暗黒野蛮の社会と呼ぶべからざるは亦既に明かなる事実なり[45]

明治維新期は野蛮の時代であり、壮士も腕力を必要とされたが、現今（すなわち明治二〇年前後）は、文明社会には到達していないまでも暗黒野蛮の社会ではなく、したがって壮士も腕力・暴力を売り物にするものではなくなっている、というのである。このような壮士層について、政府密偵の報告書はこれを急激党と呼び、「此党ハ別ニ団結ト云ヘル者ニ非ズ各党ノ壮士各地ノ軽躁ナル青年輩ガ聚散離合シテ互ニ気脈ヲ通ズル者ヲ云フ此党派中ニ在テ錚々ノ聞エアル者ハ尾崎行雄宮地茂春以下数名ト為ス而シテ後藤伯隠然之レガ盟主ト為リ時々名処ニ会合シテ秘事ヲ協議ス[46]」と報告している。前述の急激党に関する記述の中の一文であるが、一八八四（明治一七）年頃に記述に見られる「決死派」の語が無くなり、「急激党」と呼ばれる集団が生起していることに注目しておきたい。では、かれらはいかなる行動をとっていたのか。この点について、次に見てみよう。

(2)　壮士自立化の動向

各地域より上京してきた壮士層の動きは多様である。そのような中で自立しつつある壮士層の動きがあることに留意したい。その一つの現れが「求友会」創設への動きである。

求友会に関してはすでに触れたことがあるが、未だその活動の模様についての詳細は不明である[47]。現在知り得ていることの要点を記すと、第一に、一八八六（明治一九）年五月ころ、九州および高知県の壮士層を中心に結成されたと考えられること、第二に、中心にいたのは熊本出身の壮士井上啓次郎であったこと、である。また規則によれば、①毎月第二日曜日が定例会日、②費用は毎回一人五銭、③会員は一県あるいは数県で一人の委員を選出、④中央部（委員一定の寓居）は当面東京赤坂区榎坂町五番地民友社内阿部充家氏の宅、⑤委員は毎回後十日以内に地方に状況報告、などが決められている。

自立・組織化を窺わせる第二の点として挙げられるのは、これらのグループが独自に建言書を提出しようとし、そのために盟約を結ぼうとしたことである。次に掲げる史料は、そのことを伝えるものである。

一　在京ノ壮士輩ガ結合シテ政府ニ迫マルトノコトハ遂ニ探聞シ居リシカ今般左ノ者等主唱トナリ三拾歳以下無妻ノ者弐拾五名結盟シ別刷建言書ヲ宮内省へ差出スコトニ決セシト云フ

熊本人　井上敬次郎
同　　　長塩亥太郎
宮城人　佐藤　琢次
栃木人　岡田　普左
島根人　三谷　参一
新潟人　井上平三郎

二　建言書差出方ハ未タ確定セサレド本人等ノ云フ所ニテハ明後九月一日ニ是非出スベシト而シテ宮内省ニ於テ或ハ取次ガズト云ヒ之レヲ退クルモ知レサレバ其時ハ何度ニテモ差出シ弥ヨ行レザレバ　行幸ノ日ヲ待チ鳳輦へ直捧スへシト云居レリ

三　前記人名之外ハ昨今切リニ募集シ居ル由

明治二十年八月三十日(48)

「三拾歳以下無妻ノ者」と記しているところに、かれらの決意が看取できる。それはともかくかれらが提出を試みた建言書の一部を示すと以下の通りである。

臣等誠惶誠恐謹而敬愛ナル

天皇陛下ニ奏上ス臣等伏テ方今世界ノ形成ヲ観察スルニ万国通信互市ヲ開キ陽ニ文明公益ノ交ヲナス而シテ其実ハ即チ不然弱肉強食専ラ欺譎ヲ以テ人国ヲ攫取ス近時ニ至リテハ愈其甚ヲ加ヘ特ニ我東洋ニ対スル政略ニ至リテハ見ルニ忍ヒサルモノ多ク印度ナリ香港ナリ巨文島ナリ安南ナリ亜細亜ノ山川今ヤ殆ント其争地トナラントス此時ニ当リ国ヲ東洋ニ守リ独立ヲ万世ニ維持セント欲スル者ハ上下共力官民一致豈唯ニ嘗胆坐薪スルモ猶且及サルノ時機ニアラスヤ臣等惟フニ維新以来　陛下数次ノ勅語ハ専ラ民衆ノ輿論ヲ以テ施政ノ方針トナシ玉フニアリ然ルニ在朝ノ有司ハ聖旨ヲ奉戴セス敢テ民衆ノ輿論ヲ顧ミス苟且偸安日〻舞踏宴楽太平ヲ仮飾シ内ニ向テハ民利ヲ掠メ私福ヲ営ミ外ニ向テハ卑屈従順国体ヲ辱メ甚シキニ至リテハ愛国憂世ノ志士ヲ圧抑スルニ警察ノ権力ヲ濫用スルニ至ル此ヲ以テ上下隔絶朝野相敵視シ殆ント云フニ忍ヒサルモノアリ……(49)

掲載文には、壮士の国際認識・政治意識がよく表白されていると思われるが、文中に「愛国憂世ノ志士ヲ抑圧」云々という「志士」とは、自らのことを言っているのであろうか。もしそうであるとするならば、このような自立化への行動は、「壮士」から「志士」への意識の変容と考えるべきなのであろうか。興味のある検証課題である。

井上らの建白書提出に関する密偵報告書には、次のような興味ある記載もある。

右三人〔井上敬次郎・井上平三郎・長塩亥太郎を指す〕ノ者今二日午前第十時卅分頃仮皇居乾門ニ来リ立番警手ニ名前書ヲ差出シ大臣又ハ次官ニ面会致度旨申立候ニ付本日ハ大臣次官モ出省無之旨相答候処然ラハ書記官ニ面会致度旨申立候間皇宮警部片岡児ヲ以テ乾門ニ於テ三名ノ者等ニ大臣ニ面会ノ主意ヲ尋問致サセ候処三人ノ者ハ国事上ニ付上書致度右奏上ヲ相願度為メニ大臣ニ面会ヲ申込ミタル旨申立依テ同警部ヨリ上書ナレハ元老院ニ差出スヘシト諭示シタルニ三人ノ者等ハ先般板垣退助氏ハ直チニ陛下ニ上書シタリト承リ果シテ然ルトキハ我々ニ於テモ大臣ニ面会奏上ヲ為シ得ル義ト心得候旨申立タリ尚又同警部ヨリ板垣氏ハ有爵者ナレハ参内ノ事モアルヘシ上書等ノ義ハ知ラサル旨申聞ケ候処三人共了解シタリ迚立去ル事ニ相成其際同警部ノ名刺ヲ請求ニ付則官名ヲ

記載シタル名刺ヲ与ヘ而シテ三名ノ者名前書ヲ受取候上引払候尤応接中ハ高声又ハ暴言等ハ決テ無之尋常ノ引合ナリ(50)

井上らは皇居に至り建白書を直接天皇に提出しようとしたが、上書の受付は元老院であるとされたこと、これに対し井上らは板垣の例を持ち出して糺したところ有爵者との違いを説明されたこと、井上らはこのことについて納得し名刺を置いて暴言などを吐くこともせず引き下がったこと、などが判明する。

なお、井上平三郎・長塩亥太郎らの行動について「曾而宮内省へ建言書ヲ携帯シ猶更ニ目下元老院へ之ヲ提出セント計画シ居ルモノ」と記したうえで、「東京府へ建言書ノ奥書ヲ願出候所属官ヨリ是迄人民ガ直チニ陛下へ建言セシ例ナク故ニ別段制規モナケレハ奥書ハ勿論取次グコトモ出来ザル旨陳述アリシヨリ井上等人民ヨリ直ニ陛下へ建言スル能ハサルトノ達シアリシヤ自分等決而右様之事無キヲ信ス若シアラバ示サレタシ云々弁解セシニ……(51)」と伝える報告書もある。かれらの心意気が読み取れよう。

第三の点は、「愛国有志同盟会」の組織である。この組織の検証は先述の「求友会」と併せ今後の課題である。現在述べ得ることは、尾崎行雄が深く関っていると思われること、一〇月一六日上野公園で大運動会を開催したこと、そして同運動会後に委員の斎藤新一郎らが逮捕されたことである。また同月下旬には秘密出版の嫌疑で井上敬次郎・井上平三郎・長塩亥太郎らが捕縛・投獄された。このように有力壮士が相次いで捕縛される一方で、旧自由党の領袖後藤象二郎らは巧妙な人身操作・策謀により、壮士の抱きこみを図った。こうして壮士の自主的な動きは頓挫し、後藤らの指導の運動に収斂していった。次の史料はこのことを伝えている。

後藤伯ガ過激急迫ナル教唆ヲ為スハ壮士ノ軽躁ヲ利用シテ大ニ我私ヲ成サント欲スルナリ壮士ガ同伯ノ頤使ノ下ニ奔走スルハ伯ノ粗忽不平ヲ利用シテ窃カニ其望ミヲ達セント欲スルナリ去レバ当初ノ内情ハ伯ハ壮士ヲ使ヒ壮士ハ伯ヲ使ヒ伯ト壮士ト相互ニ利己主義ノ篭絡手段ヲ戦ハス有様ナリシニ伯ノ謀略ヤ勝リケン近来壮士ハ兜ヲ伯

ノ軍門ニ脱ギ中心服従スルノ色ヲ見ハシ大ニ信用ヲ伯ノ言行ニ措クニ至レリ(52)

後藤らの老獪な手腕に自立化の道を閉ざし、また自己の行動を抑制した壮士層と旧自由党党員らの連動した運動、さらには先に記した保守改革党に連なる活動家の反政府運動は政府にとっては驚異であった。一八八七（明治二〇）年一二月、保安条例はこのような状況を背景とし施行された。同条例の施行により、壮士の活動もここに大きな転換を迎えることになったのである。

ところで、本章で検証の課題とした一つに「有一館」の問題がある。同館は自由党解党後も小壮活動家の育成に一定の役割を果たし、それゆえに官憲により目を付けられていた。この有一館の閉館に関する興味深い密偵報告書が三島通庸関係文書の中にある。次の一文である。

旧自由党員中壮年輩之集合所トモ云フヘキ有一館ハ愈々本月ヲ以テ解散スル都合ナリ是ハ全ク他ニ企図アリテ解散スルニアラズ費用ノ給シ難キヨリ維持上ニ困難スルニ原因スルナリサレバ有力者アリテ之レカ全体ヲ指揮スルト云フ程ノ人ハ当時ニアラサルヤニ見ヘ候尤近頃ハ頻リニ有力者ヲ得ント尽力シ居ル様相見ヘ候……

十九年十二月一日(53)

右の報告書によると、有一館は一八八六（明治一九）年末、資金難で閉館・解散の状況に至ったようである。事実の検証が課題となるが、自立化や有力者との結合を強めて行く一八八七（明治二〇）年に入ってからの壮士の動向は、同館のこのような状況と無縁ではなさそうである。そして首都東京への集中化と行動化は、保安条例の施行へと連動していったと考えられる。壮士にとって、それはまた新たな行動の開始への契機となったのである。

おわりに

保安条例の施行によって東京を「追放」された壮士たちは地域において自らの存在を示すさまざまな動きを示すようになった。次の一文は、そのような動向の一端を伝えている。

保安条例実施後世人の評判いと喧しく此処にても壮士放逐の噂彼処にても有志退去の話にして其論する所も亦所々区々なり……英字新聞の説を見るにジャパンメール新聞が今の壮士譬へは猶麦酒の泡の如く他人の煽動によりて沸騰するものなれば之を除けば却て政党の真面目を視るに至るべしといへるは今の壮士輩を一束にして麦酒の泡となせし者にして未だ能く人物を分析したりと云ふを得可からすと雖ども其中には随分自称壮士なきにしもあらざるべし[54]

その変化の様子を整理してみると、現在のところ次のような点を指摘できる。

第一は、壮士像の多様化である。すなわち、一八八八（明治二一）年以後の壮士については、真正壮士・傭役壮士・雷同壮士・貪名壮士・射利壮士・水撒壮士・蓑傘壮士など、さまざまな名前が付されるようになった。見識なく他人に頤使される壮士（傭役）、風潮に浮標する壮士（雷同）、財を貪る壮士（射利）などがその例であるが、最も大きなイメージを与えること、すなわち、壮士の代名詞にも等しくなったのが、髪を乱し奇態を装い市街に大言壮語する貪名壮士像であろう。

第二は、壮士自身の意識の問題である。例えば、壮士斎藤新一郎の次の一文を見よう。

恐ル可キハ壮士ノ勢力ナリ決シテ学士ノ勢力ニアラズ豪商ノ勢力ニアラズ都人ノ勢力ニアラズ卿紳ノ勢力ニアラズ何トナレバ此等ノ勢力ハ恐ル可キハ即チ恐ル可シト雖トモ決シテ絶望的ノ勢力ニアラズ有望的ノ勢力ナリ世ニ

恐ル可キハ絶望的ノ勢力ヨリハ甚シキモノアラザルナリ……苟モ真正経倫ノ策ヲ抱キタルモノハ必ズ先ツ此ノ恐ル可キ勢力ヲ利用シテ能ク激発変動セザラシム(55)

壮士自らを「絶望的の勢力」と位置づけ、この絶望的な「恐ル可キ勢力ヲ利用」することを申し出ているのである。

第三は、壮士クラブなるものが創られ、壮士が政党など政治集団に派遣される存在になったことである。一八八九（明治二二）年四月二四日付『東京日日新聞』に掲載された「壮士募集」の広告は、このことを示すものである。

大阪壮士クラブ取締菅野道親氏が、勇悍猛烈の壮士二十名を募集する旨を、同地一二の新聞紙に広告せし以来続々申込人あり、既に去る十八日午前迄に申込みたる応募者の数は百二十五名に及びたる由なるが、今度同クラブに於て左の募集略則を発したりと云ふ(56)。

「募集略則」の中には、「募集に応格したるの士は将来吾党のため身命を惜まざる事を血誓すべし〔第五条〕、散食の士は一ヶ月金五円を給し、同居の士は一ヶ月金二円を給す、但義捐金募集増額の上は増給す〔第六条〕」などと記載されている。政党・壮士双方の腐敗がここに見られる。なぜこのようになったのか、この検証はきわめて重要である。次の課題としたい。

註

（1）河西英通「明治青年とナショナリズム」（岩井忠熊先生退職記念論文集刊行会編『近代日本社会と天皇制』柏書房、一九八八年）、同「東北青年と明治ナショナリズム」（同『近代日本の地域思想』窓社、一九九六年）、木村直恵『〈青年〉の誕生』（新曜社、一九九八年）、最新の研究成果としては、矢嶋毅之「壮士・島田彦三郎」（佐倉市総務部行政管理課市史編さん担当編『佐倉市史研究』第二一号、二〇〇八年三月）など。研究成果一覧については、安在邦夫「自由民権運動における壮士の位相――井上敬次郎の動向に見る」（安在邦夫・田崎公司編『自由民権の再発見』日本経済評論社、二〇〇六年）を参照。

(2)「高田早苗の『壮士認識』考――壮士の歴史的位相検討の手掛かりとして」（早稲田大学大学史資料センター編集・発行『高田早苗の総合的研究』所収、二〇〇二年）で立憲改進党の壮士認識、前掲註(1)記載の論文で一壮士の動向を検証、「自由民権派壮士の自己認識と施政批判・対外観――一八八七（明治二〇）年前後の言動」（深谷克己編『東アジアの政治文化と近代』有志舎、二〇〇九年）で、壮士の政治意識や東洋認識について触れた。
(3)『自由党史』上、岩波文庫、二二九～二三一頁。以下「文庫」と略称。
(4) 文庫・中、一〇八頁。
(5) 同右、一四九頁。
(6) 同右、三〇五頁。
(7) 同右、三一一頁。
(8) 同右、三六五、三六七頁。
(9) 同右、三七八頁。
(10) 麻生三郎他編『自由民権・東京史跡探訪』（昭和出版、一九八四年）四三頁。
(11) 有一館を会場にした「自由政談演説会」が八月三～五日には開かれているので、正式のオープン前に館は利用されている。町田市自由民権資料館編『武相自由民権資料集』第二巻（町田市教育委員会発行、二〇〇八年）二三一頁。
(12) 文庫・中、三四三頁。
(13) 前掲註(6)。
(14) 文庫・中、三四〇頁。
(15) 文庫・下、一七～一八頁。
(16) 同右、四五頁。
(17) 三島通庸関係文書（以下、三島文書と略記）、五一〇-六「自由党ノ政略及内情　明治一七年六月文武館（有一館）設立・党内決死派及博徒ノ内情・関西懇親会鉄道開業式不穏外」。
(18) 文庫・中、三七六頁。
(19) 有一館設立構想については、寺崎修氏が「内藤魯一、宮部襄らばかりでなく、板垣みずからの提唱にもとづくものであったことが明白である」と指摘し、その設立については「おそらく植木と星の老かいな戦法からでたと思う以外にうまく説明することができない」とする後藤靖氏や、「三月大会で迫り来る国民生活の破局的危機を正しく反映した党戦闘化の要望によって設置を議決されたのである」、と指摘する長谷川昇氏に疑問を提起している（寺崎修『明治自由党の研究』上巻、慶応通信株式会社、一九八七年、二〇二頁）。私の指摘は寺崎氏の説を補強するものである。

(20) 三島文書、五一〇-六。
(21) 文庫・中、三七八頁。
(22) 同右、三七九頁。
(23) 同右、三七九〜三八〇頁。
(24) 同右、三八四〜三八五頁。
(25) 三島文書、五一〇-六。
(26) 同右、五一〇-六。
(27) 文庫・下、四八〜四九頁。
(28) 同右、五六頁。
(29) 寺崎修「自由党の解党について」（前掲、寺崎『明治自由党の研究』上巻、一九七頁）。
(30) 文庫・中、三六二頁。
(31) 文庫・下、七三〜七五頁。
(32) 同右、七五頁。
(33) 国立国会図書館蔵　特七〇-三六五。
(34) 三島文書、五三九-四八「政進・自由・急激・改革四政党ノ事情」。
(35) 同右、五三五-二三「後藤象二郎東北遊説の状況」。
(36) 同右。
(37) 同右、五三八-三六「島本仲道ノ談話」。
(38) 同右、五三九-一「高知県下ノ近況」。

(39) 同右。

(40) 一八八八年五月二九日『東京電報』五一八号に記した陸羯南「壮士の方向如何」の次の一文はこの事実をよく伝えている。「昨明治二十年下半期の我が政治社会は、殆ど壮士の独壇場とも云ふべき姿なりしが、…… 彼の威名赫々内外を圧したる井上伯をして外務の任を辞せしめたるも壮士なり。宮内と内閣の関係を明にしたるも壮士なり。大隈伯の入閣を促したるも壮士なり。三大事件の建白も壮士なり。保安条例を発布せしめたるも壮士なり。如此昨年に於て我が政治社会に活動したる壮士は今安くに在る。今に至りては、壮士なる名称すら人の記憶を消し去るらんとするに非ずや」(『陸羯南全集』第一巻、みすず書房、一九六八年)三七六頁。

(41) 前掲、安在「自由民権運動における壮士の位相――井上敬次郎の動向に見る」。

(42) 南雲源之助『現今壮士 政治家の狼狽』(伊藤誠之堂、一八八八年)一三~一四頁。

(43) 内村義城『明治社会 壮士の運動』(翔雲堂、一八八八年)一〇〇~一〇一頁。

(44) 清水亮三『社会の花 壮士運動』(翰香堂、一八八七年)一四~一五丁。

(45) 前掲、内村『明治社会 壮士の運動』四頁。

(46) 三島文書、五三九-四八。

(47) 前掲「自由民権運動における壮士の位相――井上敬次郎の動向に見る」。

(48) 三島文書、五三八-二八。「井上敬次郎等上奏ノ件」㋑。

(49) 同右。

(50) 同右㋺。

(51) 同右。

(52) 三島文書、五三九-四八。

(53) 同右、五三五-二二。「有一館解散ノ件」。

(54) 前掲、南雲『現今壮士 政治家の狼狽』三五~三六頁。

(55) 斎藤新一郎『壮士論』(蝸牛堂、一八八九年)九八~九九頁。

(56) 『明治文化』第一二巻一一号、一九三九年一一月、六頁。

第一一章　明治後期の移民会社と政党および政治家
——亡命民権家と移民会社の関わりを中心にして——

松村孝男

はじめに

本章は、一八九四（明治二七）年、移民保護規則が公布され、新たに設立された移民会社と自由党系、立憲改進党系政治家の関わりについて検証することを課題とする。そのための方法としては二つのアプローチをとる。一つは外務省外交史料館所蔵の移民会社業務関係雑件によって設立経緯、経営者の履歴を検証することであり、もう一つは渡米した自由党系の民権青年・壮士によって結成された在米国日本人愛国有志同盟会（通称・愛国同盟、以下略記）のメンバーが、その後移民事業に関わりながら政治家となっていく経緯を究明することである。特に星亨系移民会社といわれる海外渡航株式会社、熊本移民合資会社などを具体的対象として検証する。立憲改進党系の人々については、愛国同盟のような明確な在外日本人のネットワークは存在せず、移民会社との関わりについての先行研究も存在しないが、本章においては東京移民合資会社と大隈重信の関係を中心に、移民会社と政治家との関係を明らかにしたい。

海外への移民は、松方デフレ政策で窮乏した農民を救済する目的の一つとして実施され、一八八五（明治一八）年、日本政府とハワイ王朝との契約による官約移民を嚆矢とするが、二国間の移民契約が一八九四年に満了すると、移民保護規則により設立された移民会社が仲介する「私約移民」というかたちになった。

一方、「明治一四年の政変」後、自由党、立憲改進党が結成され自由民権運動が活発化するが、一八八二（明治一五）年福島事件で自由党員が弾圧され、さらに一八八四（明治一七）年群馬事件、加波山事件、秩父事件など各地方でも同様に弾圧され、折からの松方デフレの影響もあって運動は退潮を余儀なくされていく。

そうしたなか、少数ではあるが、自由民権運動に関与して弾圧あるいは投獄された経験を持つ民権青年や壮士たちが、初期移民としてアメリカに自主渡航した。彼らは、やがて日本人移民社会の中で結束し、自由な言論と新聞の出版を行い、愛国同盟を結成し、政治的活動の実践を試みていく。

多くの民権青年や壮士達は、生活苦のなかで苦学し、生活の糧を得るところからスタートせざるを得なかったが、在米中に学んだ語学力、商業的ノウハウ、それに愛国同盟での政治活動を通じて得た行動力などを活用して、ある者は実業家として、またある者は民権運動家の延長線上で政治家へ転身するなどそれぞれの道を歩んでいく。それらの者から、後述するように、自由党の星亨との関係を深めながら移民事業へ参加すると同時に自由党系政治家に成長していく者が出てくるのである。

移民研究については、移民研究会編『日本の移民研究　動向と文献目録Ⅰ　明治初期―一九九二年九月』(1)『日本の移民研究　動向と文献目録Ⅱ　一九九二年一〇月―二〇〇五年九月』(2)において研究史の整理がなされ、また文献目録が網羅されており参考になるが、本章に関わる先行研究としては、まず児玉正昭『日本移民史研究序説』(3)を挙げることができる。児玉は、明治期の移民について広島県を中心に詳述し、同県に拠点をおいた海外渡航株式会社の設立経緯を検討しているが、海外渡航株式会社には、地元政治家、実業家に加え、米国で愛国同盟を結成した亡命民権家の経営する移民取扱会社日米用達会社も参加しており、その成立過程から政党（立憲政友会）と人脈的に密接な関係を持っていたと指摘している。

また佐々博雄[4]は、一八九三（明治二六）年に設立された九州移民合名会社（のち一八九六〈明治二九〉年九月に鎮西移民株式会社、さらに九州移民株式会社に名称を変更）と熊本国権党との関連を分析し、同社が、国威伸張・国権拡張を主張する熊本国権党・紫溟学会の人々を中心に設立され、熊本国権党に対して経済的援助を行っていたと指摘している。関連して水野公寿[5]は、明治期に設立された熊本県の移民会社一一社について、九州移民株式会社が熊本国権党、熊本移民合資会社が政友会系として活動し、移民会社が政党ごとに系列化されていたことを指摘している。

木村健二[6]は、京浜銀行の成立から崩壊に至る過程を研究した論文の中で、有泉貞夫『星亨』[7]の「京浜銀行はハワイにおける契約移民制度が早晩廃止されるのに備えるため星亨系移民会社三社が共同出資して設立されたもので、そこで吸収した多額の資金は星の政治活動を支えるために費消された」という論旨に同意しながら、京浜銀行のメカニズムや営業データをもとに数値的分析を試みている。木村によれば、同行の株主、役員、運営主体は移民会社の関係者でかつ旧自由党系の人々であり、彼らは星亨に依拠しつつ、自分たちの政治的・経済的地位の向上のため、同行が吸収した資金をほしいままに運用したと述べている。

倉部きよたか[8]は、大陸殖民合資会社の設立経緯について詳述しているが、キューバ移民が本格化する環境を整えた代表社員日向輝武の政党活動については検討されていない。

一方、国内の自由民権運動で政府から弾圧され渡航した民権青年・壮士のアメリカでの活動については、色川大吉[9]や同志社大学人文科学研究所による在米日本人社会に関する研究[10]などによりその活動状況を知ることができるが、移民会社の経営や、移民会社と帰朝後の政治活動との関係については指摘されていない。なお前掲、有泉『星亨』は、移民会社と関係を有していた菅原伝・日向輝武・山口熊野らと星との関わりについて記述されており、参考になる。

以上のように、先行研究において、移民会社と政党および政治家との関わりに関しては、いくつかの指摘がなされてきているものの、しかし、たとえば移民会社に関係しのちに衆議院議員になった菅原伝、日向輝武、山口熊野らの中央政界での履歴については未だ明らかにされていない部分も多く、まだまだ移民会社と政党・政治家との関わりについては深く考察する余地があるといえる。そこで以下本章では、冒頭で述べたように、自由党系・立憲改進党系それぞれの移民会社の設立過程と、政党・政治家との関わりを、それら政治家の履歴を明らかにしつつ、より深く検討していくこととしたい。

一　明治期の移民および自主渡航者・私費留学生と自由民権運動家の渡航

(1)　明治中期までの移民

近代における日本の海外移民の歴史は、一八六八（慶応四）年に幕を開ける。いわゆる「元年者」と呼ばれるハワイ移民たちで男女一五三人が渡航したとされている。彼らの渡航は近代の日本移民史の扉を開くものであった。その後、一八八一（明治一四）年、ハワイのカラカウア王の訪日を機会に、王の要請を受けて日本政府は本格的な移民派遣の検討に入った。折しも松方デフレに端を発した経済不況は農民層を窮迫させ、政府はその救済・解決策の一つとして、一八八五年、ハワイ王朝政府との間に移民条約を結び、契約労働者の派遣、いわゆる「官約移民」を開始した。

第一回の募集人員は六〇〇名であったが、応募者の数は約二万八〇〇〇人にものぼった。ほとんどは出稼ぎ目的であった。その応募者の多くは、個人の平均所得が全国を下回る広島、山口、和歌山、福岡県などの出身者で占められ、応募の背景として経済上の要因が大きく働いていたことを示している。協定終了の一八九四年までに三万人近くがハワイへ渡った。

(2) 自主渡航者・私費留学生と自由民権運動家の渡航

明治期の日本人移民は前述の官約移民から始まるが、官約移民の多くが経済的な理由によって海外へ渡ったのに対し、それとは異なる理由で海外へ渡った者もいる。そのパイオニア的存在になったのは、海外雄飛を目指した私費留学生や、政府による弾圧・投獄を逃れて自由移民となった民権青年・壮士たちであった。また表向き学術修行のためと称して徴集猶予延期願を提出する徴兵忌避目的の渡航者もいた。

しかし渡航理由の如何を問わず、多くの渡航者は生活費にも事欠くありさまであり、かかる私費留学生や民権青年・壮士達も、他の労働者と同じく「一時滞在者」として扱われ、労働に従事して生活の糧を得ながら英語を学び、先進地の知識や技術を体得していった。俗に彼らは「苦学生」「出稼ぎ書生」といわれていた。

明治中期に私費留学生・苦学生を中心に次第に渡航熱が高まっていくのは、啓蒙思想家、特に福沢諭吉の影響力が大きいとされる。ユウジ・イチオカ『一世　黎明期アメリカ移民物語り』によると、福沢諭吉の『西洋事情』や『西洋旅案内』、さらに一八八二年創刊の『時事新報』紙上における海外渡航奨励に刺激されて、この時期に渡航した学生が多くいたという。また一八八七（明治二〇）年に刊行された武藤山治『米国移住論』は、カリフォルニアへの日本人移民を推奨したものであるが、武藤は慶応の学生であった一八八五年一月、日本からアメリカへ渡っていた。福沢の呼びかけが、武藤の渡航につながり、その武藤が『米国移住論』を著すという形で、循環構造的に移民の呼びかけがなされていった。なお、当時アメリカでは中国人労働者が主たるものであったが、一八八二年の中国人排斥法で、中国人移民は全面的に停止となったため、武藤は、日本人労働者が中国人労働者にとってかわるものと考え移民送出を呼びかけたのであった(11)。

(3) 明治後期の私約移民と自由移民

一八九三年にハワイ臨時共和政府が成立、翌年にハワイ王国政府が消滅し正式にハワイ共和国が成立したことにより、王国政府との契約に基づく官約移民は行われなくなる。官約移民廃止後の移民形態としては、移民取扱人（法人化されたのが移民会社で以下移民会社）の取扱による契約移民（私約移民）と非契約移民（自由移民）が中心であったが、移民会社を経由しない移民も行われた。ハワイでは、一八九四年から官約移民に代わる私約移民が開始された。はじめに移民会社とプランテーション会社で基本契約を交わしておき、その後、移民会社を仲介として移民希望者とプランテーション会社が直接契約を結ぶという形態に移行した。

移民事業は、移民会社が介在することで次第に円滑化が図られ、ハワイへの私約移民送出は最盛期を迎える。しかし、一九〇〇（明治三三）年、アメリカ本土の契約移民禁止条例がハワイにも適用されたため、日本政府は私約移民の送出を禁止した。続く一九〇一（明治三四）年八月、今度は政府が移民会社による自由移民のハワイ渡航を許可したので、再び移民熱が盛んになり、それにつれて移民会社も増加し盛況を呈するようになった。とくに一九〇二（明治三五）年から一九〇七（明治四〇）年にかけ自由移民はその全盛時代を迎えた。

しかしながら、アメリカで排日運動が高まり、一九〇八（明治四一）年二月、日米紳士協約の成立によりハワイを含むアメリカへの移民が制限された。そのため移民会社は従来のハワイを中心とする移民送出からの転換を余儀なくされ、新しい移民送出地としてブラジル・ペルーなど南米方面を開拓していくことになる。同時に廃業に追い込まれる移民会社も続出し、一九〇九年（明治四二）年に存在していた移民会社は一一社のうち、実際に渡航地に移民を送出した会社は五社だけという状況になった。(12)

二　在米日本人社会の形成

(1)　亡命民権家と愛国同盟

一八八一年に自由党、一八八二年に立憲改進党が結成され、その他にも各地に民権結社が誕生するなど自由民権運動が活発化していくに従い、明治政府も集会や政治結社を規制する条例を発布して取り締まりを強化していく。それに伴い民権運動家は逮捕・投獄などの弾圧に遭う者が増えていくようになる。このようななか、一八八四年から国会開設の一八九〇（明治二三）年までの間に、民権家のなかから弾圧や投獄を逃れるためにサンフランシスコを中心とするアメリカ西海岸へ渡る者が出た。

色川大吉は、[13]この時期に渡米した民権青年の石坂公歴を亡命者、山口俊太（熊野）[14]・馬場辰猪を本物の政治的亡命者として取り上げている。色川は、日本は島国であるゆえに亡命という慣習がなく、亡命してまで国家権力と戦う伝統もなかったとし、そうしたなかで、馬場や山口らによる亡命民権家の数年間の抵抗は、我が国民衆史の上に特筆されなくてはならないと述べている。

石坂の亡命は、父石坂昌孝や父の同志が大阪事件に関係したことによる間接的なものであったが、山口は雑誌発行により自らが投獄され、出獄するや渡米した。山口の亡命民権家としての活動は、一八八七年九月から一八八八（明治二一）年二月にかけて石坂公歴、広田善郎等とサンフランシスコの対岸にあるオークランドで新聞『新日本』を発行したことで知られる。前掲、ユウジ・イチオカ『一世　黎明期アメリカ移民物語り』によれば、「現在紙面が残っていないが、明治政府のとった政策から推察して、この週刊新聞が痛烈に政府を攻撃したと想像できる。一八八八年二月六日、政府は『新日本』の日本での販売頒布を禁止した。山口は同年三月に東京に戻ったところを警察に逮捕され、広田を含む不在の五名とともに、閣僚の名誉を毀損した罪に問われた。裁判にかけられ、有罪判決をうけ、山口は禁固一五ヵ月、罰金一〇七円の刑を受けた」とある（八号のみ現存）[15]。

一方、馬場は同志の大石正巳と共に一八八五年一一月、爆発物取締罰則違反で逮捕され、その後無罪となるが出獄後すぐに渡米した。渡米後の馬場はオークランド地方で講演活動をはじめ、その後ニューヨークに移り講演や米国の要人に向けての言論活動を続け、日本政府に打撃を与えようとした。しかし肺病を病み、一八八八年一一月三九歳で生涯をとじることになるが、後に続く亡命民権家たちに与えた影響も大きかったと思われる。

(2) 愛国同盟の活動と諸団体

民権青年たちは一八八八年一月、サンフランシスコに「在米国日本人愛国有志同盟会」（以下、愛国同盟）という政治結社を設立した。同時に同会の機関紙、週刊『第十九世紀』[16]が創刊された。内容は論説や報道を主な内容としたものであった。

明治政府が一八八七年一二月二五日に弾圧法規である保安条例を公布したので、この時期に愛国同盟が設立されたことは意義深い。結社の命名もかつての「愛国社」に由来していた。愛国同盟の活動目的は、①講演や討論を主催②新聞の発行③日本の民権運動家と接触を続けることであった。

『自由党史』に、愛国同盟の結成と機関紙『新日本』について述べられている[17]。

米国桑港に於ける日本人愛国同盟　同盟人員

而して又た昨二〇年一一月の交、三大事件建白の運動大に地を捲いて起るや、其波響遠く西半球の彼岸に震い、米国桑港に在て志を自由主義に同ふせる我邦の青年有志は、復た故国の安危を坐視するに忍びずとなし、中野権六（中略）等二五名相会し、茲に在米日本人愛国有志同盟会なる者を組織せり。而して其機関として『新日本』と題する新聞を刊行し、盛に本国政府の失體を攻撃し、文辞の激烈なる、畢く肝胆を直露して忌む所なく、為めに當路者をして悚動せしめしこと尠からず。

愛国同盟員は三〇～四〇名ほどのメンバーで構成されていたようであるが、途中入会、退会、死亡などもあり会員全員の掌握までには至らない。それでも前記『自由党史』および下記の新聞により主要なメンバーを知ることができる。一八九〇年、愛国同盟員橋本義三（後粕谷に改姓）が持ち帰った一八八八年の『第十九世紀』[18]には、「菅原伝、松岡辰［達］[19]三郎、中野権六、海老沼弥三、石坂公歴、中島半三郎、田村政次郎、根岸甲子太郎、広田善郎、碇満次郎、新村治三郎、阿部貞松、敷津林傑、中村政道、中西元次［治］郎が愛国同盟の幹事并びに委員」に就任している。また、一八九二（明治二五）年の『愛国』第二八号[20]には「愛国同盟報告」が幹事石川三之助、池田政次郎、亘理篤治、根岸甲子太郎、大戸敏、大和正夫、山村梅次郎、真山政一郎、水野波門、敷津林傑の連名で掲載されている。

一方で、一八八九（明治二二）年八月にサンフランシスコでキリスト教信者、非信者の小団体を大団体にまとめるべく東北十五州会が結成されたが、その際愛国同盟会員から池田政次郎、中西元治郎、菅原伝[21]、亘理篤治、松岡達三郎、田原利、井上平三郎、安部屠龍、齊藤省吾、敷津林傑が名を連ね、また一八九〇年に関東十州会が結成されたときは愛国同盟会員から石坂公歴、日向角太郎（輝武）、水野波門、石川三之助、無所属で元愛国同盟会員の永井元、小泉信太郎が名を連ねている[22]。

当時、サンフランシスコ在住の日本人はさほど多くはなく、その中でも純粋労働者はまれで、ほとんどがキリスト教信者、私費留学生、自主渡航者・自由民権運動家などによって占められ、それぞれが小社会を形成していた。一八九〇年頃のサンフランシスコでは、キリスト教信者と愛国同盟会、慶応義塾出身者の同窓会など非キリスト教信者の者達の交流はなかったが、河北俊弼領事が赴任したのを機にそれら小団体を合併して大団体とする方針が取られ、東北十五州会、関東十州会、九州人会などの地域別の横断的な集まりを経て準備協議会が開かれるが、愛国同盟からは代表者に亘理篤治、井上平三郎が就任、発起人となったという。そして一八九〇年一一月、大日本人会が開かれ、菅原伝が議長となり、会長には赴任したばかりの珍田捨己領事が会長に就任した。[23] これを契機に日本人社会に一つのまとまりができたといってもよい。

ここで興味深いのは、井上平三郎[24]が大日本人会の準備協議会における愛国同盟代表の一人になっていることである。井上平三郎は井上敬次郎[25]とともに一八八九年六月にサンフランシスコに着いたばかりの新参者であったが、それにもかかわらず代表に任命されたのは、井上平三郎の壮士としての経歴が買われてのことであろう。彼は一八八三（明治一六）年の高田事件での逮捕後、免訴となり、一八八七年三大事件建白運動の最中、井上敬次郎らとともに東北・関東・九州・四国地方などの壮士の代表になり元老院へ建白書を提出するために取り纏め役となる活動をしている。

この他、民権運動家および自主渡航・私費留学で在米愛国同盟に関わった人物で特筆すべきは、渡辺勘十郎（在米日米用達会社メンバーであり国内の「殖民協会成立委員」[26]）、神尾敬介、櫻田孝治郎（神尾、櫻田はハワイの日本人参政権獲得建白書で愛国同盟総代）、村上泰蔵および満留善助（後に日向輝武らと移民会社を経営）、粕谷義三（帰朝時機関紙持ち帰る）、清原鉄策、山口熊野、片庭趙作、福田勇作[27]である。

愛国同盟による新聞の発行は、一八八九年一一月に『第十九世紀』の日本持込が禁止となり、そのため『自由』・『革命』・『愛国』・『小愛国』と、禁止処分を受けるたびに改題していくことになるが、一八九三年四月『第十九世紀新聞』第四号が禁止処分を受けたことにより発行は終わることになる。[28] これはハワイへ菅原伝、日向輝武などが渡り、愛国同盟の活動が衰退していく時期と重なる。

このようにして、自由党系の民権活動家は、愛国同盟を軸として五年間にわたって集会・言論活動・新聞発行などを行い、サンフランシスコを中心に在米日本人社会のなかでの存在を高めていく。それと同時に、次第に生活手段として、さまざまな職業に関係していくことになるが、そのうちの一つが移民取扱会社と貿易商社を兼ねた日米用達会社である。日米用達会社は、一八九二年、菅原伝を社長として、日向輝武・松岡達三郎・渡辺勘十郎等とともにサンフランシスコに設立した移民取扱会社で、彼らの多くは愛国同盟員であった。『愛国』第三二号に、日米用達会社の広告が掲載されている。「本会社ハ日本人至大之必要ヨリ起ル其為サント欲スル所ハ白人猖獗ノ中ニ立ツ同胞五千ノ権利ヲ擁護シ其便利ト実益ヲ計ル」とあるが、実際の業務としては、代言人や通弁者の紹介・周旋、日本人の会社や個人への労働の周旋、通関事務や渡航者上陸に関する業務など、在米日本人の便益を計り、内外事件の折衝に立つ一方、移民の周旋や貿易をも行っていた。[29]

(3)　ハワイの日本人参政権獲得運動と愛国同盟員

一八九三年に、ハワイで革命が起こり、ハワイ王朝が倒れたのを機会に、ハワイ在住日本人移民たちは、新たに成立した共和政府に対して日本人参政権獲得運動を起こした。

この運動に対して、愛国同盟の菅原伝・井上敬次郎・日向輝武・神尾敬介・渡辺勘十郎らはハワイへ赴き、在ハワイ日本人に参政獲得の必要を説くとともに、内閣総理大臣伊藤博文宛てに建白書を提出した。「参政権享有ニ関スル建白書進達ノ件」には国内から五八名、ヒロ在留日本人有志者総代六名、在米日本人愛国同盟総代として菅原伝・井上平三郎・神尾敬介・櫻田孝治郎が名を連ねている。[30]

しかし数カ月に及ぶ日本人参政権獲得運動は成功しなかった。そして運動の過程で、愛国同盟員たちは、ハワイの日本人移民に対する人種差別の存在を痛感した。在米民権青年・壮士たちも、アメリカで働くなかで実際に偏見や差別を体験していたので、これ以後彼等は日本人移民の地位向上のための活動を志すとともに、その地位向上のためにも自らが直接移民業務に携わることを志向するようになる。愛国同盟員は、政治運動と移民運動との二つの業務に参加し、そしてその両者を結び付けようとした。のち日本国内で移民会社が設立された時、移民会社に経営参画したなかから、菅原伝や日向輝武[31]など衆議院議員となる者が出る素地は、ここに胚胎していたのである。

三　明治後期の移民会社

(1)　官約移民から私約移民の移行経緯

官約移民制度は、ハワイ王朝が倒れ共和政府に移行すると岐路に立たされた。アメリカ合衆国とハワイの合併が視野に入ってくると、ハワイのプランテーションオーナーであるアメリカの資本家たちが、ハワイで急増する日本人移民に対して警戒感を持つようになってきたことがその背景にあった。

一方、ハワイ移民からの日本国内への送金や持帰金が予想外の多額であったため、日本国内の海外渡航熱が高まり、出稼ぎを希望する移民希望者は増加の一途を辿った。従来の官約移民では人数制限があるためそうした希望者を受け入れきれず、ハワイ以外の地域を希望する渡航希望も増加、移民関係業務を取り扱う民間業者が出現した。しかし当時、移民業務を規制する法律が存在していなかったため、移民希望者がそうした民間業者による被害を受ける事例もあった。

民間の移民業者としては、それ以前から神戸や横浜の旅館業者が、移民希望者のために旅券下付申請の書類を作成して一定の手数料をとるなどの例が存在していた。例えば、移民の多い広島県では、一八八五年二月「移民事業に関し誘導者の甘言に注意すべき旨諭達」が広島県令の名で、また一八八六（明治一九）年三月「周旋人の詐欺に注意すべき旨諭達[32]」が郡長の名で出され、悪質な移民周旋業者に注意を促している。その後、前述したような移民熱の高まりと民間移民業者の出現によって、移民保護のための法的措置が必要になってきた。これが後に一八九四年四月移民保護規則の公布につながっていく。

その一方で、移民事業の民間委託を希望する声は、政治・経済界から高まっていた。例えば、愛国同盟員らは、移民事業の計画を星亨に相談、星から陸奥宗光外務大臣に働きかけがなされた例が存在する。(33) 前田蓮山によれば「官約移民の一〇年間の期限が切れるのを機会に民営でやろうと日向輝武と菅原伝はハワイ政府と交渉の末、その了解を得た。両人は、明治二六年中に帰国して、既に帰っていた井上啓《ママ》〔敬〕次郎に謀り、星亨に依頼して、移民会社設立の許可について、陸奥外相に交渉してもらった」(34)という。当初陸奥は民間による移民事業に否定的であったが、星が平和的手段による海外発展として移民事業が必要であると熱心に説いたという。

こうした民間からの働きかけとは別に、ハワイがアメリカと合併することが予想される段階で、陸奥外相が明治政府の顧問K・F・H・ロエスレルやワシントン駐在建野郷三公使に官約移民制度の継続の可否について意見を求めた結果、継続について悲観的見解が示された(35)経緯があり、官約移民制度は延期されず、一八九四年廃止された。

(2)　移民会社と私約移民

i　移民会社の設立

移民の保護と移民取扱業者の取締を目的として、日本政府は一八九四年四月移民保護規則を公布した。それにより移民会社に対する法的規制が加えられる一方で、民間移民会社による送出移民の時代に入ることになる。

移民送出事業を円滑に運営するためには、中央・地方機関への交渉を担当する政治家や地方行政経験者、実務面での実業家や法律専門家、移民募集窓口としての地元名士・名望家などの協力が必要であった。大手の移民会社は、特に移民希望者の多い地域に営業所・出張所などを設けて営業促進を図っている。移民会社は地域に根をはる地元有力者と関係を結ぼうとしため、地域の有力者のなかには複数の移民会社をまたいで役員や業務代理人になっている者もいた。

ⅱ　移民の送出と地域の関係

海外への移住を希望する理由としては、窮乏農民救済策として実施された官約移民の継続的な手段として経済的事情から応募する者が多かったが、一〇年間の移民実績で出稼ぎ者の成功談に影響され海外雄飛を目指す者もあった。府県別移民数は、左記のように偏りを見せている。

府県別累計移民数［一八九九（明治三二）～一九一〇（明治四三）年］では①広島県（四万三九四〇人）②熊本県（二万四二四二人）③山口県（二万〇八二三人）④福岡県（一万八六八一人）⑤沖縄県（一万二七〇四人）⑥和歌山県（九五二二人）⑦新潟県（八九六二人）⑧岡山県（六八〇八人）⑨長崎県（六三四五人）⑩福島県（五九九五人）合計一九万五三九二人[36]

このように、西日本、沖縄県が圧倒的に多いことが確認できる。

ⅲ　移民の実態

官約移民においては諸費用をハワイ政府が負担していたが、私約移民においては、移民会社が契約移民から一人あたり二〇円（当初は一〇円）、日本出発時に就業先の決まっていない自由移民の場合は一〇円の手数料を徴収し、ハワイのプランテーション側との労働契約を仲介するという形で行われた。

『移民取扱人ニ依ル移民之沿革』[37]に「官約移民と移民会社の取扱った契約移民の比較」が掲載されている。その報告書によれば「移民の生活状態については、一九〇九年報告時点で一人一日一〇時間の労働に対して一カ月米金約二〇ドル給料を得るのを普通とし、僻遠の地の耕地へ来る者は新労働者といえどもそれ以上を受けることあり、また、請負業労働に従事する者は月平均二二ドル以上の収入がある。日本人の合集食事場にて食事する者は毎月六ドル五〇セント以上七ドルにて足り、独身者の月生計費は計一二ドル余」と述べられている。

ここで注目すべき点は、移民会社は一〇円（五ドル）または二〇円（一〇ドル）の手数料をとるが、移民の通常労働で得る収入は、国内の農業従事者や職人などの年収の五倍以上となることである。同報告書には「出移民の目的である出稼ぎによるハワイ在留移民から日本への送金高は一八九二年から一九〇七年までの間に二八〇〇万余ドルにのぼっている。また、一九〇六（明治三九）年中の送金高は三四七万ドル、一九〇七年は三六九万ドル」だったとあり、海外雄飛を試み故郷に錦を飾った出稼ぎ成功者の存在がハワイへの渡航熱ブームをさらに煽ることになっていたことがわかる。しかしこのような成功談も多かった反面、出稼ぎ労働の苛酷さで志半ばにして倒れた者、移民詐欺に遭う

移民取扱人別の累計移民数（一八九八～一九一〇年まで）

順位	移民取扱人	所在地	累計移民数	営業期間
一	森岡商会（森岡真）	東京	一万八三一三人	一八九四‐一九二二
	（註）星系（業務担当社員のハワイ業務代理人水野波門は愛国同盟員）			
二	海外渡航株式会社	広島	一万三九七五人	一八九四‐一九〇七
	（註）星系（業務担当者社員の菅原伝、日向輝武、渡辺勘十郎などは愛国同盟員）			
三	大陸殖民合資会社	東京	一万三一三三人	一九〇三‐一九〇八
	（註）日向輝武が設立　七社合併し発足			
四	熊本移民合資会社	熊本	一万二〇二〇人	一八九八‐一九〇七
	（註）星系（業務担当者社員の山口熊野、井上敬次郎は愛国同盟員）			
五	東洋移民合資会社	東京	九七二一人	一八九七‐一九一七
六	日本移民合資会社	神戸	七九九二人	一八九六‐一九〇八
七	東京移民合資会社	横浜	七七三一人	一八九六‐一九〇八
	（註）旧立憲改進党系			
八	日本殖民株式会社	横浜	六九八五人	一九〇三‐一九一八
九	帝国殖民合資会社	岡山	五七七九人	一八九八‐一九〇七
一〇	厚生移民株式会社	和歌山	三七四六人	一八九七‐一九〇二
	（註）大陸殖民合資会社として他の六社と合併			

児玉正昭『日本移民史研究序説』261頁から「移民取扱人別の累計移民数（1898～1910）」のうち上位10社のみを転載（外務省通商局編纂『旅券下付数及移民統計』外務省、1921年をもとに作成）。

者も少なからずいた。

iv　移民会社の送出移民取扱実績

外務省が管轄する移民会社の取り扱う移民数についての統計資料は一八九八（明治三一）年から作成されており、前頁の統計は一九一〇年までの主な移民会社と移民実績である。

森岡商会（移民取扱人森岡真）、海外渡航株式会社、熊本移民合資会社、日本移民合資会社、東京移民合資会社は当時、移民会社大手五社といわれ、ハワイ移民送出で圧倒的な優位を占めて多額な収益を得たとされている。

(3)　移民会社と京浜銀行

一八九八年三月、資本金一〇万円（同年六月、三〇万円に増資）で設立された京浜銀行は、星系三社の海外渡航株式会社、熊本移民合資会社、森岡商会が関わっており、本店を日本橋、支店をホノルルに置いた。木村健二がまとめたところによれば[38]、京浜銀行は創設当初の発起人には星系移民会社の関係者は登場していないものの、一九〇〇年以降はこれらの関係者で固めるに至ったという。創設時の発起人に星系の者が名前を連ねなかった理由としては、星亨系の壮士が名を連ねていたのでは政府の許可を受け難いという点にあったらしい。実際、星亨自身をはじめ移民会社関係者の中には多数の入獄経験者がいた。また旧愛国同盟員が数多く参加しているのも特筆すべきである。第五期（一九〇〇年八月〜）の株主になると、海外渡航株式会社から日向輝武・菅原伝・渡辺勘十郎・満留善助、森岡商会から森岡真・水野波門、熊本移民合資会社から山口熊野・井上敬次郎・田中賢道・松岡達三郎が名を連ね、ほかに星亨、星亨の門弟野沢雞一なども含めて株式の八七パーセントが星系の人物で占められ、森岡真が専務取締役、日向輝武は取締役、山口熊野が監査役になっている[39]。

京浜銀行の設立目的は、移民会社によって契約移民に就労後に賃金の一部を強制的に預金させることにあった。通帳は会社が預かり、会社の合意がなければ引き出せないようにしていたという[40]。これは移民が賃金を浪費してしまい契約満期がきたとき無一文になるという事態を防ぐというのが表向きの理由であったが、その裏面には移民を拘束する手段としての意味もあった。積立金は、官約移民では給与の二五パーセントをハワイ政府、大蔵省または日本総領事館に預けさせ帰郷準備金としたが、私約移民では二ドル五〇セントを京浜銀行か正金銀行に預けさせられた。この他、移民の多くは所持金が少額のため、渡航費や上陸許可のための携帯金（通称「見せ金」）五〇ドル＝一〇〇円を移民会社から借入金として借用せざるを得なかったが、利息負担が大きく、ホノルル領事館への苦情が絶えなかった。さらに、一八九六年移民保護規則が移民保護法に改正された際、日本・ハワイ間の合意により、就業の意志が確かで米貨五〇ドルを所持すれば就業先が未定でも上陸が許可される「自由移民」が認められると、移民会社は渡航費および上陸所持金の貸し付け、上陸手続きの代行業務を行って移民の取扱を増やそうとした。

こうして京浜銀行を通じて星に連なる移民会社が懐にした利益は、周旋手数料、現地雇用者からの周旋料、船会社からのリベート、上陸見せ金や渡航費貸付金の利息など一時的にプールされたものも含めて計り知れないものであった。しかし、一九〇一年に星亨が暗殺された後、同行は乱脈経営によって衰退の一途をたどる。すなわち、一九〇三（明治三六）年に役員や政党員への不良貸付が行われて金不足の状況が続き、しかもその貸付金は政治資金として費消されてしまったため返済の目途がたたなくなっていた[41]。また移民会社と結託した京浜銀行に対して移民労働者からの抗議が行われるなど、問題が発生したことにより、一九〇四年（明治三七）年には別の銀行を代理店にしようとするなど場当たり的な対応に終始するに至り、やがて姿を消すことになる。京浜銀行は旧自由党系列者の菅原伝、日向輝武、山口熊野などの政治的・経済的地位の向上のために資金が流用されたと考えられ、「移民喰い機関」としての名をほしいままにした[42]。

四　移民会社と政党ならびに政治家の関係

(1)　在米自由民権運動家の変貌と活動

在米民権家たちは、愛国同盟を拠点に集会を重ね、また新聞発行などの言論活動を行っていた。しかし前述したように、日本政府による規制や発禁処分によって活動の継続には困難がともなった。その一方で、日本国内においても一八八九年大日本帝国憲法が発布され、一八九〇年に帝国議会が開かれると、かつての民権派政党は次第に議会政党へと脱皮していくことになる。そのような状況下、在米民権家たちにも変化が見られるようになる。初期に見られた民権思想が次第に後退し、日本という国家の海外への拡大を是とする国家主義が頭を擡げてくる。そうした潮流のなか、日本人の海外での発展の尖兵としての海外移民・殖民に目を向け、それと政治活動を結び付ける者が出てくる。

先述したように、一八九三年、ハワイ王制が倒れ、日本人移民たちは共和政府に対して参政権を要求する運動を起こす。それは実現しなかったが、日向輝武、菅原伝、渡辺勘十郎、井上敬次郎ら民権青年たちは、ハワイ移民の成功者から本国への送金が多額にのぼっていることを知る一方で、民間周旋人の詐欺的行為によって苦しめられている移民たちの存在を目の当たりにし、自分達の手で移民事業を興そうと企てることになる。これに先立ち、彼等はすでにサンフランシスコで日米用達会社という移民取扱会社・商社を立ち上げていたため、ハワイでの移民斡旋事業立ち上げは容易であった。

日米用達会社は、先述した「白人猖獗ノ中ニ立ツ同胞五千ノ権利ヲ擁護シ其便利ト実益ヲ計ル」という理念を掲げていたが、ここに至り、そうした移民たちの権利擁護という業務と同時に、移民事業を彼等自身の政治的経済的上昇志向手段とする傾向も次第に見えてくるようになる。

(2) 移民会社と旧自由党系政治家

i　海外渡航株式会社と旧自由党系政治家について

海外渡航株式会社（通称広島海外渡航会社）は、一八九三年五月に設立され、一八九四年一〇月に営業許可を受けた。この会社は、地元県会議員麦田宰三郎他三人が中心となって設立され、社長に麦田が就任し、他の三人は取締役となり移民募集、渡航周旋業務を担当した。そして、地元銀行の関係者が資金提供源となるとともに、一八九三年七月サンフランシスコの日米用達会社に、移民渡航地であるアメリカ・カナダ・メキシコにおける移民の保護、就職斡旋などの業務を委嘱し、海外渡航株式会社と日米用達会社とは合意文書を取り交わした(43)。日米用達会社の菅原伝・渡辺勘十郎・日向輝武・松岡達三郎・満留善助(44)は、ハワイなどの移民渡航地での移民保護業務に従事したが、現地事情に詳しいことと語学力を交渉に生かし莫大な利益をあげたとされ、海外渡航株式会社での存在感を高めた。菅原伝他二名は帰国後同社の重役になり、菅原伝は一八九八年自由党から、日向輝武は一九〇二年立憲政友会から出馬して衆議院議員に当選した。「一八九五（明治二八）年から一九〇八年にかけて広島海外渡航会社は二万一二三〇人の大半をハワイに送ったが地元と中央の政治的人脈によるところが大きかった。この人脈は労働者募集と送出が容易になり、同社の利潤は菅原、日向の政界進出を金銭的に助けたのだといえよう(45)」と指摘されているように、移民事業の拡大・成功が事業関係者の政治的比重の増加をもたらしたことを顕著に示したものであり、大変興味深い。このように移民会社に関わりを持ったかつての民権青年は、移民会社を経済的背景に中央政界への進出を果したのであった。

ii　熊本移民合資会社と旧自由党系政治家について

熊本移民合資会社は一八九八年四月五日営業許可され、同月二六日開業した。業務担当社員に小山雄太郎、田中賢道、井上敬次郎、山口熊野が就き、業務代理人は平山勝熊ほか二〇名近い者が就任している。田中賢道の死去に伴い、一九〇三年一〇月、平山勝熊が業務担当社員取締役になった。履歴書によると平山は一八九〇年星亭の法律事務所に勤務して「めさまし新聞」の創刊に関わり、一八九五年朝鮮に星と遊学、同年一一月～一二月三浦梧楼ら四〇余名と連累で広島に拘禁後放免される（閔妃事件）。一八九六年広島海外渡航株式会社に勤務していたとある。(46)熊本移民合資会社は星亭との関係が深い自由党系の移民会社として、広島県にある海外渡航株式会社と双璧をなすものであった。

小山雄太郎は一八九八年三月第五回総選挙で自由党から出馬、落選、同年八月第六回総選挙で憲政党から出馬、落選しているが、一九〇三年第八回総選挙で立憲政友会から当選している。(47)また、一八九七（明治三〇）年、九州移民株式会社が移民業務を開始した際に、紫溟学会・熊本国権党関係者が大株主となり役員に就任していたが、(48)この九州移民株式会社の一八九七年から一九〇八年までの取扱累計移民数が一五二七人であったのに対して、一八九八年から一九〇七年までの熊本移民合資会社の累計移民数は一万二〇二〇人であり、熊本移民合資会社の取扱数は非常に多い。(49)山口熊野、井上敬次郎など海外経験豊富な社員を擁していたことが移民事業に生かされたのであろう。ちなみに山口熊野は、一八九八年、生地和歌山県で自由党から出馬し衆議院議員に当選している。

iii　大陸殖民合資会社と旧自由党系政治家について

旧自由党系政治家との関わりでは、大陸殖民合資会社についても触れておかなくてはならない。同社は一九〇三年八月、移民取扱営業譲渡許可願が大陸殖民会社から提出され成立したものであるが、既存の移民会社を統合・合併することによって成立した。すなわち、中外殖民合資会社（仙台市）、東北移民合資会社（仙台市）、厚生移民株式会社（和歌山県田辺町）、移民取扱人高田平兵衛（横浜市）、太平洋殖民会社（東京市）、土佐移民株式会社（高知市）の六社が大陸殖民会社（中央移民会社が社名変更されたもの。東京市、代表者日向輝武）に営業譲渡し、さらに社名を大陸殖民合資会社と改めるという形で発足したものである。(50)

仮定款によると資本金は一〇〇万円で、そのうち二四万六〇〇〇円を日向輝武が出資している。業務担当社員には出資者のほとんどが就任しており、代表社員には日向輝武、荒篤次郎（中外殖民合資会社兼東北移民合資会社の代表者）が就任した。また業務代理人には松岡達三郎ほか一四名が就任している

大陸殖民合資会社は、日向輝武が出資金比率の四分の一を拠出していたことから考えて、彼が取り仕切っていた会社であると思われる。出資者や役員・業務代理人には、かつて自由民権運動に関わっていた活動家が散見され、とくに愛国同盟員達の名前があることが着目される。日向輝武、松岡達三郎、村上泰蔵、満留善助、敷津林傑、井上平三郎などがそれである。村上泰蔵は日向らに少し遅れて愛国同盟に加わった人物で、海外渡航株式会社、中央移民会社、大陸殖民合資会社へと日向と行を共にしていたし、敷津林傑は金沢医学校を出たあと一八八四年に渡米愛国同盟に加わった人物で、一八九六年ハワイに渡り移民の身体検査医となり、翌年から横浜で開業医と身体検査医になり、厚生移民株式会社、中央殖民合資会社に関わっていた。(51)

iv　移民会社に関わる旧自由党系政治家の経済力

政界進出への足がかりとして日向輝武と菅原伝は、『東京新聞』の発行元東京新聞社を人民新聞社に改組し、一八九八年一〇月『日刊人民』(52)を創刊した。菅原が巻頭言「人民の発刊」を起草し、日向が「政見」で人民の主権について述べるなど、二人の存在が際立っているほか、星亨も論説を掲載している。翌年　月一日号には、憲政党役員らの年賀広告があり、政党色を鮮明にしている。菅原が人民新聞社の社長、日向が社主となって(53)その後活発な論陣を張っているが、菅原、日向が海外渡航株式会社で手にした資金の一部および京浜銀行からの借入金(54)により人民新聞社の創立につながったと考えられる。一九〇二年一月一日『人民』に改題され、立憲政友会役員らの年賀広告が掲載されている。菅原はすでに衆議院議員であったが、日向が同年八月の衆議院総選挙に群馬県から初めて立候補したとき、原敬は七月二八日にわざわざ生地藤岡町まで応援演説に駆けつけている。(55)このことは新聞よる言論活動とそのための

政治資金を提供したことで立憲政友会の協力を得て、当選を果たしたことをうかがわせる。

京浜銀行の株主[56]については、菅原が一八九八年下期、五〇株（額面五〇円、出資金二五〇〇円以下略）、一九〇〇年上期に四五〇株を取得しているが、日向は、一八九八年上期一五〇株取得し取締役に就任、同年下期は一八八〇株、一八九九年上期には二〇三〇株の株主になり、相当な資金の負担を行っていたと考えられる。また星亨は一九〇〇年上半期、五〇〇株の株主となり顧問に就任している。この時期から京浜銀行の株主構成は星系移民会社の関係者が圧倒的に多くなる。

菅原、日向と星との関係は、人民新聞社、京浜銀行を通じて、彼らの資金が星の配下としての彼らの政治活動に使われるという形で取り持たれ、そのことが彼らの政界進出を可能にしたと考えられる。一九〇一年の星の凶変後、日向は一九〇三年大陸殖民合資会社を設立し、二四万余円を出資しているが、その資金は京浜銀行の資金（役員借入金等）による流用と無関係ではなかったといえよう[57]。この前後の時期から京浜銀行の乱脈経営や移民との問題発生が重なって信用失墜につながってくる。

山口熊野は、一八九八年下期に五〇株を取得、一九〇〇年上期に二五〇株を取得しているが、一八九八年四月、熊本移民合資会社設立の出資金一万円を払込んでいるので、一八九八年には両社の出資金だけで一万二五〇〇円を充当するなどの資金力を見せている。

菅原伝、日向輝武、山口熊野の経済力の目安として、『日本紳士録』一九〇七年度、一九〇八年度の所得税額[58]は、それぞれ、菅原伝が八九円（税率から逆換算した推定所得は約四四五〇円以下略）、八九円（前年と同額）、日向輝武が一八七円、一九五円、山口熊野が一六四円、一一五円であった[59]。当時としては高額所得者だったが、所得税は名誉税的な課税であり、選挙人有資格者の選任を目的としたものであったため、これのみで彼らの資金力の多寡を判断するのは難しい。

(3) 移民会社と旧立憲改進党系政治家

旧自由党系の民権青年が移民会社をバックにして政治活動を行い、代議士にもなったのとは異なり、旧立憲改進党系の政治家には移民会社を利用して政治に活用しようとした形跡はない。しかしながら、移民会社の中でも規模の大きい部類に入る東京移民合資会社の経営陣に、立憲改進党との関わりが多少うかがい知れるので、ここで検証する。

東京移民合資会社は一八九四年に設立されたが、設立当初は名前のみで営業実態はなく、実際に営業が開始される直前の一八九七年にその経営陣（出資額を含む）が大幅に変更になっている。新経営陣の内二人は実業家であったが、その一人である業務担当社員（代表者）に就任した斎藤忠太郎は、東京専門学校の第一回入学生（第二回得業生）で、その後、東京専門学校、早稲田大学の評議員や基金管理委員になっている。東京専門学校と立憲改進党や大隈重信の関わりを考えると、興味深いものがある。斎藤が東京移民合資会社の業務担当社員に就任した際の履歴書には、「明治一八年東京専門学校政治経済学科卒業、明治二三年質業開始シ継続、明治二四年日本絹綿紡績会社支配人、二七年同社取締役ニ就任、二八年三月辞任、二九年横浜電線外取引所仲買ヲ開始、現在継続」[60]とあるが、その一方で「一九〇七年横浜市から県会議員（協和会）に当選」[61]していることは着目される。

横浜市の実業家堀谷左治郎も斎藤忠太郎と同時に業務担当社員になった人物であるが、その履歴書には「明治二七年三月神奈川県横浜市選出県会議ニ当選現今在職ス、明治二七年七月日本絹綿紡績株式会社取締役ニ当選シ其互選ニ依テ社長ニ選任セラレ現今在職ス」[62]とある。堀谷はその後一八九九年に県会議員（憲政本党）、一九〇三年にも県会議員（同志）に再選されている[63]。さらに一九〇四年には衆議院議員、一九〇八年に再選されている。無名倶楽部（第二〇議会）、猶興会（第二三・二四議会）、又新会（第二五議会）[64]など旧立憲改進党・憲政本党系の流れに属する会派に所属していた。立憲改進党・憲政本党系と移民会社との数少ない関わりをうかがわせる事例であろう。

また注目すべきは、斎藤忠太郎と同窓であった東京専門学校第二回得業生三人が業務代理人に就いたことである。上野喜永次（法律学科・新潟県出身・越佐新聞社勤務）、鎗田鷹助（法律学科・埼玉県出身・農業）、川本三郎（政治経済学科・島根県出身・立憲改進党本部書記、新聞社等職歴多い）の三人(65)で、彼らは別の職業に就いていたが、東京移民合資会社の移民取扱業務が急増したため、斎藤が招聘したものと思われる。上野が立憲改進党系の越佐新聞勤務の経歴を有すること、さらに川本が立憲改進党本部書記の経歴を有することは極めて示唆的ではないだろうか。立憲改進党系の政治活動と、東京移民合資会社との関係を推察させるものがある。

東京移民合資会社を旧立憲改進党系の移民会社とするためには、さらなる資料的根拠が必要であり、現時点では人間関係の指摘に止まらざるをえない。しかし大隈重信の外相時代には、対米交渉で移民問題が遡上にのぼっており、その利害を十分に理解し得る立場にあっただけに、旧自由党だけが移民会社に関わって収益を上げていたとは考えられない。本章では人的つながりの指摘に終始してしまったが、今後本問題についてさらに検証可能となる史料が発見されることに期待したい。

おわりに

本章では、移民会社と政党・政治家との関わりを、亡命民権家として渡米した人々を中心に見てきた。移民保護規則の公布後、新たに設立された移民会社に愛国同盟員が参画して経営者となり、さらにその経済力を背景に代議士へと成長していく姿を検証した。先行研究では星亨と移民会社の関係については若干触れられてはいたものの、本章ではとりわけ愛国同盟員・星輩下が、移民会社に出資者・業務担当社員などとして関与し、特に複数の会社にまたがって参加していたことを明らかにしえた。もう一度整理すると、以下のようになる。

・海外渡航株式会社……菅原伝、日向輝武、渡辺勘十郎、松岡達三郎、満留善助、平山勝熊（星輩下）
・熊本移民合資会社……山口熊野、井上敬次郎、平山勝熊（星輩下）、松岡達三郎（一九〇七年就任）
・移民取扱人森岡真……水野波門
・大陸殖民合資会社……日向輝武、松岡達三郎、満留善助、村上泰蔵、敷津林傑、井上平三郎

本章では主に山口熊野、井上敬次郎、井上平三郎などの壮士、自由民権運動に関わりながら私費留学生した菅原伝、日向輝武を取り上げたが、後年政治家になった山口熊野、菅原伝、日向輝武、渡辺勘十郎（一九〇八年第一〇回総選挙、立憲政友会）などは皆旧自由党系に属する人物であった。他方、立憲改進党系に関しては、東京移民合資会社を取り上げたが、ここでは人脈的関わりを指摘するに止まらざるをえなかった。今後さらなる究明が求められよう。

註

（1）移民研究会編『日本の移民研究　動向と文献目録Ⅰ　明治初期―一九九二年九月』（明石書店、二〇〇八年）。
（2）移民研究会編『日本の移民研究　動向と文献目録Ⅱ　一九九二年一〇月―二〇〇五年九月』（明石書店、二〇〇八年）。
（3）児玉正昭『日本移民史研究序説』（渓水社、一九九二年）。
（4）佐々博雄「移民会社と地方政党――熊本国権党の植民事業を中心として」（『国士舘大学文学部人文学会紀要』一五、一九八三年）六一～八〇頁。
（5）水野公寿「熊本県の移民と移民会社」（大津町史編纂委員会『大津町史研究』一、一九八四年）五一～六二頁。
（6）木村健二「京浜銀行の成立と崩壊――近代日本移民史の一側面」（『金融経済』二一四、有斐閣、一九八五年）。
（7）有泉貞夫『星亨』（朝日新聞社、一九八三年）二四六、二八二頁。
（8）倉部きよたか『峠の文化史　キューバの日本人』（PMC出版、一九八九年）七一～九五頁。
（9）色川大吉『自由民権』（岩波新書、一九八一年）。
（10）同志社大学人文科学研究所編『在米日本人社会の黎明期『福音会沿革史料』を手がかりに』（現代史料出版、一九九七年）。

(11) ユウジ・イチオカ著、冨田虎男他訳『一世 黎明期アメリカ移民物語り』(刀水書房、一九九二年)一一、一四頁。

(12) 前掲、児玉『日本移民史研究序説』二五二～二五六頁。他に石川友紀「日本出移民史における移民会社と契約移民について」(『琉球大学法文学部紀要』一四、一九七〇年)二二～三二頁、アラン・T・モリヤマ『日米移民史学』(PMC出版、一九八八年)八三～九六頁を参考。

(13) 前掲、色川『自由民権』一八七～一八八頁。

(14) 山口熊野(山口俊太、畑下熊野)(一八六四～一九五〇年)は、和歌山県出身で、東京外国語学校を卒業。自由党員で自由民権活動家であった山口は、宮城県人佐藤琢治と共に発行した小雑誌によって一年六カ月の刑に処せられ、石川島監獄に入獄。一八八六年出獄するやアメリカへ渡り、一八八七年、自由民権派新聞『新日本』を発行し、愛国同盟で活躍する。『新日本』を日本に持ち込み佐藤琢治に託す。山口が在米中、佐藤琢治は「井上敬次郎井上平三郎等カ元老院へ提出スル建言書ニ付同盟者ヨリ差出タル委任状及ヒ其人名左ノ如シ」(国立国会図書館所蔵『三島通庸関係文書』五三八‐二八「井上敬次郎等上奏ノ件」㊍)によると熊本県人井上敬次郎、新潟県人井上平三郎ほか一名が一八八七年九月元老院へ建言書提出を目論んだときに、委任者の一人になり、同時に佐藤は他の壮士たちの委任状を取り纏める役を担う活動で二人の井上と行動を共にしている人物であるが、前掲、色川『自由民権』一九二～一九四頁および町田市立自由民権資料館編『アメリカからの便り』(町田市教育委員会、一九九七年)一六頁に「一八九〇年二月には仙台市で『民報』を創刊、一八九一(明治二四)年二月二五日『民報』第一五号で愛国同盟の歴史と目的」を掲載したとあるように国内での最大の協力者であった。政府は山口たちが発行した『新日本』の国内での販売頒布を禁止し、帰朝した山口は逮捕、有罪判決となったが、その後、憲法大赦となり、和歌山県議会議員になる。一八九八年、熊本移民合資会社を設立し役員として活躍する。『第一回乃至第二〇回総選挙衆議院議員略歴』(衆議院事務局、一九四〇年)および『第一回議会乃至第三五回議会衆議院議員党籍録』(衆議院事務局、一九一五年)によると、一八九八年、第五回衆議院選で自由党から当選し議員になり、その後、第一〇回衆議院選挙まで六回連続当選を果たすが、その間第一二議会自由党、一三、一四議会憲政党、一五～一七議会政友会などを経て、一時は別の会派に属し(一八議会無所属、一九議会同志研究会、二〇議会無名倶楽部、二一議会同攻会、二二議会政交倶楽部、二三、二四議会猶興会幹事、二五、二六議会又新会幹事)、再度二七、二八議会政友会に復帰していることから、基本的には自由党、政友会系の人物である。しかし、無名倶楽部、同攻会で日向輝武と行動を共にした時期は政友会の総裁専断に反対し分裂した政友倶楽部派で、その後日向は政友会に戻るが、山口は猶興会幹事、又新会幹事などを経て二七議会から政友会に復帰したという遍歴がある。

(15) 前掲、イチオカ『一世　黎明期アメリカ移民物語り』二二頁。なお、『新日本』第八号、一八八七年一一月一八日発行のみ現存している（東京大学明治新聞雑誌文庫所蔵）。

(16) 愛国同盟の設立と同時に機関紙週刊『第十九世紀』が創刊された。発行は第十九世紀新聞社。一方『自由党史』に愛国同盟結成と機関紙『新日本』について述べられているが、『新日本』は愛国同盟が結成される前年一八八七年九月、山口熊野、石坂公歴らによりオークランドで創刊された自由民権派新聞である。愛国同盟が結成されるや大半が同盟員になっている。

(17) 板垣退助監修、遠山茂樹他校訂『自由党史　下』（岩波書店、一九五八年）三四七頁。

(18) 『第十九世紀』第四一号（一八八八年十二月七日）（第十九世紀新聞社）一～二頁、「在米国日本人愛国有志同盟会議事」。同新聞はサンフランシスコで発行された。粕谷義三がその一部を持ち帰り、現在入間市立博物館に寄託されている。

(19) 松岡辰三郎は達三郎と同人物。外務省外交史料館所蔵『大陸殖民合資会社業務関係雑件』三-八-二-一九四、一九〇一年一一月一四日付「御届」。

(20) 『愛国』第二八号（一八九二年五月六日）（第十九世紀新聞社）一頁、「愛国同盟報告」。

(21) 菅原伝（一八六三～一九三七年）、『大正人名辞典Ⅱ』（日本図書センター、一九八九年）一〇頁「宮城県出身、一八七九（明治一二）年、帝国大学予備門を経て東京帝国大学に学び、一八八六年アメリカに留学、パシノィック大学で政治法律を学ぶ。自由党に入り愛国同盟を結成、新聞『第十九世紀』を創刊する。一八九三年ハワイに渡航し、ハワイの日本人参政権獲得運動に関わる。一八九五年朝鮮を遍歴、一八九八年宮城県選出で衆議院議員となり連続当選している」。前掲『第一回乃至第二〇回総選挙衆議院議員略歴』および『第一回議会乃至第三五回議会衆議院議員党籍録』によると「一八九八年の一二議会では自由党、一三～一六議会憲政党、一七～三五議会（一九一二年）政友会に所属、長期間党幹事に就いた」。前掲、色川『自由民権』二〇六～二一〇頁で、愛国同盟時代の菅原伝が「菅奥州」の筆名で『第十九世紀』第六一号～第六八号（一八八九年四月二六日～六月一四日）に論文「魯独英米仏五国の内閣を論評して日本二三年後の内閣に及ぶ」を発表していることに触れ、「日本の内閣制論は注目に値する。大日本憲法が発布されたわずか四カ月後に「憲法点閲」ともいうべき論評をしているからである」として、その思索が無名の二五歳の青年によってなされていることを高く評価している。

(22) 前掲『在米日本人社会の黎明期　『福音会沿革史料』を手がかりに』二五六頁。

(23) 同右、二五五～二五七頁。

(24) 井上平三郎は、前掲『大陸殖民合資会社業務関係雑件』所収「無限責任社員入社届出之件」一九〇七年四月三〇日付の履歴書によれば、一八六二年新潟県高城村生まれ、一八八二年高田中学校卒業、同年上京、中村敬宇の門下に入り、一八八五年退塾、一八八九年渡米南北アメリカ移殖民視察すること五カ年、一八九四年ハワイに移民事情視察、一八九五年帰朝、同年軍夫請負のため渡清、一八九七年物品供給、土木請負のため北海道へ赴く、一八九九年中央移民会社創設、一九〇〇年北米合衆国移民条例改正につき交渉のため渡航、翌年帰朝、以来帝国衛生会社、大和製油会社等の社員として勤務している。

(25) 井上敬次郎（一八六一～一九四七年）は、熊本県出身、馬場幸一『時計は生きている　アメリカ移民・牧師馬場小三郎の生涯』（同時代社、一九九七年）七〇頁によれば「一八八〇（明治一三）年、かって西南戦役で薩摩の上司で盟友であった馬場小三郎と上京し、壮士の群れに身を投じた」。「井上敬次郎氏談話要旨（其一）」（文献資料刊行会『復刻痴遊雑誌』第三巻第七号、柏書房）四八頁および「前同（其二）」（前同、第三巻八号）三二～三九頁に「近事評論に入社、一八八〇年一一月、新聞紙条例違反により禁獄二年、罰金五〇〇円、一八八四年、高田事件で入獄した赤井景韶の脱獄に関係して軽禁錮一年三カ月に処せられる」。一八八七年九月、三大事件建白運動の最中にあって、自由民権派の有志と共に条約改正反対のため政府首脳に面会を求め、また、東北・関東・九州・四国など壮士達連名で元老院に建白書を提出するなどの行動をおこしている。「井上敬次郎氏談話要旨（其三）」（前掲『復刻痴遊雑誌』第三巻第九号）一一～一二頁によれば、同年一一月、井上敬次郎らは檄文事件で検挙され、軽禁錮一年六カ月、罰金一五〇円に処せられる。その後、星亨も秘密出版事件で検挙され、石川島監獄に収容された時、井上は星と同室になり親交を結んでいる。一八八九年二月の憲法発布で恩赦になるや、星は四月に欧米視察に行く。井上敬次郎は、星に物心共に援助を受け渡米する。この時、一緒に渡米したのが、井上平三郎（高田事件で投獄）である。町田市教育委員会編『武相自由民権史料集第二巻第二編　立憲制要求期の政治運動』（町田市自由民権資料館、二〇〇七年）六二三頁に『東雲新聞』第四五一号（一八八九年七月一四日）の掲載記事「在米日本人懇親会井上平三郎、井上敬次郎の両氏は去月一六日を以て米国桑港に到着したるにぞ同地の日本人愛国同盟諸氏は両氏をその事務所に招待し同日午後八時より日本人の懇親会を開きたるよし」を紹介してある。井上敬次郎、井上平三郎両名はサンフランシスコに留まり、愛国同盟の活動に加わっていく。ただし井上敬次郎は政治家にはならなかった。彼は自由民権運動には大きく関わったが、憲法発布、国会開設を以って、政治から一歩身を引き実業界の活動が中心になる。井上敬次郎の談話を速記した広瀬順晧監修・編集『憲政史編纂会旧蔵　政治談話速記録第二巻　井上敬次郎氏談話速記／尾崎行雄氏談話速記』（ゆまに書房、一九九八年）九三頁によれば、「自由主義を強調して、僕等は憲法政治を拵える一つの機械になった。そして憲法政治が出来てしまったから、政治よりも日本の海外発展に注意しなくちゃならぬ」と述べている。移民事業については、「井上敬次郎氏談話要旨（其四）」（前掲『復刻痴遊雑誌』第三巻第九号）二九頁に「私等も、此事業に就いて、日向や菅原から、相談を掛けられた時には、大いに賛成して、之に関係する事になったのであるが、当時の根本観念としては、誰も利益方面を考えた訳でなく、全く移民事業の必要を、感じた結果、始めたものであるが、意外の利益が挙って来たのである。松岡達三郎も加わったが、移民事業に於ける、私等の立場は傍系的の関係になる」と自らの立場を述べている。一方で、安在邦夫「自由民権運動における壮士の位相――井上敬次郎の動向に見る」二二一頁（安在邦夫・田崎公司編著『自由民権の再発見』日本経済評論社、二〇〇六年）によれば、「井上の活動は、壮士として政治活動をした青年期までと、実業界に生きたそれ以後の二期に分けることができる」と述べられているが、井上敬次郎が政治の世界から身を引いたのは、星の凶変に遭遇したことで精神的な支えがなくなったことも理由の一つであったといえよう。なお、同章は井上敬次郎の壮士時代について詳述している。

(26)『殖民協会報告』第一巻第一号（一八九三年四月）一〇三頁。渡辺勘十郎は「殖民協会成立の経過」の第五条成立委員となり、仮幹事に任命される。

(27)前掲『自由党史　下』三四七頁。

(28)前掲『アメリカからの便り』一八一頁。

(29)前掲『愛国』第三二号（一八九二年六月三日）。

(30)「参政権享有ニ関スル建白書進達ノ件」（付属書）建白書、（外務省編纂『日本外交文書第一六巻』一九五二年）七五四〜七五九頁。

(31)日向輝武（一八七〇〜一九一八年）は、黒澤明彦・飯塚壽男『ふるさと人ものがたり藤岡』（藤岡市、二〇〇四年）一二一〜一二三頁「群馬県藤岡町（現・藤岡市）出身、一七歳で上毛青年連合会に属し女性の人権擁護の立場から廃娼運動に参加する。東京専門学校に学ぶが中退、一八八九年、渡米、パシフィック大学で政治学や経済学を修め、英文で『太平洋趨勢論』

や『条約改正論』などの論文を発表。駐米大使陸奥宗光に認められ、後星亭を紹介された」。米国では愛国同盟の結成に参加、日本語新聞を発行する。ハワイが共和制に移行したとき日本人の参政権獲得運動に奔走する。在米中に日米用達会社の役員となり、帰朝後は海外渡航株式会社や京浜銀行に関わった。前掲『ふるさと人ものがたり藤岡』一三頁に「一八九七年帰国後、草津鉱山、芝浦鉄道の役員など実業界で活躍し、巨万の財力により実業界で活躍するが、一方では『人民新聞』を創刊、一九一〇年普通選挙法案が提出されたとき、特別委員長として選挙権拡張論を主張した。法案は衆議院で可決、貴族院では否決された。一九一五（大正四）年師団増置問題で増件に賛成し落選、汚職事件に絡み政界を去る」と様々な遍歴を辿っている。前掲『第一回乃至第二〇回総選挙衆議院議員略歴』および『第一回議会乃至第三五回議会衆議院議員党籍録』に「一九〇二年第七回〜一九一二年第一一回までの衆議院選挙では群馬県から連続当選、一七、一八議会政友会、一九議会同志研究会、二〇議会無名倶楽部、二一議会同攻会、二二〜三四議会政友会、三五議会無所属」の経歴あり。また、欧米の殖民事業について『殖民史論』を編纂した。

(32)「移民事業に関し誘導者の甘言に注意すべき旨論達」および「周旋人の詐欺に注意すべき旨論達」、広島県編『広島県移住史　資料編』（第一法規出版、一九九一年）七、一七頁。

(33) 前掲、有泉『星亭』二一九〜二二一頁。

(34) 前田連山『星亭伝』（高山書院、一九四八年）二七六頁。

(35) 前掲、児玉『日本移民史研究序説』二四二頁。

(36) 同右、二六八頁より「府県別累計移民数（一八九九年から一九一〇年）」のうち上位一〇県の順位、人数のみ記載。

(37) 外務省通商局編『移民取扱人に依る移民之沿革　明治四二年一一月調』（外務省、一九〇九年）一五五頁。

(38) 前掲、木村「京浜銀行の成立と崩壊」一〇〜一二頁。

(39) 東京都公文書館所蔵『文書類纂明治三三年』（農工商、一九〇〇年）の「京浜銀行営業報告書」より株主一覧参照。

(40) 前掲、有泉『星亭』二四六頁。

(41) 前掲、木村「京浜銀行の成立と崩壊」二五〜二六頁。

(42) 同右、一、三五頁。

(43) 広島県『広島県移住史通史編』（広島県、一九九三年）一〇六〜一〇八頁。

(44) 外務省外交史料館所蔵『海外渡航株式会社業務関係雑件』三-八-二-三五、一八九五年四月一九日、ハワイの代表者として取締役菅原伝、社員渡辺勘十郎が任命され、一九〇〇年八月三〇日「布哇三島へ取締役三名派遣ノ旨届出ノ件」により、日向輝武、松岡達三郎、満留善助の三名ハワイへ派遣される。
(45) 前掲、イチオカ『一世　黎明期アメリカ移民物語り』五八～六〇頁。移民送出人数二万一二三〇名は前掲、児玉『日本移民史研究序説』二六一頁の一万三九七五名と異なるがそのまま記載した。
(46) 外務省外交史料館所蔵『熊本移民合資会社業務関係雑件』三-八-二-九五。
(47) 熊本県知事編『熊本県史』(熊本県、一九六二年) 四二一～五〇頁。
(48) 前掲、佐々「移民会社と地方政党――熊本国権党の植民事業を中心として」六一～六九頁。
(49) 前掲、児玉『日本移民史研究序説』二六一頁。
(50) 前掲、倉部『峠の文化史　キューバの日本人』七一～七二頁。
(51) 前掲『大陸殖民合資会社業務関係雑件』。
(52) 国会図書館所蔵『日刊人民』一四二六号 (一八九八年一〇月一九日) (人民新聞社)。同紙は一八九三年『めさまし新聞』として創刊され一八九五年『東京新聞』～一八九八年『日刊人民』～一九〇二年『人民』～一九〇五年『人民新聞』～一九〇八年『東亜新報』の変遷。
(53)『日本紳士録』(交詢社、一九〇一年度版、一九〇二年度版)。
(54) 外務省外交史料館所蔵『布哇国「ホノルル」府開設ノ京浜貯蓄銀行支店ニ於テ本邦移民ノ返金預金取扱一件』三-八-二-九三所収の大蔵省銀行課報告 (一九〇五年四月) に、京浜銀行が提出した報告書がある。それによると一九〇三年における取締役・監査役への貸付金が三四万一〇〇〇円、役員の有する新聞社、移民会社などへの貸付金が一二万七〇〇〇円他に上り、資金不足をきたしているとある。ただし実名の掲載はないが、役員の有する新聞社は人民新聞と思われる。
(55) 原奎一郎編『原敬日記』(福村出版、一九六五年) 一二二頁。
(56) 東京都公文書館所蔵『文書類纂明治三一年』(第一種農工商、貯蓄銀行第二、一八九八年)、『同明治三二年』(農工商、一八九九年、『同明治三三年』(農工商、一九〇〇年) の「京浜銀行営業報告書」より株主一覧参照。
(57) 前掲、外務省外交史料館所蔵『布哇国「ホノルル」府開設ノ京浜貯蓄銀行支店ニ於テ本邦移民ノ返金預金取扱一件』。

(58) 国税庁税務大学校租税史料室調べ、一八九九年税制改正された所得税率は所得金額三〇〇円以上一パーセント、同五〇〇円以上一・二パーセント、同一〇〇〇円以上一・五パーセント、同二〇〇〇円以上一・七パーセント、同三〇〇〇円以上二・〇パーセント、同五〇〇〇円以上二・五パーセント、同一万円以上三・〇パーセント（以下略）であった。所得税の対象になる課税所得の調査は、郡区役所の管轄下に所得税調査委員が置かれて調査した。調査員は銀行家や名望家などがなり、選挙人・被選挙人の有資格者を決める調査で面談方式であったため、正確性に乏しい。
(59) 前掲『日本紳士録』（一九〇七年度版、一九〇八年度版）。
(60) 外務省外交史料館所蔵『東京移民合資会社業務関係雑件』三-八-二-五七。
(61) 櫻井良樹「戦前千葉県・神奈川県における県会議員総選挙の結果について」（『麗澤大学論叢』一〇、一九九九年）一三一頁。
(62) 前掲『東京移民合資会社業務関係雑件』。
(63) 前掲、櫻井「戦前千葉県・神奈川県における県会議員総選挙の結果について」一二九～一三〇頁。
(64) 前掲『第一回乃至第二〇回総選挙衆議院議員略歴』および『第一回議会乃至第三五回議会衆議院議員党籍録』。
(65) 前掲『東京移民合資会社業務関係雑件』および早稲田大学史資料センター所蔵『東京専門学校交友会名簿』。

第一二章　政友会の院外団と「院外青年」

伊東久智

はじめに

近代日本における政党の外延は、代議士集団のそれと相同関係にあったというよりは、院外団やその周辺の「青年」政治集団をも内包するより広範かつ曖昧なものであったと捉えうるものである。しかし歴史学における政党研究がそうした集団にまで視線を投げかけてきたかといえば、必ずしもそうではない。そこで本章は、「代議士集団」あるいは「党本部」と置換可能な用語としての「政党」を捉え返すべく、その外延――具体的には、政友会の院外団とその周辺――に焦点を定める。

院外団についての本格的な研究は皆無といってよい状況にあるが、高橋彦博氏の研究はその端緒となる内容を備えている。その成果は第一に、政党を「原生動物的生活体」として捉え、その形質を特徴的に示す運動体として院外団を位置づけたこと（政党研究のなかに院外団を位置づけたこと）、第二に、自由党の「壮士団」と政友会の「院外団」

との性格を区別し、「壮士団」の党本部に対する自律性の減退過程を「院外団」の形成過程として捉えたことである。[1]そうした政治学的アプローチによる性格規定に対して、本章は人的配置や運動資金の疏通など活動の実態という側面からアプローチを試みる。

院外団の周辺に目を転じると、大正政変を前後して登場してくる一群の「青年」政治集団の存在がクローズ・アップされる。それらは概ね次のような特色を有していた。第一に、一八九〇年前後に生まれ、日露戦後から大正期にかけて青年期・学生時代を迎える若者からなる。第二に、求心力を備えたリーダー（私立大学の弁論部出身者が多い）を中心として「青年党」あるいは類似の世代集団を組織し、機関雑誌を発行する。また、演説活動を展開する。第三に、党派性に着目するならば、反政友会系統と政友会系統とに大別することができるが、問題如何によっては両系統が超党派的な世代連合を模索する。第四に、第一次大戦（ロシア革命）後における社会主義・共産主義思想の台頭に対しては批判的な立場を取る。第五に、両系統ともに男子普選以降に代議士となる者が多く、その頃までには院外における政治運動を終息させる。

本章は、院外にあって中央政局を睨んだ政治運動を展開した政治的・世代的個性群という意味において、彼らを「院外青年」として措定・対象化する。

この「院外青年」については、近年、その動向に着目する研究もあらわれはじめている。例えば有馬学氏は、「反藩閥、反政友会、どちらかといえば立憲同志会・憲政会に近いがそれとも一線を画すということの集団は、第一次世界大戦から戦後にかけての政治において確実に一定の役割を果たしていく」として、反政友会系統のそれ（具体的には、一九〇七年結成の丁未倶楽部や一九一二年結成の立憲青年党など[2]）を通史のなかに位置づけた。[3]もっとも、本章が対象とする政友会系統のそれについてはほぼ手つかずといってよい。党派が異なるとはいえ、両系統は「院外青年」という分析枠組によって総合的に把握することが可能であるとの見通しを筆者は有している。その意味において、本章は一党派の「院外青年」を分析の対象としながらも、「院外青年」の総合的把握へと向けて試みられる一考察なのである。

以下、「院外青年」の動向分析を軸に、党本部―院外団―「院外青年」という三者間の関係性へのアプローチを試みる。その際、個々の外延を前提とするのではなく、むしろ三者間の関係性が一つのゆるやかな外延を構成していたとする観点を採用すること。それによって政党の外延（政党研究の外延）を問い直すこと。それが本章の課題である。なお、対象とする時期の下限は原＝政友会内閣期に設定する。政友会の「院外青年」にとって絶頂期かとも思われる当該期は、むしろ拡散期――彼らが各々の領分を定めつつ拡散していく時期に相当しており、その行方を跡づけることもまた本章の課題となる。

一　院外団の成立

(1)　前史――初期議会期における自由党と院外者

一八九〇年の議会開設により「院内者」（代議士）と「院外者」との区別が生じ、両者間に軋轢が生じることとなった。自由民権運動以来の中枢部分が必ずしも代議士とはならなかったからである。同年九月一四日、在京自由党員会合は常議員会制を採択し、各府県選出委員からなる常議員会が党の最高権威を掌握することとなったが、常議員六九名中実に半数以上が院外者であった。そればかりか、「近来壮士等議員を悩まし、弱き議員は議院内に仮寝する者もあり、又往来には手下の壮士又は巡査に護衛せらるゝもあり、重立たる議員には両三名の巡査を附する様の次第」(4)とあるように、代議士の行動は「壮士」の腕力によってもしばしば制約されていた。「代議政体ハ本来輿論政治ナルニ只代議士ノミニ放任シ外部ヨリ之ヲ鞭撻スル輿論ナキニ於テハ代議政体モ亦一種ノ専制政治ト化スルニ至ルハ自明ノ理ナリ故ニ院外運動ハ代議政体ニ欠クベカラザル必要条件ナリ」(5)とは当該期における院外者の代表的人物であった利光鶴松の言葉であるが、代議士と同等以上の勢力を保持した院外者の矜持をよく物語っているといえよう。

しかし議会閉会直後から代議士勢力による巻き返しがはじまる。一八九一年三月一九・二〇日の大会において常議員会を参務会と改称し、諮問機関へと降格させたうえで、一〇月一五日の大会においてその参務会を廃止したのである。これによって、代議士優位と総裁＝板垣専制の党組織が確立の緒についた。(6)もっとも、「極端な制限選挙、小選挙区制、記名投票という状態であるから、いきおい戸別訪問による有権者の掌握が当落をきめるカギとなったし、そのために大量の壮士が必要」(7)とされるという事情に変化はなく、代議士が院外者の存在価値を否定し去るということは、みずからの墓穴を掘るという意味において困難なことであった。

(2) 院外団の成立

一九〇〇年に政友会が結成されると、代議士優位・総裁＝伊藤専制の方向性はよりはっきりとしたものとなった。一九〇三年四月、一三名（内一一名が院外者）の有志が党の刷新声明を発表して問題化するが、それは少数幹部の専制を批判し、幹部公選や緊急問題の衆議による決定を求める内容のものであった。(8)そうした院外者による異議申し立ての延長線上に、「立憲政友会院外団」は成立するのである（同年一二月一日）。

会員互に協心戮力する上に於ては議員たると否とを別つの要なしと雖も、議員たるもの丶集会には特に議員総会又は代議士会あり、而して議員外の者は之に与るを得ず、或は意思を発表し或は進んで活動するに不便なるを以て、議員外の者は別に一機関を作るの必要ありとの議、院外者間に熟し、遂に団体を組織し名づけて「立憲政友会院外団」と称し、此月一日を以て其発会式を京橋区木挽町萬安楼に挙げたり、之れ実に本会院外団の濫觴とす。(9)

発会式への来会者は約一〇〇名。事務所を政友会本部内に置くこと、毎週月・水・金曜日に集会のこと、各地方より二・三名の委員を選出することなどを決定している（「政友会院外団体発会式」『東京朝日新聞』一九〇三年一二月二日）。また、政府の日露交渉に対する措置および財政計画を弾劾する内容の決議を採択するとともに、実行委員を選出して憲政本党の院外者との提携・協議を行うともある。(10)

それでは院外団の人的配置・活動実態とはいかなるものであったのか。ここでは第二六議会（一九〇九年一二月二二日召集）における地租軽減問題を事例として取り上げる。開会に先立つ九月二三日、院外団は総会を開き、山下千代雄・宮部襄・鈴木義隆・林包明・赤尾藤吉郎の五名を幹事に選出し（「政友会院外団総会」『読売新聞』一九〇九年九月二四日）、地租軽減実現のための活動を開始する。その後の流れをまとめておくと、一一月一一日幹事会開催、一二月四日在京院外者集会開催、翌年一月一三日在京院外者総会開催。さらに一八日には全国院外者大会を開き、地租一分以上の軽減を求める内容の決議を採択するとともに、三六名（三七名ともある）の実行委員を選出して代議士・党幹部との折衝に当たらせている。(11)

院外者昨日大会を開らき地租一分已上軽減を主張するなどと云ふが如く、地租軽減は尤も希望し而も頻りに強がりを主張する者もありしが、実は幹部は弱きものと見て徒らに声を大にして其強硬をてらふの気味もありしが、〔協議員会における〕宣言書並西園寺の演説中地租軽減の事ありしに因り大に満足したるものゝ如し、又一面には彼等偽強硬者は意外に感じたる気味もありしが如し。(12)

これは院外団の活動を評した原敬の言葉であるが、そこにみえる「偽強硬者」との鑑識は、院外団のその後の態度によって裏づけられることとなる。というのも、この問題は政府と政友会との妥協（八厘減）へと帰結することとなるが、院外団はそれを批判するどころか積極的に評価するのである（「院外団体の報告」『政友』一一六、一九一〇年三月二五日）。翌年初頭、いわゆる「情意投合」宣言が発表された際にも、彼らは反対党の批判を弁駁し党本部を擁

護する内容の報告書を発表している。(13)

以上の事例からは、院外団の幹事クラスには古参の旧自由党関係者が目立つということ、意思集約は幹事会→在京者会合→全国大会といったプロセスを踏んで行われ、その発表は決議の採択や報告書の発表という手段によってなされていたということがわかる。また、意思実現のために実行委員による代議士・党幹部との折衝を行うことはあったものの、党本部の措置に対しては基本的に従順であったといえよう。

二 「院外青年」の登場

(1) 大正政変と院外団・「院外青年」

第一次憲政擁護運動は、院外団がその存在感をアピールする格好の舞台となった。初動は一九一二年一二月二日に開かれた在京院外者懇親会であり、師団増設否認決議を採択した(「院外団体の決議」『政友』一四八、一九一二年一二月二〇日、五五頁)。一六日には政友会関東倶楽部・東京支部・院外団主催大演説会を開催。(14)これが運動の嚆矢となる。また、国民党の院外団との共闘も積極的に試みられており、翌年一月一六日・二二日の二回、両党院外団連合集会が開催されている。(15)以上の動向が、国民党との提携、運動への全党的参加にはむしろ慎重であった党本部を突き上げたであろうことは疑いない。運動の渦中にあって、党本部の従順な擁護者としての相貌は院外団から消えつつあった。その際、彼らを後押しした民衆の熱狂＝運動の高揚、とりわけ「青年」層の政治的活性化を看過することはできない。

警視庁規画課教養係がまとめた『大正二年騒擾事件記録』を繙いてみると、連日にわたる「青年」政治集団主催演説会と集団そのものの簇生、さらには聴衆の大半を占めた「青年学生」の姿を認めることができ、この運動がいかに「青年」層によって牽引されていたか、より敷衍していえば、若者と政治との関係性を考察するうえにおいて大正政変がいかに画期的な出来事であったかということがみえてくる。そうした変化にいち早く着目し、関係構築へと動いたのは犬養毅率いる国民党であったが[16]、政友会の周辺にも「院外青年」が集いはじめてくる。以下、大日本青年党と立憲青年自由党（以下青年自由党）という二つの集団にスポットを当てることとする。

前田郁（一八八九年生まれ。鹿児島県出身。明大卒。一九四七年衆議院議員）を中心とする大日本青年党が発会式を挙行したのは一九一三年一月二八日[17]。「我儕は大正政変に生れたり。憲政擁護の傘下に育ちぬ」（「年頭所感」『大正之日本』四‐一、一九一六年一月、巻末）との象徴的なフレーズが物語るように、彼らの政治的活性化はまさしく大正政変を画期としたものであった。顧問として政友会代議士小久保喜七を戴き（「編輯局の机上より」『大正之日本』三‐七、一九一五年七月、巻末）、六月には機関雑誌『大正之日本』を創刊している（「社告」『大正之日本』二‐一〇、一九一四年一〇月、巻末）[18]。寄稿者には政友会のみならず国民党代議士の名前も日立ち、また、郷里鹿児島県出身の政治家（長谷場純孝・山本権兵衛ら）＝薩派に対する強い期待意識がみられることも彼らの特色である。

それから遅れること約一カ月、二月二〇日には肥田琢司（一八八九年生まれ。広島県出身。一九二八年衆議院議員）・理吉兄弟を中心として青年自由党が結成され、あわせて機関雑誌『自由評論』が創刊されている[19]。肥田兄弟の祖父は「板垣伯の崇拝者」、父辰之助は政友会支部の創立者であったというから、近親者の影響を抜きにして彼らの党派性を語ることはできない。弟理吉は明大雄弁会の出身で、一時期『平民新聞』の購読者でもあったという。また彼は、郷里広島県出身代議士串本康三の紹介で大正政変以前から政友会本部に出入りしていた（兄琢司は大正政変を契機として上京している）[20]。

党の構成については、「指導役板垣退助伯、顧問頭山満、三宅雪嶺、村野常右衛門、小久保喜七、相談役肥田琢司、総理肥田理吉、総務松高元治（弁護士）、石井三郎（後代議士）、下村馬太郎、金子力三、高田実其の他幹事数名」とあり、主義・綱領については、「その要項は皇室を中心として、国威を海外に宣揚し、政界の刷新、普通選挙の実施、文官任用令撤廃等数項目」からなっていたと説明されているが、[21]実際には一九二四年の時点においてすら「国家を危地に陥るもの」として男子普選には反対の立場を堅持していた。[22]いずれにせよ、「旧自由党の志士たりし村野常右衛門氏小久保喜七氏等の後援を得て、始めて立憲青年自由党は猛然として政界の一角に赤旗を翻へして起ちたるもの也。従つて換言すれば吾が青年自由党は板垣伯の旧自由党の再現とも言ひ得べく、彼の大隈重信と其の意見の相容れざるは蓋し当然の理由なりとす」（「立憲青年自由党史（四）」『自由評論』六-三、一九一八年三月、一三頁）と後にも再確認されているが、彼らは旧自由党時代の「志士」をもってみずから任じていた。なお、大日本青年党との関係性については、「肥田（理吉）君は嘗て吾党に居て幹事迄勤めた男で、今は立憲青年自由党を組織して之が牛耳を握り、常に吾党に対しても友党的態度を持つて居る面白い可愛い無邪気な男だ」（抜山〔前田郁〕「予審廷の一日」『大正之日本』二-一一、一九一四年一一月、九八頁）とあるように、同志意識を共有していた。

一方、直接院外団へと直行する「院外青年」も存在した。大野伴睦（一八九〇年生まれ。岐阜県出身。一九三〇年衆議院議員）はその代表的人物である。明大在学中に護憲運動に参加し、騒擾罪により訴追された大野は、一九一三年四月、大学を中退して政友会の院外団に入っている。[23]その経緯は、「あの騒ぎで桂内閣は倒れ、政友会は万々歳だが、俺はおかげで臭い飯をくわされた……ひとつ政友会とかけ合って慰謝料をもらうことにしよう[24]」という軽薄な思惑から発したものであったが、やがて党籍をとる決意を固めていく。

本部に遊びにいっているうちに、佐原七郎、佐久間伝吉、鈴木義隆、尾作兼蔵、古山久三郎といった院外団の幹部連中とも仲よくなっていった。そのうち、地方選挙がはじまると、院外団も人手不足で忙しくなってきた。そのためでもないがかねてから「院外団に入らんか――」と誘われていた私は、小久保喜七という茨城県の代議士に頼まれ、土浦で選挙の応援演説を手伝った。これがなかなかの好評で、「大野君は演説が上手だ。ぜひ、われらの仲間に入り給え」と東京に帰ってからも熱心にすすめられる。ついに意を決して党籍をとることになった。二十四歳のときである。(25)

ここからも窺われるように、いまだ選挙に際しては「人手不足」が叫ばれるほどに院外団の力が必要とされていたのであり、「雄弁」に長けた大野のような大学生は即戦力となる貴重な存在であった。また重要なことは、前田や肥田兄弟のように同志意識を共有する集団結成型の「院外青年」と大野のように直接院外団へと身を投じた「院外青年」との間に壁は存在しなかったという事実である。「その頃〔護憲運動時〕から私と肥田〔琢司〕君とは運動を共にしたものである」(26)と大野が回想しているように、彼らは政友会の「院外青年」としてのゆるやかな連合意識――それは「院外青年」と院外団との連合意識へと連なりうるものである――を共有していたのである。なお、彼らはいずれも明大出身者であり、原内閣期以降に固定化したとされる政友会―明大というパイプ(27)が、この時期すでに接続されつつあるという事実にも留意したい。

(2)　運動資金の疏通

こうして山本内閣期には顔を揃えた院外団と「院外青年」であるが、彼らはいかにして運動資金を捻出していたのか。また、彼らと党本部との関係性はいかなるものであったのか。これらの問いを解く手がかりとなる二つの史料が残されている。

一つは、大正政変の直後（一九一三年三月二九日）に政友会幹事長となる村野常右衛門（一八五九年生まれ。森久保作蔵と並ぶ「三多摩壮士」の首領格。一八九八年衆議院議員）の手になる出入金記録「村野幹事長会計メモ」(28)である。記録期間は同年四月から一二月までと短いが、前幹事長野田卯太郎からの引継金九五二五円の使途が詳細に綴ら

れており興味深い。そのなかから院外団・「院外青年」に関係する記録を一部抜粋・列挙する。四月五日「金五拾円也　日本青年同盟、小松、鈴木渡」、一〇日「金壱百円也　大日本青年団肥田渡遊説費」、二三日「金五拾円也　憲政同盟会　四月廿四日鈴木氏ニ渡ス」、三〇日「金五拾円也　日本青年同盟（小松、鈴木渡）」「金壱百円也　大日本青年団、肥田渡（遊説費）」、五月二九日「金壱百円也　大日本青年会大阪出張補助肥田理吉渡」、六月二日「金五拾円也　肥田理吉山陰遊説追加補助」、七月七日「金参拾円也　立憲同盟会補助（鈴木渡）」、二四日「金弐拾円也　「大正の日本」補助」「金弐拾円也　自由評論（肥田理吉補助）」、三〇日「金弐拾円也「大正の日本」前田郁八月分」、九月二九日「金五拾円也　青年自由党肥田、借家ニ付三十円、二十円計五拾円也ヲ両度渡ス」、一〇月以降「金参拾円也　立憲同盟会（院外団）補助（鈴木渡）」「金弐拾円也「大正の日本」前田郁渡」「金五拾円也　小松啓吾、政友会院外団印刷費及ビ来春下ノ関ニ出張スル慰労会費」

引用中、「小松」は小松啓吾を、「鈴木」は鈴木義隆をそれぞれ指しており（両人とも院外団の幹事経験者）、「日本青年同盟」「憲政同盟会」などとあるのは院外団への資金提供を意味するとみてよい。ここからは、前幹事長からの引継金、つまりは党公金から少なからざる金額が院外団・「院外青年」の運動資金として拠出されていたという事実が明らかとなる（その他は代議士の出張費用や新聞・雑誌社の補助などに充当されている）。機関雑誌の発行費用、地方遊説費用、さらには借家費用までもが拠出されているほか、「前田郁八月分」といった表現からは、資金援助の継続性を窺うこともできる。(29)

少なくともこの時点において党本部が彼らの育成に積極的であったということは確かであり、双方間の依存関係もまた明白である。そして彼らはゆるやかに連合しつつ、例えば機関雑誌あるいは「雄弁」をもって党本部へと利益を還元していく。ここに三者間の緊密な関係性が浮かび上がるのである。

いま一つの史料は、一九一四年七月一三日付三島弥太郎宛安楽兼道・山之内一次・床次竹二郎連名書翰(30)である。

「予而御承知の同郷青年前田郁氏外同志は数年来政界に奮闘し嚮に大日本青年党を組織し機関雑誌　大正之日本　を発行致し政界刷新政治思想普及等に全力を傾注し已に壱周年記念号を出し候得共青年の事とて資力之に伴はず経営に非常なる困難を感じ居候」とあるように、それは「同郷」の誼をもって大日本青年党への「御賛助」を乞う内容となっている。つまり同党幹部は、自らの出自を活かし、薩派という一つの政治勢力とのパイプをも構築していたのである。

また、この書翰がシーメンス事件直後のものであるという事実にも留意したい。後述するように、大日本青年党は事件に際し一旦は内閣弾劾運動に加わるものの、すぐさま山本支持へと身を戻す。打撃を蒙った薩派は、こうしてその紐帯を再確認しようとしていたとみることもできよう。

(3)　連合と挫折——シーメンス事件と「院外青年」

大正政変に際しては党本部を突き上げる積極的な運動を展開した院外団ではあったが、翌年のシーメンス事件に際してはその態度に変化が生じている。そもそも院外団は「其形態に於ても其精神に於ても全然我が政友会内閣なり」（「政友会院外団の檄」『政友』一五〇、一九一三年三月一二日、四頁）として山本内閣支持を表明していたが、海軍部内の汚職が明るみに出た後にあっても、「暴民騒擾すれば内閣瓦解するの例を作るが如きは所謂暴民政治の端緒」（「院外団の宣言書」『政友』一六五、一九一四年三月二五日、二九頁）として院外の運動を牽制し続けたのである。そこにみえるのは、一旦は消えたかにみえた党本部の従順な擁護者としての相貌にほかならない。

一方、「院外青年」は独自の軌跡を描いていた。一九一四年二月一日、反政友会系統に属する立憲青年党幹部が青年自由党の総会に参加し、山本内閣打倒のための提携を申し入れている[31]。合意した両党は大日本青年党とも結び、ここに超党派の三青年党＝世代連合が成立した。五日には三党主催の帝都青年大会の開催へとこぎ着け、山本内閣に対する辞職勧告、選挙権拡張要求を内容とする決議を採択するなど勢いを示したが（安藤緑峰「立憲青年党奮戦史」『世界之日本』五‐五、一九一四年五月、一八七～一九二頁）、「翌日に至つて青年自由党は忽ち節を変じて政友会の下働きをする事となつた、我等〔立憲青年党〕は実に天下の人々に対し不面目の念に堪へなかつた、更らに大日本青年党は党内二派に分れて、一は薩派を助けんとし、一は我党と行動を共にせんとして、互に相軋轢し、一向敏捷なる活動も出来なくなつて了うた」（同上、一九二頁）とあるように、連合はあえなく挫折する。「村野が私を某待合の一室に監禁同様にして運動から私を遠避けてしまつたのである」[32]とは肥田理吉の言明であるが、仮にそうであったとしても、彼らの内面において、前景化した世代性に対する党派性（大日本青年党の場合、鹿児島という地縁性をも考慮に入れる必要があるが）の巻き返しが生じたことは確かといってよさそうである。つまり彼らの党派意識とは、それを超越しようとする世代意識との葛藤を経ることによって、相対化されることもあれば逆に純化されることもある流動的なものとして存在したのである。なお、そうした彼らの葛藤は、この後、大隈内閣期における中国問題をめぐって再燃することとなる。

三　大隈内閣との対峙

(1)　鉄心会の結成

大隈＝非政友会内閣の成立を受けて、院外団は増師反対・選挙干渉告発・対中国外交批判・内閣留任反対など、政局に応じた決議・宣言の発表をもって対決姿勢を強化していくが、その内部には新たな動きが生じていた。

一九一一年の上京後、片山潜のもとで『東京社会新聞』の編集に携わっていた土倉宗明（一八八九年生まれ。富山県出身。早大卒。一九三〇年衆議院議員）は、一九一四年九月、片山の渡米に際して同行を希望しながらも果たせず、警視庁特別高等課長丸山鶴吉の慫慂もあって政友会の院外団に入っている。[33]「私は片山に追随して、これまで主義運動をみてきていたので、院外団へ入って、近代的な刷新を計ることに強い意義を感じた。そして、自分は院外団に入ることが、自分を伸ばす足場としてよい機会であると思うようになった[34]」とあるように、院外団を踏み台として捉え、その「近代化」を志向する「院外青年」が登場したのである。土倉はその舞台として青年部＝鉄心会の結成へと動きはじめる。

私が院外団に入った時、村野常右衛門が党総務で、院外団の実力者であった。私は村野に直接面接し、今の院外団は青年で党活動の前衛を作らねば旧態依然たるもので、とても労働運動に対抗出来るような勢力となり得ないことを力説し、その前衛活動には、理論的根拠によって、民衆の心を捉らえ、これを引っぱっていく説得力が大切である。それにはお互いにもつと研究を重ねて弁舌も鍛錬せねばならぬ。そしてわれわれ青年の力で党活動の先鋒を担う組織を作ることが必要であるといった……私は同志にもこの考えを呼びかけ、青年の活動を院外団へ入れることに努力して、鉄心会を結成したのである。[35]

鉄心会の中心となったのは土倉・大野重治（旧自由党員大野甚助の子）・藤井達也（一八八八年生まれ。青森県出身。帝大卒。一九二八年衆議院議員）の三名であり、後に大野伴睦・深沢豊太郎（一八九五年生まれ。静岡県出身。明大卒。一九三〇年衆議院議員）らがその脇を固めた。結成の意図は土倉がいうように「青年の活動」による院外団の「近代化」にあったわけであるが、「深沢は院外団からドイツに留学させてもらっていた[36]」との指摘もあるように、彼らの改革対象は彼らを党人政治家へと導く庇護者でもあるという矛盾がそこには存在していたということを指摘しておかなければならない。

(2) 「院外青年」の動向

大日本青年党と青年自由党は増師・参戦反対を旗幟として提携を強化し、「政友会と同一歩調をとるのみならず同会の尖鋭部隊として[37]」大隈内閣と対峙した。一九一四年一一月四日、青年自由党は前田郁からの情報に基づく「六千万国民に檄す」との告発文（帝国海軍が英国の驥尾に付して行動しているとの内容）を発表し、肥田理吉ほか党員六名が海軍刑法・出版法違反により訴追されるにいたっているほか（「立憲青年自由党史（五）（六）」『自由評論』六‐四／六、一九一八年四月／六月、各一二～一三頁）、一二月には立憲青年統一党を加えた政友会系統の三青年党連合[38]が成立し、増師反対演説会を諸所に開催している（「外交増師演説会」『読売新聞』一九一四年一二月八日／編輯小僧「暴言漫話」『大正之日本』三‐一、一九一五年一月、六九～七〇頁）。

大隈の国民的人気がいまだ衰えぬなかで行われた第一二回総選挙は、政友会史上最大の逆風となった。大敗の背景には黒岩周六ら「大隈系ジャーナリズム[39]」による政友会バッシングの存在があり、先立つ東京市会議員選挙においても、政友会による市会支配の象徴＝森久保作蔵が落選していた。「人民のコースを賛成せねバ成らぬ、大隈伯ハ其代表者、政友会ハ官僚のコースなり[40]」との主張の前に、鹿児島における大日本青年党（春秋子「編輯雑録」『大正之日本』三‐三、一九一五年三月、七〇～七一頁）あるいは福岡における青年自由党の遊説活動[41]は結実することなく敗れ去ったのである。

中国問題の高揚に際しても、両党は積極的に動いている。その第一段階は一九一五年の二一カ条要求に際してのもので、大日本青年党は青年統一党・政友倶楽部・青年協会・木堂会とともに対支青年同盟会を結成し、国民外交同盟会（反政府系の対外硬グループ）・政党政治期成同盟会（新聞記者・少壮弁護士）とも結んで反政府運動を展開している（抜山「陰険悪辣なる舌禍事件顛末」『大正之日本』三‐七、一九一五年七月、六七頁）。大野伴睦によれば、同会には鉄心会も参加していたという。(42) なお、警察当局の手になるものと思われる「歌舞伎座ニ於ケル内閣弾劾全国有志大会ト騒擾ノ計画及其状況」および「騒擾ノ計画ト肥田理吉トノ関係」(43) によれば、六月三日に開催された内閣弾劾全国有志大会において騒擾惹起の策謀があったとされ、その首謀者として肥田理吉の名前が挙げられている。

第二段階は翌年八月の鄭家屯事件を契機とする対外青年連合会の運動である。同会発起人は宮川一貫・前田郁・鯉沼源作・橋本徹馬・立石駒吉・肥田琢司・峯岸正太郎・池田弘・前田文・肥田理吉（大日本青年党・青年自由党・青年統一党・立憲青年党・その他の各代表）(44) であり、肥田琢司によれば、「対華問題は日本の国策上最も重大問題なれば超党派的に運動することに協議一致し直ちに活動を始めた」(45) という。しかし倒閣運動へと移行するや、シーメンス事件時とは逆に立憲青年党が連合から離脱し、(46)「院外青年」の超党派連合は再び挫折をみることとなった。とはいえ、国民党系組織との連合、つまりは反政府連合であった対支青年同盟会から、反政友会（親政府）の「院外青年」をも包含した超党派連合＝対外青年連合会へといたる軌跡は、党本部や院外団とは異なる「院外青年」の独自性を際立たせているといえよう。

しかしそうした運動の最中、大隈首相暗殺未遂事件が突発する。一九一六年一月一二日、車中の大隈に爆弾二個を投擲（いずれも不発）した犯人は、青年自由党幹事長下村馬太郎（二六歳。高知県出身。東洋商業学校中退）であった。共犯者として福田和五郎・鬼倉重次郎・和田政吉を含む七名が逮捕され、肥田琢司も事情を知りつつ黙認したとして訴追されている。(47) 下村と政友会との関係性については、「〔下村〕実は私は現在の政党の内では比較的政友会を信じて居りますが全然政友会の主義綱領に服従して居ると云ふのではありませぬ」（「爆弾事件の真相（五）」『法律新聞』一九一六年五月二〇日、二二頁）との予審陳述が参考となる。さらに、「〔和田〕肥田は政友会の人ですが下村は政党には関係はない様に思ひます」（「爆弾事件の真相（七）」『法律新聞』一九一六年五月二五日、一五頁）との陳述を加味すれば、青年自由党（政友会の「院外青年」）内部においてもその党派性にはグラデーションが存在したということがわかる。共犯者についていえば、福田和五郎（五〇歳）は国民外交同盟会幹事、鬼倉重次郎（三八歳）・和田政吉（二八歳）は下村によればともに「国民系」（「爆弾事件の真相（四）」『法律新聞』一九一六年五月一八日、一八頁）の人物であった。つまりこの事件は、対外硬グループを含む国民党系の人脈との反政府連合によって引き起こされたものであった。

下村は襲撃目標として宮相（波多野敬直）・法相（尾崎行雄）・黒岩周六らの名前も挙げているが（前掲「爆弾事件の真相（五）」二一頁）、ここで特記すべきことは、「［福田］自分等の意見の貫徹しないのは人心の萎靡が極点に達して居るからである……ポーツマウス《〔ママ〕》の講和当時の如く公憤を発する丈けの気力は現今の民衆に於て求むることが出来ないことを感じました」（「爆弾事件の真相（二）」『法律新聞』一九一六年五月一三日、一八頁）とあるように、彼らの内面に横たわっていた「民衆」への諦念である。裏返していえば、彼らが言論活動によってかつてのような一大輿論を喚起することはもはや困難となりつつあったのである。

四　「院外青年」の行方

(1)　寺内内閣期

まず院外団の人的配置・活動実態について確認しておく。第一三回総選挙における勝利を受けて開催された一九一七年六月一八日の大会は、寺内内閣に対する態度＝是々非々主義を再確認する内容の宣言案を可決しているが、ここでより注目すべきことは、幹事長ポストの新設、選挙法改正に関する調査機関の設置、中国問題研究に関する委員の設置、普通教育費国庫補助の督励を内容とする申合事項があわせて議論に付されているということである（「院外団大会」『政友』二〇八、一九一七年七月五日、三四〜三五頁)。七月一四日には第一回選挙法改正委員会を開き、理事として西野雄治を、特別委員として奥繁三郎・加藤平四郎・菅原傳・川林数郎・山際敬雄・藏園三四郎・中野勇二・阪本志眷雄・伊藤政重の九名を選出している(「政友院外団」『読売新聞』一九一七年七月一五日)。その協議結果は翌年一月一九日の大会において幹事山口熊野より報告されているが、起草された改正案の内容は小選挙区制採用・納税条件五円以上・被選挙資格二五歳以上というものであった(「院外団大会」『政友』二一五、一九一八年二月五日、三八〜三九頁)。ポストを新設するなどの組織固めが試みられてはいるものの、その主張は党議の範囲内にあったといえよう。人的配置についても、古参の旧自由党関係者(その多くは代議士経験者)が幹部ポストを独占するという傾向に変わりはない。

次に青年自由党の動向であるが(大日本青年党については、史料の制約上寺内内閣期以降の動向を明らかにしえない)、ここでも彼らは院外団とは異なる軌跡を描いている。寺内首相・後藤内相より二万円という莫大な援助金を受領し、内閣支持の立場を鮮明なものとするのである。「身政友会にある私が、何故同内閣の為に――と云ふ疑問が生ずるわけであるが、私は天下国家の為と云ふ大目的の上からは、些々たる党派関係等の如きは顧みる必要を認めない」(48)とあるように、それは政友会支持の延長線上におけることではなく、党派を超えた積極的な支持であった(49)。この党派性の後景化が「大目的」によるものであったのか、あるいは「二万円」によるものであったのか、ここでは問わない。ただそれがかつてのような世代性の前景化によるものではなかったということだけは確かである(50)。

資金力をえた青年自由党は、大隈暗殺未遂事件により休刊中であった『自由評論』を復刊し党勢拡張へと動きはじめるが、「日比谷の松本楼を十日間借り受け都下の青年の集合所とした。会食は何人を問わず自由に許し来会者に黄金を散布し憲政会の〔寺内内閣〕弾劾演説会を悉く妨害して解散せしめたのであつた(51)」とあるように、その行動は露骨かつ暴力的なものであった。それゆえ一九一七年三月三日には警官隊との衝突事件を起こし、同年中は活動休止状態に陥っている（金子秋江「正義は必ず勝つ」『自由評論』六‐二、一九一八年二月、一八～一九頁）。

活動を再開した青年自由党を待っていたのはシベリア出兵問題であった。彼らは一九一八年三月一三日の時局政談大演説会において、「西比利亜出兵は現下の急務にして又帝国を累卵の危きより救ふ所以のもの而も既成政党に何等責任を解するものなし宜ろしく輿論を喚起して出兵を断行すべく此に我党が大会を開きしものなり」（「鮮血淋漓壇上に迸りたる我党主催時局政談大演説会」『自由評論』六‐四、一九一八年四月、二二頁）と、出兵断行論を鼓吹している。

しかしここで特記すべきことは、「立憲青年自由党総務自由評論社長肥田理吉氏、時局大観なる演題の下に登壇するや此に立憲治下最も憂ふべき椿事は勃発したり即ち出兵尚早論を唱ふる政友会の院外団にして鉄心会と称せる壮士団突如として演壇に襲撃して電光石火肥田総務を傷つけぬ」（同上、二四頁）とあるように、まさにその舞台において突発した鉄心会との衝突事件である(52)。先に政友会の「院外青年」内部における党派性のグラデーションについて指摘したが、寺内内閣との距離感の相違、さらにはシベリア出兵問題という政局も手伝って、その濃淡はもはや目に鮮やかなものとなりつつあった。党派性を希薄化させた青年自由党とその濃度を維持した鉄心会との衝突は、彼らの間に保たれていたゆるやかな連合意識に生じた亀裂そのものであったのである。

(2) 原内閣期

原内閣の成立後も院外団の活動実態は旧態然としているが、ここでは三年間の大会報道から読み取ることのできる留意すべき変化二点を指摘しておく（「院外団大会」『政友』二二六／二三八／二五〇、一九一九年一月二五日／一九二〇年二月一五日／一九二一年二月一五日）。一つは、一八〇→二〇〇→四五〇余名という大会出席者の急増である。とりわけ第一四回総選挙を経た一九二一年の大会においてそれは顕著であるが、院外団に強い影響力を保持していた村野常右衛門が総選挙に敗れ、院外団長に就任したという事情がその理由の一つとして考えられよう。

いま一つは、これも一九二一年の大会において顕著であるが、村野のように再選に失敗した前代議士が直ちに院外団幹部へ天下っているという事実である。そこでは磯部尚・加藤平四郎・蔵園三四郎・山口恒太郎・牧野賤男・赤尾藤吉郎・斎藤紀一の七名が常任幹事に選出されているが、そのうち磯部・山口・斎藤の三名までが前代議士であった（前院外団長奥繁三郎の場合も就任の経緯は同様である）。ここからは、代議士候補を養成しつつ元・前代議士をも受け入れるという院外団の包容力を読み取ることができるが、それは代議士集団との緊密な関係性を担保する重要な機能であったといえよう。

一方、鉄心会にも新たな動きがみられる。浅原健三（一八九七年生まれ。福岡県出身。日大中退。一九二八年衆議院議員）・竹内雄といったポスト「院外青年」世代の加入がそれである(53)。浅原の場合、「政談演説会には何党にかぎらず出かけて行」くなかで「鉄心会の大野重治、土倉宗明、藤井達也の連中と懇意になり、半年ばかり行動を共にするやうになつた」という(54)。しかしその後、高尾平兵衛・村木源次郎・和田久太郎らとの邂逅を経るなかで鉄心会から離れ、郷里八幡における労働運動へと身を投じることとなる。第一次大戦にともなう急速な時代思潮の変転を背景として、新たな人材は逆に彼らの対抗者へと変貌しつつあったのである。

また、総選挙に際しては八王子における村野と八並武治（憲政会）との争いに介入したものの（「鉄心会壮士又復暴行」『読売新聞』一九二〇年五月六日）、先述のように彼らの「父親」村野は落選した。腕力によって当選を勝ちうるという時代、換言すれば、院外団の助力なしには当選が覚束ないという時代は終焉を迎えようとしていた。しかし、「院外（団）の人間は皆、（老齢で）死んでしまう。大正十三年頃から、事実上、院外は大野重治のものとなってしまう」(55)と竹内雄が回想しているように、鉄心会による院外団支配を固めたのもまた時代の進運であった。それでは鉄心会が掲げた院外団の「近代化」は達成されたのか。一九二二年六月一三日付の協調会による調査報告書には、次のような軽侮に満ちた言辞が連ねられている。

彼等は事あれば、疾風の如く現れ出で丶、示威運動の邪魔をしたり、当局の取締に声援したり、其れに依つて多少の利益を得るものらしい。飄暴迅速、血を見るを以て一時の快とするもの丶如し。彼等は労働運動が何の為だか、社会主義、デモクラシーが何だか、さつぱり訳が解らず、乱酒、拳を振つて押し廻る丈に過ぎない……之を要するに彼等が横行専恣の振舞は、世間に害毒を流しても、断じて公益のあらう道理がない。(56)

当事者であった竹内もまた、「院外団が堕落したのは昭和に入ってからです。昭和に入ってから生活のための暴力団になった。代議士から金を貰って生活する者が出て来た」(57)と、その「堕落」を指摘している。もっとも、一九一九年二月二日には時局問題に関する研究会を開き、「席上普通選挙、デモクラシー、国際連盟、労働問題ニ関スル各自ノ意見ヲ述ヘ」、それを受けて一二日には、「普通選挙ヲ急施セヨ、労働組合ヲ解放セヨ、旧思想ニアル法律制度ヲ改善セヨ、民族膨張ニ対スル政策ヲ確立セヨ、人種的差別待遇ヲ撤廃セヨ」との内容の印刷物を配布するなど、彼らはそうした時代思潮に全く無関心であったわけではないという事実(58)、さらに一九二二年に大野が、その四年後には土倉がそれぞれ東京市会議員となっているように、その幹部層は党人政治家への階梯を着実に歩みつつあったという事実にも留意しておかなければならない。

最後に「院外青年」の行方を跡づけておく。まず前田郁は、一九二〇年前後、村野常右衛門の日誌にしばしば登場してくる。ただそこにみえるのは大日本青年党幹事長としての前田郁ではなく、実業界へと転身し時計会社「隆工舎」の専務取締役となった前田郁である。一九二〇年五月一七日付の日誌には、「午后隆工舎専務前田郁氏来訪、会社支払ニ差支ヲ生ジ金弐千円借用申込ニ付、農工貯蓄小切手ニテ貸与、期間ハ三十日トス」(59)とあり、反動恐慌の渦中にあって資金繰りに苦慮しつつも村野とのパイプを最大限に活用しようとしている姿を認めることができる。前田はこの後も実業界に活躍し、戦後には代議士となる。院外から実業界へ、斯界にあっては「院外青年」時代の人脈を活かしつつ身を立て、再び政界へと環流する人生経路が看取できよう。

次に青年自由党であるが、原内閣に対しては「既往を云為して叨りに排撃するの要を認めず」（「平民の天下来る」『自由評論』六‐一一、一九一八年一一月、巻頭言）として支持を表明しているが、変転する時代思潮・国際情勢に対しては危機意識を横溢させ、反「デモクラシー」の姿勢を鮮明化させていくこととなる。肥田理吉の手になる「破壊的現状打破より建設的現状打破へ」（『自由評論』七‐九、一九一九年九月）と題された文章は、「破壊的現状打破」思想として一括された「デモクラシー」「ボリセビズム」「サンヂカリズム」に対しては「建設的現状打破」思想としての「強国的国家主義」を、男子普選論に対しては家長選挙権論をそれぞれ主張している。さらにそうした主張は誌面から溢れ出し、「危険思想撲滅時局政談大演説会」という形式によっても喧伝されていく（「全国遊説の途上より」『自由評論』七‐七／一〇、一九一九年七月／一〇月、六二～六四／一〇〇～一〇二頁）。

原敬の死は燃え立つ彼らの危機意識に注がれる油となった。「政友会が政党としての面目あり、権威を有したのは、原大総裁の下に統帥されてゐた時代までであつて、原大総裁を失なつて以来の政友会は、従来の堕力に依つて辛くも生きてゐるのである」（肥田理吉「天下の青年よ何故に起たざる乎」『自由評論』一〇‐六、一九二二年六月、一二～一三頁）とあるように、党本部における派閥争いも相俟って、それは政友会に対する不信感を決定づけたのである。

その後の肥田兄弟の行方は次の三途の交差地点に求められる。第一に、実業界への進出。一九一九年、琢司は株式買収により千代田印刷株式会社社長に、理吉もまた『広島毎夕新聞』の社長に就任し、琢司にいたっては後に東京商業会議所議員となっている[(60)]。この点については前田の場合と同様であるが、その背景として、第一次大戦期における好況はもちろんのこと、府県会議員経験のない実業関係者が代議士となる割合が激増していたという事実[(61)]についても留意しておきたい。

第二に、民族主義への傾斜。一九二三年、「我大和民族の世界的使命に確乎たる信念を置き、以て歩一歩大地を踏締めつゝ進むときに、吾人は凡ゆる社会的不安、国家的危機に打勝ち得るなり」として、兄弟が主唱者となり亜細亜民族義会が結成されている（肥田琢司・理吉「思想的大同団結亜細亜民族義会組織の趣意」『自由評論』一一―三、一九二三年三月、九六～九七頁）。

第三に、軍部への接近。これは原内閣の陸相・次官であった田中義一・山梨半造への接近を意味しており、一九二三年六月一三日には琢司が中心となり国民軍事研究団が結成されている（一記者「国民軍事研究団世話人相談会の盛況」『自由評論』一一―七、一九二三年七月、一九～二三頁）。とりわけ理吉は山梨と深く交わり、同人の朝鮮総督就任前後にはその腹心として暗躍したすえ、一九二九年七月、朝鮮総督府疑獄事件の首謀者として訴追されるにいたるのである。

おわりに

以上の分析からえられた成果および残された課題をまとめることで総括にかえたい。まず本章では、院外団の活動実態・人的配置を跡づけるとともに、「院外青年」、そして党本部との間の緊密な関係性を明らかにした。院外団と「院外青年」との間のゆるやかな連合意識。党本部から院外団・「院外青年」への資金の流れと、運動によって逆方向に還元される利益。院外団の内部改革を志向する「院外青年」の存在と、彼らを党人政治家へと導く庇護者としての院外団の機能。院外団へ天下る代議士経験者の存在と、それを受け入れる院外団の包容力――そうした各種の関係性は変化や断絶と無縁ではなかったものの、全体として、鼎立的というよりはむしろ円環的な関係性を形づくっていた。そこから浮かび上がるのは、院外団や「院外青年」をも内包する広範な外延を備えた新しい「政友会」の姿である。もっとも、それを新しい「政党研究」の可能性にまで敷衍するためには、取り組むべき大きな課題が残されている。

いうまでもなく、それは本章においてはほとんど触れることのできなかった他党の院外団・「院外青年」の動向解明である。

また本章は、政友会の「院外青年」についてその登場から拡散にいたるまでの動向を明らかにし、反政友会の「院外青年」との間の研究上の不均衡を矯正した。さらに二度にわたる超党派連合の試みを跡づけることによって、両系統を個別的に把握するのではなく、大正政変によって産み落とされた政治的・世代的個性群＝「院外青年」として総合的に把握することの有効性を確認した。

議会開設前後に生を享けた彼ら「院外青年」は、その議会がようやく辿り着いた「政党内閣」を睨みつつ各々の領分へと散り散じていくわけであるが、やがて彼らの多くは「院内」にその姿をみせることとなる。この点については、彼らが「彼ら」であったということをあらためて問題化する観点、つまりは彼らの運動と彼らの男性性構築過程との関係性を問うジェンダー史的観点の導入とともに今後の研究課題としたい。

註

（1）高橋彦博「院外団の形成――竹内雄氏からの聞き書を中心に」（『社会労働研究』三〇-三・四、一九八四年）。竹内雄は、原内閣期に政友会の院外団に関係した人物である。

（2）前者は西岡竹次郎（一八九〇年生まれ。早大卒。一九二八年衆議院議員）・鈴木正吾（一八九〇年生まれ。明大卒。一九三二年衆議院議員）らをメンバーとする都下大学雄弁会の連合組織。後者は橋本徹馬（一八九〇年生まれ。早大中退）を中心とし、機関雑誌『世界之日本』『一大帝国』『労働世界』を発行した。

（3）有馬学『日本の近代4「国際化」の中の帝国日本』（中央公論新社、一九九九年）五七頁。

（4）原奎一郎編『原敬日記　第一巻』（福村出版、一九六五年）一八九一年一月一三日条、一七一頁。

（5）小田急電鉄株式会社編『利光鶴松翁手記』（同社、一九五七年）一六九頁。

(6) 以上の事実経過については、升味準之輔『日本政党史論　第二巻』(東京大学出版会、一九六六年)一六三～一九九頁を参照した。
(7) 色川大吉「三多摩の壮士」(遠山茂樹編『人物・日本の歴史一一　明治のにない手　上』読売新聞社、一九六七年)一九一頁。
(8) 小林雄吾編『立憲政友会史　第一巻　伊藤総裁時代』(立憲政友会史編纂部、一九二四年)二一六～二二〇頁。
(9) 小林雄吾編『立憲政友会史　第二巻　西園寺総裁時代前編』(立憲政友会史編纂部、一九二四年)四一～四二頁。
(10) 同右、四二～四三頁。
(11) 以上の事実経過については、「全国院外者大会」(『政友』一一五、一九一〇年一月二五日)三六頁、「院外団体の報告」(『政友』一一六、一九一〇年三月二五日)三七～四四頁を参照した。
(12) 原奎一郎編『原敬日記　第二巻』(福村出版、一九六五年)一九一〇年一月一九日条、四〇〇頁。
(13) 「政府政友会提携顛末報告書(要領)」(小林雄吾編『立憲政友会史　第三巻　西園寺総裁時代後編』立憲政友会史編纂部、一九二五年)三六三～三六四頁。
(14) 警視庁規画課教養係編『大正二年騒擾事件記録』(荻野富士夫編・解題『特高警察関係資料集成　第一九巻　特高関係重要資料』不二出版、一九九三年)三～四頁。
(15) 前掲、小林編『立憲政友会史　第三巻』六三六～六三九頁、山本四郎『大正政変の基礎的研究』(御茶の水書房、一九七〇年)三九七～三九八頁。
(16) 両者の双方向的な関係性およびその帰結については、伊東久智「立憲国民党と青年――雑誌『青年』の分析から」(『日本歴史』七三三、二〇〇九年)を参照。
(17) その模様は、「青年結党頻々タル時ニ当リ一月二十八日神田青年会館ニ其ノ発会式ヲ挙ク来リ会スル者約七百名多クハ青年学生ニシテ入場料五銭ヲ徴ス……各弁士異口同音ニ政治運動ノ為メニ青年ノ覚醒スヘキヲ説キ中ニハ奇激ノ論理ヲ用ヒタルモノナキニアラスト雖モ大体ニ於テ気焔挙ラス」(前掲、警視庁規画課教養係編『大正二年騒擾事件記録』一七～一八頁)と報じられている。
(18) 一日発行の月刊誌。ただし現在確認できるのは、第二次大隈内閣期に相当する二巻八号(一九一四年八月一日)から四巻四号（一九一六年四月一日）までである。

(19) 一日発行の月刊誌。ただし現在確認できるのは、寺内内閣期から加藤友三郎内閣期に相当する五巻八号（一九一七年八月一日）から一一巻八号（一九二三年八月一日）までである。

(20) 肥田理吉責任口述（小生夢坊・松浦泉三郎責任筆記）『朝鮮疑獄の審かれる迄――政界・財界・徹底暴露秘話』（山東社、一九三一年）一五～四一頁。

(21) 肥田琢司『政党興亡五十年――わが歩みし足跡』（国会通信社、一九五五年）三〇頁。

(22) 一九二四年五月二六日付平田東助宛肥田琢司書翰（「平田東助関係文書」〈国立国会図書館憲政資料室所蔵〉所収）。

(23) 「大野伴睦先生年譜」（大野伴睦先生追想録刊行会編集委員編『大野伴睦――小伝と追想記』同会、一九七〇年）巻末。

(24) 大野伴睦『大野伴睦回想録』（弘文堂、一九六二年）二三頁。

(25) 同右、二六頁。

(26) 肥田琢司『政界追想』（肥田琢司遺稿刊行会、一九六四年）四頁（大野伴睦序文）。

(27) 竹内雄は、「私は学生時代、明治大学弁論部のキャップでした。当時、早稲田が憲政会の遊説部隊を引き受けていたので、対抗して政友会が明治に目を付け、明治大学の弁論部は政友会に接近することになりました……大正八、九年になって、明大弁論部と政友会との関係が出来ました」（前掲、高橋「院外団の形成」一〇三頁）と証言している。

(28) 村野廉一・色川大吉『村野常右衛門伝――政友会時代』（村野廉一、一九七一年）六七～七二頁。

(29) 大野伴睦も、「毎月二十五日になると、植木屋旅館〔村野常右衛門の常宿〕に金をもらいに行った」（前掲、大野『大野伴睦回想録』二五頁）と回想している。

(30) 「三島弥太郎関係文書」（国立国会図書館憲政資料室所蔵）所収。なお、本史料は松田好史氏よりご教示いただいた。

(31) 肥田理吉は、「最初是〔シーメンス事件についての情報〕を私にもたらしたのは橋本鉄馬〔徹〕であった。反対の立場にある私に青年党の牛耳をとつてゐた同君が、如何なる理由からか、海軍部内に不正時件《ママ》の伏在してゐる事を告げ、是に対して共同戦線を張つて、画正《ママ》運動をしようといふ事を申込んだのである」と証言している（前掲、肥田理吉『朝鮮疑獄の審かれる迄』四八頁）。

(32) 前掲、肥田理吉『朝鮮疑獄の審かれる迄』五〇～五一頁。

(33) 土倉宗明（土倉宗明回想録編集委員会編）『政界五十年』（土倉宗明喜寿紀念事業会、一九六八年）二一～二二頁。
(34) 同右、二二頁。
(35) 同右、二二～二三頁。同書の年譜によれば一九一四年結成。しかし内務省警保局『政治運動団体調（大正八年十一月十日現在）』（「小橋一太関係文書」〈国立国会図書館憲政資料室所蔵〉所収）には一九一六年一一月一〇日組織とある。ここでは、一九一四年末頃から院外団内に若手のグループが現れ、それが後に鉄心会として正式に発足したという捉え方をしたい。
(36) 同右、一三二頁。
(37) 前掲、肥田琢司『政党興亡五十年』四七頁。
(38) 村野常右衛門の日誌（一九一三年一二月三〇日条）に、「青年団連中来訪、伊藤喜重氏〔立憲青年統一党幹事長〕ニ二十円、自由評論肥田理吉氏ニ五円ヲ渡ス、右青年四名ト昼食ヲ喫ス」（前掲、村野・色川『村野常右衛門伝』二七四頁）とあることからして、立憲青年統一党も政友会系統の「院外青年」集団とみて間違いない。
(39) 季武嘉也『大正期の政治構造』（吉川弘文館、一九九八年）一五六～一五七頁。
(40) 櫻井良樹〈解題〉「黒岩周六日記（大正三年四月～四年四月）」（『紀尾井史学』四、一九八四年）一九一四年一二月一一日条、四四頁。
(41) 前掲、有馬『日本の近代4　「国際化」の中の帝国日本』九七～九八頁。
(42) 前掲、大野『大野伴睦回想録』二八頁。
(43) 「平沼騏一郎関係文書」（国立国会図書館憲政資料室所蔵）所収。「肥田理吉ハ諸般ノ画策ニ於テ努メテ表面ニ立ツコトヲ避ケ居レルモ脈絡系統ヲ究スルニ必ズ根源ヲ肥田ニ発スルコト明瞭ニシテ肥田ハ政友会ノ直接間接之ヲ扶助セル壮士団ナルヲ以テ取調ノ進行ニ連レテ意外ノ邊ニ其ノ策源ヲ発スルヤ知リ難シ」（「騒擾ノ計画ト肥田理吉トノ関係」）などとあり、黒幕（＝肥田理吉）の黒幕（＝政友会）の存在をも示唆している。なお、本史料は藤野裕子氏よりご教示いただいた。
(44) 一九一六年八月二〇日付原敬宛対外青年連合会「檄」（原敬文書研究会編『原敬関係文書　第二巻　書翰篇二』日本放送出版協会、一九八四年）一八六～一八七頁。
(45) 前掲、肥田琢司『政党興亡五十年』七九頁。
(46) 同右、七九～八〇頁。

(47) 同事件の概要・審議経過については、雨宮昭一「大隈首相暗殺未遂事件」（我妻栄編集代表『日本政治裁判史録　大正』第一法規出版、一九六九年）を参照した。

(48) 前掲、肥田理吉『朝鮮疑獄の審かれる迄』七二～七三頁。

(49) 「後藤新平文書」（水沢市立後藤新平記念館所蔵）には、米騒動に際して肥田理吉が提出した報告書（名古屋市・神戸市・大阪市・京都市における騒擾の原因・発端と裏面・所感を記述）が残されており、青年自由党と内閣との癒着を裏づけている。

(50) もっとも、広島県会議員補欠選挙に際しては父辰之助の当選を図って原敬と接触するなど、政友会と断絶したわけではない（一九一八年六月一三日付原敬宛肥田理吉書翰、原敬文書研究会編『原敬関係文書　第三巻　書翰篇三』日本放送出版協会、一九八五年、一〇八頁）。

(51) 前掲、肥田琢司『政党興亡五十年』九一～九二頁。なお、内務省警保局の手になるものと考えられる『政治的諸団体（大正九年十二月調）』（「小橋一太関係文書」〈国立国会図書館憲政資料室所蔵〉所収）によれば、一九一七年一月二三日には、「我利、我欲ヲ逞フスル腐敗堕落無頼漢ノ集団」として憲政会を批判する内容の宣言を発表している。

(52) 前掲、内務省警保局『政治運動団体調（大正八年十一月十日現在）』にも、「聴衆中ニアリシ鉄心会員ト論争ヲ生シ為ニ一名ヲ検束シ大野重吉〔治〕外三名ハ喧騒ノ内容アリタルヲ以テ退場セシム」とある。

(53) 前掲、『政治的諸団体（大正九年十二月調）』によれば、当時の主要会員は以下の通りである。大野重治・藤井達也・土倉宗明・大野伴睦（以上四名幹事）・深沢豊太郎・浅原健三・森甚太郎・亀谷蕃・才津原積・稲田学・出口喜五郎・吉富済・関末代策・大矢正夫・森川六三郎・望月義徳・吉田嘉平次・前川善吉・深津静之助・楠正雄・中島鵬六・太田貢・増井亦太郎・志鷹興・板橋五郎・島田國雄・土居美水・末木彰・瀧雅雄・竹内雄・村田晋一・川村数郎・吉田成雄・小池定雄（客員）。なお、望月義徳は青年自由党の項目にもその名前を認めることができる。

(54) 浅原健三『鎔鑛爐の火は消えたり――闘争三十三年の記』（新建社、一九三〇年）五一頁。

(55) 前掲、高橋「院外団の形成」一〇四頁。

(56) 「鉄心会　赤心団　皇国一心会（報告）」（協調会史料〈法政大学大原社会問題研究所所蔵〉リール五二「団体　思想団体1」所収）。鉄心会は当時三十余名の壮士を擁したともある。

(57) 前掲、高橋「院外団の形成」一〇五頁。
(58) 前掲、内務省警保局『政治運動団体調(大正八年十一月十日現在)』。
(59) 前掲、村野・色川『村野常右衛門伝』四四六頁。なお、「野津田町・村野浩太郎家文書」(町田市立自由民権資料館所蔵)には一九一八年一一月一四日付の「株式会社隆工舎株式第一回払込金領収証」が収められており、村野による資金援助が会社発足時からのものであったことがわかる。
(60) 前掲、肥田琢司『政党興亡五十年』一二六～一二八頁。
(61) 升味準之輔『日本政党史論　第四巻』(東京大学出版会、一九六八年)一三～一四、三〇二頁。

[付記] 本研究は日本学術振興会科学研究費補助金(若手研究B・課題番号21720241)の助成を受けた研究成果の一部である。

第一三章　都市計画反対運動と住民・政党・政治家
——槇町線問題の再検討を中心に——

佐藤　美弥

はじめに

(1)　本章の目的

本章は、都市計画事業をめぐって惹起した問題に住民はどのように対応したのか、そこにある論理とはどのようなものか、そして住民を代表する存在としての政治家は、その過程にいかに参与したのか、これらの問いについて検討するものである。

従来、都市計画と政治の関係についての歴史研究は、主として内務官僚はじめ都市についての専門的知識をもつ者たちがいかにして近代的な都市計画技術を導入し、実現させたか、という観点からの研究が中心であった。そこでは、都市計画の策定と執行に対する住民や政治家の反対の動きは、近代的都市計画実現の阻害要因として考えられることが多かった。[1] 一方では関東大震災後における借家人による土地区画整理の延期運動を、都市専門家による妥協的な都市計画に対する「下からの」都市政策への働きかけとして評価する研究がある。[2] つまり、都市計画に対する住民や政治家の反対運動は都市計画を阻害するものとも、むしろ妥協することなくそれを推進するようなものとも考えられてきたのである。ふたつの見方のちがいはどのように捉えるべきだろうか。

上記のような問題関心から、都市計画法の成立とその制度的特徴を概観した後、代表的事例としての槇町線問題に着目して、都市計画事業とそれに反対する運動の具体像について検討する。対象とする時期は、都市計画法が施行され、本格的な都市計画事業が策定、執行されつつある時期であり、同時に従来研究蓄積のある関東大震災後と比較して研究の少ない、一九二〇年前後である。

(2) 先行研究

本章の対象とする時期の都市問題と政党についての研究状況はどのようなものだっただろうか。升味準之輔は一九二〇年代までの政党をめぐる環境について以下のような見取り図を示している。[3] 一八九〇年代から一九二〇年代初頭にかけて、人口の流動化・都市化の進行が顕著となる。このなかで地方社会、政治構造が変動し、都市で新しい社会部門が形成される。この変動が中央政治に影響を与え、言論社会の全国化・集中化、地付き層の沈滞と寄留企業＝政治家の風靡、都市公共事業の政治利権化、群衆による騒擾の政治過程における重要性の拡大という状況が生まれる。そのなかで政党はその特質を変化させると同時に都市社会という新しい対象に対峙せざるを得ず、労働、貧困、衛生、公害、無秩序な都市域の拡大などさまざまな都市問題が新たな政策課題となった。この都市問題への対応について、升味は主として労働問題への対応を取りあげているように、従来は、ソフト面の対策に着目した研究が中心だったといえる。しかし同時に当該期、とりわけ第一次大戦後から関東大震災までの時期は、都市における諸問題の解決のための技術的方策として都市のハード面の改変、すなわち都市計画事業が実現されようとする時期でもあったのである。

これまで都市計画事業をめぐる諸問題に対する政党・政治家の対応についての研究はほとんどなく、主に都市計画史研究のなかで言及されるにとどまってきた。そこではすでに指摘したように都市計画事業執行の阻害要因としての性格が強調されてきた。たとえば越沢明は、本章で検討する槇町線問題においては「地域の住民と地元選出の政治家は近視眼的な観点しか持ちえ(4)」なかったこと、帝都復興計画においては「農村を基盤とし……大地主としての個別利害を主張しがち(5)」な政友会の影響があったことを理想的都市計画実現の障害として挙げている。この時期の都市計画事業を考えるとき、それを実行する主体として想定されてきたのはいうまでもなく、官僚、研究者、技術者といった都市専門家だった。それらに対する規制力としての政党、政治家あるいはその他の非官僚的な主体の意義はこれまでほとんど検討されてこなかったが、再考する必要があるのではないだろうか。

そこで、本章では都市計画に反対する運動に着目して、まずその具体的な過程、そこでの政党・政治家の動きを明らかにしよう。以上のような作業は、当該期の都市計画事業と政党や政党政治家の関係を再検討することであり、これまで蓄積されてきた、都市計画史研究と政党政治史の研究を架橋する意義あるものとなろう。

一　都市計画法の成立と槇町線問題の顕在化

(1)　都市問題の焦点化と都市計画法の施行

具体的な事例の検討に入る前に、ここでは都市計画にかかわる制度の成立過程を略述しておこう。

近時都市ノ膨張ハ頗ル急激顕著ニシテ人口ハ増加シテ市外ニ溢レ各種事業ハ勃興シテ工場ハ随所ニ建設セラレ殊

ニ都市ノ近郊ニアリテハ交通ノ連絡ヲ欠キ上水下水ノ設備アルナク殆ド混乱ノ状ヲ呈スルニ至リ大都市計画ノ樹立ハ〔市区改正事業における〕未成工事ノ促進ト共ニ愈急ヲ要スルモノアリ(6)

一九二二年に刊行された『都市計画要鑑』は、都市計画法前夜における都市の状況を以上のように描写している。日本において都市問題が焦点化していくのは、重工業化が進む日露戦争後のことである。東京では、千住など東京市に隣接する郡部に立地する工場が発生する公害の、無秩序に外延化していく市街地に対して与える影響が、もはや看過し得ない状況となり、主として衛生問題から都市問題が浮上する。一九一〇年代の後半には、重工業化の趨勢がいっそう顕著になった。人口の都市への集中が進行し、東京においては都市地域の拡大とインフラストラクチャーの未整備、住宅不足、し尿処理などの衛生問題といったさまざまの都市問題が表面化した。それら諸問題への対応としての東京市と周辺郡部を包括する新たな都市計画の策定が、執行が遅延していた市区改正事業の促進とともに、専門家のあいだで喫緊の課題として認識されるようになったのである。

こうした背景の前で、一九一八年七月には内務省に都市計画調査委員会が設置、都市計画法および市街地建築物法の原案が審議検討され、一二月に決定される。翌年四月には両法が成立、公布され、一九二〇年一月一日に施行されている。ここにおいて従前の既存市街地の改良を目的とした東京市区改正条例にかわる制度が確立したのである(7)。都市計画法を根拠として単一の自治体の範囲を超える、周辺地域を含む一体的な都市地域を指定する都市計画区域が設定され、そのなかでの統一的な都市計画事業、具体的には道路、広場、河川、港湾、公園などいった施設(8)が計画され、それを用地を収用することによって実現することが目指される。このような都市計画を実際に審議決定する機関が都市計画委員会である。

都市計画法では都市計画行政の主務機関として国家レベルにおいて都市計画中央委員会を、地方レベルにおいては制定当初は六大都市圏に都市計画地方委員会を設置した（たとえば東京では都市計画東京地方委員会となる）。地方委員会は自治体から独立した機関として設置され、内務省の監督を受けることとされた。地方委員会は内務省の諮問に応じ、都市計画区域を建議するほか、都市計画、都市計画事業・毎年度執行する都市計画事業の決定を担った。また地方委員会には都市計画に関係する各省庁の調整機能が課せられていた(9)。

いいかえれば、都市計画地方委員会は、都市計画の策定をめぐる諸主体の利害対立を顕在化させ、またそれら利害を調整する場としての機能をもつのである。しかし、この場における議論は諸主体にとって必ずしも、対称性が担保されたかたちで展開していたわけではなかった。そのバランスを端的に表現するものはまず委員の構成ではないだろうか。

(2)　東京地方委員会における地域選出委員

勅令第四八三号「都市計画委員会官制(10)」に東京地方委員会の構成をみてみよう。委員会は内務次官を委員長とするほか市長、警視総監、東京府知事、関係各庁高等官一〇人以内、市会議員定数の六分の一以内（一九二〇年の時点では一二人）、府会議員三人以内、市長以外の市吏員二人以内、学識経験者一〇人以内の委員で構成される。政府が任命する学識経験者には各省技師を兼任する帝大教員なども多く含み、また議決権をもつ臨時委員にも各省技師数人が選任された。政府よりの委員と地域選出の委員が拮抗する構成であったことがわかる。東京市区改正委員会の時代には関係各庁からの高等官一五人、市会議員が一〇名以内、その他だったのだから(11)、地域からの委員は新制度のほうが多いようにもみえる。それでも地方委員会は、高等官一〇名以内、学識経験者一二名以内の中央委員会の下にあり、内務大臣の監督下において内務官僚である事務局員が作成した原案を審議するのだから政府が主導的な立場をとる(12)。実際、市会議員、市吏員は「無責任」、つまり自己の意見を充分に発言できていないとの批判を受けていた(13)。とくに市吏員は「相当に予備智識も持つてゐる筈であり調査材料を集める便宜もある筈であるから東京市だけの事に就ては市民の利害を考覈してソー〳〵内務省側ばかりの言ふ事に盲従せず堂々として自己の意思を吐露すべきであるのに内務省側で何処其処にこういふ道路を作るといへば唯々として之に従ひ恰も他所の話でも聞いて居るやうな態度……」[14]といったありさまだった。つまり、地域選出委員の発言力は相対的に小さかったのである。

次に、地域選出委員の発言から、地域の立場からの委員会に対する認識をみてみよう。

東京市会議員大庭重治は、委員会の席上積極的に発言している委員の一人である。大庭は一九二〇年三月二六日に開催の委員会に付議された「都市計画東京地方委員会議事規則」つまり、委員会の議事進行に関する規則についての議案を検討するなかで、以下のような趣旨の意見を述べた。①委員会の開催にあたっては議事の項目だけでなく具体的な議案を事前に送付すべきこと。②開会の時刻を午前でなく、午後四時とすべきこと、[15]である。①は、議事の項目だけでは議論をするための準備調査を事前に行うことが困難であり、その場で感想めいた意見しか行うことができず、結局は事務局の原案通りに押し切られてしまうことが多いということへの批判である。②は「民間ニ居ル者ハ……差シ繰ル事ノ至ツテ困難ナ時間[16]」だからであり、市会や府会と同様の時刻にすべきだというのである。

また、翌年一〇月一四日の委員会において市会議員の中尾勝也は議事録の配付を速やかに行うべきことを主張し[17]、同じく市会議員の若林成昭は常務委員会の席上で開会の日程について内務省でのみ調整が行われ、市、府に相談がないことを以下のように批判した。

府参事会ノ日ニアラザル時、参事会ノ日デナイヤウナ時或ハ市ニ於テ重要ナル学務委員会デモ開イテ居ル日デナイヤウナ日ト時トヲ御撰ヲ願ヒタイ……市カラ出テ居ル常務委員ガ三人居リマスガ、市ニ重大問題ガアツテ若シ三人ガ此ノ会ニ出席ガ出来ナイト……御役所方面ダケノ常務委員会ニナツテシマフ[18]

中尾は議事録を入手することで議事を再検討することを可能にし、若林は日程の調整により地域選出議員の出席を確保しようとした。これら地域選出委員の発言から読みとれるのは、政府側主導の委員会運営に対する批判である。

委員会はあくまでも政府内の関連部局を中心に運営され、都市住民の意思をより近い立場で代表するといえる地域選出委員が軽視されていた様子がうかがえる。詳細な議案の事前送付、議事録の速やかな配付、日程調整における民間事情の勘案といった要請は、地域選出委員が「調査した予備材料を持つて居る訳でなく提出された案に就いて批評を加ふる位より外致し方ない」[19]といった状況を転回させ、その発言力を高めようとする意思のあらわれだといえよう。

以上のような東京地方委員会の権力のバランスのありようは、都市のハード面を政策的に改変する技術としての都市計画を自らの強力な先導によって実行し、都市の諸問題を解決しようとする、政府の強い意志を表現している。しかし、同時期に国民新聞の記者である村高幹博も「〔市区改正の時代は〕自治といふことが広く徹底しない時分であつたから、万事が官僚式で、官民聯合の委員会を必要としたのも止むを得ぬとして、三十年後の今日……尚ほ官民聯合の委員会で議定しなければならぬと云ふは、些か時世の進歩に添はない憾みがある」[20]と官僚主導の委員会運営への批判を加えているように、その制度設計や運営のありようは、地域選出委員が委員会の正当性に対して異議を唱えるという事態を生み、またそこに都市計画と住民とのあいだに摩擦を起こす可能性をはらんでいた。これに対し住民はどのような反応を示したか。そして政治家たちはどのような立ち位置でどのように行動したか。この住民と政党・政治家たちの行動の過程が以下での主な検討課題となる。

(3)　都市計画設計案の成立過程

まず、都市計画法下の東京における都市計画設計案の決定の過程について概観しておこう。東京地方委員会は一九二〇年三月二二日に成立し[21]、二六日に最初の委員会が開かれ、前述のように議事規則などが議論されている[22]。最終的には一一月四日、内務大臣が東京地方委員会に「市及ビ近郊発達ノ趨勢ヲ大観シ新ナル交通系統ニ関スル計画樹立ノ要切ナルモノアリ」[23]、本来ならば都市計画地域が決定してから包括的な計画を策定するべきであるが、「最モ急ヲ要スル現下ノ交通ヲ整理スル上ニ於テ……緊急ナル」八六線、七万七九〇〇間〔約一四万一〇〇〇メートル〕が必要であるとして、これを東京地方委員会に付議している。

この付議が行われるまでには、会長より常務委員会にその内容が諮られ、七月二七日に第一回、二九日に第二回の常務委員会を開催、八月三日には市内の路線について実地踏査を行い、四日、六日に常務委員会を開催、原案を決定している。その後内務大臣が前述の通り地方委員会に付議、同日市部路線、郡部路線のふたつの特別委員会に付託することとなり、それぞれ一二月一〇日、三日に決議され、二〇日、本会を開催、議決し、翌日内務大臣に報告している（「東京都市計画街路改正ノ件」[24]）。地方委員会の決定は翌年一月一〇日の中央委員会での審議、その後の特別委員会における審議、実地踏査をへて五月一三日に認可されている。まさに一九二〇年の夏から年末にかけての時期は東京の具体的な都市計画の全貌が現れる過程であったのである。

(4) 都市計画設計に対する東京市の対応と槇町線問題の顕在化

それではこの間東京市はどのような対応をとっていたのだろうか。東京地方委員会の動向と平行し、東京市でも独自の街路計画案を検討していたようである。一九一九年一一月市参事会が「貨物運搬其他東京市発展上必要なものとして」「京橋区北槇町十番地より久安橋を経て同区亀島橋に至る路線」（後述「南線」案）を決定していた[25]。一九二〇年九月二日には、前月に決定された東京地方委員会常務委員会の計画案について、市参事会が市内実地視察と会議を行った。会議では後述する「東京駅東口路線」（いわゆる槇町線）を含む五つの路線については市原案通りとすることにして、その他の路線については東京地方委員会の決定通りに取り扱うことにし、「市長招待に係る市会選出都市計画委員との打合せを為す可く福井楼の宴会に臨[26]」んだ。七日には市会選出委員の打合会が行われた。ここでは参事会での決定を受けて、槇町線、東西掘留川開鑿工事ほかの八路線について、東京地方委員会においては「委員の付託」、つまり特別委員会を設置し議論するべきと決定した。[27] このように市は独自の街路計画案を決定し、地方委員会に臨むにあたり、市会選出委員との充分な調整を行っていることがわかる。内務省案と東京市案のあいだでは一部異なる意見が競合していたので、計画の決定には困難が予想され、執行予定地域の住民とのあいだに衝突を惹起する可能性もあったといえる。

そこで最も大きな問題となったのは、都市計画設計のなかで唯一幅員二八間（約五一メートル）等級「広路第一」の街路として決定された「日本橋区上槇町二十一番地ヨリ通四丁目及楓川新架橋ヲ経テ松屋町一丁目三番地地先東京市区改正設計第三等線ニ接続スル路線」[28]であった。この路線は現在の八重洲通りに相当し、新設予定の東京駅東口から当時の日本橋区と京橋区の境界に沿って南東方向へ亀島橋まで延びるように計画された路線である。東京駅東口という将来商業地として繁栄することが見込まれる重要な地域に計画された路線であった。[29] そのため二八間という大きな幅員が設定され、広範囲の住民に多大な影響を与えることは明白だったので、両区の住民は路線の位置をめぐって盛んに反対運動を繰り広げた。いわゆる槇町線問題である。

この槇町線の計画とそれに対する反対運動については、鈴木栄基が建築敷地造成土地区画整理（超過収用）[30]の適用問題に着目してその経緯をすでに明らかにしている。[31]

槇町線の計画においては以下の三路線が考案され、そのうち②の北線が計画決定された。[32]

①「南線」　当初市が提案した路線（日本橋区と京橋区との境界線上の街路と並行する京橋区側の街路を拡幅、京橋区北槇町～中橋和泉町～松屋町一丁目）

②「北線」　内務省が決定した路線（両区の境界線上の街路を日本橋区側に拡幅、日本橋区上槇町～下槇町～京橋区松屋町一丁目）

③「中線」　両区の境界線上街路を京橋区側に拡幅[33]

前述のように市案の「南線」が存在するにもかかわらず、一九二〇年八月の東京地方委員会常務委員会においては日本橋側を収用する「北線」案が決定された(34)。これを発端とし、日本橋区側が、その決定が政治的理由によるものであるとして反対運動を開始する。住民の反対運動は一〇月末から激化し、一一月にピークを迎え、一二月半ばまで続いた。事態の収拾が困難となるなか、後藤新平を会長とし、内務官僚の池田宏を中心に結成された都市専門家の団体である都市研究会（地方委員会委員も多数含まれる）は理事会を開催し、道路二〇間の両側の京橋側一三間、日本橋側四〇間を超過収用する案を発表する。

東京地方委員会はこれを参考にし、超過収用を採用するという希望条件をつけて、「北線」案を決定した。これはいわば、日本橋、京橋両区の双方に妥協を求める解決策の提示だったが、これに対してはかえって、双方の住民が共同して反対するなどの動向がみられた。しかし最終的にはこの案が東京地方委員会の決定となった。翌年の中央委員会の審議においては東京市が超過収用の採用に難色を示し、結局は超過収用は採用されることがなかった(35)。

鈴木は、計画線付近の土地利用、店舗の分布を詳細に検討して、住民の反応を明らかにしている。土地利用からは地割りの特性、そして借地、借家人が多く人口密度が高いという理由のために多くの立ち退き者が予想されたことで、超過収用が理解されにくかったことを指摘し、また、店舗分布からは「庶民の生活に密着した雑多な業種が軒をならべ」、「零細な経営でこの地域を存立の基盤とせざるを得」ず、同時に資産家名簿に名を連ねる有力者が存在し、彼らの先頭にたって地域選出政治家が「強引で多様な手段」を用いた運動が展開されたことを指摘している(36)。ここにあらわれているのは階層をこえた協力関係である。この関係の内実とはどのようなものだったのだろうか。鈴木においては槇町線の計画に超過収用という先進的都市計画技術を導入することができなかったことが議論の焦点となっている。そこでは、零細な経営者の営業基盤・生活基盤を守るために、店舗経営者が後ろに構え、地域選出政治家が先頭に立って運動が展開されたことが指摘されているが、反対運動の論理、運動のスタイルとはどのようなものか、運動に地域選出政治家はどのようにかかわったか、これらの問題は検討されない。しかし、それらこそが私が関心をもつ問題であり、本書の趣旨にそくしては住民を代表する主体としての政党・政治家が都市問題にいかに参与していたのかということが重要な論点となる。次節では槇町線問題をめぐる住民、政治家の反対運動の具体相を検討していく。

二　都市計画反対運動の諸相——槇町線問題の再検討を中心に——

(1)　運動の開始

ここでは新聞記事に住民運動の様相をみる。京橋区、日本橋区双方の運動のうち、とくに政治家との関係がみえやすい、日本橋区側の運動を中心に検討する。運動は東京地方委員会常務委員会で街路計画が審議されはじめてまもなく、八月下旬に現れる。

二四日には、六日の常務委員会で市案（「南線」）と異なる内務省案（「北線」）が「内密に決定せる処、何時しか外間に洩れ(37)」、日本橋区代表者として、「北線」案実施の場合に立ち退きを余儀なくされる横浜火災保険東京支店長遠藤元蔵ほか五名が宮内省を訪れ、都市計画地方委員の杉書記官に、槇町線について京橋区通過（「南線」）のほうが永久的建築物が少なく買収費が少額で済むなどの理由をあげて、「南線」をとるべきことを陳情している(38)。このほか内務省にも陳情が行われたといい(39)、その結果、一〇月下旬には「近来同〔東京地方委員会〕当《〔ママ〕》務委員会の形勢がぐらつき(40)」京橋区側の路線へと変更される模様と目された。ここでは津村順天堂や横浜火災保険といった二〇〇戸の立退き対象のうちの有力者が先頭に立っていると報道されている。

実際に一〇月二三日の常務委員会では、八月六日にいったん決定したはずの八一項の原案を内務省側が再び審議しようとする動きがみられ、「内務省側は「原案は未だ決して可決されたものでなし」との態度を持した為め市会議員等は快からず思ひ物議の後」、異議を唱え流会するという事態となった(41)。すでにみたように、八月六日の決定を受けて、市参事会および市会選出委員は槇町線を含む路線については市原案を推すことを申し合わせているのだから、ここで市会選出の委員が反対した理由が再審議そのものにあるとは思えない。原案すべてが未決定であるという内務省の主張の根拠のあいまいさが問題となったのかもしれない。

このような情況のなかで京橋区側は一〇月二五日、京橋会館において区民大会を開催し、区会議員らが演説を行い、「東京駅東口路線内改正問題に関しては八月六日都市計画東京地方委員会常務委員会に於て決定せる原案を正当なりと認む(42)」という決議を行った。その理由は以下のようなものであった。

一、上槇町より亀島橋に到る路線は内務省が過去の一ケ年間に亘りて詳細調査研究の結果提案せられたるものにして八月六日常務委員会は該案に付審議の上已に決定せし事項に属す然るに今日急遽第二回常務委員会を開催して右決議を覆し変更せんとするは其意を得ず

一、右決定原案は該路線の殆ど中央を横貫せる楓川以東は京橋区以西は日本橋区にして此両区の均等負担は最も公平なり仮りに京橋側を取る場合は全く京橋区のみの犠牲にして負担の権衡を失す(43)

この時点での日本橋側の主張は、前述八月の陳情の報道にみられる、①日本橋区側をとる案は東京駅の中心からずれる、②地価が京橋区側より四五割高く買収費用がかさむ、③建築がより宏壮である、④人口がより稠密である、⑤空き地が少ない、⑥収用によって生じる残地が狭小に過ぎ大道路に沿う雄大な建築が建設できない、といったものであった(44)。対する京橋区側はこうした日本橋区側の主張に一々反駁を試み、さらに「当局が日本橋と前大蔵次官が専務である日米信託の運動に依つて左右される非」を訴え、変更が「政治的」な運動であることを批判している(45)。

結局二七日に開催された常務委員会においても、内務省は沈黙を守り、常務委員会は槇町線を含む四路線を保留ま

たは削除とし、七七条を決定した。この日の内務省での会議には日本橋、京橋両区の陳情委員が押し寄せ、日本橋区選出代議士で都市計画委員でもあった近藤達児が会議の傍聴を要求し拒否されるということがあった[46]。

このような過程をみると、直接行動による運動は常務委員会の決定に動揺を与えたようにみえる。京橋区側は、京橋区側を収用する路線に決定すれば「内務省技師其他の瀆職問題さへ起さん[47]」と意気込み、一方で日本橋区側収用の案とすれば、「津村順天堂、横浜火災、峰岸家〔材木商〕等の猛烈な反対がある[48]」と目され、進退窮まった感があったが内務省では妥協案として両区側から一〇間ずつ収用し二四間道とするか、あるいはさらに周囲の土地を収用〔超過収用〕し、区画整理後に払下げる案が想定されていると報道された[49]。

しかし、結果として以上のような運動は功を奏さず、一一月六日の常務委員会では意外なほど円滑に内務省の原案が可決された[50]。「京橋日本橋両区共陳情其他の運動は何等目的を果たさず」、この決議は前述のように東京地方委員会総会に付議されることとなり、一敗地に塗れたかたちとなった日本橋区側はさらに激しい運動を展開した。

(2)　反対運動の具体相——日本橋魚河岸の青年、待合の女将連

一一月初旬の日本橋側の運動は槙町線問題のピークとなった。運動を構成したのは多様な性格をもつ主体群だった。まずは地域選出の区・市会議員、代議士、地付きの経営者たち、そして日本橋魚河岸の青年たち、檜物町を中心とする花街の女将たちだった。とくに後二者については新聞報道などで日本橋区側の運動の特色としてたびたび言及された。以下では主としてそれらの運動へのかかわりように着目しながら、その過程を追うことにしよう。

一一月八日正午には区内檜物町にある魚河岸料理店にて有志協議会が開催された。三〇〇余名が出席したといい、内務省原案通りに決定した常務委員に対して痛烈な批判が浴びせられた。市会選出の常務委員三名はいずれも京橋、日本橋両区以外の議員であった。席上では常務委員会での決定に対する反対決議が行われ、一〇日に同所にて区民大

会を開催、演説会を催し、また同時に区会を開催することが決定された。ここで、そうしたイベントの開催の様子だけでなく、「魚河岸青年の応援もある模様にて区会を開き大いに気勢を揚ぐる予定なりと」[51]と、「魚河岸青年」の運動への参加が記事中に特筆されている。日本橋魚河岸の勢力が運動に深く関与し、また、槇町線計画に反対する区民からの期待を受けていた。日本橋魚河岸が槇町線の計画に直接の影響を受けるわけではないにもかかわらず、積極的に運動に参加したのは、日本橋魚河岸が市区改正設計に盛り込まれた魚鳥市場移転計画によって三〇年以上にわたって移転問題にさらされていたという歴史によるところが大きいだろう。魚河岸内部においては市場での営業権である板船権を所有するなど現在地で営業を続けることが有利な勢力と、移転を行うことで旧来営業上力を持っていた問屋の特権性を排除しようとする新しい世代の勢力が対立していた。[52]槇町線問題において日本橋区側の運動を主導した近藤を一九一七年の総選挙で擁立（後述）したのもこの魚河岸移転派であった。[53]

開催が予告されていた区民大会では、午後一時の定刻までに満場となるなかで演説が行われ、参加者から区民大会実行委員らの運動の手ぬるさを非難する声さえ出るなど白熱の様相を呈した。[54]ここで演説を行ったのが、志村（某）、谷口（某）、西沢善七や元区選出代議士である高木益太郎など地域選出の政治家たちだった。そして改めて常務委員会決定に対する反対決議を行い、再調査要求のため委員が選出され、常務委員および内務当局に対する陳情の運動にあたらせることにした。その委員の構成は区会より西沢、石井彦治その他一三名、区民大会より近藤、高木ほか二〇名であったことからも明らかなように、区市会議員と区選出代議士、あるいはその経験者といった地域選出政治家がその中心となっていた。

なお、上記魚河岸料理店での区民大会と同日、午前一〇時に臨時区会が開催され、区会議員が集合し、実行委員一三名を選出し、区民大会へと臨んでいる。[55]また区民大会と同じ会場で、日本橋区の「公共団体」のひとつであり、槇町線計画にもっとも関係の深い、第六之部会も開催されている。[56]

このような魚河岸の勢力の運動への参加以外には、待合の女将たちの存在がしばしば報道されたことが注目される。槇町線計画の予定地域には日本橋区のなかでもとくに大きな花街が存在した。一九二二年の数字ではいわゆる三業の経営のうち、日本橋には料理屋八、待合五一、芸妓屋一四九が所在していた(57)。日本橋芸者組合の事務員、姫藤家、日本橋料理店とよ田の主人らが語るところによれば芸妓屋は日本橋区全体の三分の一強にあたる六〇軒、待合・料理店は五〇軒中、二〇軒が計画の執行によって立ち退きを余儀なくされる運命にあったという(58)。ただでさえ日本橋区は土地が狭く多くの芸妓が他地域の芸妓屋に所属するという実態があった(59)。計画による面積の減少がそうした状況の悪化を進め、また計画の網から免れた芸妓屋にしても地代の高騰により結局立ち退かざるをえない状況に陥るだろうというのが彼女らの観測だった。まさに槇町線計画の帰趨は今後の営業の成否を決定する「死活問題」として捉えられていたのである。さきの魚河岸の勢力と比較し、より明確な理由が存在していたといえる。

以上のように槇町線問題における日本橋区側の運動については、地主、一般商工業者だけでなく、魚河岸、花街など多様な性格をもつ主体が運動を構成していたことを確認できる。ここでは地主の利害、経営者の利害、また魚河岸のような直接の利害が小さい主体が別個に存在するのではなく、槇町線問題という単一の問題をめぐって同盟を形成していることがわかる。そのような多様な主体を演説会、区民大会といった形式を通じてひとつの抵抗運動へと総合する役割を担ったのが、地域選出の政治家たちだった。さきに言及した魚河岸移転問題において移転、非移転で対立した高木益太郎、近藤達児も槇町線問題においては共同歩調をとり、日本橋区内を通る路線案に対しては一致して反対を行ったのだった。

(3)　運動の最終局面

一一月一五日の東京都市計画地方委員会総会は反対運動の焦点となった。一五日までの数日は、決定を覆そうとする日本橋区側、その運動の効果を低減させようとする京橋区側、双方の運動が激化した期間だった。一二日、一五日の東京地方委員会の本会議にむけて、小橋内務次官は六日に決定した計画案をはじめて関係各省庁、都市計画委員に通告し発表した。小橋は「都市計画は其路線に当る住民に必ず迷惑の掛るもので甚だ気の毒であるが夫を顧慮してゐては百年の大計を完了することが出来ぬ且又同計画は市民全体の利益となる事であるから多少の犠牲は必然我慢すべきであらう」と、将来のための計画、市民全体のための計画であることを強調し、その正当性を主張した。(60)

一五日の東京地方委員会総会にあわせ、双方は大々的な運動を展開した。日本橋区側は一一日夜、市会会派である市友会所属の議員が打合せ、市会選出委員と膝詰め談判を行い、総会では特別委員附託とするように要請した。(61) また一三日には秋山朗、近藤、津村の市友会所属議員を先頭に三〇〇人以上が五〇台の自動車に分乗し、府市庁に向かうという「示威行動」を行い、知事、助役に陳情を行った。(62) 一四日には、日本橋区内各「公共団体」が「午前九時より十台の自動車四五名の委員が分乗して三十万枚の宣伝ビラを積み各所に分派撒い(63)」た。そのビラは「市民に訴ふ」と題されていた。また午後五時からは魚河岸料理店に大演説会を開催、五〇名の弁士が演説を行い、三〇〇名の区民が参集したという。ここでは、槇町線問題について「地方委員の人達が只自動車で視察した位の事で実地研究の不充分の人達もあるから此際是非此問題だけの特別委員を挙げて慎重な調査をして欲しい」と、特別委員の設置を求める決議を行い、翌日総会に、「希望」として提出することにした。(64) 区内各戸には、反対運動の委員が調印を求めに訪れ、区内の結束を固めようとした。このような運動のための費用は「表通り一間十円宛の寄附に依る」もので総額六五〇〇円に上ったといい、区ぐるみの運動が展開されていたことがわかる。(65)

総会開催の当日、市会選出委員は市会にて協議会を開催し、常務委員を除く委員が特別委員会附託を申し合わせた。すでに自説有利とみていた京橋区側は永井助役および府知事に陳情を行った。日本橋区側でも区会議員ほか二〇余名が陳情を行ったほか、内務省前に数万枚のビラを撒布し、実行委員を先頭に一五〇名余りが胸に白菊の徽章をつけ、近藤らが設立した団体「日本橋懇話会」の名と「日本橋東口取払反対」のスローガンを大書した幟を立て、「公開せよロンドン、パリスは秘密にしない」と委員会の公開を叫んだ(66)。午後一時からの総会では、九月六日に決定され、一一日に発表された常務委員会の審議決定が提出され、審議が行われた。「共済墓地及び火葬場」、「上下水道改良」の案件はすぐに可決決定されたが、槇町線を含む「街路線」の審議では議場に緊張が走った。内務省側はここでも沈黙を守り、市会選出の大庭委員が槇町線を含む九線の特別委員会附託を提案したが、郡部委員からの提案があり、結局は八六線が市部、郡部それぞれ特別委員会付託となって未決定となった(67)。わずか二時間で総会は閉会し、この結果に会場付近の日本橋側の運動参加者たちは万歳の凱歌をあげてひきあげた(68)。

このように、一一月中旬の東京地方委員会総会前後の運動は激しいものとなった。区民からの運動費の徴収、幟、徽章などの象徴的な装置を使用した直接行動が展開された。その結果として、日本橋側が求めた特別委員会への附託が実現したが、これは結局、問題の先送りでしかなかった。以下では、この後の運動の過程を簡単に述べておく。

槇町線は一二月五日に特別委員による実地視察(69)をへて、九日の市部特別委員会で審議された。槇町線を含め数線の修正が必要な路線、住民の反対により議論を重ねる必要がある路線については一一日の同会で決定することになった(70)。一一日、近藤はじめ日本橋区側委員、京橋区側委員など三〇〇名あまりが省内で示威行動を行うなか開催された同会において、はたして槇町線は原案通り可決された。ただし、そこでは計画路線付近の地帯収用を行うという条件が附加されていた。これは沿道の土地を収用し区画整理を行うことによって東京の中心に位置する街路にふさわしい高層建築を整備するためとされたが、多分に喧嘩両成敗的な意味を含むものであった(71)。また、買収額が当然増加するので都市計画事業の執行者である市にとっても大きな問題となった。だから、「当局は『……家屋の取毀しといひ地帯の収用といひ随分費用もいるが、事業執行者たる東京市に此事業を断行し得るかどうか、それは都市計画委員等の範囲ではなく一に東京市長の腕にあるのだ』と語つた、当局がかう考へてゐるのを見ると貧乏な者が永年の特権を奪はれて、事業執行者の迷惑などは顧みないのが都市計画だと皮肉られることにもなる」[72]といった批判が生まれることにもなった。都市計画事業の執行者は市であったので、財源を考慮しているように思われない内務省の態度に対して批判が加えられたのである。ここにおいて日本橋、京橋両区が提携した運動が現れた[73]が、二〇日の東京地方委員会総会においては原案通り決定される。席上、近藤は延期説を提唱したが、賛成する者は一人もなかった[74]。

以上のような過程を経て、槇町線を含む都市計画設計案が東京地方委員会で決定された。この決定はのちに中央委員会にかけられたが、内務大臣は結局認可することがなかった。東京市が難色を示したためである[75]。

三　地域選出政治家としての近藤達児——反対運動における政治家のふるまい——

(1)　近藤達児の性格

最後に、都市計画事業に対する反対運動を構成した諸主体のうち政治家に注目しよう。槇町線問題においても住民運動は地域選出代議士などの政治家を動員する。彼ら地域選出政治家たちは、どのように住民の運動に参与したのだろうか。ここではすでにみた槇町線問題に関する日本橋区側の反対運動において、地域選出の代議士としてたびたび名前が挙がり、明らかに日本橋区側の運動の中心となった近藤達児に着目したい。まず、その政治家としての歩み、一九二〇年当時における政治的立場を明らかにしたうえで、彼の運動への参与のありようを検討する。

近藤は一八七五年一〇月九日、福島県に生まれた。二本松藩の医家の二男であった。上京し、京華中学、第四高等学校を経て、帝国大学法科大学独法科を一九〇九年に卒業し、弁護士を開業した[76]。近藤は早くから政界を志していたようである。一九一三年より日本橋区から区会議員に、翌年より市会議員にいずれも三級選挙で選出されている[77]。一九一七年の第一二回衆議院議員総選挙で福島県の選挙区に立憲国民党から出馬、当選を果たしている。そして、一九二〇年五月の総選挙では日本橋区から出馬し当選している(78)。

大正政変期には憲政擁護運動に国民党院外団の一員として参加し、諸集会で演説を行い、九一三年に憲政擁護運動諸団体によって結成された憲政擁護連合会の打合会には院外団の代表として参加している(79)。また、代議士当選後は、一九二二年の営業税反対運動において国民党の一員として営業税の撤廃を含む「税制整理の件」の決議案の提出者に名を連ね、提案理由の説明では、軍縮・行政整理によって捻出した余裕によって税制整理を行い国民負担の均衡と軽減を図ることを主張している(80)。憲政擁護、閥族打破を唱え、営業税反対運動では外形標準課税により小商工業者を苦しめていた税制の改革を目指す国民党所属の政治家だったのである。

一九一七年の衆議院議員初当選時の近藤評をみれば、「国民党所属の新代議士の中では水際立つてハイカラな然も好男子(81)」であり、日本橋区在住の弁護士としては「大抵実業家連と親密な関係を維持して行けば、裁判所に通はなくても堂々の門戸を張り得る」といわれるなかで「迚も斯る芸当が出来ない人であ」り収入が少ないなどとされている(82)。

以上のような政治活動、人物評と三級選挙で区会、市会議員に当選しているという事実を考えれば、近藤は富裕な実業家の多い日本橋区にあって、むしろそのような階層からではなく、より下位の、おそらくは小商工業者などからの支持を受けて選出された政治家だったといえよう。

このような支持層をもつ近藤は、槇町線問題が表面化する直前の一九二〇年五月の衆議院議員総選挙において高木益太郎と対決している。高木は従来近藤と同じく国民党所属であり一九〇八年以来、東京で議席を占めていた。一九一七年の総選挙のさいには東京から出馬予定であった近藤が、高木との調整の結果、郷里の福島に鞍替えしたという経緯があった(83)。しかし、一九二〇年の総選挙の直前に高木はいったん党の公認を受けながら国民党を脱党したので(84)、不出馬の予定であった近藤が急遽日本橋区から国民党候補として立候補することになったのである(85)。このような経緯から新聞では、一九二〇年の総選挙における日本橋区の選挙区は、「変節漢」高木と「意気で立つ」近藤の戦いという構図で報道され、[86]東京を代表する激戦区と目された。

近藤の支持状況について、国民党本部はもちろんのこと「日本橋区内の有力者も極力同氏を応援すべし」[87]とも報道されていたが、彼自身は「高木君が脱党したのは区の富豪連の援助を得やうが為めで、私が起つたのは政治上の徳義……を明かにしたい為」と主張し、区会議員の八、九割を占めるともいわれた、実業家主体の公民団体、公民会[88]からの支持を受ける高木との差別化をはかり、あくまでも富裕層からの支持を期待するものではないとした。そして、この選挙が、魚河岸関係者に代表されるような「江戸子の任侠」の「試金石」であると論じ、より経済的に下層の、たとえば日本橋の魚市場関係者たちのような階層からの支持を期待したのである。[89]

はたして投票日には、一九一九年の法改正によって投票権を獲得した「新有権者の多くは脱党した高木氏よりも近藤氏に投じた者が多」[90]かったといい、近藤は三七〇二票を獲得し、二八一九票を獲得するにとどまった高木に八〇〇票余りの大差をつけて勝利した。[91]この結果について近藤は「長く因襲政治と富豪政治との空気に満されていた日本橋の区民が政治並に選挙権に対して充分なる理解を持った証拠」[92]であるとし、また、議会に臨む抱負として、「戦後の思想問題殊に労働問題」を重要課題として挙げ、「国家政治を基礎とし」ている従来の政党の姿勢を改善し「国民」のための政治を行う必要があると主張した。[93]

一方敗れた高木は、近藤には日清紡績社長の宮島清次郎社長からの支援があった、と経済的に低位の階層の人々からの支持を強調していた近藤にもまた富裕層の支持があったことを指摘し、親族による戸別訪問の効果が高かったことを指摘しながらも、やはり、なによりも高木の支持層であるという「知識階級に比して遥に多い」「例の三円の選挙に不慣れな有権者諸君が電信柱の張紙を見て夢中に投票して了つて居る」[94]と、その投票行動が流動的なものであったことを批判しつつ、その新有権者の票が近藤の当選に寄与していると分析した。このように近藤の支持層が新たに選挙権を得た、「江戸子の任侠」をもつような人びと、おそらくは都市に住む小規模商工業経営者のような旧中間層であるという認識では両者は共通していたのである。

以上のように近藤は市会選挙においても、衆議院議員選挙においても、比較的経済的に下位に位置する有権者からの支持を得て当選した政治家であり、またそのように認識されていた。槇町線問題をめぐって運動した京橋区側の関直彦、日本橋区側の高木益太郎、そして本章では詳述しなかったが同時期に渋谷町など郡部の道路拡張計画において反対運動の先頭に立った高木正年(95)など都市計画の反対運動に参与した政治家には国民党所属の者が多い。いずれも日露戦後の民衆運動に参与し、反藩閥・反政友会を標榜する「国民主義的対外硬派」に連なる政治家たちであった。このことは震災後の反対運動についての先行研究におけるイメージとはかなり異なる。

(2) 槇町線問題における近藤のふるまい――区選出の議員として、政党政治家として

次に、近藤の槇町線問題をめぐる運動におけるふるまいについてみることにしたい。すでにみたように近藤は日本橋区側の、区ぐるみの反対運動において積極的に活動した。常務委員会の傍聴を要求する、陳情の実行委員となる、自動車に乗ってビラを撒布する、といった直接行動の先頭に常に存在していた。そして、京橋区、日本橋区のあいだの運動の応酬においてはおなじ国民党所属の関直彦と争い、また日本橋区においては直前の総選挙で戦った高木益太郎と共闘するなど、そこでは、地域利害を優先させて運動にかかわっていることがわかる。

その一方で、近藤は、一九二〇年一〇月一二日には「自治の刷新、実業の発展、社会民衆の福利増進を目的と(96)」する日本橋懇話会の結成を主導している。発会式には犬養毅を招き、三〇〇余名が出席した。席上では「東京市会に提出せられたる増税案に反対す」、「都市計画委員に於て、決定せられたる日本橋、京橋両区間の道路拡張原案に反対す」という決議が行われている(97)。日本橋懇話会という一見中立的な名称、そして増税案や懸案の槇町線問題という日

本橋区住民の公共性にかかわる問題を主としてとりあげている運動であることを標榜してはいるものの、国民党所属の近藤が主導し、そして創立総会には党首である犬養を招くなど、国民党色が非常に濃厚に現れたイベントだった。

日本橋懇話会は一二月三日に、同会主催の区民大会を両国公園で開催している。(98) ここでは「市政廓清弾劾」がテーマとなったが、この集会には四〇〇〇人余りが集まった。関、近藤らが演説を行い、魚河岸代表の梨木作市も演説を行い、決議が行われた。その決議とは市政の紊乱と疑獄、それを招いた市会の責任を追及し、市政選挙法の改正、「醜団の掃滅」をもくろむものであった。つまり市会批判、政党批判によって、国民党はこの時期の日本橋区に勢力を伸張しようとしたのである。このような動きは、櫻井良樹が明らかにしているように、(99) この時期が地域政治に対して政党勢力が浸透しようとしはじめた時期であることを考えれば、その具体的な事象として捉えることもできよう。一九二〇年の総選挙ではすでにみたように、地域の有力な公民団体である公民会に頼る高木が敗れ、公民会の足並みの乱れが指摘されるなか、「政党嫌ひな実業家が多い」日本橋区において近藤が国民党系の団体の組織を計画していることが報道されていた。(100) 近藤は槇町線問題という、諸主体の性格とその利害を超えて一致することができる問題への参与を通し、日本橋懇話会の正当性を獲得しようとした。実際すでにみたように、近藤は、示威行動において「日本橋懇話会」の名称を大書した幟を高々と掲げていたのである。これは区選出政治家として槇町線問題に影響力を発揮できる状況を利用し、当選時よりのもくろみであった国民党系組織の結成を企図したものでなかったか。(101)

このように、地域選出政治家、政党政治家というふたつの性格をもつ近藤は地域の論理でその利害を代弁しながら行動しつつ、同時に中央政党の地域への浸透のために動いていたと考えられるのである。

おわりに

以上のように、一九二〇年前後の都市計画事業とそれに対する都市住民の反対運動、そこへの政党・政治家の参与のありかたについて検討を重ねてきた。

槇町線問題をめぐる反対運動には多様な性格、利害をもつ諸主体が参加した。それぞれの利害は交差することなく並列するものではなく、計画路線上の土地において複雑に連関していた。それゆえにそれらの主体は同盟ともいうべき状態を形成していた。そして地域選出政治家がその同盟を束ねる核となっていた。また、その反対の根底にはたんに経済的利害だけでなく、地元意識[102]や当局の説明不足に対する反感など多様な原因が含まれていることが示唆されているように思われる。ここには従来の研究で指摘されてきたような地主や政友会系政治勢力による抵抗、そして住民の抵抗といった異なる性格の経済的利害にもとづく反対が並列していたというような像では解釈できない状況がある。槇町線問題においては反対運動を束ねた政治家たちは主として国民党系であり、むしろ反藩閥・反政友を掲げ、都市部において従来政治から疎外されていた民衆を基盤とする者たちだった。

運動は区民大会、演説会、ビラの撒布、幟や白色の花のようなそろいの象徴をともなった陳情といった示威的な直接行動として具体化された。なぜ住民たちはこのような直接行動によって反対を表明しなければならなかったか。それは制度上、地域住民が有効に意思を表明することができなかったことに由来する。都市計画委員の構成と運営は地域選出委員の発言力を小さくした。とりわけ槇町線問題においては原案決定に大きな力をもつ常務委員に日本橋、京橋両区からの委員がいなかったこともあり、その傾向を強めたように思われる。このように制度の特性によって決定の正当性に疑義をはさむ余地のある状況において、都市計画委員の近藤でさえ直接行動に訴えたのである。

運動の先頭に立った地域選出政治家は基本的に地域利害にもとづいて行動したが、その一方で近藤の行動をみても明らかなように、そこでは同時に中央政党による組織化を進めようとするようにみえる動きもあったのである。

都市計画委員会の制度、運営方法とそれに対する委員、住民の反応をみれば、都市計画事業に対する住民の反対運動の根底には、計画策定にさいして充分に同意の調達を行おうとしない官僚に対する不信感が存在していたとはいえないか。いいかえれば槇町線問題は、計画者、執行者による同意調達の施策が不充分であった、あるいは有効に機能しなかった事例であるといえるのではないか。その意味では槇町線問題をめぐる反対運動は日露戦後にめばえ、普選運動に連なっていく民衆運動の流れの一環としての都市住民の意識を表現したものと考えることもできよう。このような経験が政府・官僚、政党・政治家、住民それぞれにどのように影響を与え、震災後の「帝都復興」期の都市計画事業に作用していったかということを考えることは、今後の課題となろう。

註

（1）代表的な研究として、越沢明『東京の都市計画』（岩波書店、一九九一年）など。
（2）柴田徳衛『現代都市論〔第二版〕』（東京大学出版会、一九七六年）や成田龍一「『帝都』復興をめぐる都市論の興起と変質」（東京歴史科学研究会編『転換期の歴史学』合同出版、一九七九年）など。
（3）升味準之輔『日本政党史論　第四巻』（東京大学出版会、一九六八年）。
（4）前掲、越沢『東京の都市計画』三一頁。
（5）同右、五〇頁。
（6）内務省官房都市計画課『都市計画要鑑』（内務大臣官房都市計画課、一九二二年）三頁。
（7）石田頼房『日本近現代都市計画の展開』（自治体研究社、二〇〇四年）八一〜八八頁。
（8）渡辺俊一『「都市計画」の誕生』（柏書房、一九九三年）一四五頁。

(9) 中邨章『東京市政と都市計画』(敬文堂、一九九三年)一八五〜二〇〇頁。以下、都市計画地方委員会については同書を参照。
(10) JACAR(アジア歴史資料センター)Ref. A03021222300、御署名原本・大正八年・勅令第四百八十三号・都市計画委員官制制定都市計画調査会官制廃止(国立公文書館)。
(11) JACAR(アジア歴史資料センター)Ref. A03021142700、御署名原本・大正七年・勅令第百八十二号・東京市区改正委員会組織権限規程制定明治二十九年勅令第二百七十九号(同件)廃止(国立公文書館)。
(12) 前掲、石田『日本近現代都市計画の展開』八頁。
(13) 「市の問題　無責任な委員　何時でも盲従　旅費日当の奪合ひ」『都新聞』一九二〇年一〇月二五日、二面、山口勝太郎の談話による。
(14) 同右。
(15) 『都市計画東京地方委員会議事録』第一号、一九二〇年、五頁。
(16) 同右、一三頁。
(17) 『都市計画東京地方委員会議事速記録』第五号、一九二一年、九頁。
(18) 同右、一〇頁。
(19) 前掲「市の問題　無責任な委員　何時でも盲従　旅費日当の奪合ひ」。ただしこの記事自体は市吏員から選出された委員の内務省に対する従属ぶりを批判したものである。
(20) 村高幹博『東京市の改造』(民友社、一九二二年)六〇頁。
(21) 前掲、内務省官房都市計画課『都市計画要鑑』一三頁。
(22) 前掲『都市計画東京地方委員会議事録』第一号、一九二〇年。
(23) 前掲、内務省官房都市計画課『都市計画要鑑』四七頁。
(24) 同右、六五〜六六頁。
(25) 槇町線問題に関する報道において『東京日日新聞』(一九二〇年一〇月二六日、七面)ほか各紙で言及している。ただし、本章では東京市の計画案についての詳細を確認することはできなかった。

(26)「都市計画路線　市原案希望」『東京朝日新聞』一九二〇年九月二日、三面。
(27)「都市委員打合」『東京日日新聞』一九二〇年九月八日、三面。
(28)前掲、内務省官房都市計画課「第二編　東京都市計画」四八頁。
(29)鈴木栄基「槇町線計画と「建築敷地造成土地区画整理」」(東京都立大学都市研究センター編『東京　成長と計画一八六八―一九八八』東京都立大学都市研究センター、一九八八年)七七頁。
(30)超過収用とは道路建設に直接必要な用地を収用するだけでなく周辺の土地も広く収用し、土地区画整理を行って街区を整備し、従前の地権者に優先的に売却すると同時に、整備によって上昇した価格と従前の価格の差額を利用し都市計画事業の財源とする方法であり、都市計画法で導入された新しい都市計画技術だった。
(31)前掲、鈴木「槇町線計画と「建築敷地造成土地区画整理」」、鈴木栄基「戦前における「建築敷地造成土地区画整理」の実態とその考察」(『都市計画』一五一、一九八八年三月)。鈴木栄基「槇町線計画における建築敷地造成土地区画整理の適用に関する考察」(『日本建築学会計画系論文集』四四九、一九九三年七月)。
(32)前掲、鈴木「槇町線計画と「建築敷地造成土地区画整理」」七八頁。
(33)この「北線」、「南線」、「中線」は、鈴木の用語である。
(34)この決定については、『東京日日新聞』(一九二〇年一〇月二六日、七面)が、市参事会が経済上の見地から決定した「北槇町十番地から久安橋を経て亀島橋に至る路線」を決定していたが、八月六日の都市計画常務委員会において「東京駅の中心を離れ且迂曲するもので放射道路として理想的でない」ことを理由として鈴木のいう「北線」を立案した、としている。
(35)以上、前掲、鈴木「槇町線計画と「建築敷地造成土地区画整理」」による。東京市が超過収用導入に難色を示した経緯については、鈴木氏の論考を参照されたい。
(36)同右、八四頁。
(37)「日本橋と京橋が大道路の敷地争ひ」『読売新聞』一九二〇年八月二五日、五面。
(38)同右。
(39)「日本橋区に挑戦して　京橋の区民大会」『読売新聞』一九二〇年一〇月二六日、五面。
(40)「京橋と日本橋が道路問題の争ひ」『東京日日新聞』一九二〇年一〇月二六日、七面。

(41)「槙町線問題は原案の侭で保留」『東京日日新聞』一九二〇年一〇月二八日、七面。
(42)前掲「京橋と日本橋が道路問題の争ひ」。
(43)同右。
(44)同右。
(45)同右。
(46)前掲「槙町線問題は原案の侭で保留」。
(47)「東京駅裏口問題　けふ最後の戦」『東京日日新聞』一九二〇年一一月六日、一一面。
(48)同右。
(49)同右。
(50)「卓の囲の四十七人が　手早に決めた道路案」『東京日日新聞』一九二〇年一一月七日、七面。
(51)「東京駅裏口道路問題で　日本橋激昂して区民大会」『都新聞』一九二〇年一一月九日、七面。
(52)魚河岸百年編纂委員会編『魚河岸百年』(日刊食料新聞社、一九六八年)二九六頁。
(53)同右。
(54)「日本橋区民血眼で反対の決議」『東京日日新聞』一九二〇年一一月一一日、七面。
(55)日本橋区では区議選の選挙区ごとに第一之部から第七之部に別れ、五之部、六之部、七之部では一九一四年までには部内町会をまとめる連合町会としての部会が存在していた(東京市日本橋区役所編纂『日本橋区史』東京市日本橋区役所、一九三七年、一七六頁)。うち六之部は槙町線が計画された区境に接する地域だった。
(56)「白熱せる日本橋の反対運動」『都新聞』一九二〇年一一月一一日、七面。
(57)加藤政洋『花街』(朝日新聞社、二〇〇五年)五九頁、表五による。
(58)前掲「白熱せる日本橋の反対運動」。
(59)「芸妓営業取締規則」により芸妓は芸妓屋内に居住する必要があったためと思われる。
(60)「都市計画が漸く発表された」『東京日日新聞』一九二〇年一一月一二日、一一面。
(61)「日本橋側は――血眼で狂奔す」『東京日日新聞』一九二〇年一一月一四日、七面。

(62) 同右。
(63) 「槇町線最後の運命はけふ決す」『東京日日新聞』一九二〇年一一月一五日、七面。
(64) 「日本橋側最後の区民大会」『都新聞』一九二〇年一一月一五日、七面。
(65) 前掲「槇町線最後の運命はけふ決す」。
(66) 「待合の女将も交つて　日本橋側の運動」『東京日日新聞』一九二〇年一一月一六日、七面。
(67) 「槇町線委員附託となり　日本橋側蘇生す」『東京日日新聞』一九二〇年一一月一六日、七面。
(68) 同右。
(69) 「問題の槇町線は　来月の委員会で確定せん」『都新聞』一九二〇年一二月五日、七面。
(70) 「都市計画市部特別委員会」『万朝報』一九二〇年一二月一〇日、二面。
(71) 「漸く決定された大東京計画」『万朝報』一九二〇年一二月二一日、七面。市会選出の若林成昭委員がそのような見方をしている。
(72) 「槇町線の決定によつて　結局金持ちの利益」『万朝報』一九二〇年一二月一五日、三面。
(73) 「槇町線その他の陳情者又も押し蒐く」『万朝報』一九二〇年一二月二一日、二面。
(74) 前掲「漸く決定された大東京計画」。
(75) 前掲、鈴木「槇町線計画と「建築敷地造成土地区画整理」」八一頁。
(76) 以上、五十嵐栄吉『大正人名辞典』東洋新報社、一九一四年、一五三五頁（『大正人名辞典　下』日本図書センター、一九八七年所収）。
(77) 衆議院議員初当選以前にも日本橋区会、東京市会の議員に選出されている（「新代議士の面影　近藤達児君」『読売新聞』一九一七年五月七日、二面）。市会議員としては一九一四年日本橋三級で当選しそれ以降議員をつとめている（『東京市会史』）。区会議員としては一九一三（大正二）年一一月の全員改選選挙、一九一七年一一月の全員改選選挙にいずれも三級選挙で当選し、一九二〇年一一月までの任期を全うしていること（東京市日本橋区役所編纂『新修日本橋区史　下巻』東京市日本橋区役所、一九三七年）がわかる。
(78) 前掲「新代議士の面影　近藤達児君」。

(79) 憲政擁護運動における近藤の活動については、宮地正人『日露戦後政治史の研究』（東京大学出版会、一九七三年）二九六～三〇四頁。
(80) 江口圭一『都市小ブルジョア運動史の研究』（未来社、一九七六年）二五四、二六六頁。
(81) 前掲「新代議士の面影　近藤達児君」。
(82) 同右。
(83) 「近藤氏を擁立　国党高木氏に対抗」『読売新聞』一九二〇年四月一四日、二面。
(84) 「一部有力者の圧迫云々に藉口し」（前掲「近藤氏を擁立　国党高木氏に対抗」）と報道されている。『都新聞』（一九二〇年九月六日、二面）によれば、高木が所属する公民団体である公民会幹部の指示であるという。
(85) 前掲「近藤氏を擁立　国党高木氏に対抗」。
(86) 「意気と張とで近藤達児君　高木君の向に立つ」『読売新聞』一九二〇年四月一七日、五面。
(87) 前掲「近藤氏を擁立　国党高木氏に対抗」。
(88) 「日本橋　粒揃ひの区会　区長中の果報者」『都新聞』一九二〇年九月五日、二面。
(89) 前掲「意気と張とで近藤達児君　高木君の向に立つ」。
(90) 「魚がしを二分する近藤対高木」『読売新聞』一九二〇年五月一一日、五面。
(91) 「敵は高木氏　痛快に近藤氏勝つ」『読売新聞』一九二〇年五月一二日、五面。
(92) 「日本橋区民が政治理解」『読売新聞』一九二〇年五月一二日、五面。
(93) 同右。
(94) 「政治に使ふ頭で後進者を導くと」『読売新聞』一九二〇年五月一二日、五面。
(95) 「高木代議士を先達に　二百余名府庁に嘆願」『都新聞』一九二〇年九月二一日、七面。
(96) 「日本橋懇話会」『万朝報』一九二〇年一〇月一二日、二面。
(97) 同右。
(98) 「日本橋区民大会」『都新聞』一九二〇年一二月三日、二面。
(99) 櫻井良樹『帝都東京の近代政治史――市政運営と地域政治』（日本経済評論社、二〇〇三年）九八～九九頁。

(100) 「日本橋　大きな公民会　活動する小団体」『都新聞』一九二〇年九月六日、二面。

(101) 同右。区会議員の九割方を会員に持つ公民会その他団体の間で近藤が「戦勝の勢ひを以て新に国民党系の団体を作らうとして居る」としている。

(102) 「金にも命にも代へ難い祖先伝来の土地」『読売新聞』一九二〇年一二月二〇日、五面。

本書刊行の経緯

荒船　俊太郎

本書刊行の経緯を簡単に述べておきたい。今から五年前、二〇〇四年度は安在邦夫先生の在外研究期間にあたり、一年間のイギリス滞在が決定していた。その直前の三月一七日夕刻、先生は早稲田大学戸山キャンパス前のカフェレストランに博士後期課程在学中の演習生を集め、夕食をともにしながら、帰国後の演習運営について相談された。これが本書へ向けた第一歩であった。

先生より「これまでは、原文書の解読と新事実の発見に重点を置き、未公刊史料の解読に努めてきた。帰国後二〇〇五年度からの演習は、参加者一人ひとりの研究領域・問題関心を損なうことなく、皆でまとまった研究をすることはできまいか。演習を〈共同研究〉の場とすることは難しいだろうか」とのご提案があった。先生は、二〇〇九年度末に早稲田大学を定年退職される。その前に、一冊の研究論集を刊行したいと熱望されたのである。

その場はもちろん、その後も関係者で協議が続けられた。しかし、肝心のテーマがなかなか決まらない。参加者の研究領域や関心は、幕末から戦後まで長期間にわたり、日本近現代史研究全てと言い換えられるほど広範囲に及んでいた。それゆえ、一人ひとりが無理なく参加できる研究テーマは限られていた。しかも、全員で多面的に検討するに足るテーマは、当然のことながら、「特徴的な」事象であることが求められた。討論を続けているうちに、次年度シラバス案の提出期限は刻一刻と迫ってきた。

そのような中、真辺将之氏が世話役となり、先生と連絡を取りつつ意見を調節された。それまで数あるテーマの一つに過ぎなかった「近代日本における政党」（後に「近代日本の政党と社会」）が急浮上してきたのはこの頃である。こうして種々議論の末、二〇〇五年度の大学院演習内容を次のように決定した。継続期間は三年とする。第一年次は先行研究の確認と整理、第二年次は各自のテーマ設定と準備報告、第三年次は原稿執筆とそれに基づく研究報告にあてる。

運営の方法や日程については、前期開始後に参加者を交えて決定していくこととし、いよいよ本格的な政党研究がスタートした。初年度は、現在までの近代日本政党史研究の水準と課題を踏まえることに努め、前期は主として政治史研究を時代別に、後期は思想史・文化史・欧米諸国の政党史研究の把握に取り組んだ。政党そのものを本格的に歴史学の立場から扱った研究文献こそ少ないものの、政治学や政治史研究において政党を対象とした研究は夥しく、当初の予定を越え、第二年次前期も先行研究の精読と批判的検討が徹底的に続けられた。

第二年次後期からは、博士後期課程在学生から順次収録予定のテーマで研究報告を開始した。第三年次は、個別論文の作成を続ける中で、参加者が一度ずつ完成稿に近い形で研究報告を行った。また、鶴見太郎先生（早稲田大学文学学術院准教授）・福井淳先生（宮内庁書陵部主任研究官）・真辺美佐先生（宮内庁書陵部研究員）・木下恵太先生（芝浦工業大学非常勤講師）には、特別にご報告をしていただいた。

一方、この三年間に在籍した修士課程の演習生は、主に二〇〇四～〇七年度に刊行された新刊書の書評を担当し、来るべき修士論文作成に備え、研究史整理の手法を学びつつ執筆陣のバックアップに努めた。その後幾度にも及ぶ書き直しを経て、完成したのが本書に収録した一三作品である。

慌しい編集作業を終え、こうして振り返ってみると、これまで先生から受けた学恩にどれだけ報いることができたのか、甚だ心もとない。しかしそれ以上に、多年にわたる先生の熱意あるご指導が結実して本書は成立している。先生の古稀を祝し、ますますのご発展を祈念し擱筆したい。編集に尽力いただいた関係各位に深く感謝申上げる次第である。なお、本研究に関わった演習の参加者は以下の通りである。

青木然・荒船俊太郎・李炯植（韓国・東京大学大学院博士課程）・伊東久智・上田美和・土孝雲（中国・中国社会科学院修士課程）・大山裕史・荻野夏木・鬼嶋淳・岸本亜季・北浦康孝・金亮我（韓国・お茶の水女子大学大学院博士課程）・五島裕平・小林勇樹・小林勇太・佐川享平・佐久間健・佐々木啓・佐藤美弥（一橋大学大学院博士課程）・繁田真爾・嶌田修・石春艶（中国・南開大学博士課程）・高橋央・滝沢雄一郎・竹内裕介・都筑志麻・輝元泰文・中原早苗・中村修・朴成河・廣木尚・檜皮瑞樹・藤野裕子・松村孝男・真辺将之・山本和徳〈敬称略、五〇音順〉

本書の刊行を終えて
――学苑での日々、思い出すことなどなど――

安在邦夫

本書の刊行を終えた今、私の心を過ぎるのは筆舌には尽し難いさまざまな思い出である。深い感懐である。実際現在私は、私の退任の記念の書となった本書を、主として大学院の「演習」参加者の方を中心に編むことができたという喜びで一杯である。「演習担当者」として本書刊行の責任を担う立場からすれば、「本書の課題と構成」および「本書刊行の経緯」の記述も私がしなければならないとの思い、あるいはそれが責任を果たすことになるとの気持は、もちろんあった。しかし、敢えてこの任を、本書の刊行を目標としつつテーマ設定を行った当初から演習幹事として力を尽くしてくださった真辺将之・荒船俊太郎の両氏にお願いした。本論集はあくまでも「演習」参加者主導の、そして参加者全員の研究成果として成ったからである。実際私は、「演習」の司会・進行役を務めたに過ぎない。ただ、跋文を書くことを自分の任としたいと強く希望したことにも訳がある。私は二〇一〇（平成二二）年三月職場を離れる身であり、これが学生の皆さんとの文字通り最後の仕事になるからで、本書に関わること以外にも触れたいと考えたゆえである。副題を付したことにそのことを表示したが、以下、本書の刊行を終えた率直の思いを、少し綴って跋文としたい。

一　政党を考える今日的重さ・研究の意義

研究を志して以来何の成果も出せないまま現在に至っていることに思いを致す時、記すことまことに烏滸がましく憚られることであるが、私は自由民権運動史にずっと関心を寄せてきた。同運動史は狭い立憲政体形成・確立史として捉えるべきではない。新しい政治文化・大衆文化の芽生えの問題もある。が、研究の核になる一つには、やはり政党の問題がある。政党への関心を高める文献は多々あるが、たとえば次の一文は問題関心を強く誘うものであろう。

夫レ政党ナル者ハ原来国民ノ種類、気性、時代、境遇、宗教、政体其ノ他教育ノ程度等ニ由リテ各其ノ成立ヲ異ニシ其ノ目的モ亦相同シカラス故ニ欧州各国ノ政党皆其ノ趣ヲ異ニシ主義名称雑然トシテ幾ト名状スヘカラザルモノアリ之ヲ大括シテ論スレハ各国政党ハ皆自由、保守、過激及専制四大別ニ出テスト言フト雖其ノ実錯綜雑駁容易ニ是非ヲ断スヘカラス……世人ノ称賛スル英米二国ノ政党ト雖未夕決シテ完全トハ称スヘカラス要スルニ完全無欠国家ニ大益アリテ小害ナキノ政党ハ現時ノ世界ニ在リテ到底庶幾スヘキノ事ニアラス是ヲ以テ多少ノ利害得失ハ暫ク措キ議院政治ノ機関ト看做スヘキ政党ヲ標準ニ立テ以テ其ノ性質及利害ノ如何ヲ論定セサルヘカラス
（牧禄二郎編『政党ト政社ノ区別　附仏国集会及結社法沿革』印刷・堀田道貫、一八九一年、一～三頁）

政党の研究には多様な視座が求められる。各国の比較史的研究も欠かせない。近代的政治・社会秩序の早急な構築を不可避とした明治維新後の日本において、欧米で緒についている政党政治のあり方は、早急に実現を目指すべき課題であった。このことを証明する一例として、明治前期、政党・選挙・議会に関する夥しい翻訳書や著書が出版されていることが指摘できる。そして国民自ら政党の結成にも努めた。前掲引用文で注目されることの一つには、欧米における政党政治を参考としながらも、これを完全なものとは見ていないこと、換言すれば、理想とすべき政党の存在、

政党政治のあり方の困難さを認識していることである。単なる先進欧米型政治の導入・模倣を考えていたわけではないことを窺わせる一文である。当該期の「瑞々しい青春の息吹き」が、そこに感じられる。

では、以後の日本において、近代的な政党政治の実現を目指す運動は展開したのか、展開したとすればどのような形で展開し、どこまで達成されているのか。明治憲法体制下では限界があったにしても、「天皇制」の桎梏から一応は解き放され、「民主主義」を標榜する戦後において、そして現在いかなる状況にあるのか。結論から記せば、わが国における政党政治は未だ導入期の段階にあるというのが、偽らざるわたくしの認識である。このことは、政治の世界においては、日本は未だ近代化の過程にあることを示していることにほかならない。政治の近代化を政党を視座において考えれば、その組織や政策、日常活動、国民との関係、選挙制度、議会のあり方、政権交代のルール等々、さまざまな問題がある。国民全体の選挙離れ・政党離れが進み、また衆参での主導政党が異にしている現在、「政党が主体となって政権を運営し、国会を舞台としてなされる本来の意味での政党政治に変える好機と認識すべきである」（仙谷由人「衆参のねじれ　今こそ『熟議の民主主義』を」『朝日新聞』二〇〇七年一一月一九日）という指摘には共鳴するものがある。

このような状況下にある時、政党と社会との関係を歴史的に検証・検討することは、極めて重い問題ながら、意義を有する現代的な研究課題であると指摘できる。それは、歴史研究を志して以来のわたくしの深い関心事の一つでもあった。

二　歴史への「関心」から「研究を志す」まで

私が歴史研究を志すに至るまでの、そしてその後の歩みは、幼児の様態そのままである。その軌跡の一端は、「私改進党の活動と思想』の「あとがき」（校倉書房　一九九二年）、「自由民権百年運動から二〇年を経て——感懐と研究状況・課題をめぐる覚え書」（町田市立自由民権資料館編『自由民権』第一七号、町田市教育委員会、二〇〇四年）、「自由民権運動研究と自由民権百年運動」（大石先生追悼文集刊行会編『日本近代史研究の軌跡　大石嘉一郎の人と学問』日本経済評論社　二〇〇七年）、「『自由民権百年』運動の中で——初めての学会活動の追憶と現在」（東京歴史科学研究会編・発行『東歴研の歩みと歴史学のこれから』二〇〇八年）などで触れており、ここであらためて記すことはしない。

ただ、私には本項標題について述べたものとして、稚拙そのものであるが忘れられない一文がある。それはわたくしが非常勤講師として初めて早稲田大学の教壇（第二文学部東洋文化専修）に立った折、「東文四年クラス機関紙編集委員会」の求めに応じ認めたもので、一九七五（昭和五〇）年九月二〇日付け発行の『東洋文化』創刊号に掲載されたものである。同紙はまさに「紙」で、両面ガリ版刷り二枚、四ページのものである。本紙をもっているのは、恐らくはもう私だけであろう。紙は黄ばみ持つとぼろぼろと破れそうである。今読むと気負いが見られ、また紋切り型の表現も多く恥ずかし限りであるが、誤字・脱字の訂正と補訂、欠落が明白な若干の語句・文の補綴・加筆だけにして次に収めておくことにしたい。

「卒業論文の書き方か歴史の見方について何かアカデミックなものを」というのが私への注文であった。しかしながら、今の私にはこの要請の応え得るものを書く力はない。私自身がこれらの問題——論文作成や歴史分析の方法——について模索し、学んでいる状態であるがゆえである。ただいえることは、論文とは己の考えや意見を論理的に叙述するものであるから、まず何かを書く場合には、己の主張がなくてはならないということであろう。これは認識の主体性の問題であり、問題意識の表象にほかならない。と同時に分析方法と実証を産み出す母胎でもあるので重要である。しかしながら、それだけになかなか難しいことであることはいうまでもない。学問とは、結局は思想や行動の自立性の獲得であるから、簡単にできるはずがないのである。稚拙さを省みず、わたくしの歴史への関心の彷徨を記して責めにかえたい。

わたくしが歴史に関心を持つようになったのは高校時代（福島県立福島高校）であった。しかし、それはきわめて不定形なものであり、関心というよりはむしろ興味と呼ぶべきものであった。たとえば歴史物語を読んだり、時代劇を観たりするのが好きだった、というものである。それは現実を忘れさせてくれるものであった。わたくしにとって当時の現実とは、劣等生ゆえに焦燥する受験勉強の桎梏であった。歴史は、そうした精神的動揺を癒してくれる良薬であり、ロマンの対象でもあった。だが、やがてわたくしの関心は、地域に厳然として存在した家父長制度、地主制から解放されたことを喜ぶ農民の生活、通学の途次車窓からその犠牲者の慰霊碑を目にしていた松川事件などへ向けられるようになったのである。もちろん、ロマンの世界としての歴史消えうせず、このような問題への関心も、これを歴史的所産として認識し考えるに至っていたわけでもない。しかし、歴史への学問的関心と、なによりも現実からの精神的逃避を目的として、わたくしは上京した。

上京して学生とはなったものの、予期せぬできごとのために、わたくしはなによりもまず生活者とならなければならなかった。したがって勉強は二の次であった。しかしながら今思えば、生活者であらねばならないと意識することによって、自分の怠惰を弁護していた、というべきであるように思える。なぜなら、苦しみこそが学問への最も強固な梃子であるはずだからである。いずれにしても、貴重な体験であった安保闘争も、それを政治的関心から学問的なそれへと昇華し得ない意識の低さと不勉強のまま四年間を過ごしたわたくしには、もはや前述の問題などを考える余裕は全くなかった。卒論は「福島事件の一考察」としたが、それはきわめて消去法的選択であり、主張のない文字通り「糊と鋏」の作文以下ものであった。歴史を学ぶ意味を知ったのは大学院進学後で、それはロマンからの脱却であり、また「歴史を見る視座」としての田舎への回帰であった。

わたくしが大学院でご指導を受けた故西岡虎之助先生は、荘園史・民衆史研究の大家であった。研究室の一員にして戴いたが、それは実に畏多いことであった。当時のわたくしの関心は、ほんの少しではあったが自由民権運動を考えた関係から、その対極にある明治政権の性格規定にあった。それゆえ権力機構の問題を最初のゼミ報告で取り上げたのであったが、「それで歴史が分かるかね」と一喝された。先生の言葉は、わたくしにとってはまさに頂門の一針であった。やがて民衆の重視こそ歴史解明の基本的視角として大切であることを学んだのであったが、では民衆的要素の重視とは歴史分析においていかなる視座をわれわれに要求するのであろうか。未だ西岡先生の真意の万分の一の理解もなし得ず曖昧としているが、生活者・生産者の視点をもつこと、あるいは変革への志向を見ること、と指摘することは容易であろう。このことは、したがって、歴史意識を欠落させたアカデミズム実証主義史学克服の視角でもあることはいうまでもないことである。

現在同紙を読み返して不思議に思うのは、教員サイドで一文を記しているのは非常勤講師のわたくしだけで、しかも紙面のトップに載せられていることである。東文専修の合宿に参加したり、卒業論文担当の学生と（非常勤最初の年度は第一・第二文学部の学生合わせて六名であった）徹夜で報告・討論を行ったことが思い出されるが、今考えると何か出過ぎたことをしたのでは、との思いをしないでもない。ただ、確かに言えることは、申し渡されてはいなかったが非常勤の任は二年間と思いつつ、しかしその二年間を悔いのないように務めたいとの考えから定職を辞め夢中で学生諸君と接したことである。『東洋文化』はその後「紙」から「誌」となって一五号まで継続して発刊され、わたくしが卒論を担当したA君などは活版印刷にまで持ち込む熱の入れ方で、そのため一年の留年を余儀なくされた。また、同誌に集ったグループのうちから女性たちの研究グループも生まれ、学習日をとって『金曜日の女たち』という同人誌も発行した。総てが懐かしい思い出である。このような学生諸君の学問への情熱から、逆にわたくしは大いに鼓舞激励され、多くのことを教えられた。そして研究への志は不動のものとなった。そのような時に、わたくしにとってはまさに青天霹靂のことが起ったのである。

三　教壇から説いたこと、そして最後の務めとして

青天の霹靂とは、非常勤の任を務めた三年目に「専任」のお話を戴いたことである。全く考えていなかったことで、一科目の担当でさえその責めを果たし得ていないことに内心忸怩たるものを覚えていたことから、正直最初に心に浮かんだのは、「わたくしに務まるのだろうか」という思いであり、心配であった。しかし、その責任の重さと、能力を遥かに超えた任務に就くというに不安を感じながらも、ともかくもわたくしは文学部の専任教員とし歩ませて戴くことにした。一九七八（昭和五三）年四月、三八歳の時である。

日本近・現代史ということを前提に、学部の授業でわたくしが説こうと心がけたことは、次の四点で、これらの課題をいろいろなバリエーションを設けて考えることにした。第一は天皇制と立憲政体・政治、第二は人権と差別・偏見、第三は戦争と平和、第四は大衆文化・娯楽の問題、以上である。一九八六（昭和六一）年、人権と差別をテーマとした演習では、最初に従軍慰安婦問題を世に問うた（とわたくしは理解している）作家の千田夏光氏をお招きし講演会を行ったが、この時のことでは忘れられないことがある。その一つは演習参加者の熱心さと幹事を務めてくださった学生の奮闘、第二は講演会の盛況さで、その熱気に千田さんは二週続けて、二回目は全く無報酬で講演を行ってくださったのである。第三は、この講演会に韓国の研究者が出席され、未だ韓国ではこのような講演会に出席することも憚られる状況にある、と話されたことである。それから間もなく従軍慰安婦問題がジャーナリズムでも大きく採り上げられ、議論されることとになったことを考える時、授業でとりあげ講演会を開催した意義を強く感じたもので

ある。

私が大学院の授業に関るようになったのは専任になった三年後の一九八一（昭和五六）年四月からである。最初の演習で課題としたのは、演習参加者の希望に従い「琉球処分問題」であった。一つの課題に取り組む年数は三〜四年とし、同問題後は「立憲改進党論」を課題とし、同党の多角的視野からの研究に取り組んだ。しかしその後は原文書の読解力を身につけることと、わたくしの研究課題としている自由民権運動史とを結びつける形で、早稲田大学旧社会科学研究所蔵の近代主要政治家関係文書、国立国会図書館憲政資料室所蔵・寄託の伊藤博文・山県有朋・井上馨・三条実美・陸奥宗光・伊東巳代治・三島通庸・龍野周一郎関係の各文書および福島県歴史資料館寄託の苅宿仲衛関係文書などを読むことに努めてきた。院生諸君に対し、どれほど学問的関心を高め深めることに寄与できたのかを自らに問い掛けるとき、その応えはまことに心もとないものである。が、何とかここまでこれたのは、院生諸君の協力・理解を得られたゆえであり、心底感謝している。

そして何時の間にか幾星霜を重ね、退任のことが視野に入る時期となった。二〇〇五（平成一七）年度の授業を迎えるころである。そこで同年以降の大学院演習の授業内容を、前述の「一」で触れた問題関心から「近代日本と政党」とし、第一に、政党を多角的視野から共同で研究すること、第二に、その成果を、二〇一〇（平成二二）年三月に定年退職を迎える私の「記念論集」としてまとめること、を演習参加予定者に諮った。その結果大方の賛同を得たので進めさせて戴くことにした。本論集には正規の演習参加者の他に、演習で標題の研究を行っていることを仄聞され、自主的にご報告下さった方の玉稿も収録させて戴いている。心から御礼を申しあげる次第である。

なお、本題に取り組んだ二〇〇五年度よりの三年間、修士課程の学生諸君には、演習への参加が研究史の整理や主要参考文献の紹介・書評にとどまることになったことに対し、申しわけない気持で一杯である。お詫びするとともに、ご協力を戴いたことに心より感謝したい。

末尾になったが、出版事情が極めて厳しい中、本論集の刊行を快くお引き受けくださった日本経済評論社社長栗原哲也氏、同取締役谷口京延氏、そして実務担当者として編集にご尽力戴いた吉田真也氏に心よりお礼を申しあげる。

なお、本論集は、私の定年退職記念の意も含まれているので、最後に私のこれまでの歩み、関わった業務などについて簡単に記しておくことにしたい。

〔略歴〕

一九三九年九月　三重県宇治山田市（現・伊勢市）に生まれる（六歳の時、両親の出身地福島県に転居）
一九五八年三月　福島県立福島高等学校卒業
一九六二年三月　早稲田大学教育学部社会科地理歴史課程卒業
一九六二年四月　蛍友会教育研究所入社（一九七五年三月退社）
一九七一年三月　早稲田大学大学院文学研究科史学（日本史）専攻博士課程単位取得
一九七五年四月　早稲田大学文学部非常勤講師
一九七八年四月　早稲田大学文学部専任講師
一九八一年四月　同　助教授
一九八六年四月　同　教授

〈勤務校以外への出講〉信州大学（一九八六年）・熊本大学（一九八八年）・南開大学〔中国・天津〕（一九八八年）・大阪市立大学（一九九七年）にて集中講義、女子聖学院短期大学（一九七四年）・立正大学（二〇〇七年）にて非常勤講師

〔勤務校・学会での役職〕

〈勤務校〉第二文学部教務副主任（学生担当）・大学院文学研究科教務委員・第二文学部長・人権教育委員会委員

長・大学史資料センター所長・総合研究機構「自由民権研究所」所長・商議員・評議員・ケンブリッジ大学東洋学部客員研究員

〈学　会〉東京歴史科学研究会代表委員

〔主要業績〕

著書『立憲改進党の活動と思想』（校倉書房、一九九一年）

共著『日本の近代』（梓出版社、一九八四年）

共著『日本の現代』（梓出版社、一九九四年）

編著『棚倉町史』第五巻（棚倉町教育委員会、一九七九年）

編著『矢祭町史』第三巻（矢祭町教育委員会、一九八四年）

編著『明治建白書集成』第九巻（筑摩書房、二〇〇〇年）

編著『田中正造全集』第二～五巻（岩波書店、一九七八～一九八〇年）

共編著『自由民権機密探偵史料集』（三一書房、一九八一年）

共編著『会津諸街道と奥州道中』（吉川弘文館、二〇〇二年）

共編著『自由民権の再発見』（日本経済評論社、二〇〇六年）

共編著『影印本　足尾銅山鉱毒事件関係資料』（東京大学出版会、二〇〇九年）

木下恵太（きのした・けいた）
1971年生まれ。芝浦工業大学非常勤講師。2001年早稲田大学大学院政治学研究科博士後期課程満期退学。
主要業績：「日露戦後の憲政本党と「旗幟変更」」（『年報政治学1998　日本外交におけるアジア主義』岩波書店、1999年１月)、「第二次大隈内閣の財政構想――「絶対的非募債」政策を中心に」（『早稲田大学史記要』31、1999年７月。学術文献刊行会『日本史学年次別論文集　近現代１　1999(平成11)』に再録)、「最近の小野梓研究動向点描」（『早稲田大学史記要』34、2002年９月。学術文献刊行会『日本史学年次別論文集　近現代３　2002(平成14)』に再録)。

高橋　央（たかはし・あきら）
1976年生まれ。早稲田大学大学院文学研究科博士後期課程在学。

廣木　尚（ひろき・たかし）
1977年生まれ。早稲田大学大学院文学研究科博士後期課程在学。

上田美和（うえだ・みわ）
1973年生まれ。2008年早稲田大学大学院文学研究科博士後期課程満期退学。
主要業績：「石橋湛山の経済合理主義――アジア太平洋戦争期における展開」（『歴史学研究』858、2009年10月)、「『東洋経済新報』と経済界――経済倶楽部の草創期を中心に」（『早稲田大学大学院文学研究科紀要』50-４、2005年２月)、「石橋湛山の中国論の再検討――自己責任の視点から」（『史観』144、2001年３月)。

松村孝男（まつむら・たかお）
1941年生まれ。元早稲田大学大学院文学研究科研修生。

伊東久智（いとう・ひさのり）
1978年生まれ。早稲田大学東アジア法研究所研究助手、早稲田大学大学院文学研究科博士後期課程在学。
主要業績：「日清戦後における青年雑誌の自律化過程――創刊期『中学世界』における読者層の交錯を手がかりとして」（『出版研究』38、2008年３月)、「「老人支配」への挑戦――日露戦後の「青年」論・「青年」政治運動にみる「老い」認識」（『アジア民衆史研究』13、2008年８月)、「立憲国民党と青年――雑誌『青年』の分析から」（『日本歴史』733、2009年６月)。

佐藤美弥（さとう・よしひろ）
1979年生まれ。一橋大学大学院社会学研究科総合社会科学専攻博士後期課程在学。
主要業績：「メディアのなかの「復興」――関東大震災後の社会意識と展覧会」（『人民の歴史学』178、2009年１月)、「建築論における生命主義――第一次世界大戦から関東大震災前後にかけて」（『一橋研究』33-１、2008年４月)、「ある「シベリア抑留」のライフストーリー――自分史のなかの戦争の記憶」（三谷孝編『戦争と民衆――戦争体験を問い直す』旬報社、2008年)。

【編著者紹介】

安在邦夫（あんざい・くにお）
本書423頁参照。

真辺将之（まなべ・まさゆき）
1973年生まれ。千葉県出身。早稲田大学大学史資料センター助手、『大隈重信関係文書』（みすず書房刊）編集委員、聖心女子大学文学部非常勤講師。日本近現代思想史、教育史専攻。2003年早稲田大学大学院文学研究科史学（日本史）専攻博士後期課程満期退学。日本学術振興会特別研究員（ＰＤ）を経て、現職。博士（文学、早稲田大学）。
主要業績：『西村茂樹研究――明治啓蒙思想と国民道徳論』（思文閣出版、2009年）、『東京専門学校の研究――「学問の独立」の具体相と「早稲田憲法草案」』（早稲田大学出版部、近刊）、「帝国議会開設後の保守党中正派――『中正日報』における言論活動」（『歴史学研究』784、2004年１月）、「鳥尾小弥太における政府批判の形成――『王法論』執筆まで」（『日本歴史』657、2003年２月）他。

荒船俊太郎（あらふね・しゅんたろう）
1977年生まれ。神奈川県出身。早稲田大学大学史資料センター嘱託、『大隈重信関係文書』（みすず書房刊）編集委員、早稲田大学第二文学部非常勤講師。日本近代政治史専攻。2008年早稲田大学大学院文学研究科史学（日本史）専攻博士後期課程満期退学。早稲田大学大学史資料センター助手を経て、現職。
主要業績：「摂政裕仁輔導問題と元老西園寺公望」（『史観』158、2008年３月）、「元勲と元老のはざまで――大隈重信「元老」となる」（『早稲田大学史記要』39、2008年２月）、「早稲田大学大学史資料センター所蔵「三田村甚三郎関係文書」」（同前）、「深谷博治旧蔵文書の研究」（『国文学研究資料館紀要アーカイブズ研究篇』２、2006年３月）他。

【執筆者紹介】（執筆順）

福井　淳（ふくい・あつし）
1955年生まれ。宮内庁書陵部編修課主任研究官、明治大学・立正大学非常勤講師。1985年明治大学大学院文学研究科博士後期課程満期退学。
主要業績：「自由民権運動と東京専門学校の開校と校風」（早稲田大学総合研究機構誌『プロジェクト研究』３、2008年３月）、「植木枝盛と三大事件建白の精神」（『高知市立自由民権記念館紀要』16、2008年８月）、『影印本　足尾銅山鉱毒事件関係資料』全30巻（共編、東京大学出版会、2009年）。

檜皮瑞樹（ひわ・みずき）
1973年生まれ。早稲田大学大学史資料センター助手。2009年早稲田大学大学院文学研究科博士後期課程満期退学。
主要業績：「遠山茂樹の明治維新史叙述」（大門正克編『昭和史論争を問う』日本経済評論社、2006年）、「19世紀後半の日本における北進論と国民国家構想――笹森儀助の行動・思想を中心に」（趙景達・久留島浩編『アジアの国民国家構想』青木書店、2008年）、「19世紀におけるアイヌへの眼差しと政治文化――アイヌ墳墓盗掘事件」（深谷克己編『東アジアの政治文化と近代』有志舎、2009年）。

真辺美佐（まなべ・みさ）
1972年生まれ。宮内庁書陵部編修課研究員。2004年お茶の水女子大学大学院人間文化研究科博士後期課程修了。博士（人文科学、お茶の水女子大学）。
主要業績：『末広鉄腸研究』（梓出版社、2006年）、「大同団結運動をめぐる政党論――『関西日報』時代の末広鉄腸を中心に」（安在邦夫・田崎公司編『自由民権の再発見』日本経済評論社、2006年）、「昭憲皇太后と華族女学校――設立及び改革に果たした皇太后の役割を中心に」（『書陵部紀要』58、2007年３月）。

近代日本の政党と社会

2009年11月20日　第１刷発行　　定価（本体6000円＋税）

編著者　安　在　邦　夫
　　　　真　辺　将　之
　　　　荒　船　俊　太　郎

発行者　栗　原　哲　也

発行所　株式会社　日本経済評論社

〒101-0051　東京都千代田区神田神保町3-2
電話　03-3230-1661　FAX　03-3265-2993
URL：http://www.nikkeihyo.co.jp/
印刷＊藤原印刷・製本＊高地製本
装幀＊渡辺美知子

乱丁・落丁本はお取替えいたします。　Printed in Japan

ISBN978-4-8188-2069-2

近代日本の政党と社会（オンデマンド版）

2010年7月16日　発行

編著者　安在　邦夫
真辺　将之
荒船　俊太郎

発行者　栗原　哲也

発行所　株式会社　日本経済評論社
〒101-0051　東京都千代田区神田神保町3-2
電話　03-3230-1661　FAX　03-3265-2993
E-mail: info8188@nikkeihyo.co.jp
URL: http://www.nikkeihyo.co.jp/

印刷・製本　株式会社 デジタルパブリッシングサービス
URL http://www.d-pub.co.jp/

AF777

乱丁落丁はお取替えいたします。

Printed in Japan
ISBN978-4-8188-1663-3